はじめに

選ばれし者達よ、さあ最高峰に挑もう！

商業簿記・会計学では**『収益の認識基準』**や**『時間価値の計算』**、工業簿記・原価計算では**『意思決定会計』**や**『予算実績差異分析』**といった、本当に力になる知識が、いよいよ皆さんの前に展開されてきます。それが、日商１級です。

これらの知識の修得は、日商２級という壁を超えるレベルの人にしか許されていない、というのが現実でしょう。でも、本書を手に取った皆さんは、既にその条件をクリアしていることでしょう。
すべての人の中で、簿記を学ぶ人の割合、その中で２級レベルまで修得した人の割合を考えれば、それだけでも素晴らしいことです。

では、この最高峰から見える景色を想像してみましょう。
今の知識は、皆さんの足元を固める存在になり、目には真実を見る力が、耳にはあらゆる情報をキャッチする能力が、足には利害を見ての行動力、手には物事を動かす力が宿っているはずです。そしてそこからは、峯続きに税理士、その向こうには公認会計士という人生も見渡せることでしょう。
つまり、**スーパーなビジネスパーソンや経営者になるにしても、税理士や公認会計士といった士（サムライ）業を目指すにしても、大いに展望が開ける、それが日商１級**です。

いま皆さんは、日商１級という名の大きな扉の前に立ち尽くしているかもしれ　ん。
でも、よく見てください。
目の前にあるのは、**そんな大きな扉ではなく、現金**　　　　　　　　　　　**もの小さな扉が並んでいる**に過ぎません。**未知の扉を１つ１つ**　　　　　　　　　さんがやってきたことと同じです。

最後にこの扉をうまく開けるコツを、お伝えしておきましょう。
それは「**楽しむこと**」です。
これから目の前に展開されてくる１つ１つの扉を、ぜひ楽しみながら開けていってください。
この、楽しむという気持ちが、皆さんの未来を輝けるものにしていきますから。

CONTENTS

※「重要度」は３段階（３→２→１）で表示しています。

本書の特徴

ネットスクールでは、日商簿記２級を修了された方が１級に合格するまでの過程として、次の３段階があると考えています。

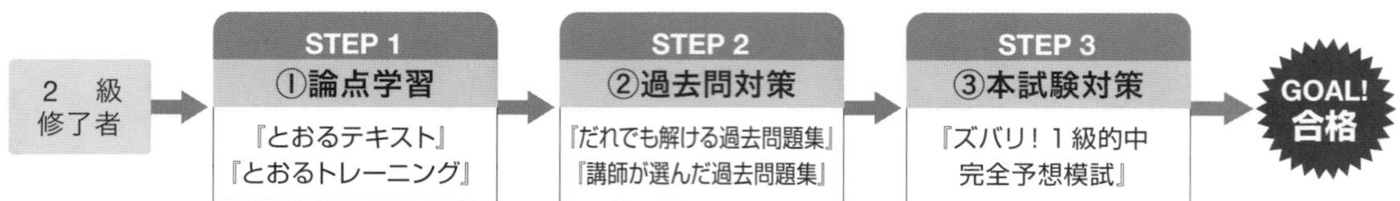

本書は、このうち①**論点学習を行うためのテキスト**で、２級を修了された方が「無理なく効率的に１級の内容をマスターでき、さらに次のステップの②**過去問対策**や③**本試験対策**に役立つ知識を身につけることができる」ように構成され、次の特徴があります。

❶ １級の合格に必要な論点をすべて網羅

本書は、日商簿記検定１級の合格に必要と考えられる論点をすべて網羅したテキストです。もちろん出題実績のある論点だけでなく、今後の出題が予想される論点も掲載しているため、他のテキストはまったく必要ありません。

❷ 過去問レベルまでムリなくステップアップ

一般的な１級カリキュラムでは、１つの章に平易な内容と難しい内容が混在し、学習者のやる気をくじく傾向がありました。そこで本シリーズでは、基礎編と応用編に分け、難関論点と過去問レベルの論点を応用編に配置することで、でこぼこがない学習環境を実現しています。

この２冊を学習することで、１級合格に最低限必要な知識を養うことができます。

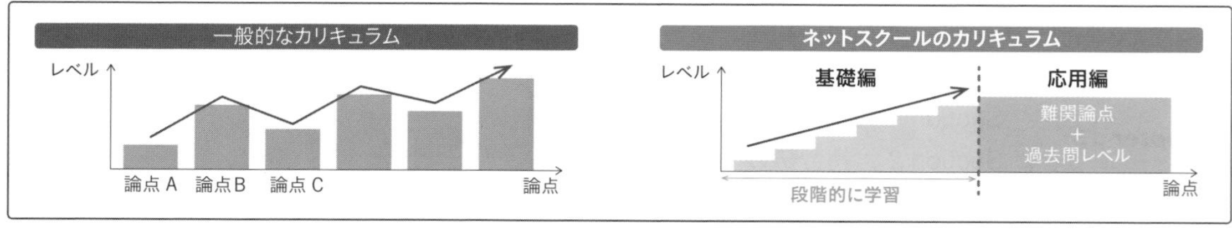

❸ 重要度が一目でわかる

本書は、読者の皆さんが効率的に学習を進められるように、Sectionごとに重要度を示してあります。この重要度は、本試験での出題頻度や受験対策としての必要性の観点から３段階にランク付けしています。

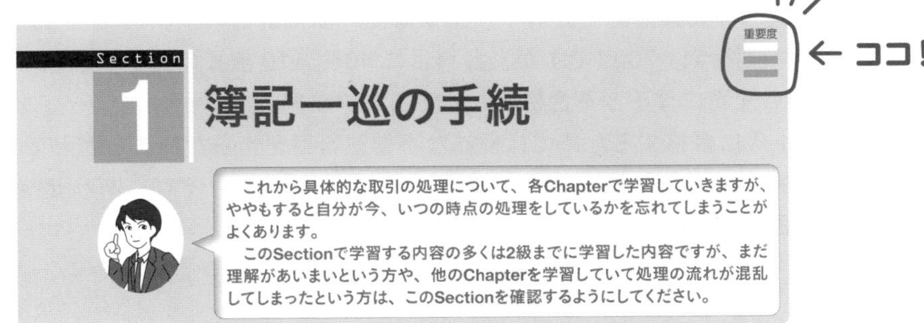

さらに、Sectionの中の各項目においても重要度を次のように分けて示しています。

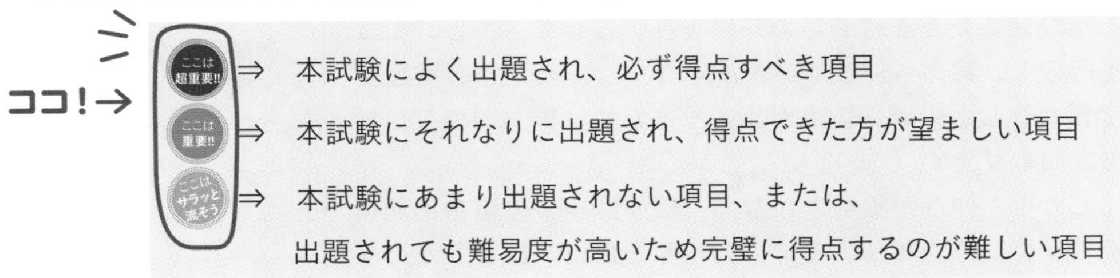

この重要度により、時間を効率的に使い、的を絞った学習をすることができます。

❹ 問題集『とおるトレーニング』(別売り)で問題を解いて実力UP！

基礎知識を合格レベルに引き上げるためには、問題演習が欠かせません。テキストを読んで理解し、自分で１つの問題を解けるようになって初めて得点能力が１つ上がります。合格するためにはそれを１つずつ積み上げていくしかありません。そのためには『とおるテキスト』の完全対応問題集である『とおるトレーニング』をあわせてご利用いただくことをおすすめします。

❺ 過去問題集『だれでも解ける過去問題集』(別売り)で、本試験への対応力を付ける！

過去問題の中から、現金預金なら現金預金だけ、有価証券なら有価証券だけと論点ごとに(横断的に)問題を抜き出し、さらに２級レベルの内容から、１級の難問に至るまで、難易度順に並べたのが、『だれでも解ける過去問題集』です。このヨコ解きによって、論点ごとに実力を確認しながら自然と実力をアップさせていくことができ、また苦手な内容でも「合格に必要なところまでは解ける」ようになります。『だれでも解ける過去問題集』が終わったら、本試験問題をそのまま掲載した『講師が選んだ過去問題集』に進んでください。

日商1級の攻略方法

日商1級の試験科目は**商業簿記・会計学・工業簿記・原価計算**の4科目で各25点の100点満点で出題されます。合格点は70点ですが、各科目に40%（10点）の合格最低点が設けられていて、1科目でも10点未満になると不合格となってしまいます。

ですから、日商1級に合格するためには極端な不得意科目を作らないことがとても重要です。

また各科目とも学習時間と実力との関係は異なった特性があり、それにあわせた学習をすることは“**学習時間の短縮＝短期合格**”のためにとても重要です。

商業簿記

出題形式➡ 商業簿記の出題は、通常、総合問題（25点分の問題）形式です。

出題パターンとしては、①決算整理後残高試算表の作成、②損益計算書作成、③貸借対照表作成、④本支店会計、⑤連結会計の5つがあります。

科目特性➡ 学び始めたときは2級の知識を基礎として、新しい知識を吸収し、実力も伸びていきます（Ⓐ）。しかしある程度学習が進むと複雑な論点が出てくるため、実力の伸びは緩やかになります（Ⓑ）。

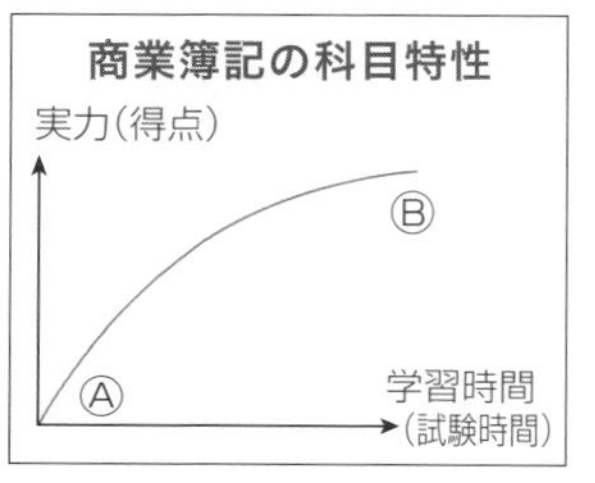

しかし“伸びが緩やかになる”部分は多くの場合出題可能性が低い論点です。この部分は手を広げればキリがありませんから重要度の高い論点を中心に学習し、その他はある程度のところで見切りをつけることが、短期合格のためには大切です。

学習方法➡ まずは損益計算書・貸借対照表といった一般的な（2級でも学んだ）論点から始めましょう。『テキスト』（本書）で知識を身につけ『とおるトレーニング』で問題を解いてマスターしてください。

会計学

出題形式➡ 会計学は2問から3問の小問で出題されます。通常、このうち1問は理論問題、残りは計算問題です。

理論問題は正誤問題または空所補充（穴埋め）問題で出題されています。

計算問題は財務諸表の数値を問うもの、簡単な財務諸表の作成を要求するものなどが出題されています。

科目特性➡ 論点をひとつマスターするごとに実力もその分だけ伸びていきます。ですから学習時間に比例して実力が伸びるという、正比例の関係にあります。

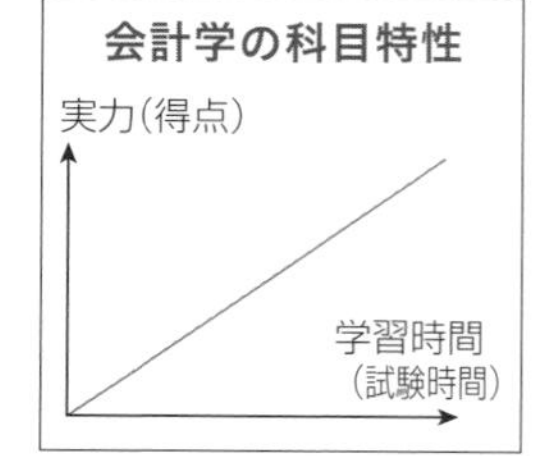

学習方法➡ 理論問題は計算問題とリンクさせて学習すると効果的です。計算問題を解くさいに理論問題もあわせて見るようにしましょう。計算問題は商業簿記の各論点を学ぶことで実力がつきます。ですから商業簿記と会計学を分けることなく一緒に学習していくのが効率的です。

Chapter 1

簿記一巡の手続

Point

このChapterは、簿記の処理の流れや位置づけを知る上では重要です。理解があいまいな方は、ここをしっかりおさえた上で、次のChapterに進みましょう。

用語集

決算整理仕訳
各勘定の残高を決算日の正しい残高に修正するための仕訳

決算振替仕訳
各勘定を締め切るための仕訳

損益振替仕訳
費用・収益の勘定の残高を損益勘定に振り替え、費用・収益の勘定を締め切るための仕訳

利益振替仕訳
損益勘定の差額(当期純利益または当期純損失)を繰越利益剰余金勘定に振り替え、損益勘定を締め切るための仕訳

重要度

Section

1 簿記一巡の手続

これから具体的な取引の処理について、各Chapterで学習していきますが、ややもすると自分が今、いつの時点の処理をしているかを忘れてしまうことがよくあります。
このSectionで学習する内容の多くは2級までに学習した内容ですが、まだ理解があいまいという方や、他のChapterを学習していて処理の流れが混乱してしまったという方は、このSectionを確認するようにしてください。

1 簿記の手続の全体像

簿記は、企業の財政状態と経営成績を明らかにするために、会計期間ごとに行います。

簿記一巡の手続は、次のようになります。

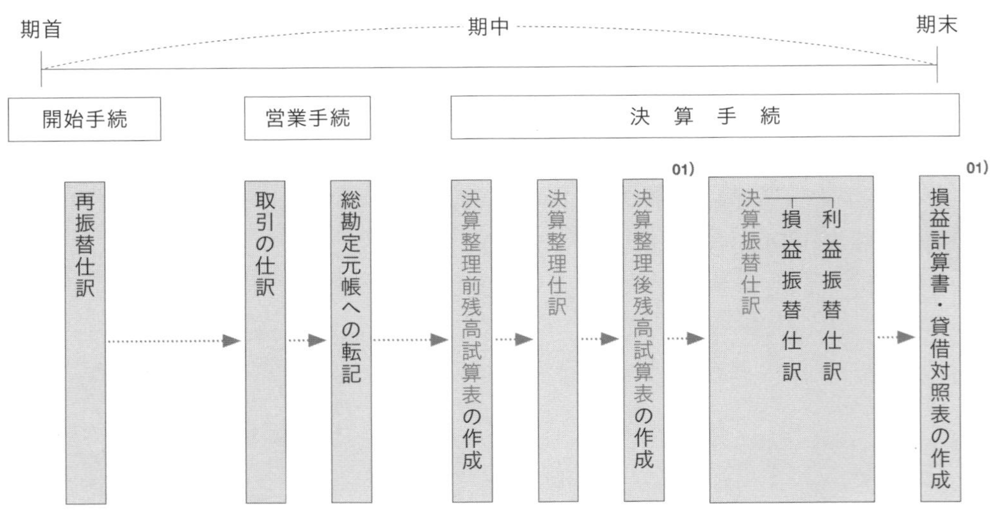

01) 商業簿記では、決算整理後残高試算表、損益計算書、貸借対照表の作成問題が主に出題されています。この他に、連結財務諸表や本支店合併財務諸表の作成問題が出題されることがあります。

1 開始手続

期首において営業手続に先立って行う帳簿への記入のことで、経過勘定項目[02]の再振替仕訳(さいふりかえしわけ)があります[03]。

02) 前払費用、前受収益、未払費用、未収収益のことです。
03) 帳簿の締切方法には、大陸式簿記法と英米式簿記法の2つがあります。ここでは、出題範囲となっている英米式簿記法を前提に説明していきます。

前期末の決算整理仕訳で費用・収益の見越しや繰延べを行った場合には、当期首に経過勘定項目の再振替仕訳を行う必要があります。

再振替仕訳は、前期末の費用・収益の見越しや繰延べで行った仕訳の貸借逆の仕訳を行えばよいです。

(借) 費用	×××	(貸) 前払費用	×××
(借) 未払費用	×××	(貸) 費用	×××
(借) 前受収益	×××	(貸) 収益	×××
(借) 収益	×××	(貸) 未収収益	×××

2 営業手続

商品売買、固定資産の購入・売却、保険料の支払といった期中に行った取引(期中取引)を帳簿に記入する手続です。

3 決算手続

期末において帳簿に記入された取引記録を整理して、財政状態と経営成績を明らかにするために行う手続です。

2 営業手続

取引が発生したさいに、取引内容を仕訳帳に仕訳を行い、総勘定元帳に転記します。

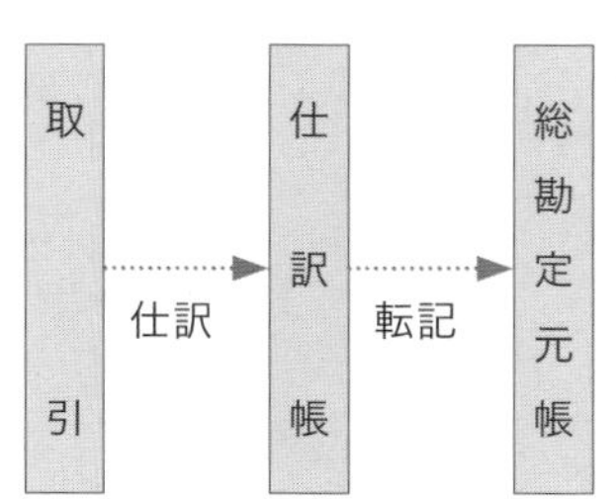

3 決算手続

1 決算整理仕訳

▸▸ 決算整理前残高試算表をもとに、決算整理仕訳を行い、決算整理後残高試算表を作成します。

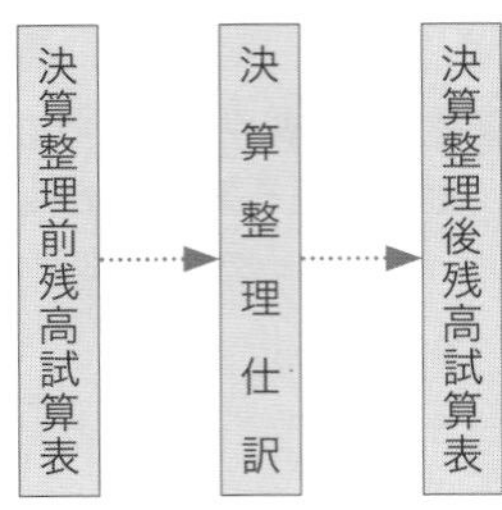

(1) 決算整理前残高試算表[01)]の作成

▸▸ 期中取引の仕訳について、仕訳帳から総勘定元帳に正しく転記されたかを確認するために、決算整理前残高試算表を作成します。

01) 決算整理前残高試算表は「前(ぜん)T/B」と略されます。決算整理後残高試算表は「後(ご)T/B」と略されます。

(2) 決算整理仕訳

▸▸ 各勘定の残高を決算日の正しい残高に修正するための仕訳(決算整理仕訳)[02)]を行います。

02) 減価償却費の計上、貸倒引当金の設定、売上原価の計算、費用・収益の見越し、繰延べなどの仕訳です。

(3) 決算整理後残高試算表の作成

▸▸ 決算整理仕訳について、仕訳帳から総勘定元帳に正しく転記されたかを確認するために、決算整理後残高試算表を作成します。

2 決算振替仕訳

▶▶ 各勘定を締め切るための仕訳を行います。

(1) 損益振替仕訳

▶▶ 費用・収益の勘定の残高を損益勘定に振り替え、費用・収益の勘定を締め切ります。

(借) 損	益	××	(貸) 費	用	××
(借) 収	益	×××	(貸) 損	益	×××

(2) 利益振替仕訳

▶▶ 損益勘定の差額(当期純利益または当期純損失)を繰越利益剰余金勘定に振り替え、損益勘定を締め切ります。

当期純利益の場合

(借) 損	益	×	(貸) 繰越利益剰余金	×

〈総勘定元帳〉

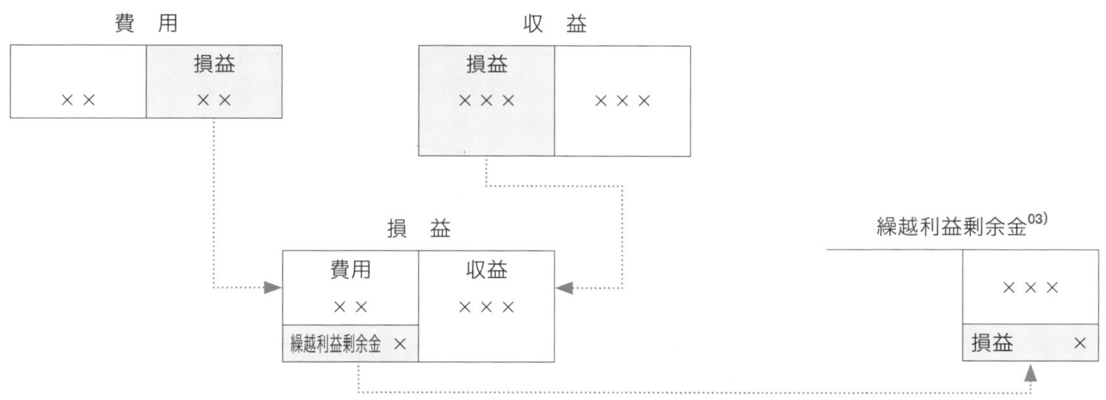

03) 利益振替仕訳で当期純利益を振り替えるため、決算整理後残高試算表の繰越利益剰余金は、当期純利益を振り替える前の金額になることに注意しましょう!

3 損益計算書・貸借対照表の作成

▶▶ 損益勘定の記入をもとに損益計算書を作成し、資産・負債・純資産の残高をもとに貸借対照表を作成します04)。

04) 本試験では損益勘定を記入せずに、決算整理事項をもとに直接、財務諸表を作成します。そのため、例えば、売買目的有価証券の貸借対照表計上額は時価といったように、学習する各論点で貸借対照表計上額、損益計算書計上額がどうなるかを意識して学習すると効果的です。

Q 1-1 簿記一巡の手続

次の資料にもとづき、当期末(×2年3月31日)における損益勘定および損益計算書・貸借対照表を作成しなさい。

(1) 前期末(×1年3月31日)における貸借対照表

貸借対照表 (単位：円)

現金	9,000	借入金	3,000
商品	1,000	未払費用	200
		資本金	5,000
		繰越利益剰余金	1,800
	10,000		10,000

未払費用は未払利息に係るものである。

(2) 期中の取引は次のとおりである。

① 商品を7,000円で仕入れ、代金は現金で支払った。
② 商品を10,000円で売上げ、代金は現金で受け取った。
③ 借入金の利息800円を現金で支払った。

(3) 決算整理事項は次のとおりである。

① 期末商品棚卸高は2,000円であった。棚卸減耗損および商品評価損は発生していない。
② 支払利息100円の見越し計上を行う。

簿記一巡の知識は簿記の基礎力
しっかり学習しておきましょう

A 1-1 解答・解説

損　益　(単位：円)

仕入	(6,000)	売上	(10,000)
支払利息	(700)		
繰越利益剰余金	(3,300)		
	(10,000)		(10,000)

損益計算書　(単位：円)

売上原価	(6,000)	売上高	(10,000)
支払利息	(700)		
当期純利益	(3,300)		
	(10,000)		(10,000)

貸借対照表　(単位：円)

現金	(11,200)	借入金	(3,000)
商品	(2,000)	未払費用	(100)
		資本金	(5,000)
		繰越利益剰余金	(5,100)
	(13,200)		(13,200)

1. 再振替仕訳

(借) 未払利息	200	(貸) 支払利息	200

2. 期中仕訳

(1) 現金仕入

(借) 仕入	7,000	(貸) 現金	7,000

(2) 現金売上

(借) 現金	10,000	(貸) 売上	10,000

(3) 利息の支払い

(借) 支払利息	800	(貸) 現金	800

決算整理前残高試算表　(単位：円)

現金	11,200 05)	借入金	3,000
繰越商品	1,000	資本金	5,000
仕入	7,000	繰越利益剰余金	1,800
支払利息	600 06)	売上	10,000
	19,800		19,800

05) 9,000円－7,000円＋10,000円－800円＝11,200円
06) 800円－200円＝600円

3. 決算整理仕訳

⑴ 売上原価の算定

(借) 仕　　　　入	1,000	(貸) 繰 越 商 品	1,000
(借) 繰 越 商 品	2,000	(貸) 仕　　　　入	2,000

⑵ 利息の見越し計上

(借) 支 払 利 息	100	(貸) 未 払 利 息	100

決算整理後残高試算表　(単位：円)

現　　　　金	11,200	借　入　金	3,000
繰 越 商 品	2,000	未 払 利 息	100
仕　　　　入	6,000[07]	資　本　金	5,000
支 払 利 息	700[08]	繰越利益剰余金	1,800
		売　　　　上	10,000
	19,900		19,900

07) 7,000円＋1,000円－2,000円＝6,000円　08) 600円＋100円＝700円

4. 決算振替仕訳

⑴ 損益振替仕訳

(借) 損　　　　益	6,700	(貸) 仕　　　　入	6,000
		支 払 利 息	700
(借) 売　　　　上	10,000	(貸) 損　　　　益	10,000

⑵ 利益振替仕訳

(借) 損　　　　益	3,300[09]	(貸) 繰越利益剰余金	3,300

09) 10,000円－6,700円＝3,300円

トレーニングⅠ　Ch1　問題１へ

Chapter

損益計算書・貸借対照表の構造

Point

損益計算書と貸借対照表の構造はざっとみてもらえば十分です。ただし正常営業循環基準と一年基準は非常に重要ですので、しっかりおさえるようにしてください。

用語集

損益計算書
企業の経営成績を明らかにするための書類

貸借対照表
企業の財政状態を明らかにするための書類

資金の運用形態
資金の使い道

資金の調達源泉
資金の出所

流動性配列法
貸借対照表の表示上、流動項目を上に記載する方法

固定性配列法
貸借対照表の表示上、固定項目を上に記載する方法

正常営業循環基準
営業サイクルに入っているものを流動項目とする基準

一年基準
決算日の翌日から起算して、1年以内に現金化(費用化)するかどうかで流動項目・固定項目を分類する基準

Section 1 損益計算書の構造

損益計算書は、いくらの収益があって、いくらの費用がかかり、そしていくらの利益になったのかを示すものです。

ところが、利害関係者の中には、売上総利益を知りたい、営業利益を知りたい、経常利益を知りたい、といった様々なニーズがあります。そういったニーズに応えるには、どのように損益計算書を作成すればいいのでしょうか？

1 損益計算書とは

損益計算書とは、企業の経営成績を明らかにするための書類です。一会計期間の収益と費用を記載して当期純損益を表示します。

損益計算書

費　用	収　益
当期純利益	

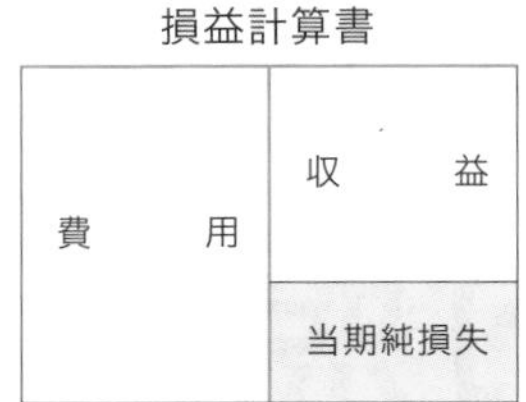

2 損益計算書とその構造

損益計算書は、営業損益計算、経常損益計算、純損益計算の3つに区分されます。

損益計算書の構造を示すと次のとおりです。

区分	損益計算書	
営業損益計算	Ⅰ 売　上　高[01]	100,000
	Ⅱ 売上原価[02]	60,000
	売上総利益	40,000
	Ⅲ 販売費及び一般管理費[02]	30,000
	営業利益	10,000
経常損益計算	Ⅳ 営業外収益	2,000
	Ⅴ 営業外費用	5,000
	経常利益	7,000
純損益計算	Ⅵ 特別利益	1,000
	Ⅶ 特別損失	3,000
	税引前当期純利益	5,000
	法人税、住民税及び事業税[03]	2,000
	当期純利益	3,000

01) 営業収益といわれることもあります。「営業」という言葉を「売上」と置き換え、『売上収益』と理解しておきましょう。

02) 売上原価と販売費及び一般管理費を合計して営業費用といわれます。『売上にかかわる費用』と理解しておきましょう。なお、一般管理費は維持費のことを指します。

03) 利益に比例して増減する税金を控除します。

3 損益計算書の区分

»» 損益計算書には、次の区分が設けられています。

1 営業損益計算の区分

»» 営業損益計算の区分は、その会社が行った主目的たる営業活動(売上の獲得とそれに係る活動)によって生じる損益を記載して営業利益を計算する区分です。

区分	科目		金額	説明
営業損益計算	Ⅰ 売上高		100,000	……期中に販売した商品の販売代金の合計。
	Ⅱ 売上原価			
	1. 期首商品棚卸高	10,000		
	2. 当期商品仕入高	70,000		
	合計	80,000		
	3. 期末商品棚卸高	20,000	60,000	……期中に販売した商品の購入原価の合計。
	売上総利益		40,000	……商品の販売益。粗利(あらり)と呼ばれることもある。企業のもつ商品の販売力を示す。
	Ⅲ 販売費及び一般管理費			……販売費と一般管理費は厳密に区別することが難しいため、このように同一の区分になっています。
	1. 給料	15,000		
	2. 支払家賃	5,000		
	3. 貸倒引当金繰入	2,000		
	4. 減価償却費	8,000	30,000	……当期の売上収益を獲得するためにかかった費用。営業費。
	営業利益		10,000	……売上の獲得(本来の営業活動)によって得た利益。企業の営業力を示す。

2 経常損益計算の区分

»» 経常損益計算の区分は、営業損益計算の結果(営業利益)を受けて、経常利益を計算する区分です。主目的たる営業活動ではない活動で、かつ毎期経常的に発生する損益を記載します。

区分	科目		金額	説明
経常損益計算	Ⅳ 営業外収益			
	1. 受取利息	1,000		
	2. 有価証券売却益	1,000	2,000	……売上以外の収益で、かつ経常的なもの。有価証券利息や受取配当金も含まれる。
	Ⅴ 営業外費用			
	1. 支払利息	3,000		
	2. 手形売却損	2,000	5,000	……売上にかかわらない費用で、かつ経常的なもの。支払利息などの財務費用が主。
	経常利益		7,000	……当期の経常的な活動によって得た利益。企業の正常な状態の収益力を示す。

3 純損益計算の区分

純損益計算の区分は、経常損益計算の結果(経常利益)を受けて、当期純損益を計算する区分であり、臨時損益を記載します。

純損益計算				
	Ⅵ 特別利益			
	1. 固定資産売却益	800		
	2. 社債償還益	200	1,000	……**固定資産の売却益などの臨時的な利益を記載。**
	Ⅶ 特別損失			
	1. 災害損失	2,500		
	2. 減損損失	500	3,000	……**災害損失などの臨時的な損失を記載。**
	税引前当期純利益		5,000	
	法人税、住民税及び事業税		2,000	
	当期純利益		3,000	……**当期の結果的な損益**01)。

01) プラスの場合は当期純利益、マイナスの場合は当期純損失となります。

Q 1-1 | 損益計算書項目の分類 |

以下に示す勘定科目が、損益計算書のどの区分に表示されるかを示しなさい。

〔勘定科目〕

ア 手形売却損	イ 仕入	ウ 給料
エ 退職給付費用	オ 減価償却費	カ 固定資産売却益
キ 仕入割引	ク 売上割引	ケ 保険差益
コ 雑損失	サ 雑費	シ 社債発行費償却
ス 有価証券評価益	セ 災害損失	

A 1-1 | 解答 |

売上原価	イ
販売費及び一般管理費	ウ、エ、オ、サ
営業外収益	キ、ス
営業外費用	ア、ク、コ、シ
特別利益	カ、ケ
特別損失	セ

4 損益計算書のひな型

▶▶ 1級で学習する主な費用・収益を集めると、以下の損益計算書が完成します。

NS商事株式会社　　損益計算書
自　×21年4月1日　至　×22年3月31日　（単位：円）

Ⅰ 売上高		302,000
Ⅱ 売上原価		
1 期首商品棚卸高	50,000	
2 当期商品仕入高	200,000	
合計	250,000	
3 期末商品棚卸高	55,000	
差引	195,000	
4 商品評価損	5,000	200,000
売上総利益		102,000
Ⅲ 販売費及び一般管理費		
1 営業費	7,000	
2 給料	5,000	
3 貸倒引当金繰入	1,000	
4 減価償却費	10,000	
5 修繕費	500	
6 広告宣伝費	500	
7 貸倒損失	100	
8 退職給付費用	1,900	
9 ソフトウェア償却費	500	
10 棚卸減耗損	500	
11 賞与引当金繰入	2,000	
12 支払リース料	13,000	42,000
営業利益		60,000
Ⅳ 営業外収益		
1 受取利息配当金	3,000	
2 有価証券利息	500	
3 有価証券評価益	500	
4 有価証券売却益	1,000	
5 為替差益	5,000	10,000
Ⅴ 営業外費用		
1 支払利息	200	
2 社債利息	300	
3 手形売却損	600	
4 保証債務費用	500	
5 電子記録債権売却損	400	
6 株式交付費償却	300	
7 金利スワップ評価損	700	
8 社債発行費償却	2,000	5,000
経常利益		65,000
Ⅵ 特別利益		
1 固定資産売却益	2,000	
2 社債償還益	500	
3 保険差益	500	3,000
Ⅶ 特別損失		
1 固定資産除却損	1,000	
2 火災損失	5,000	
3 減損損失	1,000	
4 投資有価証券評価損	1,000	8,000
税引前当期純利益		60,000
法人税、住民税及び事業税	19,000	
法人税等調整額	△ 1,000	18,000
当期純利益		42,000

トレーニングⅠ　Ch2　問題１へ

重要度

Section

2 貸借対照表の構造

貸借対照表の左側は資産、右側は負債と純資産ということは、皆さんもご存知でしょう。
ここでは、資産や負債をさらに細かく区分すると、どのようになるのか、また、各勘定科目はどのような基準で分けられているのか、といったことを学習していきます。

1 貸借対照表

ここはサラッと流そう

貸借対照表は、企業の財政状態を明らかにするために、貸借対照表日（決算日）におけるすべての資産、負債および純資産を記載して、株主、債権者その他の利害関係者に示すための書類です。

<財務会計>

債権者
投資家
会計報告
企業外部の人々

<管理会計>

上司
会計報告
企業内部の人々

2 貸借対照表の見方

ここはサラッと流そう

貸借対照表の右側は、企業の資金の調達源泉、つまり資金の出所を示しています。たとえば、銀行から借りた（借入金＝負債[01]）とか、株主に出資してもらった（資本金＝純資産[02]）といった形で資金の出所を示しています。

これに対して貸借対照表の左側は、企業の資金の運用形態、つまり資金の使い道を示しています。たとえば、集めた資金で株を買った（有価証券）とか、土地を買ったといった形で資金の使い道を示しています。

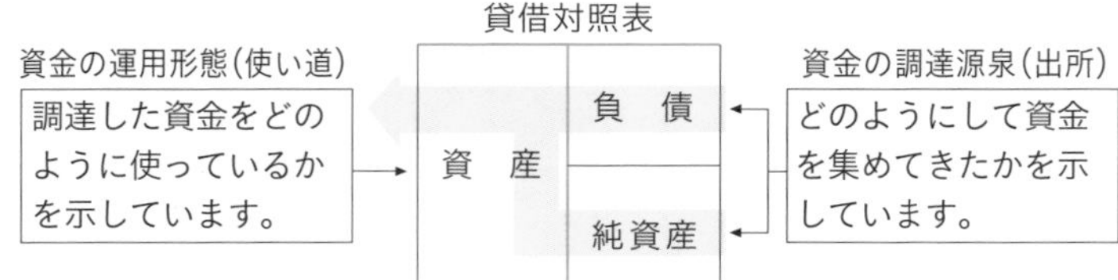
貸借対照表
資金の運用形態（使い道）
調達した資金をどのように使っているかを示しています。
資　産
負　債
純資産
資金の調達源泉（出所）
どのようにして資金を集めてきたかを示しています。

つまり、貸借対照表の上を資金が右側から左側へと流れたものとして見ることによって、企業の状況（財政状態）を概観することができるのです。

01) 他人のお金、という意味で他人資本ともいいます。いずれは返済しなければならないものです。

02) 自分のお金、という意味で自己資本ともいいます。返済する必要のないお金です。

3 貸借対照表とその構造

貸借対照表上、資産は流動資産、固定資産、繰延資産の3つに分けられ、負債は流動負債と固定負債の2つに分けられます。また、純資産は株主資本、評価・換算差額等、新株予約権に分けられます。そのうち、株主資本に含まれるものとして、主なものに資本金、資本剰余金、利益剰余金の3つがあげられます。

貸借対照表

	(資産の部)		(負債の部)		
短期的に現金化するもの	Ⅰ流動資産[01]		Ⅰ流動負債		短期的に支払わなければならないもの
	1 現金預金	10,000	1 支払手形	10,000	
	2 売掛金	10,000	2 短期借入金	10,000	
	3 商品	10,000	3 修繕引当金	10,000	
	Ⅱ固定資産[02]		Ⅱ固定負債		長期的に支払えばいいもの
企業の持つ設備	(1)有形固定資産		1 社債	10,000	
	1 建物	20,000	2 長期借入金	10,000	
	2 備品	20,000	(純資産の部)		資産と負債の差額
企業の持つ法的権利等	(2)無形固定資産		Ⅰ株主資本		3級・2級で学んできた「資本」
	1 のれん	7,000	1 資本金	20,000	
	2 特許権	3,000	2 資本剰余金	8,000	
投資および他に該当しないもの	(3)投資その他の資産		3 利益剰余金	8,000	
	1 投資有価証券	10,000	Ⅱ評価・換算差額等		
換金価値のない資産	Ⅲ繰延資産		その他有価証券評価差額金	7,000	
	1 創立費	10,000	Ⅲ新株予約権	7,000	
	資産合計	100,000	負債・純資産合計	100,000	

01) 現金収入、現金支出となるタイミングが早いものから上部に記載されます。

02) 本文のように現金化しやすい流動項目を上にする配列法を流動性配列法といい、企業の支払能力を見るのに適しています。
ただし、固定設備を多く所有する電力会社などの企業では、安全性を見るのに適した固定性配列法を採用することもあります。繰延資産はいずれの配列法によっても資産の部の最後に記載されます。

〈固定性配列法〉

貸借対照表

固定資産	固定負債
流動資産	流動負債
繰延資産	純資産

4 流動・固定の分類基準

▶▶ 資産および負債を流動・固定に分類する基準として、(1)正常営業循環基準(せいじょうえいぎょうじゅんかんきじゅん)と(2)一年基準(いちねんきじゅん)を用います。

1 正常営業循環基準

▶▶ 商品を販売する会社はa. 掛けで商品を仕入れ、b. 仕入れた商品を掛けで販売します。その後、c. 売掛金を現金で回収し、d. それを買掛金の支払いにあてます。

この一連の過程を営業サイクルといい、正常営業循環基準とは、この循環の中に入っているものを流動項目とする基準です[01)]。

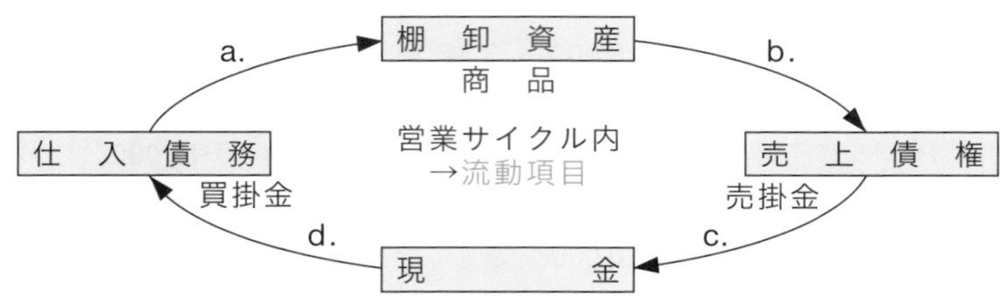

01) 例・手形の振出し(小売業)……▶商品代金の支払いの場合→流動負債(支払手形)
……▶土地代金の支払いの場合→1年基準により分類
(営業外支払手形または長期営業外支払手形)

2 一年基準

▶▶ 一年基準とは、貸借対照表日(決算日)の翌日から起算して、1年以内に現金化(費用化)するものを流動項目、そうでないものを固定項目とする基準です[02)]。

たとえば、経過勘定項目の前払費用も、1年を超えるものについては長期前払費用となり、B/S・固定資産の投資その他の資産に表示されます[03)]。

02) 例・貸付金　決算日の翌日から1 年以内に満期→流動資産(短期貸付金)
決算日の翌日から1 年を超えて満期→固定資産(長期貸付金)
なお、会計上1年以内のものを「短期」、1年を超えるものを「長期」といいます。

03) 未払費用、前受収益、未収収益の経過勘定項目は、例外的に一年基準の適用を受けずに、つねに流動項目となります。

Q 2-1 | **長期前払費用の処理** |

決算にさいし、保険料を20カ月分前払いしていることが判明した。必要な仕訳を示しなさい。なお、保険料は1カ月あたり10,000円である。

A 2-1 | **解答** |

(借)			(貸)	
	前払費用	120,000	保険料	200,000
	長期前払費用	80,000		

5 貸借対照表のひな型

▶▶ 1級で学習する主な資産、負債、純資産項目を集めると、以下の貸借対照表が完成します。

貸借対照表

NS商事株式会社　　×22年3月31日　　(単位：円)

資産の部		
Ⅰ流動資産		
現金預金		10,000
受取手形	9,000	
電子記録債権	7,000	
売掛金	6,000	
貸倒引当金	2,000	20,000
有価証券		5,000
棚卸資産		4,000
貯蔵品		1,000
前払費用		500
未収収益		600
先物取引差金		50
為替予約		150
短期貸付金	15,000	
貸倒引当金	1,000	14,000
流動資産合計		55,300
Ⅱ固定資産		
1 有形固定資産		
建物	100,000	
減価償却累計額	10,000	90,000
土地		120,000
リース資産	50,000	
減価償却累計額	15,000	35,000
有形固定資産合計		245,000
2 無形固定資産		
のれん		3,000
ソフトウェア		2,000
無形固定資産合計		5,000
3 投資その他の資産		
投資有価証券		19,700
関係会社株式		5,000
長期前払費用		4,000
破産更生債権等	15,000	
貸倒引当金	12,000	3,000
繰延税金資産		10,000
投資その他の資産合計		41,700
固定資産合計		291,700
Ⅲ繰延資産		
株式交付費		3,000
繰延資産合計		3,000
資産合計		350,000

負債の部		
Ⅰ流動負債		
支払手形		20,000
買掛金		7,800
短期借入金		9,000
リース債務		4,000
未払費用		300
未払金		700
未払法人税等		5,000
未払消費税		200
役員賞与引当金		6,000
賞与引当金		2,000
前受収益		200
一年内償還社債		20,000
営業外支払手形		4,500
保証債務		300
流動負債合計		80,000
Ⅱ固定負債		
社債		55,000
長期借入金		30,000
リース債務		9,000
退職給付引当金		20,000
資産除去債務		6,000
固定負債合計		120,000
負債合計		200,000
純資産の部		
Ⅰ株主資本		
1 資本金		100,000
2 資本剰余金		
(1)資本準備金	2,000	
(2)その他資本剰余金	1,500	
資本剰余金合計		3,500
3 利益剰余金		
(1)利益準備金	1,000	
(2)その他利益剰余金		
任意積立金	6,500	
繰越利益剰余金	41,000	
利益剰余金合計		48,500
4 自己株式		△6,000
株主資本合計		146,000
Ⅱ評価・換算差額等		
1 その他有価証券評価差額金		1,000
2 繰延ヘッジ損益		500
評価・換算差額等合計		1,500
Ⅲ新株予約権		2,500
純資産合計		150,000
負債及び純資産合計		350,000

Q TRY IT! | **理論問題** | **貸借対照表**

次の各文章について、正しければ○を、正しくなければ× を記入しなさい。

(1) 資産および負債項目の配列は、原則として流動性配列法によることとされているが、業種によっては固定性配列法を採用することも認められる。

(2) 資産・負債を流動・固定に区分する基準として正常営業循環基準と一年基準があるが、支払手形が流動負債とされるのは正常営業循環基準によるからである。

(3) 未収収益は、一定の契約に従い、継続して役務の提供を受ける場合、既に提供された役務に対していまだその対価の支払が終らないものをいう。 (全経195回)

(4) 資産・負債を流動・固定に区分する基準として正常営業循環基準と一年基準があるが、店舗にかけた長期の火災保険料の支払額のうち貸借対照表日の翌日から起算して1年を超える部分が固定資産とされるのは一年基準による。

A TRY IT! | **解答**

(1)	(2)	(3)	(4)
○	○	×	○

各㉕

合計100点

TRY IT! | **解説**

(3) 未収収益は、既に提供した役務に対していまだその対価の支払を受けていないものをいいます。

(4) 1年以内の部分は前払費用(流動資産)、1年超の部分は長期前払費用(固定資産・投資その他の資産)となります。

トレーニングⅠ　Ch2　問題2・3へ

このChapterを理解すると
表示区分に迷わなくなります
がんばって！

Chapter 3

資産会計総論・現金預金

Point
現金と当座預金はほとんどが2級で学習した内容ですが、当座預金は試験によく出題されるため、計算問題をしっかり解けるようにしてください。

用語集

評価
金額を決定すること

取得原価主義
資産を取得に要した支出額で評価する考え方

金銭債権
売掛金や貸付金など、一般に金銭によって弁済を受けることができる債権

貨幣性資産
最終的に現金化する資産

費用性資産
最終的に費用化する資産

銀行勘定調整表
当座預金勘定の残高と銀行における預金残高の不一致の原因を調整するために作成される表

Section

1 資産会計総論

重要度

資産とは？というと皆さんは、現金、有価証券から土地、のれんに至るまで、様々な項目が浮かぶことでしょう。

では、これら資産に共通していることはいったい何でしょうか？「換金できること」ではのれんの説明がつきません。

資産とは何か、そして資産がどのように分類されるのかについてみていきましょう。

1 資産とは

ここは
サラッと
流そう

資産とは、企業資本の一定時点における運用形態を示すものですが、その本質は収益獲得能力[01]にあります。

ただし、金額で合理的に測定できるもののみが、会計上、資産となります[02]。

資　　産：収益獲得能力のあるもの

01) 運用することによって収益を得る力。サービスポテンシャルともいいます。

02) 人（従業員）も収益獲得能力をもちますが、会計上は資産として扱いません。

2 資産の分類方法

ここは
サラッと
流そう

資産の分類方法には、貸借対照表の表示の観点からの流動・固定分類[01]と、金額の算定[02]の観点からの貨幣・非貨幣分類の2つがありますが、ここでは、貨幣・非貨幣分類についてみていきます。

01) Chapter 2の正常営業循環基準と一年基準を用いるものです。

02) 金額を算定することを会計では「評価」といいます。

3 貨幣・非貨幣分類

▸▸ 資産を貨幣性資産と非貨幣性資産[01)]に分け、非貨幣性資産をさらに費用性資産とその他の非貨幣性資産とに分類します。

1 貨幣性資産

▸▸ 貨幣性資産とは、最終的に現金化する資産をいいます。具体的には、現金および預金と金銭債権[02)]が該当します。

2 費用性資産

▸▸ 費用性資産とは、最終的に費用化する資産[03)]をいいます。

01) 貨幣性資産でないもの、という意味でしかありません。

02) 金銭債権とは、売掛金や貸付金などの一般に金銭によって弁済を受けることができる債権をいいます。

03) 売上原価や減価償却費となって費用化する資産です。

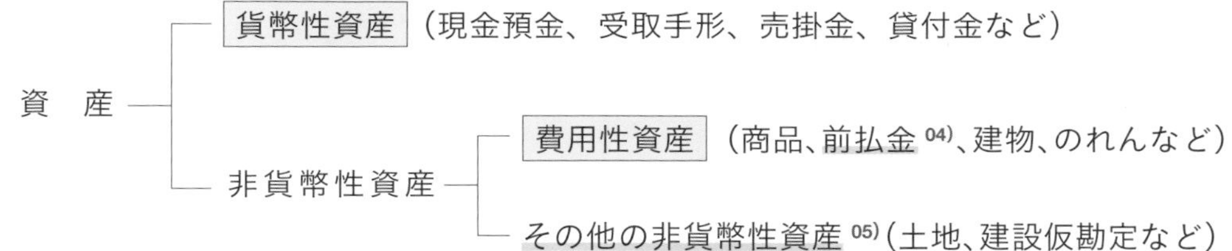

04) 前払金は商品・製品などの物品請求権であり、費用性資産に該当します。貨幣性資産ではないことに注意してください。

05) 費用とならない非貨幣性資産をいいます。

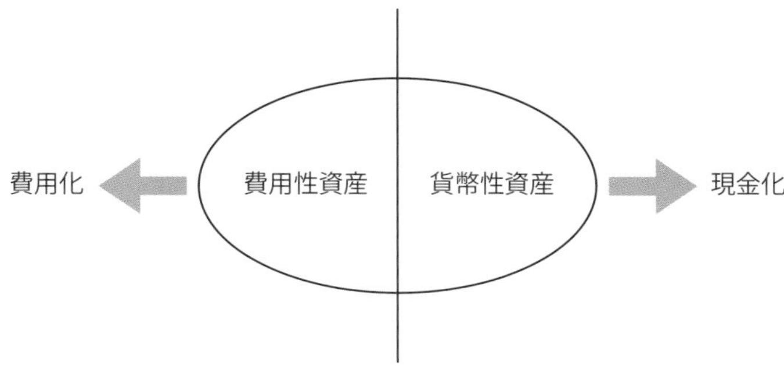

4 資産の評価

▸▸ 資産の評価とは、貸借対照表に資産として記載する金額を決定することをいいます。

1 貨幣性資産の評価

▸▸ 貨幣性資産のうち、現金・預金は収入額で、また金銭債権は回収可能見込額で評価します[01]。

2 費用性資産の評価

▸▸ 費用性資産は、取得に要した支出額すなわち取得原価で評価します。

この考え方を取得原価主義(しゅとくげんかしゅぎ)といい、この考え方にもとづいて付随費用も取得原価に含めて処理する[02]ことになります。

なお、費用性資産の取得原価は、減価償却などを通じて各会計期間に費用として配分されます。

01) 金銭債権の評価については、Chapter 5で詳しく学習します。

02) 付随費用も取得に要した支出の1つです。

Q 1-1 ｜計算問題｜貸借対照表価額｜

次の資産の貸借対照表価額を示しなさい。

⑴ 売掛金　100,000円

ただし、この売掛金に対する貸倒引当金が2,000円設定されている。

⑵ 備品代金　100,000円

ただし、送料1,000円と据付費2,000円を別途支払っている。

A 1-1 ｜解答・解説｜

⑴ 98,000円

⑵ 103,000円

⑴ 100,000円－2,000円＝98,000円(回収可能見込額)

⑵ 100,000円＋1,000円＋2,000円＝103,000円

なお、減価償却を行った場合、貸借対照表価額は減価償却累計額控除後の額となります。

5 割引現在価値(わりびきげんざいかち)

1 割引計算

資産の評価[01]にあたって時間の経過を意識するのが、現代の会計の基本的な考え方です。将来の金額を現在の金額に置き換えることを割引計算といい、計算された金額を割引現在価値といいます。

たとえば、利子率10％で、現在の1,000円は1年後の1,100円、2年後の1,210円と同じ価値をもちます。つまり1年後の1,100円の割引現在価値は、1,000円となります。

現　在		1年後		2年後
1,000円	×(1＋0.1) →	1,100円	×(1＋0.1) →	1,210円
1,000円	← ÷(1＋0.1)　$\times\frac{1}{(1+0.1)}$	1,100円	← ÷(1＋0.1)　$\times\frac{1}{(1+0.1)}$	1,210円

01) 金額を決めることを評価といいます。

Q 1-2 割引現在価値

３年後に10,000円となる資産の割引現在価値を求めなさい。なお、利子率は10％である。円未満の端数が生じた場合、四捨五入すること。

A 1-2 解答

7,513円[02]

02) 10,000円÷(1＋0.1)÷(1＋0.1)÷(1＋0.1)≒7,513円
3年後に受け取る10,000円は、金利10%のもとでは、現時点で7,513円の価値しかないことを意味しています。

2 現価係数(げんかけいすう)

割引現在価値を求めるにあたり、利子率にもとづいてあらかじめ計算された「係数」を用いることがあります。

これを現価係数[03]といいます。

現　在		1年後	2年後
1,000円	← $\times\frac{1}{(1+0.1)}$ ×0.9091←10％、1年の現価係数	1,100円	
1,000円	← $\times\frac{1}{(1+0.1)^2}$ ×0.8264←10％、2年の現価係数		1,210円

03) 現在の価値を計算するための係数という意味です。

Q 1-3 | 現価係数表 |

現価係数表を用いて３年後に10,000円となる資産の割引現在価値を求めなさい。なお、利子率は10％である。

現価係数表

年＼利子率	9％	10％	11％
1年	0.9174	0.9091	0.9009
2年	0.8417	0.8264	0.8116
3年	0.7722	0.7513	0.7312

A 1-3 | 解答 |

7,513円[04)]

04) 10,000円×0.7513＝7,513円

3 年金現価係数（ねんきんげんかけいすう）

ある期間、一定金額を受け取り続ける場合に現価係数を累計した係数を用いて割引現在価値を求めることがあります。

これを年金現価係数[05)]といいます。

05) 「年金」という言葉には、毎年一定額という意味があります。したがって、年金現価係数は、毎年一定額の現在の価値を計算するための係数という意味になります。

Q 1-4 | 年金現価係数表 |

年金現価係数表を用いて１年後から３年間にわたり、毎年10,000円ずつ受け取ることができる資産の割引現在価値を求めなさい。なお、利子率は10％である。

年金現価係数表

年＼利子率	9％	10％	11％
1年	0.9174	0.9091	0.9009
2年	1.7591	1.7355[06)]	1.7125
3年	2.5313	2.4868[07)]	2.4437

A 1-4 | 解答 |

24,868円[08)]

06) Q1-3の現価係数表、10％の1年目と2年目の合計　0.9091＋0.8264＝1.7355

07) Q1-3の現価係数表、10％の1年目から3年目までの合計　0.9091＋0.8264＋0.7513＝2.4868

08) 10,000円×2.4868＝24,868円

重要度

Section 2 現　金

「現金って何ですか?」と聞かれると、皆さんは財布の中のコインや紙幣を想像されることでしょう。しかし、簿記上の現金は『即時的な支払手段となるもの』と定義されます。したがって紙幣や硬貨でなくても他人振出の小切手、配当金領収証、期限到来後の公社債利札といった金融機関に持ち込めばすぐに紙幣や硬貨に替わるもの、これも簿記では現金として扱うのです。

では、現金についてみていきましょう。

▶現金のエッセンス◀

◆帳簿 VS 実際、勝者はつねに実際◆

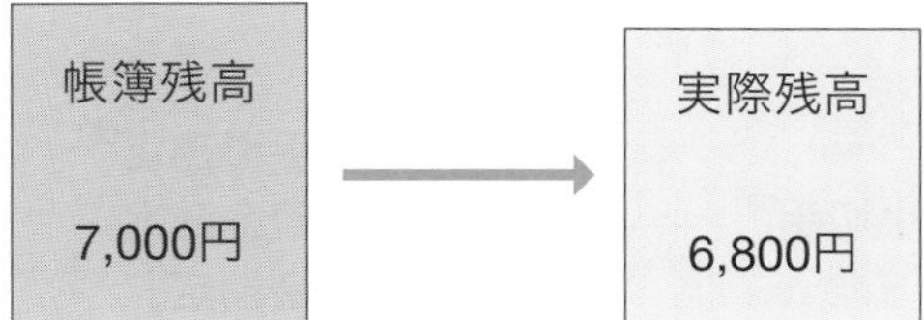

朝、1万円持って会社に出かけ、昼食に1,000円、交通費に500円、夕食に1,500円を使い、夜になりました。そうして財布を見ると、7,000円あるはずが6,800円しか残っていませんでした。

このとき、皆さんは「私の所持金は6,800円だ」と認識しなおしますよね。

まさか「この6,800円には7,000円の価値があるんだ!」などと思ったりしませんよね。

簿記でも同じで、このような場合には現金の額を、帳簿残高7,000円から実際残高6,800円に修正します。

ここで1つルールです。

『帳簿残高と実際残高に差額がある場合には、つねに実際残高に合わせる』ということになります。そうして差額が、雑益(雑収入)または雑損(雑損失)となるのです。

1　現金の範囲

簿記上の現金とは、通貨および通貨代用証券を指します。これらは即時的な支払手段となるものです。

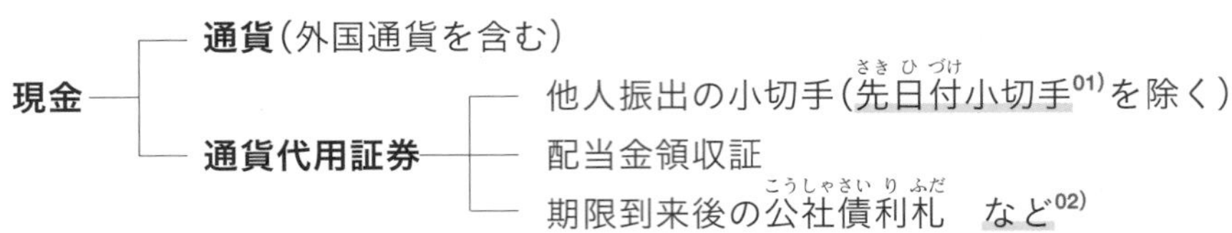

01) 先日付小切手とは、小切手の振出日として、将来の日付が記載されている小切手のことです。このような小切手を受け取った場合には、受取手形勘定で処理します。
指定した日付になると現金化できるのは、約束手形と実質的に同じだからです。

02) その他、送金小切手、送金為替手形、郵便為替証書などが通貨代用証券にあたります。

現金は、貸借対照表上、流動資産に現金預金として表示します。

また、次の項目は現金と間違えやすいので、注意してください。

① **先日付小切手** ……………… ▶ **受取手形勘定**05)
② **自己振出の回収小切手**03) ……… ▶ **当座預金勘定**
③ **借用証書**04) ………………… ▶ **貸付金勘定**

03) 振り出した小切手(貸方・当座預金で処理)を、当社が回収したので、結局、当座預金は減少していません。したがって、借方・当座預金と処理します。

04) 金銭を貸し付けたさいに受け取る証書のことです。

05) 先日付小切手は受取手形として処理します。したがって貸倒引当金の設定対象となることにも注意してください。

Q 2-1 | **現金の範囲**

決算(×8年3月31日)にあたり現金出納帳を調べたところ、×8年4月25日付の小切手100,000円と当社振出しの小切手50,000円が現金として処理されていた。必要な修正仕訳を示しなさい。

A 2-1 | **解答**

(借)	受取手形	100,000	(貸) 現金	150,000
	当座預金	50,000		

2　現金過不足の処理

決算時に現金の実際残高の調査を行います。その結果、帳簿残高と実際残高が一致しなかった場合、帳簿残高を実際残高に修正[01]し、差額は雑益勘定または雑損勘定に振り替えます。損益計算書上の表示区分は次のとおりです。

	勘定科目	表示区分
帳簿残高＜実際残高	雑益（雑収入）	営業外収益
帳簿残高＞実際残高	雑損（雑損失）	営業外費用

01) 帳簿残高が実際残高と異なった場合に実際残高に合わせるのは、簿記上のルールの1つです。
ex）棚卸減耗　現金過不足

Q　2-2｜現金過不足の処理｜

決算にあたり現金の実際残高の調査を行った。現金出納帳残高は100,000円である。それぞれの場合に必要な仕訳を示しなさい。

(1)　実際残高が90,000円の場合

(2)　実際残高が110,000円の場合

A　2-2｜解答｜

(1)　実際残高が90,000円の場合

(借) 雑　損	10,000	(貸) 現　金	10,000

(2)　実際残高が110,000円の場合

(借) 現　金	10,000	(貸) 雑　益	10,000

【財務諸表計上額】　重要度 ★

現金預金（流動資産）　B/S計上額[02]
- 現　　金：実際有高（通貨代用証券含む）
- 当座預金：銀行勘定調整後の金額
- 普通預金：帳簿残高＝実際残高
- 定期預金：翌期中に満期到来分

02) 本試験では現金預金として出題されていますが、実際に公表されている財務諸表の科目は「現金及び預金」です。

トレーニングⅠ　Ch3　問題１へ

Section 3 預　金

当座預金の残高がマイナスになると、当座借越勘定で処理するという話は2級で学びました。この当座借越は貸借対照表にどのように表示されるでしょうか？
では、当座預金を中心に預金についてみていきましょう。

1 預金の分類と表示

預金[01]は満期の有無、満期までの期間によって次のように分類、表示されます。

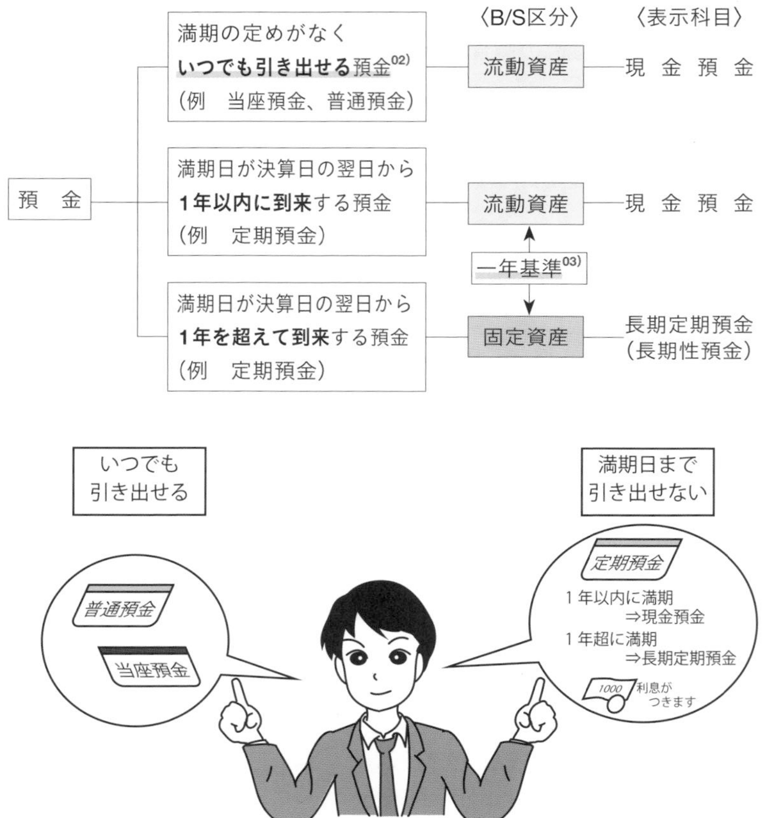

01) 銀行に預け入れたものを預金、郵便局に預け入れたものを貯金といいますが、簿記上両者を使い分けることはありません。
02) 要求払預金（ようきゅうばらいよきん）といわれることもあります。
03) 一年基準とは、決算日の翌日から1年以内に現金化(費用化)するかどうかで流動資産と固定資産とに分ける基準をいいます。

2 銀行勘定調整表

当座預金勘定の残高と銀行における預金残高とは、一致するはずです。

しかし「振り出した小切手がまだ銀行に呈示されていない」とか「公共料金の自動引落しの連絡がまだ企業にされていない」といった理由で、残高が一致しなくなることがあります。

そこで、その原因を調べ調整するために作成するのが銀行勘定調整表[01)]です。

銀行勘定調整表の作成方法には、両者区分調整法、企業残高基準法、銀行残高基準法があります。ここでは、両者区分調整表をみていきます。

01) 当座預金には通帳がありません。したがってこの調整表を作成して残高を確認する必要があるのです。

1 両者区分調整法

両者区分調整法とは、企業側の当座預金勘定の残高と、銀行側の銀行残高証明書の残高のそれぞれについて不一致原因を加減して適正な当座預金残高を求める方法です。

この求めた残高を貸借対照表上に計上します[02)]。

この方法では、企業側の当座預金勘定の残高と、銀行側の銀行残高証明書の残高のどちらの調整を行うかが重要になります。

02) この方法によると、貸借対照表上の金額が算定できるため、もっとも重要な方法といえます。

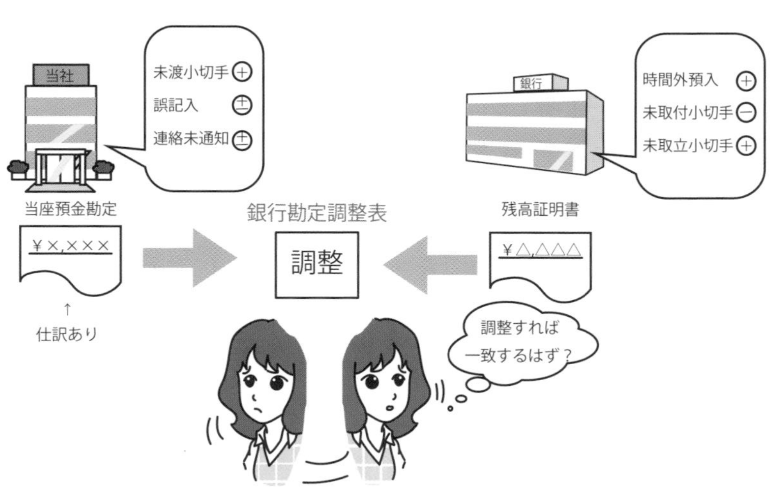

(1) 企業側(当座預金)の調整

① 未渡小切手(当社残高の加算)

買掛金等の決済のために作成した小切手で、取引先にまだ渡されていない小切手のことです。

当社の処理は、未渡小切手の振出し原因により、次のように分かれます。

未渡小切手の振出し原因	処　理
負債項目(買掛金、支払手形など)の支払	小切手振出し時の逆仕訳03)
費用項目(広告費、家賃など)の支払 固定資産の取得代金の支払	未払金勘定で処理03)

03) 振出し原因が負債項目(支払手形、買掛金など)の場合、負債はまだ減っていないので、小切手振出時の逆仕訳となります。振出し原因が費用項目(広告費、家賃など)の場合、費用は発生しているので、費用を取り消さず、未払金勘定で処理します。

② 誤記入(当社残高の加算または減算)

企業が誤った金額で記入している場合などのことです。

③ 連絡未通知(当社残高の加算または減算)

銀行における売掛金の振込みや、税金の自動引落しなどの連絡がまだ企業側に届いていないものをいいます。

(2) 銀行側の調整

① 時間外預入(銀行残高の加算)

銀行の営業時間終了後に夜間金庫などに預け入れたため、銀行が翌日に受入れの処理をする預入金のことをいいます。

② 未取付小切手(銀行残高の減算)

買掛金等の決済のために小切手を振り出したが、取引先がまだ銀行に呈示していない小切手のことをいいます。

③ 未取立小切手(銀行残高の加算)

銀行に小切手代金の取立てを依頼しているが、まだ取り立てられていないものをいいます。

Q 3-1 **銀行勘定調整表**

決算日(×1年3月31日)における当社の当座預金勘定残高は320,000円、銀行残高証明書残高は470,000円であり、不一致の原因を調査したところ次の事実が判明した。両者区分調整法による銀行勘定調整表を作成し、必要な修正仕訳を示しなさい。

(1) 決算日に現金120,000円を預け入れたが、営業時間外であったため、銀行では翌日預入としていた。
(2) 仕入先A商店に対する買掛金の支払いのため、小切手 90,000円を振り出したが、いまだ銀行に呈示されていなかった。
(3) 仕入先B商店に対する買掛金40,000円の支払いのため振り出した小切手が未渡しのままであった。
(4) 得意先C商店より売掛金の回収分150,000円が当座預金に振り込まれたが、その連絡が当社に未達であった。
(5) 所有している受取手形のうち90,000円が当座預金にて決済されたが、当社ではこれを100,000円として記帳していることが判明した。

A 3-1 **解答**

銀行勘定調整表

○○銀行○○支店　×1年3月31日　(単位：円)

当座預金勘定残高		320,000	銀行残高証明書残高	470,000
加　算			加　算	
(3) 未渡小切手[04]	40,000		(1) 時間外預入	120,000
(4) 売掛金回収連絡未達[04]	150,000	190,000		
減　算			減　算	
(5) 誤記入[04]		10,000	(2) 未取付小切手	90,000
		500,000		500,000

B/S 当座預金

修正仕訳

(3)	(借) 当座預金	40,000	(貸) 買掛金	40,000
(4)	(借) 当座預金	150,000	(貸) 売掛金	150,000
(5)	(借) 受取手形[05]	10,000	(貸) 当座預金	10,000

04) 企業側の調整事項については修正仕訳を行います。これによって当座預金勘定の残高が適正な金額になります。

05) 貸倒引当金の設定に影響するので注意。

トレーニングⅠ　Ch3　問題2・3へ

Column 会計ってなーに？

「会計ってなーに？」という話をしましょう。

会計の定義はと言うと、「会計とは、情報利用者が、事情に精通したうえで、判断や意思決定を行うことができるように、経済的な情報を識別し、測定し、伝達するプロセスである」、なーんていうのがあるんですが、まぁ、何のことかわかりませんよね。

では、皆さんに伺いますね。

「将来、教授になりたい」と思っているひとぉー、挙手。

ヨシヨシ。誰もいませんね。

われわれ、試験に通って、現実の社会で使えるようになればそれでいいですよね。

なら、会計の定義だって、これだけ。「計算すること」。

計算すること、それが会計なんです。ですから企業会計といえば「企業で計算すること」。

それぐらいに捉えておけば充分なんです。

ちなみに、皆さん「会計」っていう言葉、日常的に聞いたり使ったりしますよね。

夜更けの居酒屋で。

帰るときに「すみません。“会計”お願いしまーす」って言うでしょ。

あれって、お願いされた店の方はどうしています？

なに食った、なに飲んだって、計算しているでしょ。

あの使われ方って、正しいんです。

つまり「会計お願いしまーす」は「計算お願いしまーす」と同じで、お願いされた方は計算しているのです。

Chapter

有価証券

Point

有価証券の期末の評価は、ほぼ毎回といっていいほど出題されます。ここは多少細かい点も含めてしっかりおさえるようにしてください。

用語集

切放法
決算時における有価証券の評価額を、翌期の帳簿価額として処理する方法

洗替法
決算時における有価証券の評価額を、翌期首に取得原価に戻して処理する方法

売買目的有価証券
時価の変動により利益を得ることを目的として保有する有価証券

満期保有目的の債券
満期まで所有する意図をもって保有する社債その他の債券

子会社株式・関連会社株式
子会社の支配や関連会社に対する影響力の行使を目的として保有する有価証券

その他有価証券
売買目的・満期保有目的・子会社・関連会社株式以外の有価証券

全部純資産直入法
評価差額の合計額を純資産の部に計上する方法

部分純資産直入法
時価が帳簿価額を上回る銘柄にかかる評価差額は純資産の部に計上し、時価が帳簿価額を下回る銘柄にかかる評価差額は当期の損失として処理する方法

強制評価減
市場価格がある有価証券につき、時価が著しく下落したとき、回復する見込みがある場合を除いて時価で評価する方法

実価法
市場価格がない有価証券(株式)につき、実質価額が著しく低下したとき、実質価額を貸借対照表価額とする方法

Section 1

有価証券の分類・表示

有価証券は「価値のある紙切れ」です。一言で有価証券といってもいろいろなものがありますが、なかでも株券や社債券は代表的なものです。金額の決定方法をはっきりさせるために分類が必要で、その分類にしたがって貸借対照表での表示も決定していくことになります。

1 有価証券とは

▶▶ 法律上の有価証券には、手形、小切手などの貨幣証券や、船荷証券、商品券などの物品証券も含まれますが、会計上の有価証券は、株式会社が発行する株式や社債、国や地方公共団体が発行する国債や地方債などの資本証券のみとなります。

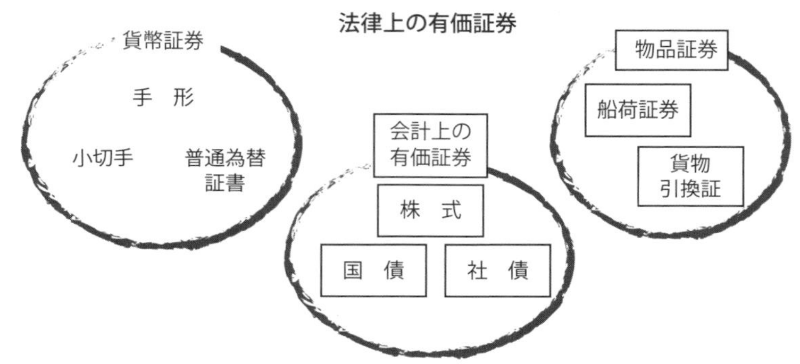

2 有価証券取引の全体像

▶▶ 有価証券の取引では、取得、追加取得、決算、売却の４つの会計事実の処理が問題になります。

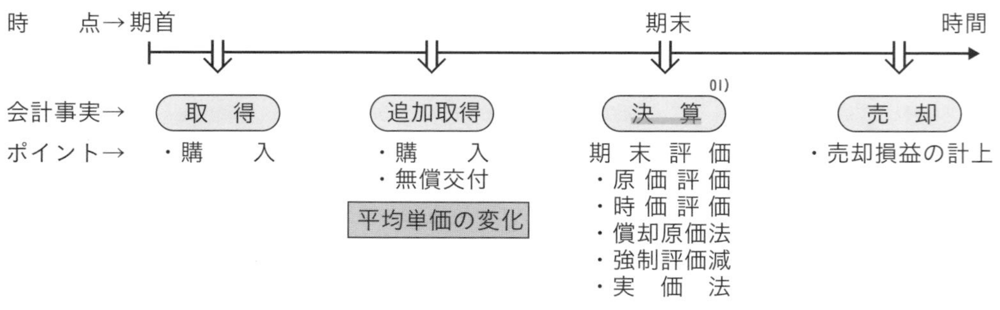

01) 決算時の評価は、必ずといっていいほど出題される論点ですので注意しましょう。

3 有価証券の分類

▸▸ 有価証券は、保有目的によって次のように分類され、貸借対照表に表示されます。

仕訳上の勘定科目と貸借対照表上の表示科目が異なる点に注意してください。01)

01) 本試験では、問題文や答案用紙の科目の指示にしたがって解答するようにしてください。

保有目的		勘定科目	B/S表示科目	表示区分
売買目的		(1) 売買目的有価証券	有価証券	流動資産
非売買目的	満期保有目的	(2) 満期保有目的債券	1年以内→有価証券	流動資産
			1年超→投資有価証券	投資その他の資産
	支配・影響力行使目的	(3) 支配→子会社株式 影響力→関連会社株式	関係会社株式	投資その他の資産
	その他の目的	(4) その他有価証券	投資有価証券	投資その他の資産

1 売買目的有価証券

▸▸ 売買目的有価証券とは、時価の変動により利益を得ることを目的として保有する有価証券をいいます。

2 満期保有目的の債券

▸▸ 満期保有目的の債券とは、満期まで所有する意図をもって保有する社債その他の債券をいいます[02]。

3 子会社株式および関連会社株式

▸▸ 子会社株式および関連会社株式とは、それぞれ子会社[03]、関連会社[04]が発行した株式をいいます。

4 その他有価証券

▸▸ その他有価証券とは、1～3以外の有価証券をいい、取引関係を安定させるために保有する、いわゆる持合株式(もちあいかぶしき)などが該当します[05]。

02) 1年以内に満期日が到来する債券は流動資産となります。

03) その株式を所有している会社が実質的に支配している会社のことです。

04) その株式を所有している会社が、出資、人事、資金、技術、取引等の関係を通じて、経営方針の決定に重要な影響を与えることができる会社のことです。

05) その他有価証券のうち、債券に関しては、1年以内に償還日の到来するものは、「有価証券」(流動資産)として表示しますが、特に気にする必要はないでしょう。

トレーニングⅠ　Ch4　問題1へ

Section 2 有価証券の取得と売却

有価証券はある一定の目的をもって取得します。そして目的を達成するとき、もしくは不本意ながら目的を達成できないとき、売却することになります。したがって、有価証券を取得したときの金額、売却したときの売却分の金額を明確にする必要があります。安く買って高く売りたいですね…。

1 有価証券の取得

▶▶ 有価証券の取得原価は、購入代価に購入手数料を加算して決定します。

取得原価 ＝ 購入代価 ＋ 購入手数料

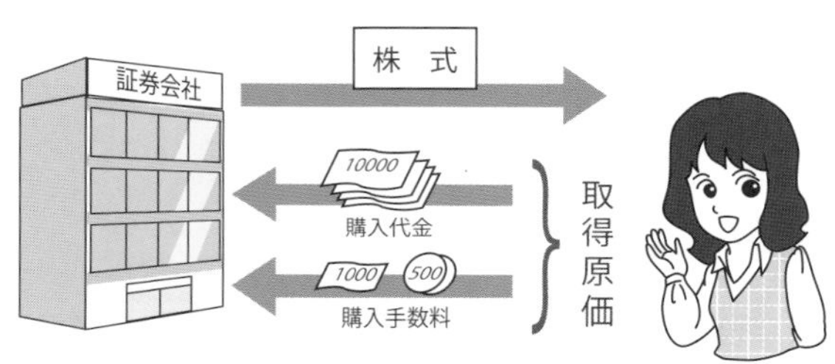

Q 2-1 **有価証券の購入**

次の取引の仕訳を示しなさい。

＠30円の株式100株を売買目的で購入し、購入手数料200円とともに小切手で支払った。

A 2-1 **解答**

(借) 売買目的有価証券	3,200	(貸) 当座預金	3,200[01]

01) ＠30円×100株＋200円＝3,200円

2 有価証券を計上するタイミング

▶▶ 有価証券を取得した場合には、原則として、有価証券を取得すると約定（やくじょう）[01]した時点で計上します(約定日基準（やくじょうびきじゅん）)[02]。

ただし、有価証券の場合には、有価証券の受渡日に計上することも容認されています(修正（しゅうせい）受渡日基準（うけわたしびきじゅん）)[03]。会計処理は次のとおりです。

売買目的 有価証券	約定日基準	修正受渡日基準
約定日 取得原価100円	(借)有価証券 100 (貸)未払金 100	仕訳なし
決算日 時価120円	(借)有価証券 20 (貸)有価証券評価損益 20	(借)有価証券 20 (貸)有価証券評価損益 20 ⇒評価差額分のみを計上します。
受渡日 代金100円支払い	(借)未払金 100 (貸)現金 100	(借)有価証券 100 (貸)現金 100

01) 約定とは、売買取引の契約と考えればいいでしょう。
02) この時点から時価変動の影響を受けます。
03) 試験では、約定日と受渡日のあいだに決算が行われる場合が重要となります。

参考 株式の無償交付(むしょうこうふ)

ここはサラッと流そう

▸▸ 有価証券を発行している会社が資本準備金等の資本剰余金を資本金に振り替えるさいに、新株式を無償で株主に交付することがあります(株式分割[01]による新株式の無償交付)。

この場合、交付を受ける側は支出がないので新株式の取得原価は0となり[02]、株式の取得原価総額は変化しません。しかし、株式数は増えているため、株式の単価を付け替える[03]必要があります。

$$\text{付替(つけかえ)後の単価} = \frac{\text{帳簿価額}}{\text{旧所有株式数} + \text{交付株式数}}$$

01) これまで1株だったものを2株にする場合など。
02) したがって仕訳は行いません。
03) 付替え=帳簿上の1株あたりの単価を変更すること。

3 有価証券の売却

ここはサラッと流そう

売却損益の計算

▸▸ 有価証券の売却損益は、次のように計算します[01]。

$$\text{売却価額(手取金額)} - \text{帳簿価額} = \begin{cases}(+)\text{売却益} \\ (-)\text{売却損}\end{cases}$$

01) 売却時に支払った手数料等は、支払手数料(費用)勘定で処理する場合と、支払手数料を計上せずに売却損益に含める場合があります。
なお、どちらの場合でも購入手数料(取得原価に算入)とは扱いが異なるので注意!!

計算された売却損益は、有価証券の種類によって表示科目および表示区分が異なります。「売買目的有価証券売却益」や「その他有価証券売却益」とはしない点に注意しましょう。

有価証券の種類	表示科目	表示区分
売買目的有価証券	有価証券売却益(損)[02]	営業外収益(費用)
子会社株式	関係会社株式売却益(損)	特別利益(損失)
関連会社株式	関係会社株式売却益(損)	特別利益(損失)
その他有価証券	投資有価証券売却益(損)	営業外収益(費用) または 特別利益(損失)

02) 売買目的有価証券は時価の変動により、利益を得ることを目的として保有するものであることから、評価損益と売却損益を区別せずに一括して「有価証券運用損益」とすることも認められています。問題文の指示に従いましょう。

Q 2-2 有価証券の売却

次の取引の仕訳を示しなさい。

当社はかねてから売買目的で保有しているA社株式630,000円(900株)のうち300株を@750円で売却し、売却手数料5,000円を差し引かれた残額を当座預金とした。

A 2-2 解答・解説

1．支払手数料勘定で処理する場合

(借)			(貸)		
(借)	当座預金	220,000	(貸)	売買目的有価証券	210,000[03]
	支払手数料	5,000		有価証券売却益	15,000[04]

03) 帳簿価額：630,000円×$\frac{300株}{900株}$＝210,000円

04) 売却損益：225,000円−210,000円＝15,000円(売却益)

2．支払手数料を売却損益に含める場合

(借)			(貸)		
(借)	当座預金	220,000	(貸)	売買目的有価証券	210,000
				有価証券売却益	10,000[05]

05) 売却損益：225,000円−210,000円＝15,000円(売却益)

(借)			(貸)		
(借)	当座預金	225,000	(貸)	売買目的有価証券	210,000
				有価証券売却益	15,000

＋

(借)			(貸)		
(借)	支払手数料	5,000	(貸)	当座預金	5,000

トレーニングⅠ　Ch4　問題2へ

重要度 ★★★

Section 3
有価証券の期末評価

有価証券の評価方法は、ひとえに保有目的と関連しています。たとえば、売買を目的とした有価証券であればつねに「売ろう」としているのですから、期末の売り値（時価）で評価しておくことが望ましいし、子会社の株式は支配を目的にしているので時価はあまり関係なく、取得原価のまま据え置くのが望ましいといえます。ただし、時価と取得原価のほかにも評価方法があります。

1 有価証券の貸借対照表価額および評価差額の処理

有価証券の貸借対照表価額を決定するための評価方法は、保有目的によって異なります。

また、評価差額の表示科目と表示区分も保有目的にかかわっています。

これを一覧にすると次のとおりです。

	貸借対照表価額（評価方法）	処理方法		評価差額・償却額	
				表示科目	表示区分
売買目的有価証券	時価（時価法）	切放法または洗替法		有価証券評価益（損）	損益計算書・営業外収益または営業外費用
満期保有[01]目的の債券	原則：取得原価（原価法）	——		——	——
	償却原価	償却原価法	定額法	有価証券利息	損益計算書・営業外収益
			利息法		
子会社株式[01]関連会社株式	取得原価	——		——	——
その他[01]有価証券	時価	洗替法 全部純資産直入法		評価差額の合計額 →その他有価証券評価差額金	貸借対照表・純資産の部
		洗替法 部分純資産直入法		帳簿価額＜時価の場合 →その他有価証券評価差額金	貸借対照表・純資産の部
				帳簿価額＞時価の場合 →投資有価証券評価損	損益計算書・営業外費用

01） 時価があるものについて時価が著しく下落した場合には、回復する見込みがあると認められる場合を除き、時価をもって貸借対照表価額とし、評価差額は当期の損失（特別損失）とします。

2　売買目的有価証券～時価の変動により利益を得ることを目的として保有

1　評　価(貸借対照表価額)

▶▶ 売買目的有価証券は、期末時価[01]をもって貸借対照表価額とします。

このさいの処理方法として、**切放法**(きりはなしほう)と**洗替法**(あらいがえほう)があります。

01) 簡単に表現すると、決算日における市場価格です。

2　評価差額の計算と表示区分

▶▶ 帳簿価額と時価との差額は、当期の損益として、有価証券評価益(損)で処理します。

帳簿価額 ＜ 時価 → 有価証券評価益(営業外収益)
帳簿価額 ＞ 時価 → 有価証券評価損(営業外費用)

3　売買目的有価証券に係る損益の表示科目

▶▶ 売買目的有価証券の売却損益、利息・受取配当金、評価損益をまとめて、「有価証券運用益」「有価証券運用損」とすることがあります。

	売却損益	配当金	評価損益
評価益（損）を用いる場合	有価証券売却益（損）	受取配当金	有価証券評価益（損）
運用益（損）を用いる場合	有価証券運用益（損）[02]		

02) 売買目的で債券を保有している場合の利息(有価証券利息)も同様です。

【財務諸表計上額】　重要度 ★★★

売買目的有価証券　B/S計上額：期末時価合計

有価証券評価損益　P/L計上額：
　切放法の場合：当期末時価－前期末時価
　洗替法の場合：(当期末時価－取得原価) ±期首の洗替え分

※ 有価証券運用損益を用いている場合→残高試算表の金額に期末の評価損益を加減する。

3 切放法と洗替法

1 切放法

▸▸ 切放法とは、有価証券を期末の時価で**評価し、その評価額を次期の帳簿価額として処理**する方法です。

Q 3-1 | **切放法** |

当社の所有するB社株式(売買目的)の金額は以下のとおりである。切放法を採用した場合の、第1期と第2期のそれぞれの仕訳を示しなさい。

第1期		第2期	
取得原価	期末時価	帳簿価額	期末時価
800円	750円	?	780円

A 3-1 | **解答・解説** |

⑴ **第1期期中(取得時)**

取得原価を帳簿価額とします。

(借) 売買目的有価証券	800	(貸) 現金等	800

⑵ **第1期期末**

第1期の期末時価で評価し、貸借対照表価額とします(取得原価と第1期の期末時価との差額が評価差額となります)。

(借) 有価証券評価損益[01)	50[02)	(貸) 売買目的有価証券	50

01) 有価証券評価損でも可。　02) 評価損益：750円－800円＝△50円

⑶ **第2期期首**

何も処理しません(第1期の期末時価が第2期の帳簿価額となります)。

仕訳なし[03)

03) 切放法のため、第1期の期末時価750円が、第2期期首の帳簿価額となります。

⑷ **第2期期末**

第2期の期末時価で評価し、貸借対照表価額とします(第1期の期末時価と第2期の期末時価との差額が評価差額となります)。

(借) 売買目的有価証券	30	(貸) 有価証券評価損益	30[04)

04) 評価損益：780円－750円＝30円

2 洗替法

▶▶ 洗替法とは、有価証券を期末の時価で評価し、翌期首に帳簿価額を取得原価に戻して処理する方法です。

Q 3-2 洗替法

当社の所有するB社株式(売買目的)の金額は以下のとおりである。洗替法を採用した場合の、第1期と第2期のそれぞれの仕訳を示しなさい。

第1期		第2期	
取得原価	期末時価	帳簿価額	期末時価
800円	750円	?	780円

A 3-2 解答・解説

(1) **第1期期中**

取得原価を帳簿価額とします。

(借) 売買目的有価証券	800	(貸) 現金等	800

(2) **第1期期末**

第1期の期末時価で評価し、貸借対照表価額とします(取得原価と第1期の期末時価との差額が評価差額となります)。

(借) 有価証券評価損益[05]	50[06]	(貸) 売買目的有価証券	50

05) P/L上、有価証券評価損益は、評価損と評価益を相殺した純額で「有価証券評価損」あるいは「有価証券評価益」として表示します。

06) 750円－800円＝△50円

(3) **第2期期首**

帳簿価額を取得原価に振り戻します。

(借) 売買目的有価証券	50[07]	(貸) 有価証券評価損益[08]	50

07) 取得原価に戻します。

08) 決算整理前残高試算表に「有価証券評価損益」があると、期首に振戻しを行っていると考えられるため、洗替法を採用していることがわかります。

(4) **第2期期末**

第2期の期末時価で評価し、貸借対照表価額とします(取得原価と第2期の期末時価との差額が評価差額となります)。

(借) 有価証券評価損益	20[09]	(貸) 売買目的有価証券	20

09) 780円－800円＝△20円

上記の仕訳により、第2期の損益計算書には営業外収益の区分に「有価証券評価益30円」が表示されることになります。

トレーニングⅠ Ch4 問題3へ

切放法だと期首の洗替仕訳を行わないため、手間がかからないという利点があります。
洗替法だと当初の取得原価が帳簿上残り、売却時に取得原価に対していくら儲かったのかを売却損益として把握することができます。

4 満期保有目的の債券～満期まで所有する意図をもって保有

Chapter 4 有価証券

1 評　価（貸借対照表価額）

満期保有目的の債券は、原則として取得原価をもって貸借対照表価額とします[01]。ただし、債券を債券金額と異なる価額で取得した場合で、かつ取得価額と債券金額との差額が金利の調整と認められるとき[02]は、償却原価法にもとづいて算定した価額をもって、貸借対照表価額とします。時価があっても売却することを予定していないので、時価評価はしません。

満期保有目的債券　原　　則：取得原価
一定の条件のもとで強制適用：償却原価

01) 細かいですが、取得原価は債券の購入金額に手数料等の付随費用を加えたものであり、取得価額は債券の購入金額をいいます。
02) 取得価額と債券金額との差額が、金利の調整と認められない場合には取得価額で評価します。

2 償却原価法の処理方法

償却原価法とは、取得価額と債券金額との差額を毎期一定の方法で貸借対照表価額（満期保有目的債券勘定の帳簿価額）に加減する方法です。なお、加減した額を償却額といい、加減後の金額を償却原価といいます。

取得価額 ± 償却額 ＝ 償却原価

償却原価法を適用した場合における償却額計上時[03]の仕訳は以下のようになります。

03) 定額法の場合は決算時、利息法の場合は利息の受取時になります。

取得価額 ＜ 債券（額面）金額の場合

(借) 満期保有目的債券	×××	(貸) 有価証券利息	×××

取得価額 ＞ 債券（額面）金額の場合

(借) 有価証券利息	×××	(貸) 満期保有目的債券	×××

3 償却額の計算方法

▸▸ 償却額の計算方法には、(1)定額法と(2)利息法の2種類があります。

(1) **定額法**

▸▸ 定額法とは、毎期一定の償却額を帳簿価額に加減算する方法です。

<定額法の計算方法>

取得価額と債券(額面)金額の差額を、取得日から満期日までの期間の月数(年数)で割り、1カ月(1年)あたりの償却額を算定しその期間の償却額を算定します。

$$(\text{債券(額面)金額} - \text{取得価額}) \times \frac{\text{当期の所有月数}}{\text{取得日から満期日までの月数}} = \text{償却額}$$

Q 3-3 | **定額法** |

当社(決算日3月31日)は×1年4月1日にA社社債を47,000円(額面50,000円、満期日×4年3月31日、券面利子率年6%、利払日9月末日および3月末日)で取得した。当社は当該証券を満期まで保有する予定である。なお、取得価額と債券金額との差額は金利の調整と認められ、定額法で処理する。以下の場合において×1年4月1日～×2年3月31日までの仕訳を示しなさい。

A 3-3 | **解答・解説** |

①×1年4月1日(取得日)

(借) 満期保有目的債券	47,000	(貸) 現金預金	47,000

②×1年9月30日(第1回利払日)

(借) 現金預金	1,500	(貸) 有価証券利息	1,500[04)]

04) 額面50,000円×券面利子率6%×$\frac{6カ月}{12カ月}$=1,500円

③×2年3月31日(第2回利払日)

(借) 現金預金	1,500	(貸) 有価証券利息	1,500

償却原価法の定額法は
2級で学習しましたね

④×2年3月31日(決算日)[05)]

(借)満期保有目的債券	1,000	(貸)有価証券利息	1,000[06)]

05) 定額法では、決算時に償却額の計上を行います。

06) (額面50,000円－取得価額47,000円)×$\frac{12カ月(×1.4〜×2.3)}{36カ月(×1.4〜×4.3)}$＝1,000円

上記の例をタイムテーブルで示すと次のようになります。満期保有目的の債券の額が年々増加する点を確認してください。　償却額は1年目〜3年目まで一定額となります。

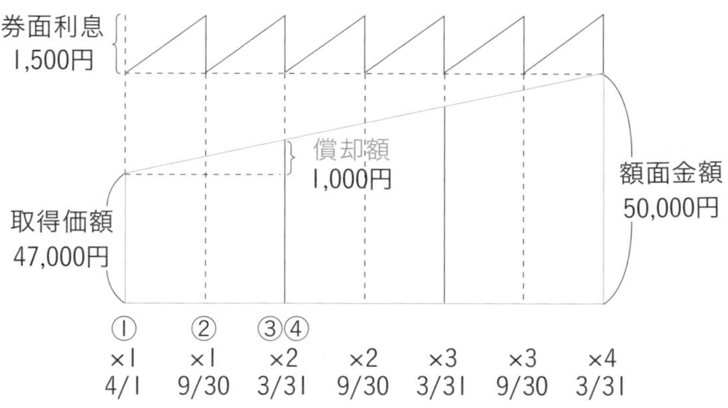

(2) 利息法

利息法とは、帳簿価額に実効利子率[07)]を乗じた金額[08)](利息配分額)から、利札による利札受取額を差し引いた金額をその期の償却額として、帳簿価額に加減する方法です[09)]。

07) 実効利子率とは、券面利子率に償却額(取得価額と額面金額との差額)まで加味した利率を指します。

08) 償却額まで含んだ利息の合計額になります。

09) 償却原価法適用後の帳簿価額を償却原価といいます。

＜利息法の計算方法＞

Step 1 ► 帳簿価額に実効利子率を掛けて、その期間に配分される利息額を算定します。

利息配分額＝帳　簿　価　額×実効利子率

Step 2 ► 額面金額に券面利子率[10)](クーポンレート)を乗じて、利札受取額を算定します。

利札受取額＝額　面　金　額×券面利子率

10) 券面利子率とは、債券の名目利子率(めいもくりしりつ)のことを指します。

Step 3 ► 利息配分額から利札受取額を控除して償却額を算定し、当該金額を帳簿価額に加減します。

償　却　額＝利息配分額－利札受取額

Q 3-4 利息法

当社(決算日3月31日)は×1年4月1日にA社社債を47,000円(額面50,000円、満期日×4年3月31日、券面利子率年6%、利払日9月末日および3月末日)で取得した。当社は当該証券を満期まで所有する予定である。なお、取得価額と債券金額との差額は金利の調整と認められ、利息法で処理する(実効利子率年 8.3%)。そこで、×1年4月1日～×2年3月31日までの仕訳を示しなさい。利息の計算上、円未満は四捨五入しなさい。

A 3-4 解答・解説

①×1年4月1日(取得日)

(借) 満期保有目的債券	47,000	(貸) 現金預金	47,000

②×1年9月30日(第1回利払日)[11)]

利息配分額：47,000円 × 8.3% × $\frac{6カ月}{12カ月}$ [12)] = 1,950.5→1,951円

利札受取額：50,000円 × 6% × $\frac{6カ月}{12カ月}$ = 1,500円

償　却　額：1,951円 − 1,500円 = 451円

(借) 現金預金	1,500	(貸) 有価証券利息	1,951
満期保有目的債券	451		

11) 利息法では、通常、利息計上時に償却額の計上を行います。なお、利払日と決算日が異なる場合、決算日に利息の見越計上を行うとともに償却額も月割りで計上します。

12) 利息が半年払いのため、実効利子率を最初に2で割って計算することもできます。

8.3% × $\frac{6カ月}{12カ月}$ = 4.15%

③×2年3月31日(第2回利払日)

償却原価に実効利子率を掛けます。

利息配分額：(47,000円 + 451円) × 8.3% × $\frac{6カ月}{12カ月}$ = 1,969.21…→1,969円

利札受取額：50,000円 × 6% × $\frac{6カ月}{12カ月}$ = 1,500円

償　却　額：1,969円 − 1,500円 = 469円

(借) 現金預金	1,500	(貸) 有価証券利息	1,969
満期保有目的債券	469		

④×2年3月31日(決算日)

仕訳なし

利息および償却原価

年 月 日	利息配分額 Step1	利札受取額 Step2	償却額 Step3	償却原価 (帳簿価額)
×1. 4. 1	–	–	–	47,000
×1. 9. 30	1,951	1,500	451	47,451
×2. 3. 31	1,969	1,500	469	47,920
×2. 9. 30	1,989	1,500	489	48,409
×3. 3. 31	2,009	1,500	509	48,918
×3. 9. 30	2,030	1,500	530	49,448
×4. 3. 31	2,052	1,500	552	50,000

上記の例をタイムテーブルで示すと次のようになります。

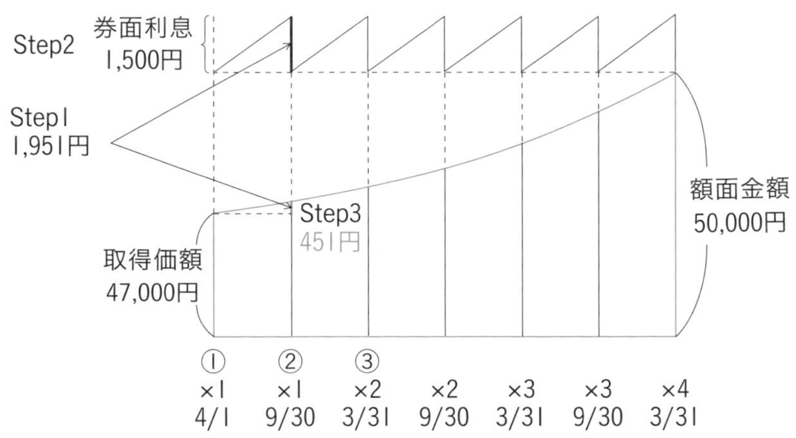

4 強制評価減

満期保有目的債券のうち、時価のあるものについて、時価が著しく下落したときは、回復する見込みがあると認められる場合を除き、時価をもって貸借対照表価額とします。評価差額は当期の損失[13]として投資有価証券評価損(特別損失)で処理します。

13) 債券の時価が著しく下落した場合には、発行会社の信用力の低下など、回収可能性が低下するためです。

【財務諸表計上額】 重要度 ★★★

満期保有目的債券　B/S計上額：期末償却原価

有価証券利息　P/L計上額：利札受取額+償却額

トレーニングⅠ　Ch4　問題4へ

5 子会社株式・関連会社株式～子会社の支配や関連会社に対する影響力の行使を目的として保有

子会社株式・関連会社株式は、原則として取得原価[01)]をもって貸借対照表価額とします。

01) 子会社株式は当該会社を支配する目的で保有し、関連会社株式は影響力を行使する目的で保有する株式です。
したがって、通常は売却しないと考えられるので、時価評価はしません。

6 その他有価証券～以上3つの有価証券のいずれにもあたらないもの

1 評　価(貸借対照表価額)

その他有価証券は、取引の円滑化等のために保有するものです[01)]が、いつか売却されることを考え、時価をもって貸借対照表価額とします。

しかし、その保有目的から短期的に実現するとは限らないため、原則として評価差額を損益計算書には計上しません。

01) たとえば、企業間で株式を相互に持ち合う持合株式などがあります。

2 評価差額

帳簿価額と時価との差額は洗替法[02)]により、(1)全部純資産直入法(ぜんぶじゅんしさんちょくにゅうほう)または(2)部分純資産直入法(ぶぶんじゅんしさんちょくにゅうほう)により処理します。

(1) 全部純資産直入法

評価差額を純資産の部に計上する方法です。全部純資産直入法の場合、評価差額は評価損・評価益ともにその他有価証券評価差額金[03)]で処理します。

① 評価差益の場合

(借) その他有価証券	×××	(貸) その他有価証券評価差額金	×××

② 評価差損の場合

(借) その他有価証券評価差額金	×××	(貸) その他有価証券	×××

02) 切放法がない点が売買目的有価証券との違いです。

03) 「その他有価証券評価差額金」は、まだ売却していない投資有価証券に関するものであり、その金額は実現した金額ではなく、B/Sの貸借を調整する一種の調整勘定にすぎません。

(2) 部分純資産直入法

時価が帳簿価額を上回る銘柄(評価益が生じるもの)に係る評価差額は、その他有価証券評価差額金で処理し、純資産の部に計上します。

一方、時価が取得原価を下回る銘柄(評価損が生じるもの)に係る評価差額は、当期の損失として投資有価証券評価損(営業外費用)で処理します[04]。

① 評価差益の場合

(借) その他有価証券	×××	(貸) その他有価証券評価差額金	×××

② 評価差損の場合

(借) 投資有価証券評価損益	×××	(貸) その他有価証券	×××

04) P/L上、特別損失に表示することもあります。

Q 3-5 | **その他有価証券の評価**

次の資料にもとづき、(1)全部純資産直入法と(2)部分純資産直入法を採用した場合の、その他有価証券評価差額金および投資有価証券評価損の金額をそれぞれ求めなさい。

当社が当期末に保有する有価証券は次のとおりである。

銘　柄	取得原価	当期末時価	保有目的
A社株式	300円	700円	その他有価証券
B社株式	400円	350円	その他有価証券

A 3-5 | **解答・解説**

(1) 全部純資産直入法

① A社株式

(借) その他有価証券	400[05]	(貸) その他有価証券評価差額金	400

05) 700円－300円＝400円

② B社株式

(借) その他有価証券評価差額金	50	(貸) その他有価証券	50[06]

06) 350円－400円＝△50円

B/S　その他有価証券評価差額金：400円－50円＝350円

P/L　投資有価証券評価損：0円

貸借対照表

純資産の部
II 評価・換算差額等
その他有価証券評価差額金　350

投資有価証券評価損は計上されません

⑵ 部分純資産直入法

① A社株式

(借) その他有価証券	400[07]	(貸) その他有価証券評価差額金	400

07) 700円－300円＝400円

② B社株式

(借) 投資有価証券評価損益	50	(貸) その他有価証券	50[08]

08) 350円－400円＝△50円

B/S　その他有価証券評価差額金：400円
P/L　投資有価証券評価損：50円

貸借対照表

純資産の部
Ⅱ 評価・換算差額等

その他有価証券評価差額金	400

損益計算書

⋮

投資有価証券評価損	50

3 洗替法

▸▸ その他有価証券の評価差額の計上は洗替法によるため、期末に計上したその他有価証券評価差額金は、翌期首に取得原価に振り戻します。

Q 3-6 | **その他有価証券・洗替法・全部純資産直入法** |

次の資料にもとづき、1年度末の決算整理仕訳と2年度目に必要な仕訳を示しなさい。当社はその他有価証券の評価について、全部純資産直入法を採用している。

当社が当期末に保有する有価証券は次のとおりである。

銘　柄	取得原価	1年度末時価	2年度末時価	保有目的
A社株式	5,000円	6,500円	7,500円	その他有価証券
B社株式	6,000円	5,800円	5,500円	その他有価証券

A 3-6 | **解答・解説** |

⑴ 1年度末

① A社株式

(借) その他有価証券	1,500[09]	(貸) その他有価証券評価差額金	1,500

09) 6,500円－5,000円＝1,500円

② B社株式

(借) その他有価証券評価差額金	200	(貸) その他有価証券	200[10]

10) 5,800円－6,000円＝△200円

(2) 2年度期首

取得原価に振り戻すために、振戻し仕訳を行います。

① A社株式

(借) その他有価証券評価差額金	1,500	(貸) その他有価証券	1,500

② B社株式

(借) その他有価証券	200	(貸) その他有価証券評価差額金	200

(3) 2年度末

取得原価と2年度末時価を比較し、評価替えを行います。

① A社株式

(借) その他有価証券	2,500[11]	(貸) その他有価証券評価差額金	2,500

11) 7,500円－5,000円＝2,500円

② B社株式

(借) その他有価証券評価差額金	500	(貸) その他有価証券	500[12]

12) 5,500円－6,000円＝△500円

Q 3-7 | その他有価証券・洗替法・部分純資産直入法

次の資料にもとづき、1年度末の決算整理仕訳と2年度目に必要な仕訳を示しなさい。当社はその他有価証券の評価について、部分純資産直入法を採用している。

当社が当期末に保有する有価証券は次のとおりである。

銘　柄	取得原価	1年度末時価	2年度末時価	保有目的
A社株式	5,000円	6,500円	7,500円	その他有価証券
B社株式	6,000円	5,800円	5,500円	その他有価証券

A 3-7 | 解答・解説

(1) 1年度末

① A社株式

(借) その他有価証券	1,500[13]	(貸) その他有価証券評価差額金	1,500

13) 6,500円－5,000円＝1,500円

② B社株式

(借) 投資有価証券評価損益	200	(貸) その他有価証券	200[14)]

14) 5,800円－6,000円＝△200円

(2) 2年度期首

取得原価に振り戻すために、振戻し仕訳を行います。

① A社株式

(借) その他有価証券評価差額金	1,500	(貸) その他有価証券	1,500

② B社株式

(借) その他有価証券	200	(貸) 投資有価証券評価損益	200

(3) 2年度末

取得原価と2年度末時価を比較し、評価替えを行います。

① A社株式

(借) その他有価証券	2,500[15)]	(貸) その他有価証券評価差額金	2,500

15) 7,500円－5,000円＝2,500円

② B社株式

(借) 投資有価証券評価損益	500	(貸) その他有価証券	500[16)]

16) 5,500円－6,000円＝△500円

▶▶ 2年度末の損益計算書には、営業外費用の区分に投資有価証券評価損300円(500円－200円)を計上します。

トレーニングⅠ Ch4 問題5・6へ

【財務諸表計上額】 重要度 ★★

その他有価証券 B/S計上額：期末時価合計(時価のないものは原則、取得原価)

その他有価証券評価差額金：
全部純資産直入法の場合：減損処理分を除く評価差額合計×(1－実効税率)*
部分純資産直入法の場合：評価差益合計×(1－実効税率)*

投資有価証券：満期保有目的債券の償却原価+その他有価証券の期末時価合計

※ 税効果会計を適用する場合(Ch19で学習)

4 その他有価証券のうちの債券の処理

その他有価証券のうち時価があり、かつ、債券の額面金額と取得価額との差額が金利の調整と認められる債券については、まず、①償却原価法を適用し、その上で、②償却原価と時価との差額を、全部純資産直入法または部分純資産直入法により処理します。

なお、翌期首には当期末に行った時価評価の仕訳は振り戻しますが、償却額の計上の仕訳は振り戻しません。

Q 3-8 その他有価証券のうちの債券

次の資料にもとづき、1年度末および2年度に必要な仕訳を示しなさい。

(1) 当社は、1年度期首にA社社債(額面金額10,000円、期間5年)を9,500円で取得した。
(2) A社社債の時価は次のとおりである。なお、債券金額と取得価額との差額の性格は金利の調整と認められるため、償却原価法(定額法)を適用する。
(3) その他有価証券の評価について全部純資産直入法を採用している。

銘　柄	取得原価	1年度末時価	2年度末時価	保有目的
A社社債	9,500円	9,650円	9,850円	その他有価証券

A 3-8 解答・解説

1. 1年度末

(1) 償却原価法(定額法)

(借) その他有価証券	100[17]	(貸) 有価証券利息	100

17) $(10,000円-9,500円)\times\frac{12カ月}{60カ月}=100円$

(2) 時価評価

(借) その他有価証券	50[18]	(貸) その他有価証券評価差額金	50

18) 償却原価法適用後の簿価：9,500円＋100円＝9,600円
評価差額：9,650円－9,600円＝50円

2. 2年度期首

(借) その他有価証券評価差額金	50	(貸) その他有価証券	50

3. 2年度末

(1) 償却原価法(定額法)

(借) その他有価証券	100	(貸) 有価証券利息	100

(2) 時価評価

(借) その他有価証券	150[19]	(貸) その他有価証券評価差額金	150

19) 償却原価法適用後の簿価：9,600円＋100円＝9,700円
評価差額：9,850円－9,700円＝150円

7 市場価格のない株式

市場価格のない株式については、取得原価で評価します。

8 有価証券の減損処理

有価証券のうち、売買目的有価証券以外の有価証券[01]について、その時価が著しく下落または実質価額が著しく低下している場合には、強制的に時価または実質価額に評価額を切り下げます。

前者を強制評価減（きょうせいひょうかげん）といい、後者を実価法（じっかほう）[02]といいます。

01) 売買目的有価証券は、つねに時価評価するため強制評価減および実価法の対象になりません。

02) 強制評価減と実価法のことを減損処理といいます。

1 市場価格のある株式

売買目的以外の市場価格のある株式の時価が著しく下落[03]したときは、回復する見込みがあると認められる場合を除き、時価をもって貸借対照表価額とし、評価差額は当期の損失として特別損失に表示[04]します(強制評価減)。

なお、翌期首において、再振替仕訳は行われません(切放方式)。

03) 時価が帳簿価額の50%を下回った場合などが該当します。なお、債券についても時価が著しく下落したときは強制評価減を行います。

04) 保有目的に合わせて、関係会社株式評価損、投資有価証券評価損などの名称で表示します。

Q 3-9 | 有価証券の減損処理(強制評価減)

子会社であるA社株式(取得原価200,000円)の時価が著しく下落し80,000円になり、回復の可能性は不明である。A社株式の期末の貸借対照表価額と評価損の金額を求めなさい。

A 3-9 | 解答

貸借対照表価額：*80,000*円[05]

評価損の金額：*120,000*円[06]

05) 時価

06) 80,000円－200,000円＝△120,000円

2 市場価格のない株式

市場価格のない株式は、取得原価を貸借対照表価額とします。ただし、その株式の発行会社の財政状態の悪化により実質価額[07]が著しく低下した場合[08]、実質価額を貸借対照表価額とし、評価差額は当期の損失として特別損失に表示[09]します(**実価法**)。

なお、翌期首において、再振替仕訳は行われません(切放方式)。

有価証券の減損処理

時価あり：時　　価（強制評価減）
時価なし：実質価額（実価法）

$$1株あたりの実質価額=1株あたりの純資産額=\frac{純資産額}{発行済株式数}$$

07) 1株あたりの純資産額

08) 実質価額が取得原価の50%を下回った場合などが該当します。

09) 保有目的に合わせて、関係会社株式評価損、投資有価証券評価損などの名称で表示します。

Q 3-10 有価証券の減損処理（実価法）

子会社株式（市場価格なし、取得原価 @65,000円）40株について発行会社の財政状態が下記のように悪化したため、実質価額に評価替えを行う。この時の仕訳を示すとともに、子会社株式の貸借対照表価額を求めなさい。なお、同社の発行済株式総数は70株である。

貸借対照表　（単位：円）

諸資産	5,500,000	諸負債	3,400,000
		資本金	3,000,000
		繰越利益剰余金	△900,000
	5,500,000		5,500,000

A 3-10 解答・解説

1．実質価額の計算

$$株式の1株あたりの実質価額=\frac{発行会社の純資産額^{10)}}{発行済株式数}=\frac{5{,}500{,}000円-3{,}400{,}000円}{70株}$$

＝@30,000円

2．評価損および貸借対照表価額の計算

子会社株式評価損：（@65,000円－@30,000円）×40株＝1,400,000円

貸借対照表価額：@30,000円×40株＝1,200,000円

（借）子会社株式評価損	1,400,000	（貸）子会社株式	1,400,000

10) 純資産額=資産−負債

トレーニングⅠ　Ch4　問題7へ

【財務諸表計上額】　重要度 ★★

関係会社株式
　B/S計上額：減損処理をしない銘柄の取得原価+減損処理をした銘柄の時価（実質価額）

テキストⅡ応用編で学習する論点

Chapter 19　特殊論点
　有価証券の消滅
　有価証券の保有目的の変更

Q TRY IT! | 理論問題 | 有価証券 |

次の各文章の空欄に適切な語句を記入しなさい。

⑴ 時価の変動により利益を得ることを目的として保有する有価証券は、(ア)をもって貸借対照表価額とし、評価差額は(イ)として処理する。

⑵ 満期まで所有する意図をもって保有する社債その他の債券は、(ウ)をもって貸借対照表価額とする。ただし、債券を債券金額より低い価額または高い価額で取得した場合において、取得価額と債券金額との差額の性格が金利の調整と認められるときは、(エ)にもとづいて算定された価額をもって貸借対照表価額としなければならない。

⑶ 子会社株式および関連会社株式は、(オ)をもって貸借対照表価額とする。

⑷ 売買目的有価証券、満期保有目的の債券、子会社株式および関連会社株式以外の有価証券は、(カ)をもって貸借対照表価額とし、評価差額は(キ)方式にもとづき、次のいずれかの方法により処理する。

① 評価差額の合計額を(ク)の部に計上する。

② 時価が取得原価を上回る銘柄に係る評価差額は(ケ)の部に計上し、時価が取得原価を下回る銘柄に係る評価差額は(コ)として処理する。

⑸ 満期保有目的の債券、子会社株式および関連会社株式並びにその他有価証券のうち、市場価格のない株式以外のものについて時価が著しく下落したときは、回復する見込みがあると認められる場合を除き、(サ)をもって貸借対照表価額とし、評価差額は(シ)として処理しなければならない。

⑹ 市場価格のない株式については、発行会社の財政状態の悪化により実質価額が著しく低下したときは、相当の減額をなし、評価差額は(ス)として処理しなければならない。

⑺ ⑸および⑹の場合には、当該時価および実質価額を翌期首の(セ)とする。

A TRY IT! | 解答 |

ア	イ	ウ	エ	オ
時価	当期の損益	取得原価	償却原価法	取得原価
❽	❽	❼	❼	❼

カ	キ	ク	ケ	コ
時価	洗い替え	純資産	純資産	当期の損失
❼	❼	❼	❼	❼

サ	シ	ス	セ
時価	当期の損失	当期の損失	取得原価
❼	❼	❼	❼

合計100点

TRY IT! | 解説 |

⑺ 強制評価減、実価法を適用した場合には、翌期首に当初の取得原価への振戻しを行いません(切放方式)。

トレーニングⅠ　Ch4　問題8・9へ

Chapter

金銭債権と貸倒引当金

Point

債権を3つに分類して貸倒引当金を計算する問題は非常によく出題されています。ここはしっかりおさえましょう。一方、債権の償却原価法や他の論点はそれほど出題されていませんので、ざっと処理をおさえれば十分です。

用語集

金銭債権
お金を受け取る権利のこと

償却原価法
債権(債券)を、債権(債券)金額より低い価額、または高い価額で取得し、その差額が金利の調整と認められる場合に適用される調整方法

定額法
毎期一定の償却額を帳簿価額に加減算する方法

利息法
帳簿価額に実効利子率を乗じた金額から、利息受取額を差し引いた金額を加減算する方法

貸倒実績率法
過去の貸倒実績率等の合理的な基準により貸倒見積高を算定する方法

キャッシュ・フロー見積法
債権の元本と利息のキャッシュ・フローの予想額を、当初の約定利子率で割り引いた金額の総額と、債権金額との差額を貸倒見積高として算定する方法

財務内容評価法
債権金額から、担保処分見込額・保証回収見込額を減額し、その残額に対して貸倒見積高を算定する方法

重要度

Section

1 1級合格のための2級の知識

2級では、いろいろな手形や貸倒引当金の処理について学習してきました。1級では、貸倒引当金の見積額や金銭債権に対する償却原価法について細かく学習していきます。

金銭債権に対する償却原価法は、2級で学習した満期保有目的債券の償却原価法とほぼ同じです。1級の本試験では、貸倒引当金の処理は必ずといっていいほど出題されていますので、しっかり学習しましょう。

1 貸倒引当金

1 貸倒引当金設定時(初年度)

売掛金期末残高20,000円に対して3%の貸倒れを見積もる。

(借)	金額	(貸)	金額
貸倒引当金繰入	600	貸倒引当金	600

2 貸倒れ時①

山田商店に対する売掛金500円(前期発生分)が貸し倒れた。

(借)	金額	(貸)	金額
貸倒引当金	500	売掛金	500

3 貸倒引当金設定時(翌年度)

売掛金期末残高30,000円に対して3%の貸倒れを差額補充法により見積もる。

(借)	金額	(貸)	金額
貸倒引当金繰入	800[01)]	貸倒引当金	800

01) 30,000円×3%=900円　900円−(600円−500円)=800円

4 貸倒れ時②

(1) 前期発生分

▶▶ 桑原商店に対する売掛金1,200円(前期発生分)が貸し倒れた。

(借)	科目	金額	(貸)	科目	金額
(借)	貸倒引当金	900	(貸)	売掛金	1,200
	貸倒損失	300[02]			

02) 1,200円－900円＝300円

(2) 当期発生分

▶▶ 当期に発生した売掛金700円が貸し倒れた。

(借)	科目	金額	(貸)	科目	金額
(借)	貸倒損失	700	(貸)	売掛金	700

貸倒れ時の処理　まとめ

債権の発生時期	引当金の設定の有無	処　理
前期発生	貸倒引当金設定額	貸倒引当金の減少
	貸倒引当金超過分	貸倒損失
当期発生	貸倒引当金未設定	貸倒損失

費用と収益が
対応しているね

当期に発生ということは…
当期に売上を計上している。
売掛金　××　/　売　上　××

それが貸し倒れたということは…
当期の費用にすればいい。
貸倒損失　××　/　売掛金　××

Chapter 5 金銭債権と貸倒引当金

重要度

金銭債権

金銭債権は「お金を受け取る権利」のことです。ただし、必ずしもきっちりと全額を回収できるわけではありません。お金を払ってくれるはずの相手方（債務者）の状況によって、いくら位なら回収できるかを予測します。しっかりと支払ってくれる取引先と付き合っていくことが大事ですが、さしあたって金銭債権を分類してみます。不良債権などがないといいですね。

▶金銭債権のエッセンス◀

◆10,000円の貸付金が『貸付金10,000円』である理由◆

×1年4月1日に次の条件で10,000円を貸し付けたとしましょう。

利息：年利5％（利払日　年1回3月末）

期間：3年

この状況から今後見込まれるキャッシュ・フローを図にすると、下記のようになります。

これをそれぞれ、割り引いて現在価値に直してみましょう。

1年後の500円の収入を現在の価値に直すには、500円を1＋利子率の5％で割って計算します。また2年後の500円の収入は（1 + 0.05）で2回割って計算できますし、利息の500円が元本の10,000円とともに収入となる3年後は（1 + 0.05）で3回割って計算することになります。なお、割引現在価値を求める段階で四捨五入します。

では、この10,000円の貸付金にかかる全キャッシュ・フローの割引現在価値を合計してみましょう。

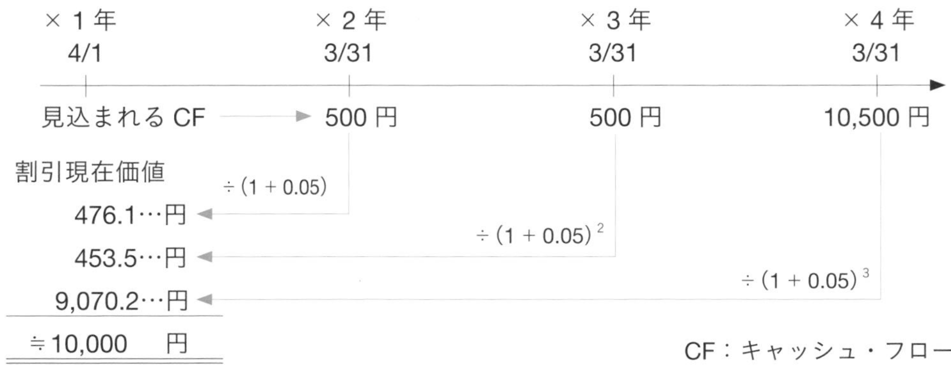

みてください。このように、10,000円となります。

つまり、10,000円の貸付金が『貸付金10,000円』であるといえるのは、このようにこの貸付金10,000円を現在価値に割り引いてみると、やっぱり10,000円になるからなのです。

ということは、もしも何らかの理由で利息を減らしたり、貸付期間を延長したりすると、その分の貸付金の価値は減少することになり、この差額が貸倒引当金となるのです。

金利を2%に減らした場合、元の金利5%で現在価値を計算します。

1 金銭債権の種類

金銭債権には、以下のものが含まれます。

金銭債権
- 営業債権
  - 売上債権 … 受取手形、売掛金など
  - その他 … 営業の必要上、継続的に発生する取引先に対する立替金や貸付金など
- 営業外債権 …… 営業債権以外の貸付金、未収金など

なお、営業債権に対する貸倒引当金繰入は販売費及び一般管理費に、営業外債権に対する貸倒引当金繰入は営業外費用の区分に表示します。

2 金銭債権の評価

▸▸ 金銭債権の評価は、次のように行います[01]。

01) 金銭債権は客観的な時価の測定が困難なものであるため、時価評価は行いません。

1 債権金額=取得価額の場合(原則的評価)

▸▸ 受取手形、売掛金、貸付金その他の債権の貸借対照表価額は、取得価額から貸倒見積高にもとづいて算定された貸倒引当金を控除した金額[02]とします。

貸借対照表価額 = 取得価額 − 貸倒引当金

02) 回収可能見込額といい、原則としてこの額で評価します。

2 債権金額≠取得価額、かつ差額が金利の調整と認められる場合

▸▸ 債権を債権金額より低い価額、または高い価額で取得した場合で、取得価額と債権金額との差額の性格が金利の調整と認められるときは[03]、償却原価法にもとづいて算定された価額(償却原価)から貸倒引当金を控除した金額を貸借対照表価額とします。

03) 金利の調整と認められない場合は、原則的評価となります。

貸借対照表価額 = 償却原価 − 貸倒引当金

▸▸ なお、「金利の調整」とは、市場利子率と債権の券面利子率が異なるとき、取得価額と債権金額の差をもって、調整することをいいます。

債権金額=取得価額の場合の貸倒引当金設定額は、Section 3で学習します。償却原価法の処理は、Section 4で学習します。

3 金銭債権の分類

▸▸ 金銭債権は、原則として回収可能見込額によって評価するため、債務者の経営状態によって回収可能見込額も異なります。

財政状態	債権の分類
普　通	(1)一般債権
↕	(2)貸倒懸念(けねん)債権
悪　い	(3)破産更生債権等(はさんこうせいさいけんとう)

1 一般債権

▸▸ 一般債権とは、経営状態に重大な問題が生じていない債務者に対する債権をいいます。

2 貸倒懸念債権

▸▸ 貸倒懸念債権とは、経営破綻には至っていないが、債務の弁済に重大な問題が生じているかまたは生じる可能性の高い債務者に対する債権をいいます。

3 破産更生債権等

▸▸ 経営破綻または実質的に経営破綻に陥っている債務者に対する債権をいいます。

この分類によって貸倒引当金の
計算方法が異なります

Section

貸倒引当金

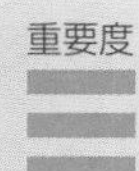

金銭債権のうち、回収できそうもない分は回収できないものとして取り扱います。債権の分類に従って、取引先の危険度（払えなくなる危険性）を見積もり、貸倒引当金の金額を決めます。算定の方法は一つではないようですね。

1 貸倒見積高の算定方法

▸▸ 金銭債権の分類により貸倒見積高の算定方法が異なります。

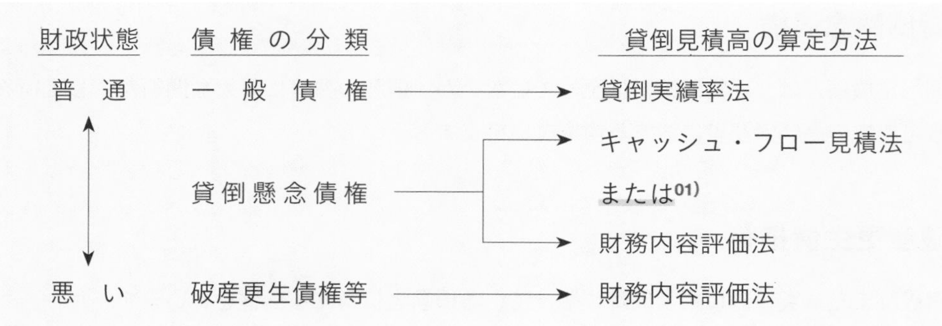

01) 貸倒懸念債権について複数の方法が認められているのは、債務者の状況が不透明であり、個々の実態に適合する方法によって算定できた方がよいと配慮されたためです。

▸▸ なお、貸倒引当金繰入は、営業債権か営業外債権かによって表示区分を決定します[02)]。

破産更生債権等の貸倒引当金繰入は、特別損失の区分に表示することもあります[03)]。

02) 営業債権（売掛金等）であれば、販売費及び一般管理費の区分の表示をします。営業外債権（貸付金等）であれば、営業外費用の区分の表示をします。

03) 本試験では、問題文や答案用紙の指示に従って解答するようにしてください。

2 一般債権(貸倒実績率法)

一般債権については、回収不能となる可能性が低いことから、債権全体または同種・同類の債権[01]ごとに、過去の貸倒実績率等の合理的な基準により貸倒見積高を算定します。

貸倒見積高＝債権金額×貸倒実績率

01) 同種の債権とは、受取手形、売掛金、貸付金などの区分が同じ債権をいい、同類の債権とはより大きな区分である営業債権、営業外債権の区分のほか、短期、長期の区分が同じ債権をいいます。

Q 3-1 一般債権

次の資料にもとづき、当期(第４期)の貸倒引当金に係る決算整理仕訳を示しなさい。

(1) 当期末における売掛金の残高は100,000円であり、すべて一般債権である。

(2) 過去３期間の一般債権の残高と実際貸倒高は、次のとおりである。

	債権残高	貸 倒 高
第１期末	200,000円	7,000円
第２期末	300,000円	8,400円
第３期末	400,000円	10,800円

(3) 当期の貸倒実績率は過去３期間の平均とする。なお、残高試算表の貸倒引当金の残高は1,000円である。

A 3-1 解答・解説

① **貸倒実績率**

第１期：$\frac{7{,}000円}{200{,}000円}\times 100 = 3.5\%$　　第３期：$\frac{10{,}800円}{400{,}000円}\times 100 = 2.7\%$

第２期：$\frac{8{,}400円}{300{,}000円}\times 100 = 2.8\%$

貸倒実績率：$\frac{3.5\% + 2.8\% + 2.7\%}{3年} = 3\%$

② **貸倒見積高**

100,000円×３％＝3,000円

③ **貸倒引当金繰入**

(借) 貸倒引当金繰入	2,000[02]	(貸) 貸倒引当金	2,000

02) 3,000円−1,000円=2,000円

トレーニングⅠ Ch5 問題１へ

3 貸倒懸念債権

1 キャッシュ・フロー見積法

キャッシュ・フロー見積法は、債権の元本および利息のキャッシュ・フローの予想額を当初の約定利子率[01]で割り引いた金額の総額(割引現在価値)と、債権金額(帳簿価額)との差額を、貸倒見積高として算定する方法です[02]。

貸倒見積高＝債権金額－債権に係るキャッシュ・フローの割引現在価値

01) 債権契約時に約束した利子率です。

02) 債権の元本の回収と利息の受取りに係るキャッシュ･フローを合理的に見積もることができる債権について用いられます。

(1) 貸倒引当金の設定時

Q 3-2 | 貸倒懸念債権・キャッシュ・フロー見積法

次の資料にもとづき、当期末(×1年3月31日)における貸倒引当金に係る決算整理仕訳を示しなさい。なお、計算過程で端数が生じる場合には、割引現在価値を求める段階で円未満を四捨五入すること。

(1) A社に対する長期貸付金10,000円は、年利率：年4％、利払日3月31日、返済期日：×4年3月31日の条件で貸し付けたものである。

(2) ×1年3月31日の利払日後に、A社より条件緩和の申し出を受け、当社は年利率2％に引き下げることに同意した。

(3) キャッシュ・フロー見積法により貸倒引当金を設定する。なお、残高試算表の貸倒引当金の当期末残高はゼロである。

A 3-2 | 解答・解説

① **割引現在価値**

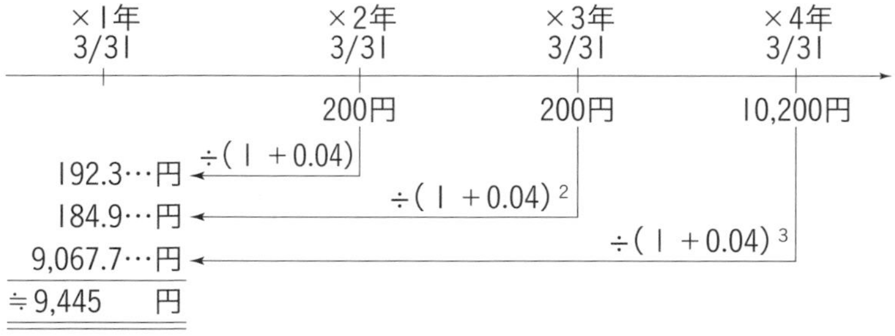

② **貸倒見積高：** 10,000円－9,445円＝555円
（10,000円：債権金額、9,445円：現在価値）

(借) 貸倒引当金繰入	555	(貸) 貸倒引当金	555

⑵ 貸倒引当金の取崩し時

▸▸ 貸倒引当金は毎期設定しなおし、戻入額は受取利息[03]で処理します。

03) 貸倒引当金戻入としても処理できるので、問題の指示に従ってください。

Q 3-3 | 貸倒懸念債権・キャッシュ・フロー見積法

次の資料にもとづき、当期末(×2年3月31日)における貸倒引当金に係る決算整理仕訳を示しなさい。なお、計算過程で端数が生じる場合には、割引現在価値を求める段階で円未満を四捨五入すること。

⑴ A社に対する長期貸付金10,000円は、年利率:年4%、利払日3月31日、返済期日:×4年3月31日の条件で貸し付けたものである。

⑵ 前期末の利払日後に、A社より条件緩和の申し出を受け、当社は年利率2%に引き下げることに同意した。

⑶ キャッシュ・フロー見積法により貸倒引当金を設定する。なお、残高試算表の貸倒引当金の残高は555円である。

A 3-3 | 解答・解説

① **割引現在価値**

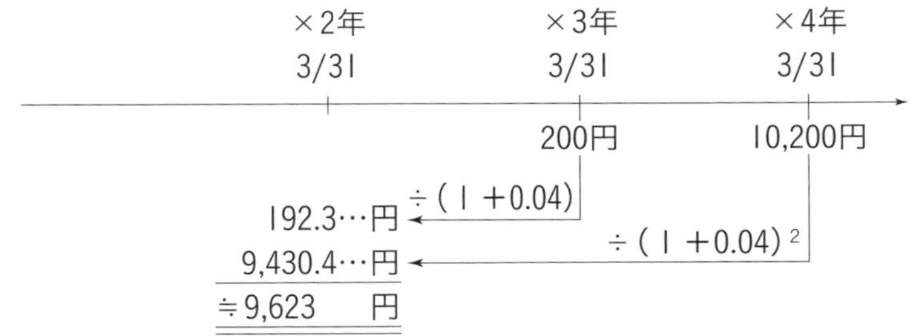

② **貸倒見積高**

貸倒見積高:10,000円−9,623円=377円

貸倒引当金減少額:555円−377円=178円

(借) 貸倒引当金	178	(貸) 受取利息	178

トレーニングⅠ Ch5 問題2へ

補足 用いる利子率について

変更後の利子率で割り引くと債権を時価評価することになってしまいます。キャッシュ・フロー見積法は債権の時価評価ではなく、将来キャッシュ・フローの減額分の簿価の切下げであるため、当初の利子率を用います。

Chapter 5 金銭債権と貸倒引当金

2 財務内容評価法

財務内容評価法は、債権金額から担保の処分見込額や保証による回収見込額[04)]を減額し、その残額に対して債務者の経営状態を考慮した貸倒設定率を掛けて貸倒見積高を算定する方法です。

貸倒見積高 =(債権金額 − 担保処分・保証回収見込額)× 貸倒設定率

04) 確実に回収できる金額です。なお、日商1級試験において、担保の処分見込額や保証による回収見込額については、問題文に指示があります。

Q 3-4 | 貸倒懸念債権・財務内容評価法

次の資料にもとづき、貸倒引当金に係る決算整理仕訳を示しなさい。

⑴ A社に対する長期貸付金100,000円について、A社に債務の弁済に重大な問題が生じていることが判明した。なお、当社は貸付金の担保として時価70,000円の土地を受け入れている。

⑵ 貸倒設定率は40％として計算する。なお、残高試算表の貸倒引当金の当期末残高はゼロである。

A 3-4 | 解答

貸倒見積高：(100,000円 − 70,000円) × 40％ = 12,000円

(借)	金額	(貸)	金額
貸倒引当金繰入	12,000	貸倒引当金	12,000

Q 3-5 | 貸倒懸念債権の貸倒れ

翌期になり、A社が倒産した。このときの仕訳を示しなさい。

A 3-5 | 解答

(借)	金額	(貸)	金額
土地	70,000	貸付金	100,000
貸倒引当金	12,000		
貸倒損失[05)]	18,000		

05) 引当金の設定額に特に誤りがなければ、差額は貸倒損失として処理します。

トレーニングⅠ Ch5 問題3へ

4 破産更生債権等(財務内容評価法)

破産更生債権等[01)]に該当する場合には、債権額から担保の処分見込額や保証による回収見込額を減額し、その残額のすべてを貸倒見積高とします[02)]。

なお、この貸倒引当金を設定する処理のほかに、債権の額から直接に減額する処理も認められています。

貸倒見積高=債権金額 − 担保処分・保証回収見込額

01) 通常、B/S 投資その他の資産に記載します。ただし、1年内に回収が見込めるものは流動資産に記載します。

02) 財務内容評価法での貸倒設定率は100%と考えてください。

Chapter 5
金銭債権と貸倒引当金

Q 3-6 | 破産更生債権等

当社は、経営破綻状態にあるA社に対して100,000円を貸し付けており、当該貸付金を破産更生債権等として扱うことにした。なお、担保である土地の処分見込額は、70,000円である。このときの貸倒引当金に係る仕訳を示しなさい。なお、残高試算表の貸倒引当金の当期末残高はゼロである。

A 3-6 | 解答

① 破産更生債権等への振替え

(借)破産更生債権等	100,000	(貸)貸付金	100,000

② 貸倒引当金の計上

貸倒見積高:100,000円 − 70,000円 = 30,000円

(借)貸倒引当金繰入	30,000	(貸)貸倒引当金[03)]	30,000

03) 以下の処理により、債権の額を直接減額することもできます。
(借)貸倒損失 30,000 (貸)破産更生債権等 30,000

Q 3-7 | 破産更生債権等の貸倒れ

翌期になり、A社に対して、担保である土地70,000円(処分見込額)を差し引き、30,000円の債権放棄の通知書を送付した、このときの仕訳を示しなさい[04)]。

A 3-7 | 解答

(借)土地	70,000	(貸)破産更生債権等	100,000
貸倒引当金	30,000		

04) このときのA社の仕訳(A社の土地の簿価を40,000円と仮定)です。
(借)借入金 100,000 (貸)土地 40,000
債務免除益 60,000

トレーニングⅠ Ch5 問題4へ

Column 電卓のたたき方

皆さんがお使いの電卓にはM＋とかM－といったキーが付いていると思います。これらの機能をうまく使うと計算が楽で迅速になります。

1. メモリー機能

電卓のメモリー機能([M+]、[M−]、[MR]、[MC])を使いこなせると、計算が速くなります。

例1 「50×200＋40×180」の計算

「50[×]200」、ここで[M+]、「40[×]180」、[M+]、「[MR](または[RM])(メモリー・リコール)」を順に押すと「17,200」が計算できます。計算し終わったら「[MC](または[CM])(メモリー・クリア)」でメモリーを消しておきます。

例2 「50×200－40×180」の計算

「50[×]200」⇒[M+]⇒「40[×]180」⇒[M−]
⇒[MR]⇒「2,800」

例3 「30×150＋55×450－25×300」の計算

「30[×]150」⇒[M+]⇒「55[×]450」⇒[M+]
⇒「25[×]300」⇒[M−]⇒[MR]⇒「21,750」

2. 割引現在価値の計算

問題文に現価係数や年金現価係数が与えられている場合には、それを用いればよいのですが、与えられていない場合には、割引現在価値を自分で計算する必要があります。

例1 割引現在価値の計算

円未満の端数が生じた場合には最終数値の段階で四捨五入すること。割引率は5％。

1年後～4年後のキャッシュ・フロー 200円
5年後のキャッシュ・フロー 10,200円

200円 $\div 1.05 +$ 200円 $\div 1.05^2 +$ 200円 $\div 1.05^3 +$ 200円 $\div 1.05^4 +$ 10,200円 $\div 1.05^5$

【シャープ／キヤノンの場合】

1年目から4年目の価値「190.…」「181.…」「172.…」「164.…」を計算しそれを合計(グランド・トータル：総合計)し、メモリーした後に5年目の価値「7,991.…」を加えていきます。

「200[÷]1.05」⇒[=][=][=][=]⇒[GT](グランド・トータル)[M+]
⇒「10,200[÷]1.05」⇒[=][=][=][=][=][M+]
[MR]≒8,701

ただし、「[MC](または[CM])」、「[CA](クリア・オール)」を押し、画面上のメモリーやグランド・トータルを消してから、計算をはじめてください。

※シャープの場合、電卓の上のほうにあるスイッチを、あらかじめ[GT]に切り替える必要があります。

【カシオの場合】

「1.05[÷][÷]200」⇒[M+][M+][M+][M+]
⇒⇒「1.05[÷][÷]10,200」⇒[=][=][=][=][=]
⇒[+][MR][=]≒8,701

なお、一部の電卓では上記のようにできないものもありますのでご容赦ください。

Section 4 金銭債権の特殊論点

ここでは主に、特殊な2つの金銭債権についてみていきます。

1つめは、取引先に9,000円を貸し付けて、返済日には10,000円が戻ってくる契約をした場合です。この貸付金について、当社はどのような処理をすればよいでしょうか。ヒントは満期保有目的の債券の処理です。

2つめは、情報技術の発達による債権の電子化の話です。電子化されても債権であることにかわりはないため、処理の方法は手形の考え方にもとづいて行います。

1 債権を債権金額と異なる価額で取得した場合

1 債権金額≠取得価額、かつ差額が金利の調整と認められる場合

債権を債権金額より低い価額、または高い価額で取得した場合で、取得価額と債権金額との差額の性格が金利の調整と認められるときは、償却原価法にもとづいて算定された価額(償却原価)から貸倒引当金を控除した金額を貸借対照表価額とします。

貸借対照表価額＝償却原価－貸倒引当金

2 償却原価法の処理方法

償却原価法とは、取得価額と債権金額との差額を毎期一定の方法で貸借対照表価額(金銭債権勘定の帳簿価額)に加減する方法です[01]。

なお、加減する額を償却額といい、加減した結果の債権の金額を償却原価といいます。

取得価額±償却額＝償却原価

01) 満期保有目的の債券における償却原価法と計算の仕方は同じです。

▸▸ 償却原価法を適用した場合の償却額計上時の仕訳は以下のとおりです。

a．取得価額 ＜ 債権金額の場合

(借) 貸付金	×××	(貸) 受取利息	×××

b．取得価額 ＞ 債権金額の場合

(借) 受取利息	×××	(貸) 貸付金	×××

▸▸ 償却原価法により、金銭債権の帳簿価額は最終的に債権金額と一致することになります。

3 償却額の計算方法

▸▸ 償却額の計算方法には、⑴定額法と⑵利息法の２種類があります[02]。

02) 償却額の計上は、定額法の場合は決算時、利息法の場合は利息の受取時になります。

⑴ 定額法

▸▸ 定額法とは、毎期一定の償却額を帳簿価額に加減算する方法です。

<定額法の計算方法>

取得価額と債権金額(額面金額)の差額を、取得日から満期日までの期間の月数(年数)で割り、1カ月(1年)あたりの償却額を算定しその期間の償却額を求めます。

$$(\text{債権金額} - \text{取得価額}) \times \frac{\text{当期の所有月数}}{\text{取得時から満期日までの月数}} = \text{償却額}$$

額面金額（＝債権金額）と
取得価額が異なれば
結局、いつも償却原価法です

Q 4-1 | **定額法**

当社(決算日3月31日)は×1年4月1日にM社に47,000円(債権金額50,000円、期日×4年3月31日、利子率年6%、利払日9月末日および3月末日)を貸し付けた。なお、取得価額と債権金額との差額は金利の調整と認められ、償却原価法(定額法)で処理する。

そこで、以下の場合において×1年4月1日〜×2年3月31日までの仕訳を示しなさい。

A 4-1 | **解答・解説**

① ×1年4月1日(取得日)

(借)	貸付金	47,000	(貸)	現金預金	47,000

② ×1年9月30日(第1回利払日)

(借)	現金預金	1,500	(貸)	受取利息	1,500[03]

03) 債権50,000円×利子率6%×$\frac{6カ月}{12カ月}$=1,500円

③ ×2年3月31日(第2回利払日)

(借)	現金預金	1,500	(貸)	受取利息	1,500

④ ×2年3月31日(決算日)[04]

(借)	貸付金	1,000[05]	(貸)	受取利息	1,000

04) 定額法では、決算時に償却額の計上を行います。

05) (債権50,000円－取得価額47,000円)×$\frac{12カ月(×1.4〜×2.3)}{36カ月(×1.4〜×4.3)}$=1,000円

上記の例をタイムテーブルで示すと次のようになります。金銭債権の額が年々増加する点を確認してください。

償却額は1年目〜3年目まで一定額となります。

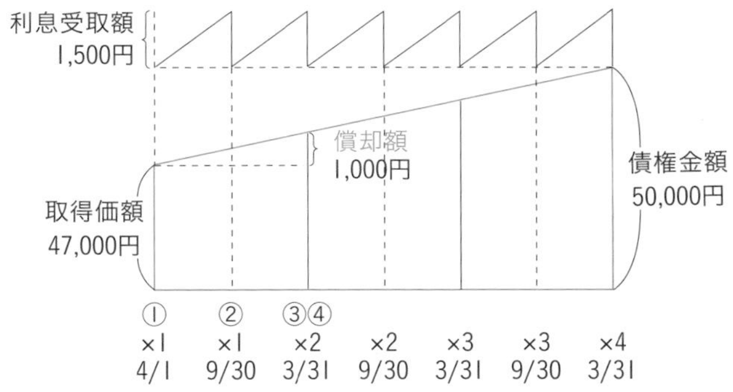

(2) 利息法

利息法とは、帳簿価額に実効利子率[06]を乗じた金額[07]（利息配分額）から、利息受取額を差し引いた金額をその期の償却額として、帳簿価額に加減算する方法です。

06) 実効利子率とは、約定利子率に償却額（取得価額と債権額との差額）まで加味した利率を指します。

07) 償却額まで含んだ利息の合計額になります。

<利息法の計算方法>

Step 1 ► 帳簿価額に実効利子率を掛けて、その期間に配分される利息額を算定します。

利息配分額 ＝ 帳 簿 価 額 × 実効利子率

Step 2 ► 債権金額に約定利子率（クーポンレート）[08] を掛けて、利息受取額を算定します。

利息受取額 ＝ 債 権 金 額 × 約定利子率

Step 3 ► 利息配分額から利息受取額を控除して償却額を算定し、当該金額を帳簿価額に加減します。

償　却　額 ＝ 利息配分額 － 利息受取額

08) 約定利子率とは、債権の名目利子率のことを指します。

Q 4-2 | **利息法** |

当社（決算日3月31日）は×１年４月１日にＭ社に47,000円（債権金額 50,000円、期日×４年３月31日、利子率年６%、利払日９月末日および３月末日）を貸し付けた。なお、取得価額と債権金額との差額は金利の調整と認められ、償却原価法（利息法）で処理する（実効利子率年 8.3%）。

そこで、以下の場合において×１年４月１日～×２年３月31日までの仕訳を示しなさい。利息の計算上、円未満は四捨五入しなさい。

A 4-2 | **解答・解説** |

① ×１年４月１日（取得日）

(借)		(貸)	
貸付金	47,000	現金預金	47,000

② ×１年９月30日（第１回利払日）[09]

(借)		(貸)	
現金預金	1,500	受取利息	1,951
貸付金	451[10]		

09) 利息法では、利息計上時に償却額の計上を行います。

10) 利息配分額：47,000円×8.3%×$\frac{6カ月}{12カ月}$＝1,950.5→1,951円

利息受取額：50,000円×6%×$\frac{6カ月}{12カ月}$＝1,500円

償　却　額：1,951円－1,500円＝451円

③　×2年3月31日(第2回利払日)

(借)	現金預金	1,500	(貸)	受取利息	1,969
	貸付金	469[11]			

11)　利息配分額：(47,000円＋451円)×8.3%×$\frac{6カ月}{12カ月}$＝1,969.21…→1,969円

利息受取額：50,000円×6％×$\frac{6カ月}{12カ月}$＝1,500円

償　却　額：1,969円－1,500円＝469円

④　×2年3月31日(決算日)

仕　訳　な　し

▸▸ 利息および償却原価

年 月 日	利息配分額 Step 1	利息受取額 Step 2	償却額 Step 3	償却原価 (帳簿価額)
×1. 4. 1	–	–	–	47,000
×1. 9. 30	1,951	1,500	451	47,451
×2. 3. 31	1,969	1,500	469	47,920
×2. 9. 30	1,989	1,500	489	48,409
×3. 3. 31	2,009	1,500	509	48,918
×3. 9. 30	2,030	1,500	530	49,448
×4. 3. 31	2,052	1,500	552	50,000

▸▸ 上記の例をタイムテーブルで示すと次のようになります。

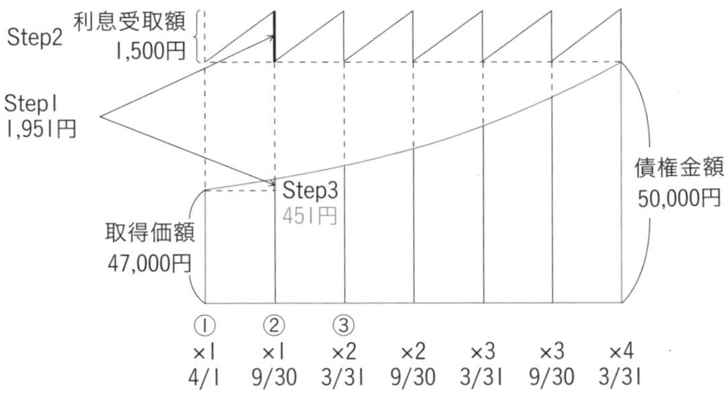

トレーニングⅠ　Ch5　問題5へ

参考　金利区分法

▶▶　売上の対価あるいは売掛金の回収として約束手形を受領し、その手形に金利相当額が含まれている場合の会計処理は、次の3つの方法があります。

1　金利部分を別処理しない方法

▶▶　金利部分を別処理しない場合には、販売時に金利部分も含めて売上と受取手形に計上し、決算時に特別な会計処理は行いません。

2　金利部分を別処理する方法（定額法）01)

▶▶　金利部分を別処理する場合には、販売時に金利部分を含めずに売上と受取手形の計上を行い、各決算時に金利相当額を受取利息に計上します。

定額法で金利相当額の按分計算を行う場合、金利部分を回収期間にわたり期間按分します。

3　金利部分を別処理する方法（利息法）01)

▶▶　金利部分を別処理する場合には、利息法の場合も定額法の場合と同様に、販売時に金利部分を含めずに売上と受取手形の計上を行い、各利息認識日において金利相当額を受取利息に計上します。

利息法での金利相当額の計算は、利息認識日直前の受取手形の帳簿価額に利率を乗じて計算することとなります。

01)　すべての債権に含まれる利息部分を区分処理することは実務上難しいので、重要性があるものについて区分処理します。

Q　金利区分法

当社（決算日3月31日）は、×1年4月1日に機械装置を納入し、売上代金2,000,000円（約定金額）に関して、回収期間2年の約束手形を受け取った。受取手形の額面は、売上元本額に年利5%（年複利）による金利相当額205,000円を加算した2,205,000円であった。受取手形に関して、下記の各種の会計処理方法を適用した場合の ①売上時点（×1年4月1日）、②決算日（×2年3月31日）および ③満期日（×3年3月31日）における仕訳を示しなさい。

(1)　金利部分を別処理しない方法

(2)　金利部分を別処理する方法（定額法）

(3)　金利部分を別処理する方法（利息法）

A 解答・解説

(1) 金利部分を別処理しない方法

① 売上時点(×1年4月1日)

(借) 受取手形	2,205,000	(貸) 売上	2,205,000[02]

02) 金利を別処理しないので、売上計上額は、205,000円の金利相当額を含んでいます。

② 決算日(×2年3月31日)

仕訳なし

③ 満期日(×3年3月31日)

(借) 現金預金	2,205,000	(貸) 受取手形	2,205,000

(2) 金利部分を別処理する方法(定額法)

① 売上時点(×1年4月1日)

(借) 受取手形	2,000,000	(貸) 売上	2,000,000

② 決算日(×2年3月31日)

(借) 受取手形	102,500	(貸) 受取利息	102,500[03]

03) 金利相当額の205,000円を2年で期間按分します。205,000円×$\frac{1年}{2年}$=102,500円

③ 満期日(×3年3月31日)

(借) 受取手形	102,500	(貸) 受取利息	102,500
(借) 現金預金	2,205,000	(貸) 受取手形	2,205,000

(3) 金利部分を別処理する方法(利息法)

① 売上時点(×1年4月1日)

(借) 受取手形	2,000,000	(貸) 売上	2,000,000

② 決算日(×2年3月31日)

(借) 受取手形	100,000	(貸) 受取利息	100,000[04]

04) 2,000,000円×5%=100,000円

③ 満期日(×3年3月31日)

(借) 受取手形	105,000	(貸) 受取利息	105,000[05]
(借) 現金預金	2,205,000	(貸) 受取手形	2,205,000

05) (2,000,000円+100,000円)×5%=105,000円

2 電子記録債権(電子記録債務)

これまで、売掛金や受取手形、貸付金といった金銭債権の処理についてみてきましたが、近年の情報技術の発達により生まれたのが電子記録債権(電子記録債務)です。

1 電子記録債権とは

電子記録債権とは、電子債権記録機関[01]への電子記録をその発生・譲渡等の要件とする、既存の売掛債権や手形債権とは異なる新たな金銭債権[02]です。事業者は、保有する売掛債権や手形債権を電子化することで、インターネット上で安全・簡易・迅速に取引できるようになり、紙の手形[03]に代わる決済手段として活用することができます。

01) コンピュータ上で、電子債権の債権者・債務者の名前、支払額・支払期日などの情報を記録・管理する業務を行います。

02) 金銭債権であるため、貸倒引当金の設定対象になります。

03) 手形は、紙媒体を使用するため、紛失・盗難のリスクなどがありますが、電子記録債権は、そうした問題点を解消することができます。

2 仕訳

電子記録債権は、受取手形に準じて処理します。電子記録債権に関する主な取引として、(1)発生、(2)譲渡、(3)消滅があります。

手形の(1)受取り、(2)割引・裏書、(3)決済と対応させてイメージしてみると良いでしょう。

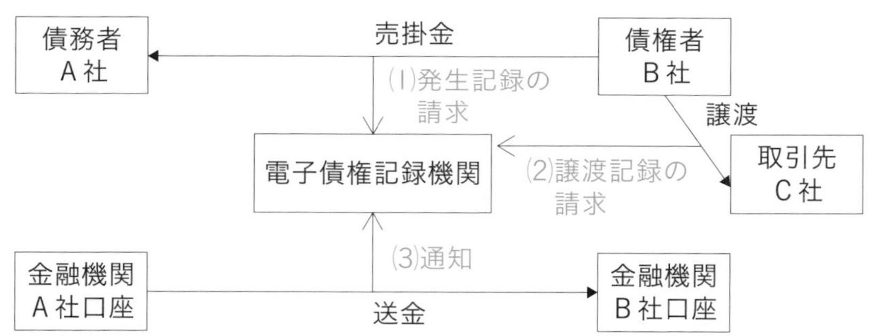

(1) **電子記録債権の発生**—手形の受取りをイメージ

債権者と債務者が電子債権記録機関に「発生記録」の請求をし、電子債権記録機関が記録を行うことで電子記録債権は発生します。

売掛金について電子記録債権の発生記録が行われた場合

(借) 電子記録債権	××	(貸) 売掛金	××

⑵ 電子記録債権の譲渡—手形の割引・裏書をイメージ

▸▸ 譲渡人(じょうとにん)と譲受人(ゆずりうけにん)が電子債権記録機関に「譲渡記録」の請求をし、電子債権記録機関が記録を行うことで電子記録債権を譲渡できます[04)]。

買掛金と引換えに電子記録債権を譲渡し、譲渡記録が行われた場合

(借) 買　掛　金	××	(貸) 電子記録債権	××

04) 「分割記録」の請求をすることで、電子記録債権を分割譲渡することもできます。

⑶ 電子記録債権の消滅—手形の決済をイメージ

▸▸ 債務者の預金口座から債権者の預金口座に払込みによる支払が行われた場合、電子記録債権は消滅し、電子債権記録機関は金融機関から通知を受けることにより記録します。

当座預金口座に振り込まれた場合

(借) 当座預金	××	(貸) 電子記録債権	××

Q 4-3 | **電子記録債権・電子記録債務**

次の取引について、A社及びB社の仕訳を示しなさい。

① A社は、商品をB社に6,000円で掛けで販売した。
② A社のB社に対する売掛金について、電子記録債権(債務) 6,000円の発生記録が行われた。
③ A社は、譲渡記録により電子記録債権2,000円をC社に1,900円で譲渡し、代金は当座預金とした。
④ A社は、譲渡記録により電子記録債権2,000円をD社に買掛金2,000円と引換えに譲渡した。
⑤ B社の当座預金口座から、A社の当座預金口座に電子記録債権(債務) 2,000円の払込みによる支払が行われた。

A 4-3 | **解答**

	A社の仕訳				B社の仕訳			
①	(借) 売掛金	6,000	(貸) 売　上	6,000	(借) 仕　入	6,000	(貸) 買掛金	6,000
②	(借) 電子記録債権	6,000	(貸) 売掛金	6,000	(借) 買掛金	6,000	(貸) 電子記録債務	6,000
③	(借) 当座預金	1,900	(貸) 電子記録債権	2,000	「仕訳なし」			
	電子記録債権売却損	100						
④	(借) 買掛金	2,000	(貸) 電子記録債権	2,000	「仕訳なし」			
⑤	(借) 当座預金	2,000	(貸) 電子記録債権	2,000	(借) 電子記録債務	2,000	(貸) 当座預金	2,000

トレーニングⅠ　Ch5　問題6へ

参考　債務保証

債務保証とは、当社が「債務者が債務を返済すること」を保証するもので、仮に債務者が支払わなかった場合には、債務者に代わって当社(債務保証をした者[01])が債務を支払わなければならなくなります[02]。

なお、債務保証の結果発生した債務のことを保証債務といいます。

01) 当社は、いわゆる保証人です。

02) 「保証人にだけはなるな」祖父が保証人になり、財産を失い苦労した父からの教えです。皆さんも気をつけて。

3　裏書手形・割引手形と保証債務

裏書きや割引を行うと受取手形は消滅しますが、手形の支払人が支払を行わなかった場合、当社が手形の支払をしなければならなくなります。

これは債務保証を行った場合と同様の状況となるため、保証債務についての処理が必要になります。

1　裏書手形

手形を裏書譲渡した場合、裏書譲渡にともなう保証債務を時価評価して仕訳します[01]。後にこの手形が無事に決済されたさいには、保証債務を消去し、保証債務取崩益を計上します。

01) 手形の裏書きによって、手形自体は消滅しますが、同時に保証債務が発生することを意味します。なお、会計基準では「時価評価」といっていますが、貸倒引当金の設定率を用いて保証債務を計上することが多いようです。手許にある債権の貸倒れ(収入の減少)に備えて貸倒引当金を計上し、手許にない債権の貸倒れ(支出の増加)に備えて保証債務を計上すると、イメージしましょう。

(1)　手形裏書時

A社から受け取っていた同社振出の約束手形100,000円を、B社への買掛金の支払いのために裏書譲渡した。保証債務の時価は手形額面金額の1％である[02]。

(借) 買掛金	100,000	(貸) 受取手形	100,000
(借) 保証債務費用[03]	1,000	(貸) 保証債務[04]	1,000

02) 1％の確率で、当社が支払わなければならなくなるというイメージです。

03) P/L・営業外費用の区分に表示されます。

04) B/S・流動負債の区分に表示されます。

(2)　手形決済時

上記手形が満期日に決済された。

(借) 保証債務	1,000	(貸) 保証債務取崩益	1,000

2 割引手形

手形を割引(売却)した場合にも、割り引いた手形に対する保証債務を時価評価して仕訳します。

後にこの手形が無事に決済されたさいには、保証債務を消去し、保証債務取崩益を計上します。

(1) 手形割引時

C社から受け取っていた約束手形100,000円をD銀行で割引き、手取金を当座預金に預け入れた。なお、割引料は2,000円、保証債務の時価は手形額面金額の1%である。

(借)	当座預金	98,000	(貸) 受取手形	100,000
	手形売却損	2,000		
(借)	保証債務費用	1,000	(貸) 保証債務	1,000

(2) 手形決済時

上記手形が満期日に決済された。

(借)	保証債務	1,000	(貸) 保証債務取崩益	1,000

なお、保証債務費用については、「手形売却損」として計上することもあるので注意します[05)]。

この場合の1の仕訳は以下のようになります。

(借)	当座預金	98,000	(貸) 受取手形	100,000
	手形売却損	3,000[06)]	保証債務	1,000

05) どちらの方法で処理するかは本試験では指示がありますので、それに従うようにしてください。

06) 割引による入金額から保証債務の時価相当額を差し引いた金額と受取手形の帳簿価額の差が手形売却損となります。

Chapter 5 金銭債権と貸倒引当金

Q TRY IT! | 理論問題 | 金銭債権と貸倒引当金

次の各文章の空欄に適切な語句を記入しなさい。

(1) 貸倒見積高の算定にあたっては、債務者の財政状態および経営成績等に応じて、債権を次のように区分する。

① (ア):経営状態に重大な問題が生じていない債務者に対する債権

② (イ):経営破綻の状態には至っていないが、債務の弁済に重大な問題が生じているかまたは生じる可能性が高い債務者に対する債権

③ (ウ):経営破綻または実質的に経営破綻に陥っている債務者に対する債権

(2) 債権の貸倒見積高は、その区分に応じてそれぞれ次の方法により算定する。

① 一般債権については、債権全体または同種・同類の債権ごとに、債権の状況に応じて求めた過去の(エ)等合理的な基準により貸倒見積高を算定する。

② 貸倒懸念債権については、債権の状況に応じて、次のいずれかの方法により貸倒見積高を算定する。

ただし、同一の債権については、債務者の財政状態および経営成績の状況等が変化しない限り、同一の方法を継続して適用する。

i 債権額から担保の(オ)および保証による(カ)を減額し、その残額について債務者の財政状態および経営成績を考慮して貸倒見積高を算定する方法

ii 債権の元本の回収および利息の受取りに係る(キ)を合理的に見積もることができる債権については、債権の元本および利息の受取りが見込まれるときから当期末までの期間にわたり当初の約定利子率で割り引いた金額の総額と債権の帳簿価額との差額を貸倒見積高とする方法

③ 破産更生債権等については、債権額から担保の(ク)および保証による(ケ)を減額し、残額を貸倒見積高とする。

A TRY IT! | 解答

ア	イ	ウ	エ	オ
一般債権 ⑩	貸倒懸念債権 ⑩	破産更生債権等 ⑩	貸倒実績率 ⑩	処分見込額 ⑩

カ	キ	ク	ケ
回収見込額 ⑩	キャッシュ・フロー ⑳	処分見込額 ⑩	回収見込額 ⑩

合計100点

Chapter

商品の評価

Point

商品評価損・棚卸減耗損や、売価還元法は、本試験でよく出題されています。

売価還元法は最初はとっつきにくいかもしれませんが、1つ1つ丁寧に解いていけば、それほど難しい内容ではありませんので、がんばって解き方をおさえるようにしてください。

用語集

継続記録法
商品有高帳などの帳簿記録にもとづいて払出数量を直接計算する方法

棚卸計算法
期末に実地棚卸を行い払出数量を間接的に計算する方法

個別法
棚卸資産ごとに取得原価がわかるように区別して記録しておき、その個々の取得原価を払出原価とする方法

先入先出法
先に取得したものから順次払い出されると仮定して、払出単価を計算する方法

平均原価法
取得した棚卸資産の平均単価を算出し、この平均単価を払出単価とする方法

最終仕入原価法
便宜的に、当期中の最終に仕入れたさいの単価を、その商品の期末商品の単価として計算する方法

売価還元法
いったん売価によって棚卸を行い、それに原価率を掛けて期末商品を算定する方法

重要度

1 払出金額の計算

商品の金額はすべて、「商品の単価×期末商品の数量」で計算されます。しかし、その時々で仕入単価が異なる場合に、どれを「単価」とすればいいのでしょうか？
また、数量は帳簿上の数量でいいのでしょうか？ それとも、実際に棚卸を行わなければならないのでしょうか？

1 数量計算の方法

棚卸資産[01]の数量[02]の計算方法には、(1)継続記録法と(2)棚卸計算法があります。

	(1) 継続記録法	(2) 棚卸計算法
意味	・商品有高帳などの帳簿記録にもとづいて払出数量を直接計算する方法	・期末に実地棚卸を行い、払出数量を間接的に計算する方法[03]
長所	・払出数量を直接計算するので、つねに在庫数量が明らかになる。 ・期末に実地棚卸を行えば、帳簿数量と実地棚卸数量とを比較することで、棚卸減耗を把握でき、管理目的に適している。	・計算が簡便で手間がかからない。
短所	・帳簿の作成が必要となり手間がかかる。	・棚卸減耗を把握できないので、管理目的には適さない。

01) 数量的に把握する資産を棚卸資産といいます。
02) 期末商品の数量は通常、問題文で与えられています。また、継続記録法で記録し、期末に実地棚卸を行うことが前提となっています。
03) 期首実地棚卸数量+当期購入数量−期末実地棚卸数量=払出数量

棚卸減耗とは、保管・運搬中に生じる数量の減少です。期末帳簿棚卸高と期末実地棚卸高の差額が棚卸減耗損です。

トレーニングⅠ　Ch5　問題1へ

2 金額計算の方法

金額計算とは、棚卸資産の費用化[01]にあたり、払出単価を計算することをいいます。

また、費用化せずに残った棚卸資産が期末の貸借対照表価額となります。

01) もちろん販売等によって費用化するのです。

金額計算の方法には以下のものがあります。

1．個別法
2．先入先出法
3．平均原価法 ⑴総平均法 ⑵移動平均法
4．最終仕入原価法
5．売価還元法

1 最終仕入原価法

便宜的に、当期中の最後に仕入れたさいの単価を、その商品の期末商品の単価として計算する方法です。

したがって、払出単価は事後的に算定されることになります。

2 売価還元法

売価還元法とは、売価に原価率を掛けて原価を計算する方法です。この方法は取扱品種の極めて多い小売業および卸売業において適用が認められています。

詳しくは、Section 3売価還元法で学習します。

トレーニングⅠ　Ch6　問題2・3へ

Section 2 期末商品の評価

期末になり、あるはずの商品がなくなっていたら棚卸減耗損、商品の時価が下がっていたら商品評価損、ということは2級で学びました。
では、異常な量の棚卸減耗や異常なレベルの時価下落が起こった場合には、どのように処理すればいいのでしょうか。
また、商品は残っているけれど、品質が下がってしまった場合には、どのように処理すればいいのでしょうか。

1 1級で学ぶことの概要

一覧表にまとめると、次のようになります。１級では棚卸減耗損の発生原因によって損益計算書における表示箇所が変わりますので、注意が必要です。

		売上原価の内訳項目	販売費	営業外費用	特別損失
棚卸減耗損	原価性あり	○	○	—	—
	原価性なし	—	—	○	○
商品評価損[01)		○	—	—	△

01) 商品評価損は、原因別に商品評価損、品質・陳腐化評価損、強制評価減による評価損と分けていましたが、これらはすべて「商品評価損」で一本化されました。

2 棚卸減耗損

帳簿棚卸数量と実地棚卸数量との差を棚卸減耗といい、決算にさいしてその金額を計算して棚卸減耗損を計上します。

棚卸減耗損＝@原価×（期末帳簿棚卸数量－期末実地棚卸数量）

1 表示区分

原価性がある場合[01)]には、「売上原価の内訳項目」または「販売費」として表示し、原価性がない場合は、「営業外費用」または「特別損失」として表示します。

01) 原価性の有無とは、毎期、経常的に発生する程度か否かで判断します。なお、棚卸減耗損を売上原価の内訳項目とする場合には、追加で以下の仕訳が必要となります。
(仕　　入)×××　(棚卸減耗損)×××

3 商品評価損

▸▸ 商品の正味売却価額がその帳簿価額(取得原価)を下回っているときは、収益性が低下[01)]していものと考え、商品評価損を計上することで帳簿価額の切下げを行います。なお、正味売却価額は、売却時価から販売経費等を控除したものをいいます。

商品評価損＝(@原価－@正味売却価額*)×期末実地棚卸数量
＊@正味売却価額＝@売却時価－@販売経費等

01) 収益性の低下には、時価下落、品質低下、陳腐化(流行遅れ)などの原因があります。

1 表示区分

▸▸ 商品評価損は、①原則として売上原価(仕入)の内訳項目として表示します[02)]。

また、②例外として臨時的かつ多額に発生した場合は、特別損失として表示します。

02) 商品評価損計上後の売上原価を算定する仕訳として以下の仕訳が必要です。
(仕　　　入)×××　(商品評価損)×××

2 洗替法と切放法

▸▸ 前期に計上した簿価切下額の戻入れに関しては、当期に戻入れを行う方法(洗替法)[03)]と行わない方法(切放法)のいずれかの方法を、棚卸資産の種類ごとに選択適用することができます[04)]。

洗替法により前期に計上した簿価切下額を戻し入れる場合には、損益計算書上、当該戻入額と当期に計上した簿価切下額を相殺して売上原価に計上します。なお、特別損失に計上された簿価切下額には、洗替法を適用することはできません。

03) 洗替法における戻入れの処理については、6～8ページの▌参 考｜で確認してください。
04) 問題の中(試算表等を含む)で特に指示等がない場合は、切放法を前提として解答してください。

トレーニングⅠ　Ch6　問題4・5へ

Q 2-1 | 計算問題 | 商品の評価 |

以下の資料にもとづき、損益計算書および貸借対照表を完成させなさい。なお、資料にない項目について考慮する必要はない。

■資料1■　決算整理前残高試算表(一部)

決算整理前残高試算表(一部)　(単位：円)

借方科目	金額	貸方科目	金額
繰越商品	210,000	売上	1,450,000
仕入	980,000		

■資料2■　決算整理事項等

1．期末商品データ

	帳簿棚卸数量	実地棚卸数量	取得原価	時　価	見積販売経費
A商品	150個	145個	@800円	@750円	@20円
B商品	200個	190個	@625円	@650円	

2．その他

(1) 棚卸減耗損は販売費として計上する。

(2) 商品評価損の処理について、切放法を採用している。

A 2-1 | 解答・解説 |

損益計算書　(単位：円)

Ⅰ 売上高		(1,450,000)
Ⅱ 売上原価		
1．期首商品棚卸高	(210,000)	
2．当期商品仕入高	(980,000)	
合計	(1,190,000)	
3．期末商品棚卸高	(245,000)	
差引	(945,000)	
4．[商品評価損]	(10,150)	(955,150)
売上総利益		(494,850)
Ⅲ 販売費及び一般管理費		
1．[棚卸減耗損]		(10,250)
営業利益		(484,600)

貸借対照表　(単位：円)

1 流動資産		
商品	(224,600)	

1. ボックス図

A商品

@800円	商品評価損 10,150円	棚卸減耗損 4,000円
@730円	B/S 商品 105,850円	
	145個	150個

B商品

@625円	B/S 商品 118,750円	棚卸減耗損 6,250円
	190個	200個

(1) A商品

期末商品棚卸高：@800円×150個＝120,000円

棚 卸 減 耗 損：@800円×(150個－145個)＝4,000円

商 品 評 価 損：取得原価@800円 ＞ 正味売却価額@730円(＝@750円－@20円)

∴計上する

(@800円－@730円)×145個＝10,150円

B / S 商 品：@730円×145個＝105,850円

(2) B商品

期末商品棚卸高：@625円×200個＝125,000円

棚 卸 減 耗 損：@625円×(200個－190個)＝6,250円

商 品 評 価 損：取得原価@625円 ＜ 正味売却価額@630円(＝@650円－@20円)

∴計上しない

B / S 商 品：@625円×190個＝118,750円

2. 仕訳

(借)	仕入	210,000	(貸)	繰越商品	210,000
(借)	繰越商品	245,000	(貸)	仕入	245,000
(借)	棚卸減耗損	10,250	(貸)	繰越商品	20,400
	商品評価損	10,150			
(借)	仕入	10,150	(貸)	商品評価損	10,150

【財務諸表計上額】 重要度 ★★

商　品　B/S計上額

取得原価＞正味売却価額の場合：正味売却価額×実地棚卸数量

取得原価＜正味売却価額の場合：取得原価×実地棚卸数量

参考　洗替法による処理方法

ここはサラッと流そう

▶▶ 洗替法による場合、前期に計上した簿価切下額の戻入れ(振戻仕訳)を行うことから、繰越商品勘定を直接減額せずに、商品評価切下額などの評価勘定(繰越商品のマイナスを意味する勘定)を用いて処理することもあります。

なお、洗替法によると前期に計上した簿価切下額を戻し入れるため、仮に、当期末において当該商品が未販売だった場合、「取得原価」>「当期末の正味売却価額」のときに評価損を計上します。

前期末

(借) 商品評価損	×××	(貸) 商品評価切下額	×××

当期首(または当期末)

(借) 商品評価切下額	×××	(貸) 商品評価切下額戻入	×××

▶▶ 切放法による場合は、前期に計上した簿価切下額の戻入れを行わないため、「前期末の正味売却価額」>「当期末の正味売却価額」のときに評価損を計上します。

参考　トレーディング目的で保有する棚卸資産

ここはサラッと流そう

▶▶ トレーディング目的で保有する棚卸資産[01]とは、当初から加工や販売の努力を行うことなく、単に市場価格の変動により利益を得る目的で保有する棚卸資産をいいます。

期末評価

▶▶ トレーディング目的で保有する棚卸資産は、時価をもって貸借対照表価額とし、評価差額は、原則として純額で売上高に表示します[02]。

01) 金やプラチナを売買目的で保有した場合が該当します。金などを保有する企業としては、様々な物の売買や投資を行っている商社などがあります。

02) 期末に市場価格が変動してもすぐ売ることができ、市場価格の変動による販売で利益を得ることを専門として行っていることが多いため、売上高に表示します。

Q　トレーディング目的で保有する棚卸資産

当社はトレーディング目的で金を保有している。当期末に保有する金は100 gであり1 gあたり5,000円で購入したものである。金の当期末の時価は1 gあたり5,200円であった。

A　解答・解説

(借) 繰越商品 期末棚卸資産の増加	20,000	(貸) 売上 金の評価益	20,000

評価益：(@5,200円－@5,000円)×100 g＝20,000円

重要度

Section 3 売価還元法

あなたは百貨店を経営し、つねに80%の原価率で商品を販売しています。期末になって財務諸表を作成するにあたり期末商品原価を求めなければなりません。

バーコードを読み取れば、各商品の売価はわかるのですが原価はちょっと…。

さて、このような場合にどうしたらよいのでしょうか?

1 売価還元法とは

▸▸ 売価還元法とは、いったん売価によって棚卸を行い、それに一定の原価率を掛けて、期末商品の原価を算定する方法です[01]。

期末商品原価[02] ＝ 期末商品売価 × 原価率

01) この方法は、多種多様な商品を扱う百貨店、スーパーマーケットなどで適用されます。

02) 売価還元法は会計処理方法ではなく、期末商品の評価方法であることに注意してください。

2 原価率・利益率

原価率は、$\frac{原価}{売価}$で示されます。つまり、売価を100%とした場合の原価の割合をいいます。

利益率は、$\frac{利益}{売価}$で示されます。つまり、売価を100%とした場合の利益の割合をいいます。

$$原価率 = \frac{原価}{売価} \times 100^{01)} = ○○\%$$

$$利益率 = \frac{利益}{売価} \times 100^{01)} = ○○\%$$

01) ただし、簿記上は百分率(%)にして示す意味が希薄なので、本書では×100を省略して示します。

Q 3-1 原価率・利益率の計算

次の売価・原価・利益の関係から利益率および原価率を計算しなさい。

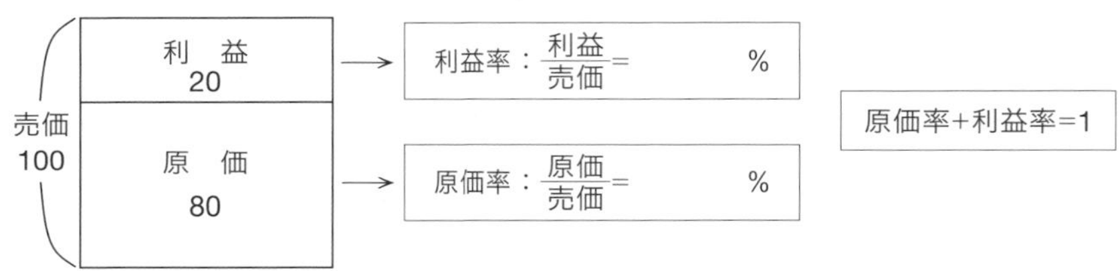

A 3-1 解答・解説

利益率：$\frac{利益}{売価} = \frac{20}{100} = 20\%$

原価率：$\frac{原価}{売価} = \frac{80}{100} = 80\%$

なお、○○率と表現したときに、○○は必ず分子となり、○○がベース(全体)とするものが分母となります。

$$○○率 = \frac{○○}{ベース(全体)}\ \%$$

原価率または利益率のどちらか一方が判明すると、もう一方も判明することになります。

原価率 = 1 − 利益率
利益率 = 1 − 原価率

3　付加率（ふかりつ）

付加率とは、原価を100％とした場合の利益の加算割合をいい、問題文中では「売価は原価の××％増し」という表現で出題されます。

$$付加率 = \frac{売価-原価}{原価} \times 100 = ○○\%$$

Q　3-2　付加率の計算

次の売価・原価・利益の関係から付加率を計算しなさい。

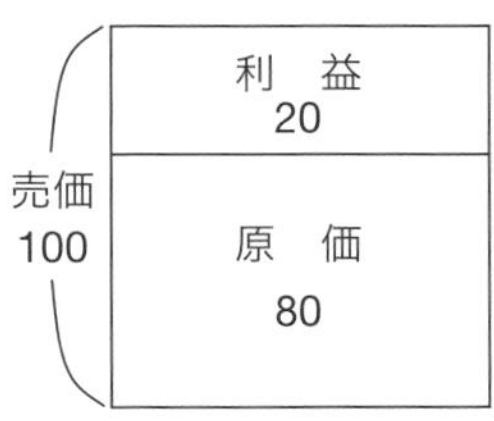

A　3-2　解答・解説

$$付加率：\frac{利益}{原価} = \frac{100-80}{80} = 25\%$$

原価をベースとして（利益を）付け加えた率ですから、$\frac{利益}{原価}$となります。

利益率は売価に対するもの
付加率は原価に対するもの

4 売価還元法の原則処理

1 原価率および期末商品原価の算定

▶▶ 売価還元法における原価率および期末商品原価は、次の算式によって求めます。

$$\text{原価率} = \frac{\text{期首商品原価} + \text{当期仕入原価}}{\text{期首商品売価} + \text{当期仕入原価} + \text{原始値入額}^{01)} + \text{純値上額}^{02)} - \text{純値下額}^{02)}}$$

期末商品原価＝期末商品売価×原価率

01) 商品の仕入時に予定した利益の額を原始値入額（げんしねいれがく）といい、これを当期仕入原価に加えることにより、当期仕入商品の売価となります。

02) 値上取消額や値下取消額がある場合には、それぞれ値上額、値下額のマイナスとして扱います。

2 棚卸減耗損の算定

▶▶ 棚卸減耗損は、期末商品帳簿売価と期末商品実地売価との差額に原価率を掛けて算定します。

なお、期末商品帳簿売価は、期首商品売価と当期仕入売価[03]の合計額(売価合計)から売上高を差し引いて求めます[04]。

03) 純値上額および純値下額を考慮した後の金額です。

04) 期末商品実地棚卸売価は、商品の棚卸を実際に行ってその売価合計で求めます。

Q 3-3 売価還元法

次の資料にもとづいて、売価還元法による原価率、棚卸減耗損を求めるとともに、決算整理仕訳を示しなさい。なお、商品評価損は発生していないものとする。また、棚卸減耗損は売上原価に算入しない。

	原　価	売　価
期首商品	500円	550円
当期仕入	2,500円	3,250円（原始値入額750円）
純値上額	—	200円
純値下額	—	250円
期末商品帳簿棚卸高	—	?
期末商品実地棚卸高	—	700円
売上高	—	2,950円

3-3 解答・解説

原　価　率：80％

棚卸減耗損：80円

決算整理仕訳

(借) 仕　　入	500	(貸) 繰 越 商 品	500
(借) 繰 越 商 品	640[05]	(貸) 仕　　入	640
(借) 棚 卸 減 耗 損	80	(貸) 繰 越 商 品	80

05)　800円×0.8＝640円

(1) 原価率の算定

$$\frac{500円+2,500円}{550円+3,250円+200円-250円}=\frac{3,000円}{3,750円}=0.8$$

(2) 期末商品帳簿売価の算定

売価合計：550円＋3,250円＋200円－250円＝3,750円

期末商品帳簿売価：3,750円－2,950円＝800円

(3) 棚卸減耗損の算定

(800円－700円)×0.8＝80円

(4) ボックス図

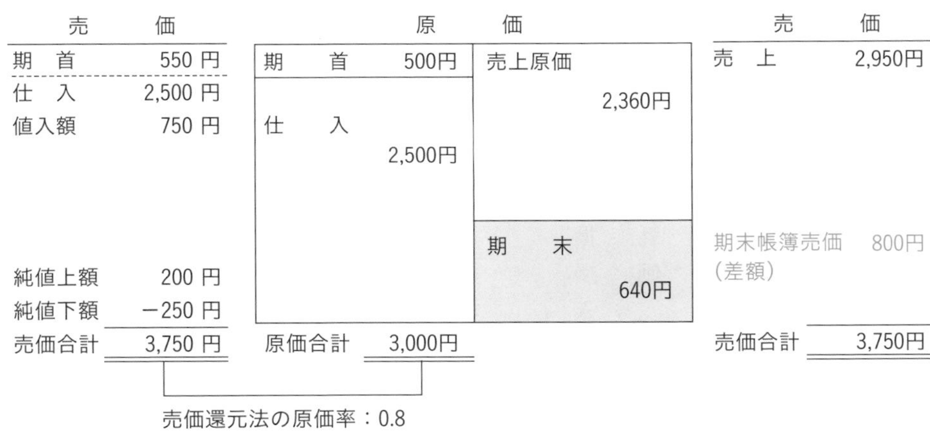

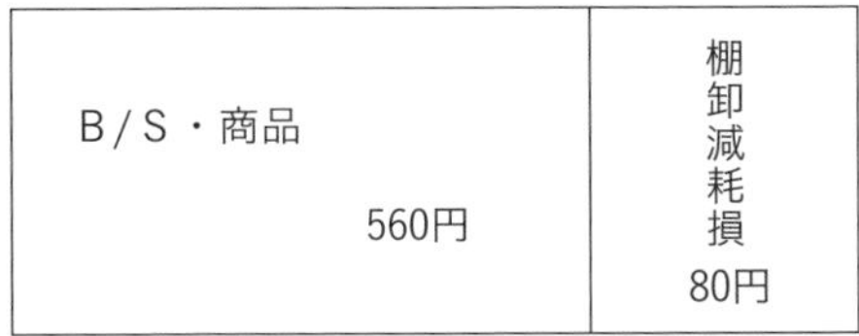

3 期末商品の評価

(1) 原則

売価還元法を採用している場合でも、期末における正味売却価額が帳簿価額よりも下落している場合には、正味売却価額をもって貸借対照表価額とし、商品評価損を計上します。

Q 3-4 | 商品評価損(売価還元法)

次の資料にもとづいて、売価還元法による商品評価損を求めるとともに、決算整理仕訳を示しなさい。なお、原価率は80%であり、棚卸減耗損は売上原価に算入しない。

また、期末商品実地棚卸高の正味売却価額は500円であった。

	原価	売価
期首商品	500円	550円
当期仕入	2,500円	3,250円(原始値入額750円)
純値上額	—	200円
純値下額	—	250円
期末商品帳簿棚卸高	—	800円
期末商品実地棚卸高	—	700円
売上高	—	2,950円

A 3-4 | 解答・解説

商品評価損:60円

	借方科目	金額		貸方科目	金額
(借)	仕入	500	(貸)	繰越商品	500
(借)	繰越商品	640	(貸)	仕入	640
(借)	棚卸減耗損	80	(貸)	繰越商品	140
	商品評価損	60			
(借)	仕入	60	(貸)	商品評価損	60

① 商品評価損の算定

期末商品帳簿原価:800円×0.8=640円

期末商品実地原価:700円×0.8=560円

棚卸減耗損:(800円−700円)×0.8=80円

商品評価損:560円−500円=60円

② ボックス図

売価	
期首	550 円
仕入	2,500 円
値入額	750 円
純値上額	200 円
純値下額	−250 円
売価合計	3,750 円

原価			
期首	500円	売上原価	2,360円
仕入	2,500円	期末	640円
原価合計	3,000円		

売価	
売上	2,950円
期末帳簿売価（差額）	800円
売価合計	3,750円

売価還元法の原価率：0.8

原価率 0.8

商品評価損　60円（差額）	棚卸減耗損 80円
B/S・商品　500円	

実地売価 700円　帳簿売価 800円

③ 損益計算書

損益計算書　（単位：円）

Ⅰ 売上高		2,950
Ⅱ 売上原価		
1 期首商品棚卸高	500	
2 当期商品仕入高	2,500	
合計	3,000	
3 期末商品棚卸高	640	
差引	2,360	
4 商品評価損	60	2,420
売上総利益		530

5　売価還元法の容認処理

▶▶ 商品ごとの正味売却価額の把握が困難であっても、純値下額が売価合計額に適切に反映されている場合には、純値下額を除外した原価率[01]を別途算定し、これによって算定された期末商品原価を収益性の低下による簿価切下額を反映したもの[02]とみなして処理することができます。

01) 便宜上、これを「低価法原価率」と呼びます。一方、これまでの売価還元法の原価率を「原価法原価率」と呼びます。

02) 棚卸資産について収益性が低下した場合には、その帳簿価額を正味売却価額まで切り下げなければならないという原則に対する例外です。

1　低価法原価率の算定

▶▶ 低価法原価率を算定するときに純値下額を除外することにより原価率を低くし、これを期末商品売価に掛けることで期末商品原価も小さくします。なお、低価法原価率は、次の算式によって求めます。

$$\text{低価法原価率} = \frac{\text{期首商品原価} + \text{当期仕入原価}}{\text{期首商品売価} + \text{当期仕入原価} + \text{原始値入額} + \text{純値上額}}$$

2　期末商品原価の算定

▶▶ 低価法原価率を用いて期末商品原価(貸借対照表価額)を算定する場合、(1)商品評価損を計上する方法[03]と、(2)商品評価損を計上しない方法があります。

それぞれの場合の期末商品原価は、次の算式によって求めます。

03) 本試験で出題可能性が高いのは(1)商品評価損を計上する方法です。(2)商品評価損を計上しない方法は参考程度におさえておきましょう。なお、本試験では問題文や答案用紙に何らかの指示が入るのでそれに従って解答します。

商品評価損を計上する方法

原価法原価率の算定 → 低価法原価率の算定

P/L　期末商品棚卸高＝期末帳簿売価×原価法原価率

P/L　棚 卸 減 耗 損＝(期末帳簿売価－期末実地売価)×原価法原価率

P/L　商 品 評 価 損＝(原価法原価率－低価法原価率)×期末実地売価

B/S　商　　　　　品＝期末実地売価 × 低価法原価率[04]

商品の評価のボックス図

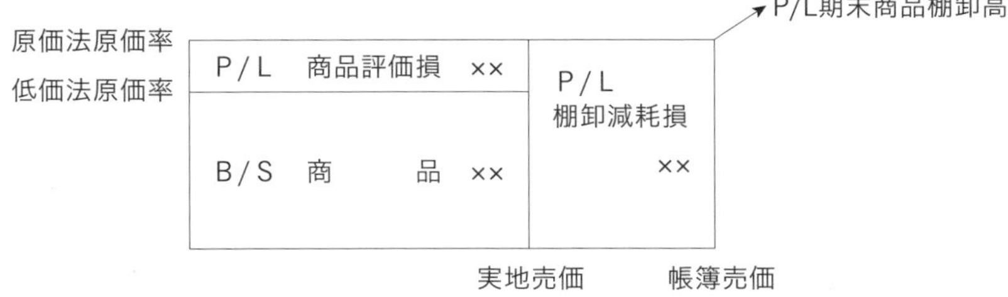

(参考)　商品評価損を計上しない方法

低価法原価率の算定

P/L　期末商品棚卸高＝期末帳簿売価×低価法原価率

P/L　棚 卸 減 耗 損＝(期末帳簿売価－期末実地売価)×低価法原価率

B/S　商　　　　　品＝期末実地売価×低価法原価率[04)]

商品の評価のボックス図

04)　評価損を計上する方法としない方法では、いずれもB/S・商品の金額は一致するのでP/L・利益も一致します。

▸▸　P／L・期末商品棚卸高を算定するさいに、(1)商品評価損を計上する方法では、売価還元法原価率を使用し、(2)商品評価損を計上しない方法では、低価法原価率を使用する点に注意しましょう。

Chapter 6　商品の評価

Q 3-5 低価法原価率

次の資料にもとづいて、低価法原価率を用いて期末商品原価を算定している場合の決算整理仕訳を、商品評価損を計上する方法により示しなさい。なお、棚卸減耗損と商品評価損は売上原価に算入する。

	原　価	売　価
期首商品	500円	550円
当期仕入	2,500円	3,250円（原始値入額 750円）
純値上額	—	200円
純値下額	—	250円
期末商品帳簿棚卸高	—	?
期末商品実地棚卸高	—	700円
売上高	—	2,950円

A 3-5 解答

決算整理仕訳

	借方科目	金額		貸方科目	金額
(借)	仕入	500	(貸)	繰越商品	500
(借)	繰越商品	640	(貸)	仕入	640
(借)	棚卸減耗損	80	(貸)	繰越商品	115
	商品評価損	35			
(借)	仕入	115	(貸)	棚卸減耗損	80
				商品評価損	35

3-5 解説

① 各金額の計算

原価法原価率：$\frac{500円 + 2,500円}{550円 + 3,250円 + 200円 - 250円} = \frac{3,000円}{3,750円} = 0.8$

低価法原価率：$\frac{500円 + 2,500円}{550円 + 3,250円 + 200円} = \frac{3,000円}{4,000円} = 0.75$

P / L　期末商品棚卸高：800円 × 0.8 = 640円

P / L　棚卸減耗損：(800円 − 700円) × 0.8 = 80円

P / L　商品評価損：(0.8 − 0.75) × 700円 = 35円

B / S　商　　品：700円 × 0.75 = 525円

② ボックス図

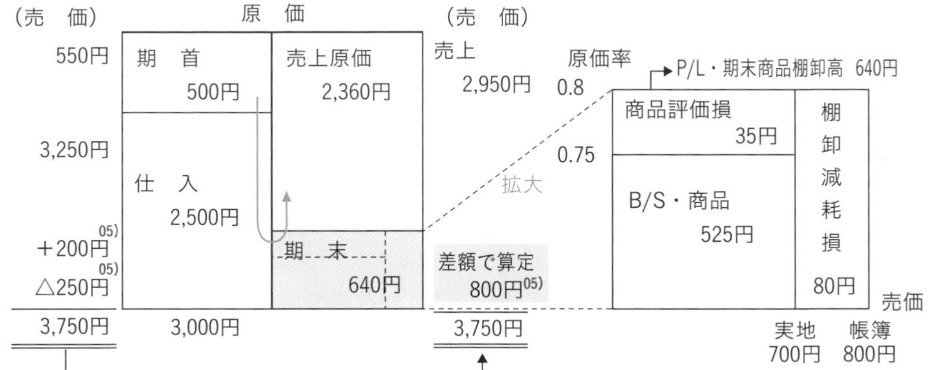

05) 期末商品帳簿棚卸高(売価=800円)を求める場合、原価率の算定方法にかかわらず、値上額(+200円)と値下額(△250円)を考慮し、売価の総額を求めた後、差額で算定します。

③ 損益計算書

損 益 計 算 書　(単位：円)

Ⅰ売　　上　　高		2,950
Ⅱ売　上　原　価		
1　期首商品棚卸高	500	
2　当期商品仕入高	2,500	
合　　計	3,000	
3　期末商品棚卸高	640	
差　　引	2,360	
4　棚 卸 減 耗 損	80	
5　商 品 評 価 損	35	2,475
売 上 総 利 益		475

トレーニングⅠ　Ch6　問題6・7へ

Q TRY IT! | **理論問題** | **商品の評価**

次の各文章の空欄に適切な語句を記入しなさい。

1．通常の販売目的で保有する棚卸資産

(1) 通常の販売目的で保有する棚卸資産は、(　ア　)をもって貸借対照表価額とし、期末における正味売却価額が取得原価よりも下落している場合には、当該(　イ　)をもって貸借対照表価額とする。この場合において、取得原価と当該(　イ　)との差額は(　ウ　)として処理する。

(2) 通常の販売目的で保有する棚卸資産について、収益性の低下による簿価切下額(前期に計上した簿価切下額を戻し入れる場合には、戻入額相殺後の額)は、(　エ　)とするが、棚卸資産の製造に関連して不可避的に発生すると認められるときには(　オ　)として処理する。

また、収益性の低下にもとづく簿価切下額が、臨時の事象に起因し、かつ、多額であるときには、(　カ　)に計上する。

臨時の事象とは、例えば次のような事象をいう。なお、この場合には、洗替え法を採用していても、簿価切下額の戻入を行ってはならない。

① 重要な事業部門の廃止　　② 災害損失の発生

(3) 売価還元法を採用している場合においても、期末における正味売却価額が帳簿価額よりも下落している場合には、当該(　キ　)をもって貸借対照表価額とする。

ただし、値下額等が売価合計額に適切に反映されている場合には、値下額および値下取消額を除外した売価還元法の原価率により求められた期末棚卸資産の帳簿価額は、収益性の低下による簿価切下額を反映したものとみなすことができる。

(4) 棚卸資産の評価において、製造業における原材料等のように再調達原価の方が把握しやすく、正味売却価額が再調達原価に歩調を合わせて動くと想定される場合には、継続して適用することを条件として、(　ク　)によることができる。

(5) 正味売却価額とは、売価(購買市場と売却市場とが区別される場合における売却市場の時価)から見積追加製造原価および(　ケ　)を控除したものをいう。

再調達原価とは、購買市場と売却市場が区別される場合における購買市場の時価に、購入に付随する費用を加算したものをいう。

(6) 通常の販売目的で保有する商品の費用配分は、原則として(　コ　)の計算と、(　サ　)の計算とに分けて行われる。(　コ　)に属する計算方法として代表的なものに、棚卸計算法と(　シ　)という2つの方法がある。ただし、取扱商品の種類が多い業種においては、(　コ　)の計算と、(　サ　)の計算とを分けずに一括して計算する(　ス　)法が採用されている。　(日商119回)

2．トレーディング目的で保有する棚卸資産

⑴ トレーディング目的で保有する棚卸資産については、（　セ　）をもって貸借対照表価額とし、帳簿価額との差額(評価差額)は、（　ソ　）として処理する。

⑵ トレーディング目的で保有する棚卸資産に係る損益は、原則として、（　タ　）で（　チ　）に表示する。

A TRY IT!｜解答｜

ア	イ	ウ	エ	オ
取得原価	正味売却価額	当期の費用	売上原価	製造原価

カ	キ	ク	ケ	コ
特別損失	正味売却価額	再調達原価	見積販売直接経費	数量

サ	シ	ス	セ	ソ
単価	継続記録法	売価還元	時価	当期の損益

各6点

タ	チ
純額	売上高

各5点

合計100点

TRY IT!｜解説｜

⑶ 値下額および値下取消額を除外した売価還元法の原価率は、低価法原価率のことです。

テキストⅡ応用編で学習する論点

Chapter 7　商品売買の期中処理
　　　　　総記法の処理
Chapter 8　収益認識
Chapter10　試用販売
Chapter11　委託販売
Chapter12　割賦販売

Chapter 6 商品の評価

Column 自分の必要性

「自分は本当に必要とされているのだろうか？」

この時代、そんな思いに駆られる人が多いのか、この言葉を幾度となく耳にする。

「今は必要とされていないと思いますよ」私ならこう答える。

それは、そんな思いに駆られる人は100％の自分の力を出し切っていない人だからです。この時代、手加減してやっている人の面倒を見る余力のある会社などないし、よしんば今それを良しとしてしまうと、その人は永遠に70％から80％の力で生きていこうとし、次にはそれを100％としてさらに手加減してしまう。

いずれは精一杯やっている人に「その程度でいいんだ」と思わせ、他の人の力まで70・80％にしてしまう。会社にも周りの人にも悪影響を及ぼすことになる。

逆に日々100％の力を出し、明日はさらにその上へと思っている人は自分が所属している組織などの環境に感謝することはあっても「自分が必要とされているのだろうか？」といった愚問など、思いつきもしないものです。

以上は会社を経営する者としての話。

しかし、人間、そんな思いに駆られるときもあるものです。

そんなときには『自分が、今、生きている』という素朴な事実と、まったくの偶然で死んでいった人たちの存在を思ってみてはどうでしょう。

おそらく『生きている』ということは、それだけで、まだ成すべきことがある証なのではないでしょうか。逆に、人が死んでしまうのは、成すべきことが終わってしまったからではないでしょうか。ひょっとすると、周りに哀しみを教えることのために生まれてきた人もいるのかもしれません。

また『長命』とは、自分自身に成すべきことを次々に与え、それに向かって取り組んでいくことで得られるのではないでしょうか。

今、試験に向かってがんばっている人は、自分自身に「合格」という成すべきことを与え、さらにその上の世界へと向かおうとされています。

今の気持ちを持続すれば『長命』も幸福な人生も、皆さんのものです。

試験まで、あとわずか。結果にこだわってがんばってください。

他人は自分の利用価値を見出してくれることはあっても、必要性を見出してくれることなどありません。結果を出して、自分で自分の必要性を証明して見せる。人は誰しもそれができる力が備わっています。がんばってください。

Chapter

有形固定資産

Point

このChapterでは、何よりも固定資産の減価償却が大事です。本試験でもよく出題されていますので、しっかりおさえるようにしてください。

用語集

償却性資産
減価償却をする資産

非償却性資産
減価償却をしない資産

現物出資
金銭以外の出資

減価償却
有形固定資産の取得原価を、耐用年数期間中の各事業年度に費用として配分する手続

自己金融
減価償却がもたらす資金調達効果

買換え
所有している資産を下取りに出し、新たに同種の資産を購入すること

除却
有形固定資産が事業から取り除かれること

圧縮記帳
特定の有形固定資産について、その取得原価を一定額だけ減額(圧縮)し、減額後の価額を貸借対照表価額とする会計処理

国庫補助金
国または地方公共団体が企業に交付する補助金

直接減額方式
国庫補助金相当額を固定資産から減少させる方法

Section 1

重要度

1級合格のための2級の知識

２級では固定資産の売却、買換え、除却を学習してきましたが、いずれにしても減価償却をどうやって行うか、現時点の帳簿価額(取得原価−減価償却累計額)がいくらになるかが重要です。
また、１級では有形固定資産の取得原価をいくらにするかといった点を学習します。これは会計学の理論問題で出題されています。

1 期中売却と買換え

1 固定資産の売却

▸▸ 備品(取得原価1,000,000円、期首減価償却累計額450,000円)を当期(3月決算)の8月31日に500,000円で売却し、代金は現金で受け取った。なお、備品について定額法(残存価額は取得原価の10％、耐用年数6年)により減価償却を行っている(間接法により記帳)。

(借)	減価償却費	62,500[01]	(貸)	備品	1,000,000
	備品減価償却累計額	450,000		固定資産売却益	12,500[02]
	現金	500,000			

01) $(1{,}000{,}000円-1{,}000{,}000円\times 10\%)\times\frac{1年}{6年}\times\frac{5カ月}{12カ月}=62{,}500円$

02) 500,000円−(1,000,000円−450,000円−62,500円)＝12,500円

2 有形固定資産の買換え

(1) 時価がない場合

▸▸ 下取価額と帳簿価額の差額は固定資産売却益(損)として処理します。

下取価額 − 買換え時の帳簿価額 → (＋)固定資産売却益(特別利益)
→ (−)固定資産売却損(特別損失)

期首に自動車(取得原価800,000円、減価償却累計額550,000円)を下取りに出し、新車1,000,000円を購入した。下取価額は350,000円であり、下取価額と新車代金の差額を現金で支払った(間接法で記帳している)。

(借) 車両減価償却累計額	550,000	(貸) 車両	800,000
車両	1,000,000	現金	650,000
		固定資産売却益	100,000

この仕訳は以下の2つの仕訳を合わせたものとなります。

実際に問題を解くさいには別々に仕訳を切る必要はありません。

<売却取引>

(借) 車両減価償却累計額	550,000	(貸) 車両	800,000
現金	350,000	固定資産売却益	100,000

＋

<購入取引>

(借) 車両	1,000,000	(貸) 現金	1,000,000

(2) 時価がある場合　参考

▸▸ 時価が判明している場合の買換えは以下のように処理します。

下取価額 － 時　価 ……▸ 取得資産の値引きと考え取得原価から控除

時　価 － 帳簿価額 ＝ (+)固定資産売却益(特別利益)
(−)固定資産売却損(特別損失)

▸▸ 期首に自動車(取得原価800,000円、減価償却累計額550,000円、時価は200,000円)を下取りに出し、新車1,000,000円を購入した。下取価額は350,000円であり、下取価額と新車代金の差額を現金で支払った(間接法で記帳している)。なお、下取価額と時価との差額は値引きと考え、取得原価から控除する。

(借) 車両減価償却累計額	550,000	(貸) 車両	800,000
車両	850,000[03]	現金	650,000[04]
固定資産売却損	50,000[05]		

下取価額 350,000円
↕ 値　引(150,000円)
時　価 200,000円
↕ 売却損(50,000円)
簿　価 250,000円

03) 350,000円－200,000円＝150,000円(値引分)
1,000,000円－150,000円＝850,000円
04) 1,000,000円－350,000円＝650,000円
05) 200,000円－(800,000円－550,000円)＝△50,000円

2 圧縮記帳

1 圧縮記帳とは

圧縮記帳とは、特定の有形固定資産について、その取得原価を一定額だけ減額(圧縮)し、減額後の価額を貸借対照表価額とする処理方法です。

圧縮記帳の対象となる場合には次のものがあります。いずれも受け入れた金額を上限にして取得原価を圧縮することができます。

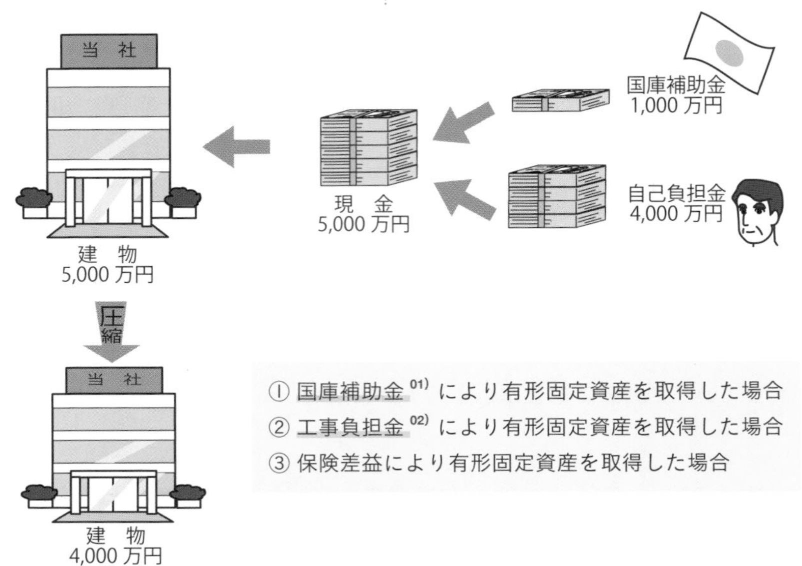

① 国庫補助金[01]により有形固定資産を取得した場合
② 工事負担金[02]により有形固定資産を取得した場合
③ 保険差益により有形固定資産を取得した場合

01) 国庫補助金とは、国または地方公共団体が企業に交付する補助金です。
02) 工事負担金とは、利用者が工事費の一部を負担するときに、企業に提供する金銭のことです。

2 圧縮記帳の処理

圧縮記帳の処理方法には、「直接減額方式」と「積立金方式」[03]があります。ここでは「直接減額方式」についてみていきます。

「直接減額方式」では、圧縮相当額について固定資産圧縮損(特別損失)を計上するとともに、同額を固定資産から減額します。この特別損失の計上によって国庫補助金受贈益などの利益が打ち消されるので、一時的に法人税等の課税をのがれることができます[04]。

03) 「積立金方式」による圧縮記帳はChapter19税効果会計で扱います。
04) せっかく国から補助金をもらったのに、その補助金に対して30%の税金が一時にかかったら、企業の活動を保護する目的を果たせません。

(1) 国庫補助金を受け入れたとき

▸▸ 受け入れた国庫補助金の額を国庫補助金受贈益勘定(特別利益)の貸方に記入し、収益の増加として処理します。

Q 圧縮記帳1

期首に国庫補助金100,000円を現金で受け入れた。このときの仕訳を示しなさい。

A 解答・解説

(借) 現　金	100,000	(貸) 国庫補助金受贈益[05]	100,000

05) 受入国庫補助金勘定や国庫補助金収入勘定を用いることもあります。圧縮記帳を行わないと、この部分が課税対象となります。

(2) 有形固定資産を取得したとき

▸▸ 支出額を取得原価とします。通常の有形固定資産の取得と同じです。

Q 圧縮記帳2

受け入れた国庫補助金(100,000円)に、自己資金400,000円を加えて備品500,000円を購入し、代金は現金で支払った。この備品は期首より営業用として使用している。このときの仕訳を示しなさい。

A 解答・解説

(借) 備　品	500,000	(貸) 現　金	500,000

(3) 圧縮記帳を行ったとき

▸▸ 国庫補助金相当額の固定資産を減少させ、借方は固定資産圧縮損勘定で費用の発生として処理します。

Q 圧縮記帳3

期首に取得した備品につき、国庫補助金相当額100,000円の圧縮記帳(直接減額方式)を行った。このときの仕訳を示しなさい。

A 解答・解説

(借) 固定資産圧縮損[06]	100,000	(貸) 備　品	100,000

06) この損失の計上により、国庫補助金受贈益への課税を一時的にのがれることができます。

⑷ 決算時

▸▸ 原始取得原価から国庫補助金相当額を控除した金額をもとに、減価償却を行います。

Q 圧縮記帳4

決算につき、定額法(残存価額は圧縮後の取得原価の10%、耐用年数8年)により、当期首に取得した備品につき、減価償却を行う。なお、当社は1年決算であり、間接法により記帳する。このときの仕訳を示しなさい。

A 解答・解説

(借) 減価償却費	45,000 07)	(貸) 備品減価償却累計額	45,000

07) $(400,000円 - 400,000円 \times 10\%) \times \frac{1年}{8年} = 45,000円$

なお、圧縮記帳をしなかった場合の減価償却費は56,250円になります。

$(500,000円 - 500,000円 \times 10\%) \times \frac{1年}{8年} = 56,250円$

11,250円だけ減価償却費が少なくなっており、その分の利益が増え課税されます。
したがって、圧縮記帳は「課税を繰り延べる方法」といわれます。

⑸ 貸借対照表の表示

貸借対照表

備品	400,000	
減価償却累計額	45,000	355,000

(注) 備品圧縮額100,000円が控除されている。

圧縮記帳を行うと
正味の取得原価が
資産の金額となります

Section

2 取得原価の決定

重要度

有形固定資産を手に入れるためにいくら支払ったのか、または手に入れた有形固定資産はそもそもいくらのものなのか、取得の形態によって迷ってしまいます。基本ルールとしては、取得原価主義があり「いくら支払ったのか？」により決定します。ただし、支払方法がイレギュラーだったり、支払がない場合など、その時々によって取得原価の決定方法が違ってきます。

1 購入により取得した場合

購入により固定資産を取得した場合には、購入代金から値引・割戻額を控除した支払代金に、登記料や試運転費など、その固定資産を使いはじめるまでに必要な付随費用を加えた金額が取得原価となります。

取得原価 ＝（購入代金－値引・割戻額）＋付随費用

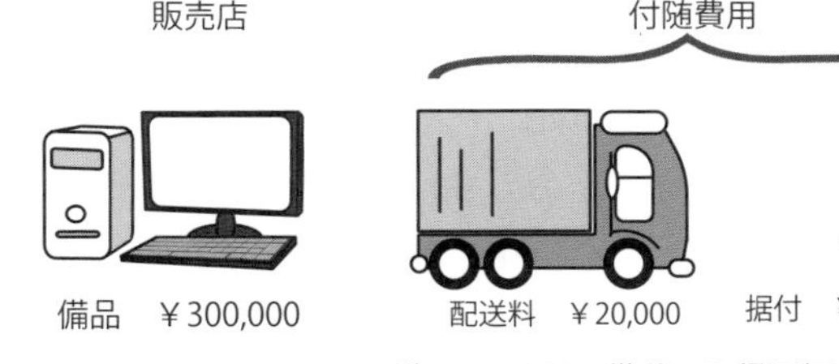

Q 2-1 | 固定資産の購入

売価100,000円の自動車を1,000円の値引きを受けて購入し、代金は自動車登録料3,000円とともに小切手で支払った。このときの仕訳を示しなさい。

A 2-1 | 解答

(借) 車　両	102,000 01)	(貸) 当座預金	102,000

01) (100,000円－1,000円)＋3,000円＝102,000円

2　その他の方法により取得した場合

1　一括購入により取得した場合

▸▸　土地付き建物のように2種類以上の固定資産を一括して購入した場合には、時価等を基準として支出額を按分(あんぶん)し、取得原価を決定します。

2　割賦購入により取得した場合[01)]

(1)　購入時

▸▸　現金で購入する場合の価格を取得原価とし、その価格と割賦購入による価格との差額は一種の利息と考え、いったん前払利息勘定(または利息未決算勘定)で処理しておきます。

(2)　代金支払時

▸▸　代金を支払うさいに利息に相当する額を前払利息勘定から支払利息勘定へ振り替えます。

01)　購入時に分割払いの手形を振り出した場合（延払手形(のべばらいてがた)）

手形振出時：	(借)	固定資産	××	(貸)	営業外支払手形	××
		前払利息	××			
手形代金決済時：	(借)	営業外支払手形	××	(貸)	現金預金	××
	(借)	支払利息	××	(貸)	前払利息	××

3　自家建設(じかけんせつ)により取得した場合

▸▸　自家建設により固定資産を取得した場合には、建設に要した材料・賃金・その他諸経費といった支出額が取得原価となります。

取得原価 ＝ 適正な原価計算基準に従って計算された製造原価

Q　2-2 | **自家建設** |

　事務所を自家建設した。この建設に関して発生した費用は、材料費80,000円、労務費90,000円、経費30,000円である。このときの仕訳を示しなさい。

A　2-2 | **解答** |

(借)	建物	200,000[02)]	(貸)	材料	80,000
				労務費	90,000
				経費	30,000

02)　80,000円＋90,000円＋30,000円＝200,000円

参考　借入資本の利子の処理

▶▶ 自家建設にさいし借り入れた資金の利子の取扱いは、以下のとおりです。

原則：支払利息として営業外費用に計上

容認：有形固定資産が稼動する前[01]の期間に属するものに限り、借入資本の利子を取得原価に算入することができる[02]

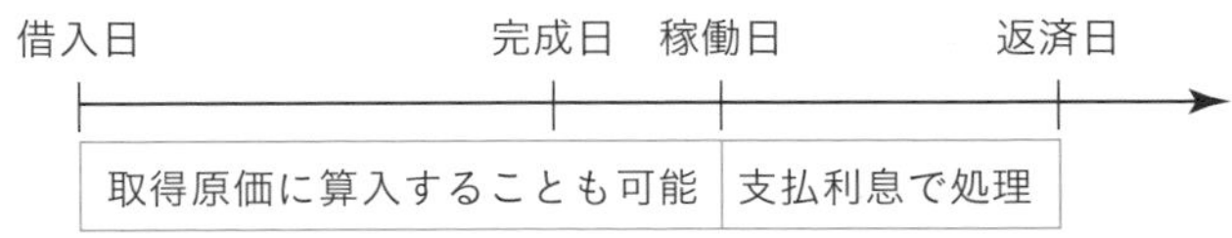

01) 完成前でないことに注意します。

02) 借入資本なしには建設することができなかったと考え、その利子は必要な付随費用の一種と捉えます。

Q 2-3 | **自家建設** |

事務所を自家建設した。この建設に関して発生した費用は、材料費80,000円、労務費90,000円、経費30,000円である。なお、この建設資金のうち100,000円については年利５％で銀行から借り入れており、その利息については全額、支払利息として計上している。借入日から返済日までの期間は1年、借入日から稼働日までの期間は半年であった。

利息を固定資産の取得原価に含める方法による場合の仕訳を示しなさい。

A 2-3 | **解答・解説** |

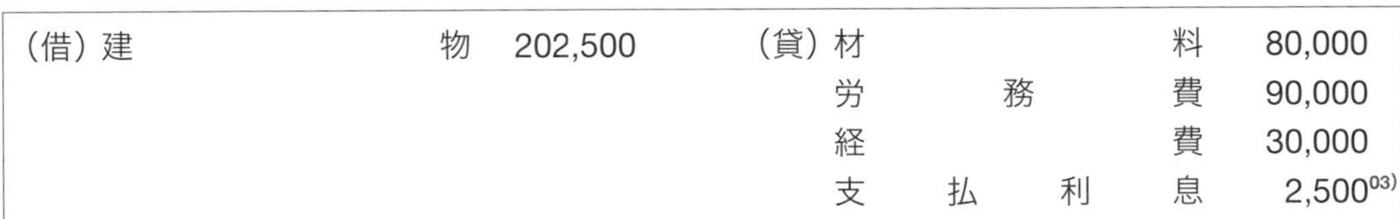

(借) 建　物	202,500	(貸) 材　料	80,000
		労 務 費	90,000
		経　費	30,000
		支 払 利 息	2,500[03]

03) $100{,}000\text{円} \times 5\% \times \frac{6\text{カ月}}{12\text{カ月}} = 2{,}500\text{円}$

稼働日までの取得原価に算入する利息は次のように計算します。

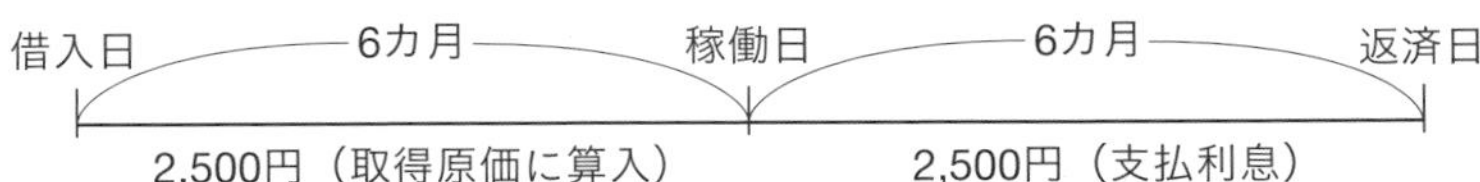

4 贈与により取得した場合

贈与を受けたこと(受贈)により固定資産を取得した場合、支出額はゼロですが、時価等を基準とした公正な評価額を取得原価とします[01)]。

取得原価 = 時価等を基準とした公正な評価額

01) 支出額がゼロだからといって、評価額をゼロとし簿外資産にすることはありません。取得原価主義の例外です。

Q 2-4 | 贈与 |

当社はA社より土地100㎡の無償贈与を受けた。不動産鑑定士の評価は 1㎡あたり5,000円である。このときの仕訳を示しなさい。

A 2-4 | 解答・解説 |

(借) 土　地	500,000 [02)]	(貸) 固定資産受贈益	500,000

02) @5,000 円×100㎡= 500,000 円

5 現物出資(げんぶつしゅっし)[03)]により取得した場合

有形固定資産の現物出資を受けた場合、原則として給付された日の有形固定資産の時価を、取得原価とします。

取得原価 = 原則として、給付された日の有形固定資産の時価

03) 現物出資とは、金銭以外の出資をいいます。出資は原則として金銭によりますが、土地、建物といったもの(現物)による出資も認められています。

Q 2-5 | 現物出資 |

会社設立にあたり発起人B氏より現物出資として土地(時価700,000円)の提供を受け、株式700株を交付した。なお、全額を資本金とした。このときの仕訳を示しなさい。

A 2-5 | 解答・解説 |

(借) 土　地	700,000	(貸) 資本金	700,000

6 交換により取得した場合

(1) 同種・同用途[04]の有形固定資産との交換

▶▶ 自己所有の有形固定資産との交換で、それと同種・同用途のほかの有形固定資産を取得した場合、自己所有の有形固定資産の簿価を取得原価とします。

これは、同種・同用途の固定資産との交換では投資の継続性が認められるため、新たな資産を取得したとは考えず、もとの資産を使いつづけていると考えるためです。

取得原価 = 交換に供された自己資産の適正な簿価

04) 同種とは固定資産の種類が同じであることで、土地と土地の交換であれば同種、土地と機械の交換であれば異種になります。同用途とは使用目的が同じことです。問題文に特に指示が無ければ同用途と考えます。

Q 2-6 | 交換、同種・同用途 |

当社が所有する土地(簿価600,000円、時価700,000円)を、A社所有の土地(A社簿価650,000円、時価700,000円)と交換した。このときの仕訳を示しなさい。

A 2-6 | 解答・解説 |

(借)	土地(A社所有)	600,000	(貸)	土地(当社所有)	600,000

(2) (1)以外の有形固定資産との交換

▶▶ 自己所有の資産との交換で、それと同種・同用途でない他の有形固定資産を取得した場合、自己所有の資産の時価を取得原価とします。

これは、同種・同用途でない固定資産との交換では投資の継続性が認められないため、一度、自己所有の資産を時価で処分して[05]、その代金で新たな固定資産を取得したと考えるからです。

取得原価 = 交換に供された自己資産の時価

05) これまでの投資が清算されたと考えて、引き渡した資産の時価と簿価の差額を売却損益として認識します。投資の継続と清算は、『テキストII』で学習する事業分離(事業の売却)でも用いる考え方です。

(3) 有価証券との交換

▶▶ 自己所有の有価証券との交換で、固定資産を取得した場合、有価証券の時価を取得原価とします。

すなわち、仮に有価証券を売却していれば得られたはずの売却代金(=時価)を支出額と考えます。

取得原価 = 交換に供された有価証券の時価

トレーニングⅠ Ch7 問題1へ

Section

3 減価償却

重要度

有形固定資産は、長期にわたってセッセと利用することで企業活動を支え売上につながっていきます。自分の価値をすり減らしながら、健気に貢献しようとします。それなら大きく捉えれば「費用」ですね。読んで字のごとく「減価するから償却する」=「価値が減るから費用化する」ということになります。

▶費用配分方法と減価償却◀

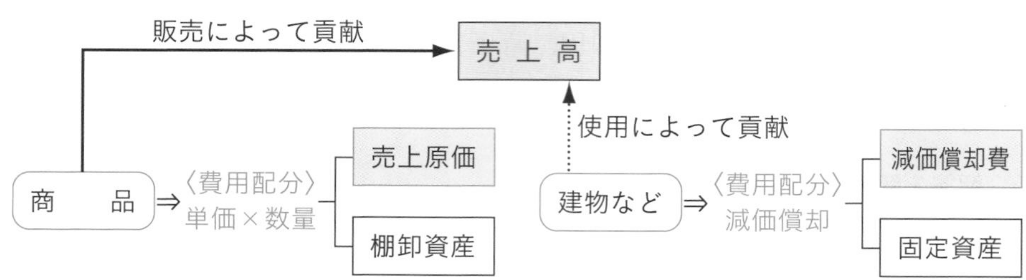

商品は収益（売上）を得るのに直接、貢献しており、いくらの商品（単価計算）がいくつ売れたか（数量計算）を把握してその分を費用（売上原価）とし、残った分は棚卸資産として次期に繰り越してきましたよね。

ところが、建物や備品は当期に使われたことは確かなのですが、「この建物の減価償却費が具体的にいくらの収益に貢献したのか」と聞かれると答えようがなく、どれほどの価値が減ったかはわかりません。

そこで、建物や備品といった固定資産については、いくらを費用とし、いくらを資産として残すかという問題が生じてきます。

直接、把握できない以上、一定の仮定を設けて計算するしかありません。これが減価償却という手続（より具体的には定額法や定率法といった方法）であり、これにより建物や備品の取得原価は各会計期間に費用として割り振られ、残りは固定資産として次期に繰り越されることになります。

1 減価償却

1 減価償却とは

減価償却とは、有形固定資産の取得原価を、耐用年数期間中の各事業年度に費用として配分する手続です。

適正な費用配分が行われることで、その期の収益獲得に貢献した減価償却費が計上され、適正な期間損益計算が可能になります。これが、減価償却のもっとも重要な目的とされています。

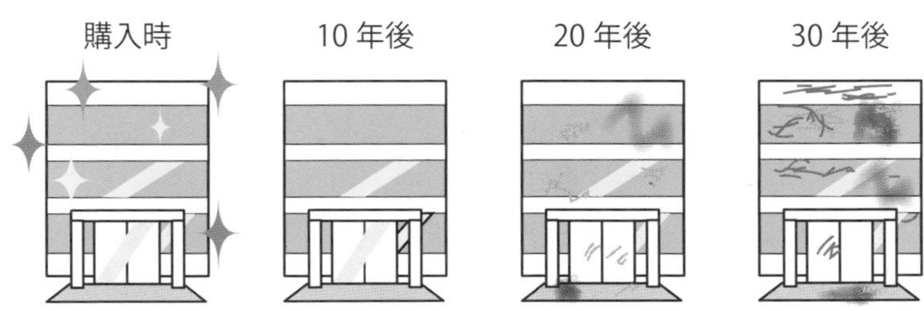

2 減価償却の財務的効果

減価償却により、次の財務的効果が得られます。

(1) 固定資産の流動化

固定資産の流動化とは、固定資産に投下された資金が、貨幣性資産により回収され、現金預金のような流動資産に転化することをいいます。

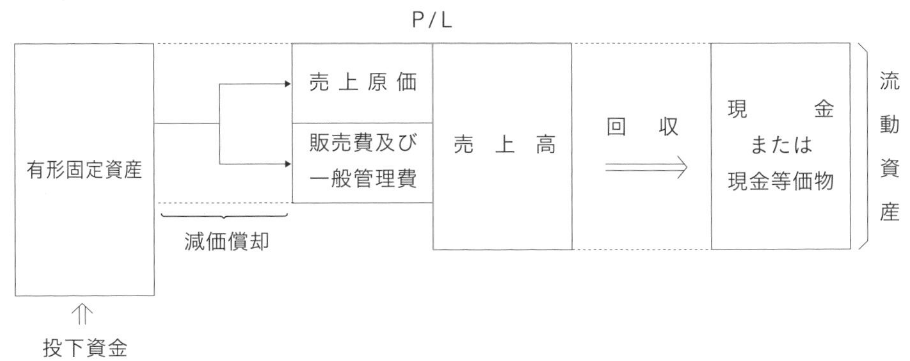

⑵ 自己金融

▸▸ 減価償却は、現金支出をともなわない費用の計上となります。したがって、費用計上額だけ資金が企業内部に留保されることになり[01]、結果として借入れや増資と同様の資金調達効果をもたらすことになります。この財務的効果を自己金融といいます。

01) 減価償却費は、費用として計上しても、現金または現金等価物の流出をともないません。減価償却費の計上により利益が減少し、その分税金や配当金の支払いが少なくなります。そのため、結果として、減価償却費の分だけ毎期資金を回収したことになるのです。

3 正規の償却

▸▸ 正規の償却とは、費用配分の原則[02]に従い、一定の規則的な減価償却の方法により毎期規則的に行われる減価償却のことです。

生産設備にかかる減価償却費
　→ 製品などの製造原価に算入
営業の設備にかかる減価償却費
　→ 販売費及び一般管理費に計上

02) 資産の取得原価を、利用した会計期間に配分するという原則です。

4 減価の発生原因

▸▸ 償却性資産の減価が発生する原因として、次の2つがあげられます。

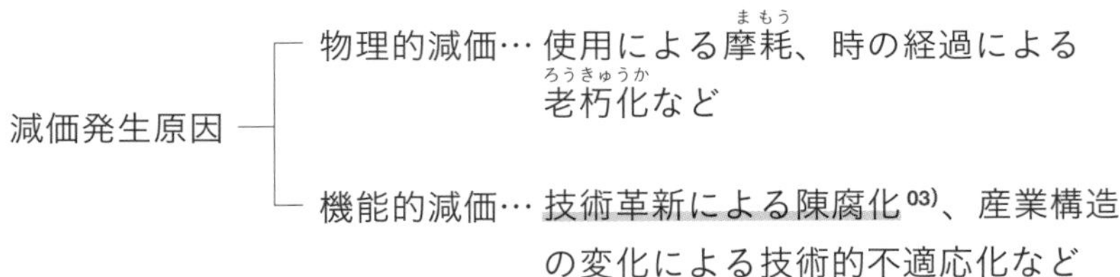

減価発生原因
物理的減価… 使用による摩耗（まもう）、時の経過による老朽化（ろうきゅうか）など
機能的減価… 技術革新による陳腐化[03]、産業構造の変化による技術的不適応化など

03) 次から次へと新しい機能が開発され、現在のものがすぐに旧式化するパソコンをイメージしてください。

トレーニングⅠ　Ch7　問題2へ

2　減価償却の方法

▸▸ 減価償却の方法には、定額法、定率法、級数法、生産高比例法の4つがあります。

01) ここでは、個々の有形固定資産ごとに減価償却を行う個別償却を前提としていますが、有形固定資産を一括して償却する総合償却という方法もあります。
たとえば、車両が100台ある場合、1台ごとに償却計算するのが個別償却、100台まとめて償却計算するのが総合償却です。

1　級数法

▸▸ 級数法とは、有形固定資産の耐用期間中、毎期一定の額を算術級数的に逓減(ていげん)した減価償却費を計上する方法です。

$$減価償却費 = (取得原価 - 残存価額) \times \frac{期首の残存耐用年数}{{}^{*}総項数^{02)}}$$

$$*総項数 = \frac{耐用年数 \times (耐用年数 + 1)}{2}$$

02) 1年から耐用年数までの総和を総項数とします。
〈例〉耐用年数3年の場合　総項数:3+2+1 ＝ 6　算式にあてはめると次のとおりです。

$$総項数: \frac{3 \times (3+1)}{2} = 6$$

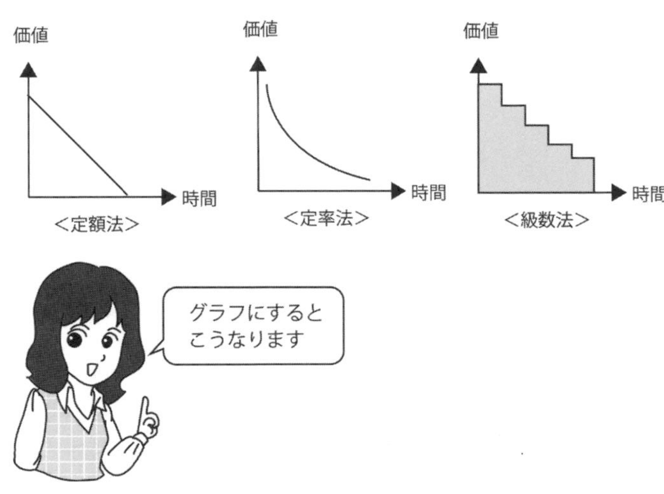

Q 3-1 ｜減価償却・級数法

前期の期首に備品（取得原価100,000円、耐用年数５年、残存価額は取得原価の10％）を取得した。決算にさいして級数法によって減価償却を行う。よって当期の決算における仕訳を示しなさい。

A 3-1 ｜解答・解説

（借）減価償却費	24,000	（貸）備品減価償却累計額	24,000

総項数：$\dfrac{5 \times (5+1)}{2} = 15$

前期の減価償却費：（100,000円－100,000円×10％）×$\dfrac{5}{15}$＝30,000円

当期の減価償却費：（100,000円－100,000円×10％）×$\dfrac{4}{15}$＝24,000円

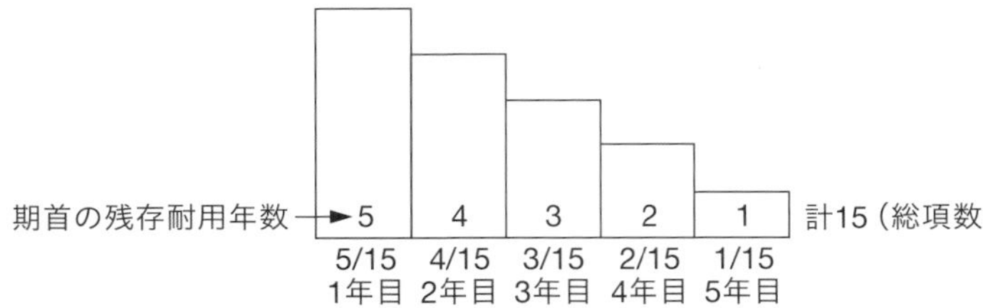

3　減価償却累計額の表示方法

減価償却累計額の表示方法には、次の4つの方法があります。

表示方法
- 原則：①**科目別間接控除方式**
  有形固定資産が属する科目ごとに減価償却累計額を記載する方法
- 容認：②**一括間接控除方式**
  ２つ以上の科目について、減価償却累計額を一括して記載する方法
- 容認：③**科目別直接控除注記方式**
  有形固定資産が属する科目ごとに減価償却累計額を控除した残額のみを記載し、科目ごとに減価償却累計額を注記する方法
- 容認：④**一括直接控除注記方式**
  有形固定資産が属する科目ごとに減価償却累計額を控除した残額のみを記載し、２つ以上の科目について、減価償却累計額を一括して注記する方法

次の例を使って確認しましょう。

Q 3-2 | **減価償却累計額の表示方法** |

建物(取得原価10,000円、減価償却累計額5,500円)、備品(取得原価1,000円、減価償却累計額600円)を貸借対照表に次の方法によって表示しなさい。

①科目別間接控除方式　②一括間接控除方式
③科目別直接控除注記方式　④一括直接控除注記方式

A 3-2 | **解答** |

① 科目別間接控除方式(原則)

建　　物	10,000	
減価償却累計額[01)	5,500	4,500
備　　品	1,000	
減価償却累計額	600	400

② 一括間接控除方式(容認)

建　　物	10,000	
備　　品	1,000	
減価償却累計額	6,100	4,900

③ 科目別直接控除注記方式(容認)

建　　物(注)	4,500
備　　品(注)	400

(注)有形固定資産から減価償却累計額がそれぞれ控除されている。
建物　5,500
備品　600

④ 一括直接控除注記方式(容認)

建　　物(注)	4,500
備　　品(注)	400

(注)有形固定資産から減価償却累計額6,100円が控除されている。

01) 貸借対照表上、建物減価償却累計額としない点に注意してください。

トレーニングⅠ　Ch7　問題2～4へ

4　200%定率法

▶▶ 定率法の場合、償却率は定額法の償却率の2倍に設定された償却率[01]を用いて計算します(これを「200%定率法」ともいいます)。ただし、期首の帳簿価額に償却率を掛けた金額が、取得原価に保証率を掛けた金額を下回る場合には、はじめて下回った期の期首帳簿価額に、通常の償却率ではなく改定償却率を掛けて減価償却費を計算します。

01) 耐用年数10年の場合、定額法の償却率0.1に2を掛けた0.2が定率法の償却率となります。

定率法の減価償却費

① (取得原価－減価償却累計額) ×償却率

② 取得原価×保証率[02]

① ＞ ②の場合　①が減価償却費

① ＜ ②の場合　減価償却費＝改定取得価額×改定償却率

期首の帳簿価額(取得原価－減価償却累計額)に償却率を掛けて計算するといつまでたっても帳簿価額が0円となりません。そこで、通常の償却率で計算した減価償却費が償却保証額(取得原価× 保証率)を下回ったときには、償却率を変更して計算するというルールがあります。この場合の変更後の償却率を改定償却率といいます。

02) 最低限償却しなければならない額を計算する率とイメージしておきましょう。

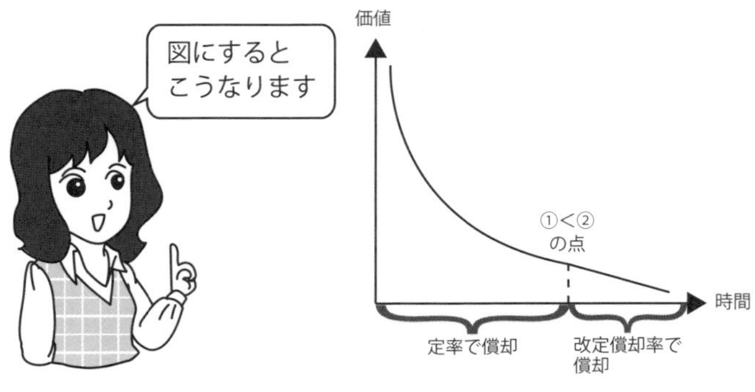

Q 3-3 定率法(200%)

以下の備品について、1年目、4年目、6年目(備忘価額1円を残す)の減価償却費の仕訳を示しなさい。4年目の備品の期首における帳簿価額は29,675円である。円未満の端数が生じた場合には切り捨てる。

当社は当期首に備品(取得原価100,000円)を取得した。

期末において、定率法により減価償却を行う。

耐用年数6年　償却率：33.3%　改定償却率：33.4%　保証率：9.911%

A 3-3 解答・解説

① 1年目の減価償却費

イ　通常の償却率で計算した場合：100,000円×33.3%＝33,300円

ロ　償却保証額：100,000円×9.911%＝9,911円

イ＞ロ　減価償却費：33,300円

(借) 減価償却費	33,300	(貸) 備品減価償却累計額	33,300

② 4年目の減価償却費

イ　通常の償却率で計算した場合：29,675円×33.3%＝9,881.775→9,881円

ロ　償却保証額：100,000円×9.911%＝9,911円

イ＜ロ　改定償却率による減価償却費

29,675円×33.4%＝9,911.45→9,911円

(借) 減価償却費	9,911	(貸) 備品減価償却累計額	9,911

③ 6年目の減価償却費

期首帳簿価額：29,675円－(9,911円＋9,911円[03])＝9,853円
（4年目の減価償却費　5年目の減価償却費）

減価償却費：9,853円－1円＝9,852円

(借) 減価償却費	9,852	(貸) 備品減価償却累計額	9,852

	1年目	2年目	3年目	4年目	5年目	6年目
期首簿価	100,000円	66,700円	44,489円	29,675円	19,764円	9,853円
減価償却費	33,300円	22,211円	14,814円	9,911円	9,911円	9,852円
期末簿価	66,700円	44,489円	29,675円	19,764円	9,853円	1円

03) 改定償却率による減価償却費は、最後の年度をのぞいて、毎期同額になります。最終年度は、1円を残して減価償却を行います。

トレーニングⅠ　Ch7　問題5～7へ

参考　取替法

ここは
サラッと
流そう

▶▶ 取替法とは、取替資産の部分的取替に要する費用を収益的支出(取替費)として処理する方法です[01)]。取替法は減価償却とは異なる費用配分方法です。

取替資産とは、鉄道の枕木やレールのように同種物品が多数集まって1つの全体を構成し、老朽品を部分的に取り替えることにより全体が維持される資産をいいます。

01) この方法を採用すると、一番最初に取得したときの取得原価が永遠にその資産の取得原価になります。

Q　取替法

次の取引の仕訳を示しなさい。

(1) 取替資産である鉄道レールの一部を新品に取り替えた。代金100,000円は月末に支払う。

(2) 取替資産である鉄道枕木の一部が古くなったので、@1,000円で20個を取り替えた。代金は小切手を振り出して支払った。

A　解答・解説

(1)	(借)	取替費	100,000	(貸) 未払金	100,000
(2)	(借)	取替費	20,000	(貸) 当座預金	20,000

参考　減耗償却（げんもうしょうきゃく）

ここは
サラッと
流そう

▶▶ 減耗償却とは、減耗性資産(枯渇(こかつ)性資産)に対して適用される費用配分の方法です。減耗償却は減価償却とは異なる費用配分方法です[01)]。

減耗性資産とは、鉱山業における埋蔵資源[02)]あるいは林業における山林のように、採取されるにつれて減耗し涸渇する天然資源です。その全体としての用役をもって生産に役立つものではなく[03)]、採取に応じてその実体が部分的に製品化される資産をいいます。

01) 手続としては生産高比例法と同じ方法で費用を計算します。

02) 金やダイヤモンドなど。

03) 取替資産とは異なります。

Q **減耗償却**

減耗性資産の当期の費用化額を求めなさい。

減耗性資産を100,000円で取得し、代金は小切手を振り出して支払った。残存価額はゼロ、推定総埋蔵量は1,000トンである。

当期の実際採掘量は60トンであった。

A **解答・解説**

6,000円[04)]

04) $100,000円 \times \frac{60トン}{1,000トン} = 6,000円$

採掘時(仕訳例)

減耗償却相当額について資産の実体が製品の原価になると考え、固定資産から製品勘定などに振り替えます。

(借)製　品	6,000	(貸)固定資産	6,000

売却時(仕訳例)

(借)売上原価	6,000	(貸)製　品	6,000

Q TRY IT! | **理論問題** | **有形固定資産**

次の各文章の空欄に適切な語句を記入しなさい。

(1) 有形固定資産の費用配分法である(　ア　)には、個々の資産単位ごとにその計算を行う(　イ　)と、耐用年数を異にする多数の異種資産につき一括的に計算を行う(　ウ　)とがある。後者の場合、異なる耐用年数をもとに(　エ　)を計算し、それを用いて費用配分を行う。

(2) 国庫補助金を受けて資産を取得した場合、その国庫補助金に相当する額を、当該取得原価から控除することが認められているが、これを(　オ　)という。

(3) 鉄道の枕木や電線など、同種の資産が多数集まって1つの全体を構成し、老朽部品の部分的取替を行うことにより、全体が維持される資産に対して適用される、減価償却の代用的な方法を(　カ　)という。

A TRY IT! | **解答**

ア	イ	ウ	エ	オ	カ
減価償却	個別償却	総合償却	平均耐用年数	圧縮記帳	取替法
⑮	⑮	⑮	⑮	⑳	⑳

合計100点

Column 簿記を学ぶ意味～仕訳で示す日常～

皆さんは「簿記の勉強をして何になるのだろう」って、思われたことはありませんか？

私自身、そういう疑問をもったこともありますし、事実、教室で講師をしている頃の一番困った質問でした。

確かにこの勉強を進めていくと、意思決定会計や連結会計、キャッシュ・フロー会計と、実務的に必要でかつ有用な知識がいっぱい入ってきます。

しかし、簿記の有用性はそれだけではなく、もっと初歩的なところにもあります。

それは「仕訳」です。

仕訳というものは、様々な状況を定型化していく作業です。そうしてそれは、簿記でいう取引だけでなく、日常のすべての事象で行えるものなのです。なんせ、仕訳は企業の日記なのですから…。

たとえば、皆さんが「転んで怪我して血が出て痛かった」としましょう。これでも仕訳できます。

(借)痛い(費用)××　(貸)血液(資産)××

血液というのは自分にとって必要不可欠な資産です。それを失って、痛いという費用になる。血液がいっぱい出れば痛みも大きい、少なければ痛みも少ないということを示しています。

この仕訳が自由に使えるようになれば、すべての状況を定型化して、それを使って足し算も引き算もできます。

つまり、いま皆さんが置かれている状況に“これがあったら”も“これさえなければ”も、そしてその後の状況も、すべてを想定していくことができるのです。これがその人の大きな武器になるものです。

この武器を、皆さんも是非、手に入れてください。

Chapter 8

繰延資産

Point

このChapterでは、繰延資産について学習していきます。繰延資産に該当する項目の原則的処理は、費用処理であることは要注意です。

用語集

繰延資産
すでに代価の支払が完了し、または支払義務が確定し、これに対応する役務の提供を受けたにもかかわらず、その効果が将来にわたって発現するものと期待される費用

Section 1 繰延資産

実は、費用です。でもそのまま損益計算書にのるわけではありません。一度に費用化するよりも、いったん資産として計上しておき、徐々に費用化していく方が将来の収益との対応をはかることができます。繰延資産を言い換えると「資産として繰り延べた費用」です。そうとわかってしまえば怖くありません。

1 繰延資産とは

繰延資産とは、次の3つの要件を満たした費用を資産計上したものをいいます[01]。

1 すでに代価の支払が完了し、または支払義務が確定していること。
2 これに対応する役務の提供を受けていること。
3 その効果が将来にわたって発現するものと期待されること。

01) 日商1級試験では繰延資産は「将来の期間に影響する特定の費用」と表現されます。

つまり、繰延資産は将来に期待される収益に対して、当期に支払った費用を次期以降に配分するために設けられた資産項目であり[02]、換金価値のない資産です。

繰延資産に関する支出は、原則として支出した期の費用として処理しますが、繰延資産として処理することも認められます。

02) 経過的に資産とします。

2 繰延資産の分類

換金価値のない資産を無制限に認めることはできないので、下記の項目に限り、繰延資産として資産の部に計上することを認めています[01]。

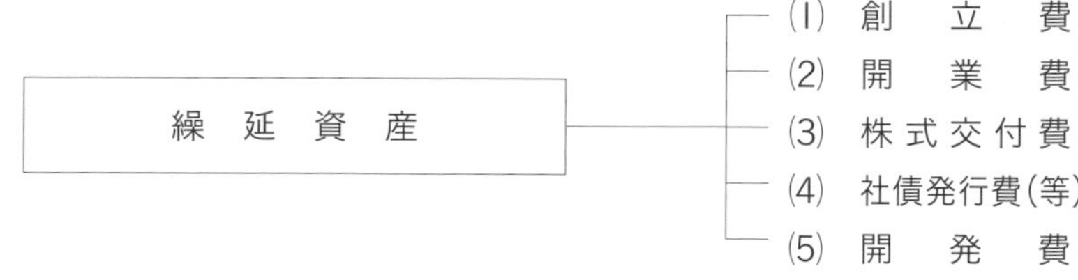

01) 資産計上か費用計上かは問題文の指示に従ってください。

1 創立費

▶▶ 創立費とは、会社を設立するために支出した定款(ていかん)作成費、登記料等の費用[02)]をいいます。

02) 創立費になるものには、設立費用・発起人の報酬・登記料などがあります。
また、設立時に発行した株式の発行費用も創立費となります。

2 開業費

▶▶ 開業費とは、会社設立後から営業開始までの期間に開業準備のために支出した従業員の給料等の費用をいいます。

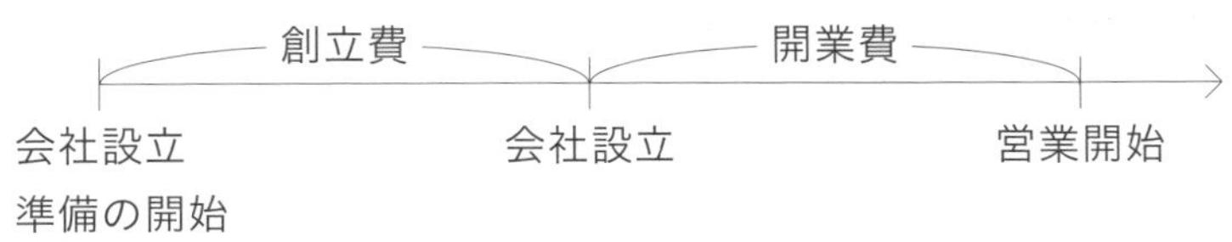

3 株式交付費

▶▶ 株式交付費とは、会社設立後、新たに株式を発行または自己株式を処分するために支出した紙代、印刷代等の費用をいいます。

4 社債発行費(等)

▶▶ 社債発行費(等)とは、社債を発行するために支出した紙代、印刷代等の費用をいいます。
また、新株予約権の発行に係る費用[03)]についても、繰延資産として処理することができます。

03) 社債発行費(等)の"等"に該当します。

5 開発費

▶▶ 開発費とは、企業が新技術の採用・新資源の開発・新市場の開拓などのために支出した金額[04)]のうち、経常費用としての性格をもつものを除いた支出額をいいます。

04) このうち新技術の採用についての支出の一部は研究開発費として費用処理されます。
開発費のうち大部分は繰延資産として計上することが認められています。

3 繰延資産のまとめ

	原則	繰延資産処理(償却方法)[01]	償却費の表示区分
創立費 開業費	支出時に費用計上	5年以内に定額法で月割償却	営業外費用 (開業費のみ販売費及び一般管理費も可)
株式交付費		3年以内に定額法で月割償却	
社債発行費(等)		償還までの期間にわたり原則利息法で月割償却。但し、定額法で償却も可	
		新株予約権の発行費用は3年以内に定額法で月割償却	
開発費		5年以内に定額法、その他の合理的な方法で月割償却	販売費及び一般管理費または売上原価

01) 社債発行費以外は、3文字→5年、5文字→3年と覚えましょう!

Q 1-1 繰延資産の償却

次の資料にもとづき、決算(×2年3月31日)における仕訳を示しなさい。

1. 決算整理前残高試算表

決算整理前残高試算表
×2年3月31日 (単位:円)

創立費	500,000	
開業費	250,000	
株式交付費	90,000	

2. 決算整理事項(前期までの処理は適正に行われている)

繰延資産は規定の最長期間にわたって償却する。

(1) 創立費は、×1年4月1日に500,000円支出したものである。

(2) 開業費は、×1年7月1日に250,000円支出したものである。

(3) 株式交付費は、×2年2月1日に90,000円支出したものである。

A 1-1 解答・解説

(1) 創立費

(借) 創立費償却	100,000[01]	(貸) 創立費	100,000

01) $500,000円 \times \frac{12カ月}{60カ月} = 100,000円$

(2) 開業費

(借) 開業費償却	37,500[02]	(貸) 開業費	37,500

02) $250,000円 \times \frac{9カ月}{60カ月} = 37,500円$

(3) 株式交付費

(借) 株式交付費償却	5,000[03]	(貸) 株式交付費	5,000

03) $90,000円 \times \frac{2カ月}{36カ月} = 5,000円$

トレーニングⅠ Ch8 問題1へ

Chapter 9

減損会計

Point

減損会計は、計算問題、理論問題ともに本試験でよく出題されます。

仕訳自体はたいしたことがないですが、減損損失の金額の計算の流れをしっかりおさえるようにしましょう。

用語集

減損会計
収益性の低下により投資額を回収する見込みが立たなくなった固定資産の帳簿価額を減額する会計処理

減損の兆候
減損が生じている可能性

使用価値
有形固定資産の使用および使用後の処分によって得られる将来キャッシュ・フローの割引現在価値

正味売却価額
有形固定資産の時価から、処分費用を控除した後の金額

回収可能価額
使用価値と正味売却価額のうち、いずれか高い金額

Section

1 減損会計

有形固定資産の価値はどうやってはかればいいか、というのは結構難しい問題があります。
いくらで入手したのかという「取得原価」の情報は過去の事実として大変重要ですが、将来いくら回収できるかという「回収可能価額」も状況によっては考慮する必要があります。
固定資産の簿価に比べて回収可能価額が下がっている場合に登場するのが減損会計です。

▶減損とモノの価値◀

固定資産には、使うことで得られる使用価値と売却することで得られる売却価値の２つの価値があります。

たとえば、120,000円で取得し、減価償却累計額が20,000円の固定資産があり、減損の兆候がみられたとしましょう。すると簿価100,000円から「いくらまで価値を下げればいいのか」が問題になります。

このとき、使用価値が60,000円、売却価値が70,000円であったとしましょう。

この場合に回収できる金額(回収可能価額)は70,000円であり、この額まで価値を下げるため、30,000円の減損損失を計上することになるのです。

この事業は
儲からくなったから、
使ってきた固定資産の
簿価を減らさなきゃ…

1 減損会計とは

減損会計とは、収益性の低下により投資額を回収する見込みが立たなくなった固定資産[01]の帳簿価額を、一定の条件のもとで回収可能性を反映させるように減額する会計処理のことをいいます。

ここでいう帳簿価額とは、当期分の減価償却を行った後の金額(取得原価－期末の減価償却累計額)をいいます。

なお、減損損失計上後に新たに計算した結果、回収可能価額が帳簿価額を上回った場合でも、減損損失の戻入れは行いません。

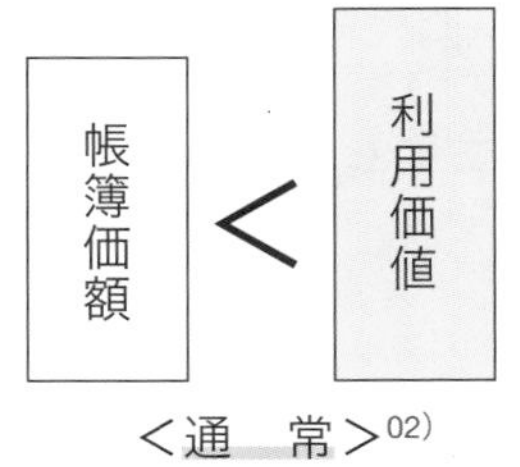

＜通　常＞[02]

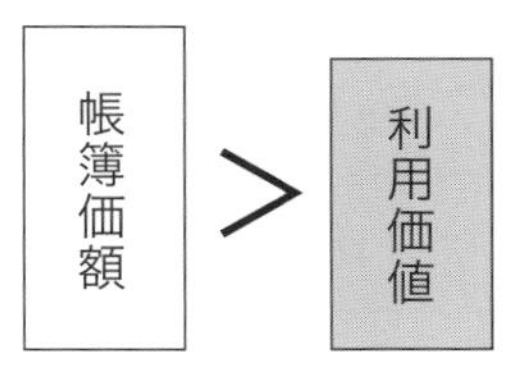

＜減損発生＞

01) その他有価証券など、他の基準に減損に関する規定がある固定資産は対象となりません。主に有形固定資産が対象となると考えましょう。

02) 有形固定資産は原価よりも利用価値が大きいと判断したときに購入します。したがって、取得時には＜通常＞の形になっています。

2 臨時損失との違い

臨時損失も「当期の費用(損失)となる」という点では減損損失と同じですが、状況が異なります。

意義と仕訳を一覧にすると次のとおりです。

臨時損失	固定資産そのものの滅失により[01]、相応の価値の減少を認識。
	(借) 臨　時　損　失　×××　(貸) 固　定　資　産　×××
減損損失	収益性の低下により帳簿価額を回収可能価額に修正。
	(借) 減　損　損　失　×××　(貸) 固　定　資　産　×××

01) 地震で建物の一部が倒壊し、価値が下がった場合のような、物理的滅失による減価をいいます。

3　減損会計のフローチャート

減損会計の適用の有無から、財務諸表への表示に至るまでをフローチャートに示すと、次のようになります。

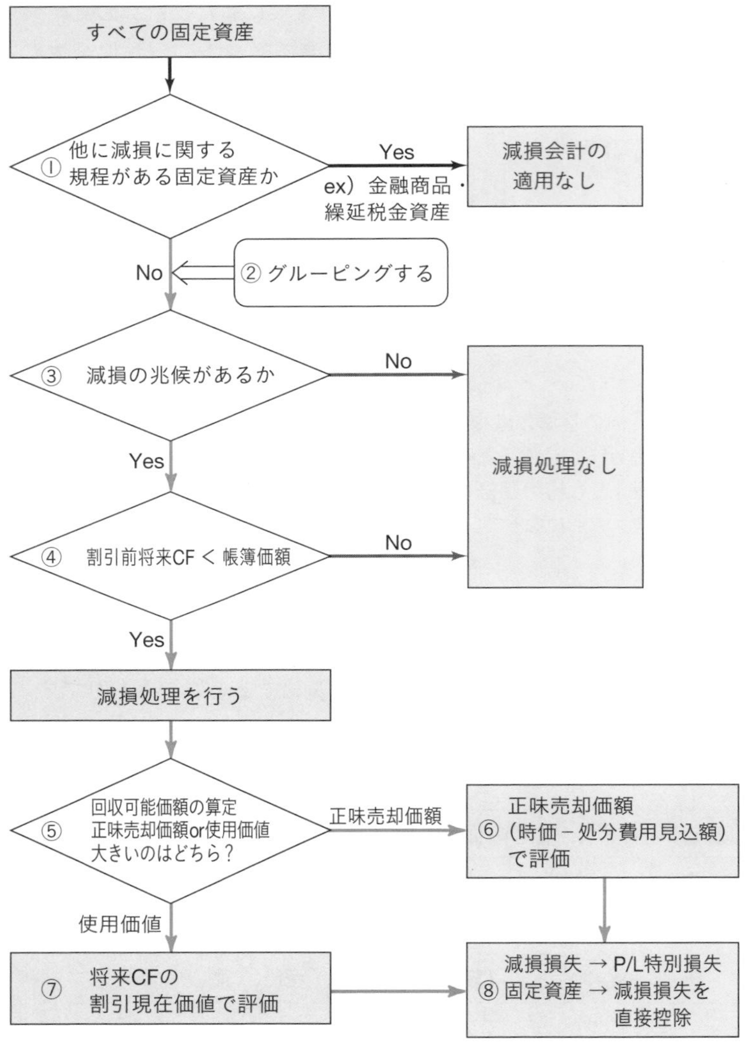

①他に減損に関する規程のある固定資産など、減損会計の適用が除外される固定資産もあります。

②**キャッシュ・フローを生み出す最小の単位で減損会計は適用されます。**たとえば、３つの固定資産で１つの製品が作られていたとすると、３つの固定資産を１つのグループと捉えて減損会計を適用することになります。

③すべての資産または資産グループについて、将来キャッシュ・フローを計算するのは手間がかかるので、**減損の兆候**がないものは、この段階で除外します。
なお、減損の兆候とは、減損が生じている可能性のことをいい、その有無については問題文に指示が与えられると思われます。

④固定資産が生むと考えられる**割引前の将来キャッシュ・フローの**（単純）**合計額と帳簿価額を比較**し、将来キャッシュ・フローの方が大きければ減損処理を行わず、小さければ減損処理を行います。

⑤回収可能価額を算定し、帳簿価額を回収可能価額まで減額します。**回収可能価額**は「**正味売却価額**」と「**使用価値**」を**比べて大きい方の額**※とします。計算方法は下の表のとおりです。

※もし、この時点で売却か使用かを選択する場合、企業は大きい方を選択するからです。

価　値	計算方法
正味売却価額	時価－処分費用見込額
使用価値	将来CFの割引現在価値

⑥⑦回収可能価額と帳簿価額の差額が減損損失となります。

⑧減損損失の金額が確定したら、以下の仕訳を行います。

（借）**減損損失** ×××

（貸）**固定資産** ×××

Q 1-1 減損処理の計算

以下の取引につき、各問いに答えなさい。

機械(取得原価130,000円、減価償却累計額30,000円)に減損の兆候が見られるので、当期末に将来キャッシュ・フローを見積もったところ、残存耐用年数３年の各年につき20,000円ずつキャッシュ・フローが生じ、使用後の残存価額は10,000円と見込まれた。

なお、当該機械の当期末における時価は55,000円、処分費用は４,000円と見込まれた。また、将来キャッシュ・フローの現在価値を算定するにあたっては、割引率10％を用い、最終数値の小数点第1位を四捨五入すること。

問1　減損損失を認識するかどうかの判定を行いなさい。

問2　使用価値を算定しなさい。

問3　正味売却価額を算定しなさい。

問4　必要な仕訳をしなさい。

A 1-1 解答・解説

問1　減損損失を認識するかどうかの判定は、帳簿価額と割引前将来キャッシュ・フローを比較して行います。

帳簿価額：130,000円－ 30,000円＝100,000円

割引前将来キャッシュ・フロー：20,000円×３年＋10,000円＝70,000円

帳簿価額 100,000円＞割引前将来キャッシュ・フロー 70,000円

したがって減損損失を認識します。

問2　使用価値：将来キャッシュ・フローの割引現在価値は次のように計算します。

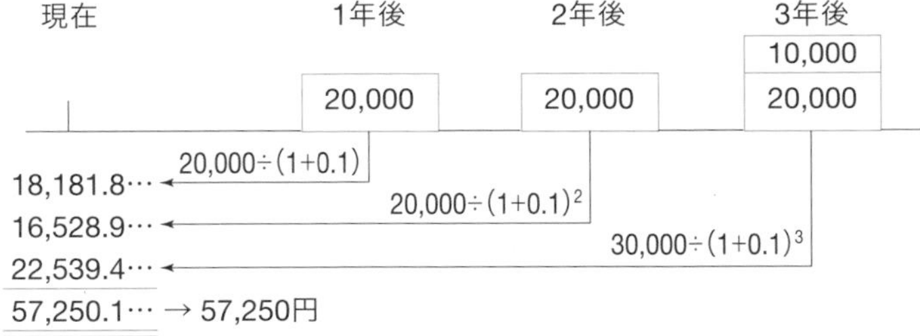

問3　正味売却価額：55,000円－4,000円＝51,000円

問4　使用価値57,250円＞正味売却価額 51,000円

回収可能価額：57,250円

したがって、帳簿価額100,000円(130,000円－30,000円)との差額42,750円を減損処理します。

(借) 減損損失	42,750	(貸) 機械	42,750

トレーニングⅠ　Ch9　問題1へ

4　損益計算書・貸借対照表の表示

▸▸ 減損損失の損益計算書への記載、減損処理された固定資産の貸借対照表の記載方法は、以下のとおりです。

(1) 減損損失

▸▸ 特別損失の区分に記載します。

(2) 固定資産

▸▸ 減損損失の控除方法の違いにより、次の３種類、４通りの形式が認められます。

(原則) 直接控除形式[01]

機　械	87,250	
減価償却累計額	30,000	57,250

(容認)

①独立間接控除形式

機　械	130,000	
減損損失累計額	42,750	
減価償却累計額	30,000	57,250

②合算間接控除形式

機　械	130,000	
減価償却累計額及び減損損失累計額	72,750	57,250

機　械	130,000	
減価償却累計額	72,750	57,250

（注記）減価償却累計額に減損損失累計額42,750が含まれている。

01) 直接控除形式を中心にマスターしておきましょう。控除後の金額をその後の取得原価とします。

【財務諸表計上額】　重要度 ★★

減損会計

固定資産　B/S計上額：減価償却が間接法の場合→取得原価−減損額
　　　　　　　　　　　減価償却が直接法の場合→回収可能価額

減損損失　P/L計上額：減価償却後の期末簿価−回収可能価額

トレーニングⅠ　Ch9　問題１・２へ

5 資産のグルーピング

▶▶ 減損会計では資産の生み出す将来キャッシュ・フローを予測しますが、複数の資産が一体となってキャッシュ・フローを生み出す場合には、個々の資産ごとにキャッシュ・フローを把握することは困難です。

そこで、将来キャッシュ・フローを把握できる単位まで資産をグループ分け(グルーピング)する必要があります。

1 グルーピングの方法

▶▶ 資産のグルーピングは、各事業部単位などのように他の資産や資産グループから独立したキャッシュ・フローを生み出す最小の単位で行います[01]。

01) たとえば、ビール事業部とソフトドリンク事業部の2つの事業部がある会社では、ビール事業部が有する土地や建物などを総合的に使ってビール事業部のキャッシュ・フローを生み出しています。このように多くの場合はひとまとまりの資産(土地や建物や備品など)が一体となってキャッシュ・フローを生み出しています。

2 資産グループについて減損を行う場合

▶▶ 資産グループについて減損会計を適用するときは、①資産グループ全体について減損損失を認識・測定します。

そして、資産グループを構成する各資産に帳簿価額等を基準にして②減損損失を配分します。

回収可能額で評価するということは
キャッシュを回収できる単位に
グルーピングする必要があります

Chapter 9 減損会計

Q 1-2 ｜資産のグルーピング｜

次の資料にもとづき、必要な仕訳を示しなさい。

当社の保有する資産のうち、以下の資産グループについて減損の兆候が生じている。

⑴　資産グループ(土地と建物より構成)
建物の帳簿価額：1,500円、土地の帳簿価額：500円

⑵　上記資産グループに係る割引前将来キャッシュ・フロー：1,950円

⑶　上記資産グループに係る回収可能価額：1,900円

なお、減損損失は、帳簿価額にもとづいて資産の種類別に配分する。

A 1-2 ｜解答・解説｜

⑴　資産グループ全体について減損損失の認識・測定
帳簿価額：1,500円＋500円＝2,000円＞割引前将来C/F：1,950円→減損損失を認識する
減損損失：帳簿価額2,000円－回収可能価額1,900円＝100円

⑵　減損損失の配分

建物：$100円 \times \dfrac{1,500円}{1,500円 + 500円} = 75円$　　土地：$100円 \times \dfrac{500円}{1,500円 + 500円} = 25円$

(借)	減損損失	100	(貸) 建物	75
			土地	25

6　残存使用年数が20年を超える場合

減損損失の認識における将来キャッシュ・フローの見積りは長期間[01]になるほど、その不確実性が高くなります。

そのため、減損損失の認識において割引前の将来キャッシュ・フローを見積もる期間は、資産の残存使用年数と20年のいずれか短い方とします。

なお、資産の残存使用年数が20年を超える場合には、**20年経過時点の回収可能価額**を算定し、20年目までの割引前将来キャッシュ・フローに加算します。

01)　少なくとも土地については使用期間が無限になるため、その見積期間を制限する必要があります。

Q 1-3 減損処理の計算

以下の取引につき、各問いに答えなさい。

建物(取得原価200,000円、減価償却累計額81,000円)に減損の兆候が見られるので、当期末に将来キャッシュ・フローを見積もったところ、残存使用年数22年のうち、今後20年につき毎期5,000円、残りの2年間は2,205円ずつのキャッシュ・フローが生じ、使用後の残存価額は1,323円と見込まれた。

なお、当該建物の当期末における正味売却価額は50,000円、20年経過時点の正味売却価額は不明である。

割引率は5%とする。その場合の年金現価係数は20年12.462、現価係数は21年0.359、22年0.342である。円未満の端数が生じた場合には最終数値の小数点第1位を四捨五入すること。

問1　減損損失を認識するかどうかの判定を行いなさい。
問2　必要な仕訳を示しなさい。

A 1-3 解答・解説

問1　建物の残存使用年数が20年を超えるため、20年経過時点の回収可能価額を20年目までの割引前キャッシュ・フローに加算した額と、帳簿価額を比較します。

帳簿価額：200,000円－81,000円＝119,000円

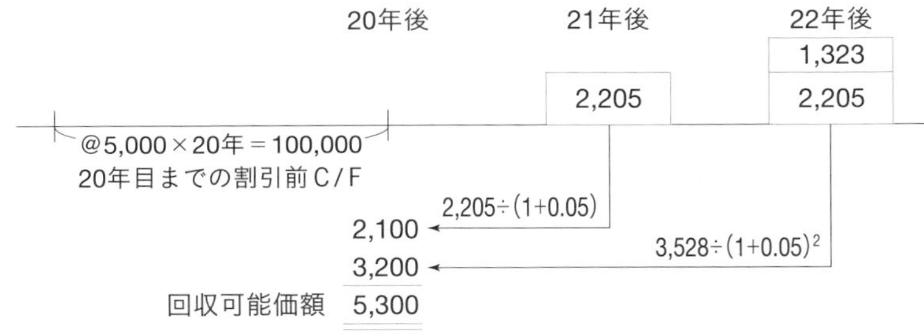

20年目までの割引前キャッシュ・フロー：100,000円
20年経過時点の回収可能価額[02)]：5,300円
合計：100,000円＋5,300円＝105,300円
119,000円＞105,300円　よって減損損失を認識します。

02) 本問では20年経過時点の正味売却価額が不明のため、20年経過時点の使用価値が回収可能価額となります。

問2　正味売却価額：50,000円

使用価値：5,000円×12.462＋2,205円×0.359＋(2,205円＋1,323円)×0.342
＝64,308.171→64,308円

回収可能価額：50,000円＜64,308円　よって64,308円

減損損失：119,000円－64,308円＝54,692円

(借) 減損損失	54,692	(貸) 建物	54,692

トレーニングⅠ　Ch9　問題3へ

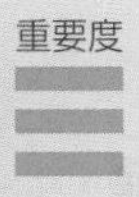

Section 2 のれん・共用資産の処理

当社はある企業を合併し、資産を引き継ぐとともにのれんを計上しました。その後、その引き継いだ資産に減損が生じた場合、その資産やのれんについて、どのような処理をすればよいでしょうか？

話は変わり、当社は複数の事業を行っています。ある事業の資産に減損が生じました。複数の事業を総合的に管理している本社の資産については、何も処理しなくてもよいのでしょうか？

1 のれんがある場合の処理

▸▸ 貸借対照表にのれんがある場合は、のれんについても減損が生じているかを検討し、減損会計を適用しなければなりません。

のれんが複数の事業にまたがって生じた場合には、のれんの帳簿価額を事業部ごとに分けてから、減損の処理を行います。

1 のれんの帳簿価額の分割

▸▸ のれんの帳簿価額を各事業部の時価などを基準にして分けます。

Q 2-1 のれんの帳簿価額の分割

次にもとづき、A事業資産に帰属するのれんの金額を算定しなさい。なお、当社では各事業資産の時価を基準にのれんを分割している。のれんの未償却残高が125円ある。また、A事業資産の時価は8,000円、B事業資産の時価は2,000円である。

A 2-1 解答・解説

$$125円 \times \frac{8,000円}{8,000円 + 2,000円} = 100円$$

2 のれんを含む場合の減損の処理

▸▸ のれんを含む場合の減損の処理は、まず、①のれんを含まない場合について STEP 1 減損の兆候の把握、STEP 2 減損損失の認識、STEP 3 減損損失の測定を行い、②のれんを含んだ場合について STEP 1 ～ STEP 3 を行います。

そして、のれんを含むことによって増加した減損損失は、原則としてのれんに配分します 01)。

01) これを「のれんを含むより大きな単位」で減損損失を認識する方法といいます。

のれんを含む場合の減損の処理

① **のれんを含まず、減損の兆候の把握、認識、測定を行う**

② **のれんを含んで、減損の兆候の把握、認識、測定を行う**

③ **のれんの減損金額[02)] = ②の減損金額 − ①の減損金額**

02) のれん単独で将来のキャッシュ・フローを見積もることは困難なので、差額で間接的に計算します。

Q 2-2 | のれんを含む場合の減損の処理 |

次にもとづき、必要な仕訳を示しなさい。なお、当社では期中に買収したＡ事業に関連して取得した以下の資産について減損の兆候が存在する。減損処理は、「のれんを含むより大きな単位」で行うこととする。

	土　地	建　物	のれん	合　計
帳簿価額	1,500円	500円	100円	2,100円
減損の兆候	あり	なし	あり	あり
割引前将来キャッシュ・フロー	1,470円	不明	不明	2,050円
回収可能価額	1,450円	不明	不明	1,950円

A 2-2 | 解答・解説 |

(借)		(貸)	
減損損失	150	土地	50
		のれん	100

(1) 資産ごとの（のれんを含まずに）減損損失の認識・測定

		土　地	建　物
	帳簿価額：	1,500円	500円
STEP 1	減損の兆候：	あり	なし
	割引前ＣＦ：	1,470円	—
STEP 2	減損の認識：	認識する	—
	回収可能価額：	1,450円	—
STEP 3	減損損失：	**50円**	—

減損損失増加額
150円 − 50円 = 100円
⇒ のれんに配分

(2) のれんを含めた資産グループ全体での減損損失の認識・測定

	土　地	建　物	のれん	合　計
帳簿価額：	1,500円	500円	100円	2,100円
減損の兆候：			STEP 1	あり
割引前ＣＦ：				2,050円
減損の認識：			STEP 2	認識する
回収可能価額：				1,950円
減損損失：			STEP 3	**150円**

トレーニングⅠ　Ch9　問題4・5へ

2 共用資産がある場合の処理

共用資産とは、複数の資産や資産グループにまたがって、キャッシュ・フローを生み出すことに貢献している資産をいいます[01]。

なお、共用資産の処理はのれんの減損の処理と基本的に同じです。

01) たとえば本社建物を階数で事業部ごとに分けている場合などです。

Q 2-3 | 共用資産がある場合の処理

次にもとづき、必要な仕訳を示しなさい。なお、当社では以下の資産について減損の兆候が存在する。共用資産(建物勘定で処理)の減損処理は、「共用資産を含むより大きな単位」で行うこととする。

	土　地	機　械	共用資産	合　計
帳簿価額	1,500円	500円	800円	2,800円
減損の兆候	あり	なし	あり	あり
割引前将来キャッシュ・フロー	1,470円	不明	不明	2,700円
回収可能価額	1,450円	不明	不明	2,500円

A 2-3 | 解答・解説

(借)	減損損失	300	(貸)	土地	50
				建物	250

(1) 資産ごとの(共用資産を含まずに)減損損失の認識・測定

		土　地	機　械
	帳簿価額：	1,500円	500円
STEP 1	減損の兆候：	あり	なし
	割引前CF：	1,470円	—
STEP 2	減損の認識：	認識する	—
	回収可能価額：	1,450円	—
STEP 3	**減損損失：**	**50円**	—

減損損失増加額
300円 − 50円 = 250円
⇒ 共用資産に配分

(2) 共用資産を含めた資産グループ全体での減損損失の認識・測定

	土　地	機　械	共用資産	合　計
帳簿価額：	1,500円	500円	800円	2,800円
減損の兆候：			STEP 1	あり
割引前CF：				2,700円
減損の認識：			STEP 2	認識する
回収可能価額：				2,500円
減損損失：			STEP 3	300円

トレーニングⅠ　Ch9　問題6へ

3 共用資産の帳簿価額を配分する方法[01)][02)]

共用資産の帳簿価額を関連する資産(または資産グループ)に合理的な基準で配分することができる場合には、①共用資産の帳簿価額を資産(または資産グループ)に配分した上で、②配分後の金額にもとづいて減損損失を測定します。さらに、③減損損失を帳簿価額等を基準にして共用資産と資産(または資産グループ)に分けます[03)]。

01)「共用資産を含むより大きな単位」で行う方法(原則)の例外的処理です。
02) のれんについても帳簿価額を各資産に配分する方法が認められています。
03) 減損損失には共用資産にかかるものと各資産にかかるものが混じっているからです。

Q 2-4 共用資産の帳簿価額の配分

次にもとづき、必要な仕訳を示しなさい。なお、当社では以下の資産について減損の兆候が存在する。共用資産(建物勘定で処理)の減損処理は、「共用資産の帳簿価額を各資産に配分する方法」で行うこととする。

共用資産の帳簿価額を土地に75%、機械に25%の割合で配分する。

	土　地	機　械	共用資産
帳簿価額	1,500円	500円	800円
減損の兆候	あり	なし	あり
割引前将来キャッシュ・フロー(共用資産配分後)	2,000円	不明	不明
回収可能価額(共用資産配分後)	1,890円	不明	不明

A 2-4 解答・解説

(借)			(貸)		
減損損失	210		土地		150
			建物		60

(1) 共用資産の帳簿価額の配分

土　地：800円×75%＝600円
機　械：800円×25%＝200円

(2) 減損損失の測定

	土　地	機　械	共用資産
帳簿価額：	1,500円	500円	**800円**
配分額：	**600円**	**200円**	
合計：	2,100円	700円	
減損の兆候：	あり	なし	
割引前CF：	2,000円	−	
減損の認識：	認識する	−	
回収可能価額：	1,890円	−	
減損損失：	210円	−	

(3) 減損損失の配分

土　地：$210円 \times \dfrac{1,500円}{1,500円 + 600円} = 150円$

共用資産：$210円 \times \dfrac{600円}{1,500円 + 600円} = 60円$

トレーニングⅠ　Ch9　問題7へ

Q TRY IT! | 理論問題 | 減損会計1

次の各文章の空欄に適切な語句または数値を記入しなさい。

(1) 減損の兆候がある資産または資産グループについての減損損失を認識するかどうかの判定は、資産または資産グループから得られる(　ア　)の総額と帳簿価額を比較することによって行い、資産または資産グループから得られる(　ア　)の総額が帳簿価額を下回る場合には、減損損失を認識する。

(2) 減損損失を認識するかどうかを判定するために割引前将来キャッシュ・フローを見積もる期間は、資産の経済的残存使用年数または資産グループ中の主要な資産の経済的残存使用年数と(　イ　)年のいずれか(　ウ　)方とする。

(3) 減損損失を認識すべきであると判定された資産または資産グループについては、帳簿価額を(　エ　)まで減額し、当該減少額を減損損失として当期の損失とする。

(4) 回収可能価額とは、資産または資産グループの(　オ　)と(　カ　)のいずれか(　キ　)方の金額をいう。

(　オ　)とは、資産または資産グループの時価から処分費用見込額を控除して算定される金額をいう。

(　カ　)とは、資産または資産グループの継続的使用と使用後の処分によって生ずると見込まれる将来キャッシュ・フローの現在価値をいう。

(5) 減損損失は、原則として(　ク　)とする。

減損処理を行った資産の貸借対照表における表示は、原則として減損処理前の取得原価から減損損失を直接控除し、控除後の金額をその後の(　ケ　)とする形式で行う。

減損損失の戻入れは行わない。減損処理を行った資産については、減損損失を控除した帳簿価額にもとづき減価償却を行う。

(6) 減損損失を認識するかどうかの判定と減損損失の測定において行われる資産のグルーピングは、他の資産または資産グループのキャッシュ・フローから概ね独立したキャッシュ・フローを生み出す(　コ　)の単位で行う。

資産グループについて認識された減損損失は、帳簿価額にもとづく比例配分等の合理的な方法により、資産グループの各構成資産に配分する。

A TRY IT! | 解答

ア	イ	ウ	エ	オ
割引前将来キャッシュ・フロー	20	短い	回収可能価額	正味売却価額

カ	キ	ク	ケ	コ
使用価値	高い	特別損失	取得原価	最小

各⑩点

合計100点

TRY IT! | 理論問題 | 減損会計2

次の各文章について、正しければ○を、正しくなければ×を付けなさい。

(1) 減損処理後に回収可能価額が回復した場合、減損処理がなかった場合の償却後取得原価を限度として、減損損失を戻し入れる。（全経164回）

(2) 減損会計において、ある資産に関して減損損失を認識するかどうかを判定するために割引前将来キャッシュ・フローを見積もる期間は、当該資産の経済的耐用年数である。（全経158回）

(3) 店舗の減損損失は、店舗使用の費用として販売費及び一般管理費の区分に計上される。（全経153回）

(4) 減損損失を認識するかどうかの判定に際して見積もられる将来キャッシュ・フロー及び使用価値の算定において見積もられる将来キャッシュ・フローは、企業の固有の事情を反映した合理的で説明可能な仮定及び予測に基づいて見積もる。（全経170回）

TRY IT! | 解答

(1)	(2)	(3)	(4)
×	×	×	○

各25点

TRY IT! | 解説

合計100点

(1) 誤っています。
回収可能価額が回復した場合であっても、減損損失の戻入れは行いません。

(2) 誤っています。
資産の経済的残存使用年数と20年のいずれか短い方とします。

(3) 誤っています。
減損損失は特別損失の区分に計上されます。

(4) 正しいです。
将来キャッシュ・フローは、資産または資産グループの帳簿価額が回収可能かどうかを判定するため、あるいは、企業にとって資産または資産グループがどれだけの経済的な価値を有しているかを算定するために見積もられることから、企業の固有の事情を反映した合理的で説明可能な仮定および予測にもとづいて見積もることとしています。

共用資産やのれんは、単独でキャッシュを生めないため優先的に減額すると考えます

Q TRY IT! | **理論問題** | **減損の兆候** |

次の各文章の空欄に適切な語句を記入しなさい。

減損の兆候がある場合とは、資産または資産グループに減損が生じている可能性を示す事象がある場合をいう。例えば、次の事象が考えられる。

⑴ 営業活動の(　ア　)またはキャッシュ・フローのマイナス

資産または資産グループが使用されている営業活動から生ずる(　ア　)またはキャッシュ・フローが、継続してマイナス(おおむね過去２期)となっているか、あるいは、継続してマイナスとなる見込み(前期と当期以降がマイナス)であること。

⑵ 資産または資産グループが使用されている範囲または方法の変更

資産または資産グループが使用されている範囲または方法について、当該資産または資産グループの回収可能価額を著しく低下させる変化が生じたか、あるいは生ずる見込みであること。

例えば、資産または資産グループが使用されている事業の廃止や再編成、資産または資産グループの用途変更、資産または資産グループが(　イ　)状態であることなどがある。

⑶ 経営環境の著しい悪化

資産または資産グループが使用されている事業に関連して、経営環境が著しく悪化したか、あるいは悪化する見込みであること。

例えば、材料価格の高騰や、製品・商品の販売量の著しい減少が続くような市場環境の著しい悪化などがある。

⑷ (　ウ　)の著しい下落

資産または資産グループの(　ウ　)が著しく下落したこと。

A TRY IT! | **解答** |

ア	イ	ウ
損　益	**遊　休**	**市場価格**
㉚	㉚	㊵

合計100点

トレーニングⅠ　Ch9　問題8へ

Chapter 10

負債会計（資産除去債務・リース）

Point

このChapterは、負債会計の概要、資産除去債務、リース会計を学習していきます。資産除去債務、リース会計は本試験に頻出の論点ですので、計算、理論ともにしっかり学習するようにしてください。

用語集

債　務
いつ、誰に、いくら支払うかが決まっているもの

引当金
将来の費用・損失のうち当期の負担に属する金額を当期の費用・損失としてあらかじめ見越計上したときの貸方項目

資産除去債務
有形固定資産の取得、建設、開発または通常の使用によって生じ、当該有形固定資産の除去に関して法令または契約で要求される法律上の義務およびそれに準ずるもの

リース取引
有形固定資産の貸し手が、借り手に対し一定期間使用する権利を与え、借り手は一定の使用料を貸し手に支払う取引

ファイナンス・リース取引
リース契約期間中に、契約が解除できない取引で、かつリース物件にかかるすべての費用を負担しなければならない取引

オペレーティング・リース取引
ファイナンス・リース取引以外のリース取引

Section 1 負債会計の基礎知識

負債とは、基本的に「債務」のことです。そして債務とは、いつ、誰に、いくら支払うかが決まっているものです。したがって、負債の場合は、資産と異なって「評価」という問題は、ほとんど起こりません。100万円借りたのに、評価替えして80万円しか返さないというわけにはいかないからです。しかし、引当金については評価が必要になります。

1 負債とは

負債とは企業資本の調達源泉の一つ[01)]であり、企業の経済的負担を貨幣額によって合理的に測定できるものをいいます。

また、負債には企業が負っている金銭債務、物品の給付債務および条件付債務といった**債務**[02)]が含まれます。

01) 他人のお金で調達している(いつか返さなければならない)ということから、他人資本ということもあります。

02) いつ、誰に、いくら支払うかが決まっているものを債務といいます。

2 負債の分類

資産と同様に、正常営業循環基準[01)]と一年基準[02)]によって流動負債と固定負債に分類します。まず、正常営業循環過程に入るものはすべて流動負債とし、残りの負債は一年基準によって流動負債と固定負債に分けます。ただし、未払費用・前受収益はすべて流動負債とします。

負　債
- **流動負債**（支払手形、買掛金、短期借入金、前受金 未払費用・前受収益など）
- **固定負債**（社債、長期借入金、退職給付引当金など）

01) 正常営業循環基準では、企業の主目的たる営業活動から生じる負債は、返済期限にかかわらず流動負債とします。

02) 一年基準では、決算日の翌日から1年以内に返済期限が到来する負債を流動負債とします。

トレーニングⅠ　Ch10　問題1へ

3　引当金とは

▸▸ 引当金とは、将来の費用・損失のうち当期の負担に属する金額を当期の費用・損失としてあらかじめ見越計上したときの貸方項目です。

4　引当金の設定目的

▸▸ 引当金を設定する目的には、右の２つがあります。

① 当期の負担とすべき費用を正しく計上する。
② 企業が所有している資産の適正価額(貸倒引当金の場合)または企業が負っている経済的な負担を期末現在で正しく認識する。

5　引当金の設定要件

▸▸ 引当金は以下の4つの要件をすべて満たした場合に計上されます。

① 将来の特定の費用または損失であること[01)]
② 発生が当期以前の事象に起因していること[02)]
③ 発生の可能性が高いこと[03)]
④ 金額を合理的に見積もることができること

01) 当期ではなく次期以降に費用または損失が生じることをいいます。
02) 将来の費用または損失の発生原因が当期以前に生じていることをいいます。
03) 発生の可能性の低い偶発事象にかかる費用または損失に対して引当金を設定することはできません。

あんなことや
こんなこと…
ちゃんと対応できるように
備えておこう
大規模な修繕？
故障品無料保証？
訴状
損害賠償？

トレーニングⅠ　Ch10 問題2へ

6　主な引当金と損益計算書における表示区分

▶▶ 各種引当金[01]の意義と繰入額の表示区分は以下のとおりです。

引当金	意義	P/Lの表示区分
貸倒引当金	受取手形、売掛金、貸付金などの債権のうち、次期以降に回収不能となることが予想される分をあらかじめ費用として計上するための引当金です。	営業債権：販売費及び一般管理費 営業外債権[02]：営業外費用
製品保証引当金	販売した製品について一定期間内の無料修理保証をした場合、その支出に備えて設定される引当金です。	販売費及び一般管理費
退職給付引当金	従業員の退職給付に関する引当金です。詳しくはChapter11で学習します。	販売費及び一般管理費
賞与引当金	賞与支給規定などにより、従業員に対して次期に支払われる賞与の見積額について設定される引当金です。	販売費及び一般管理費
役員賞与引当金	役員に対して、次期に支払われる賞与の見積額について設定する引当金です。	販売費及び一般管理費
修繕引当金	毎年行われる通常の修繕が行われなかった場合、次期以降に延期になった修繕に備えて設定される引当金です。	販売費及び一般管理費
特別修繕引当金	一定期間ごとに行われる特別の大修繕に備えて設定される引当金です。	販売費及び一般管理費
損害補償損失引当金	企業が訴訟事件で裁判所に提訴され、損害賠償支払義務の確定が考えられる場合、当該補償額を見積計上するための引当金です。	特別損失
債務保証損失引当金	他人の債務保証を行っている場合で、実際に損失を負担する危険性が高い場合、当該損失を見積計上するための引当金です。	特別損失

01) 翌期以降の売上戻りや売上割戻しの見積額にもとづいて計上する返品調整引当金や売上割戻引当金については、「収益認識に関する会計基準」の適用により「引当金処理」から「販売時にそもそも売上計上せず、見積額を返金負債として認識する処理」に変更されました。くわしくは「テキストII応用編」で学習します。

02) 営業債権は受取手形・売掛金など、主目的たる営業活動から生じた債権であり、営業外債権は貸付金などの営業外の活動から生じた債権のことです。

トレーニングⅠ　Ch10 問題3へ

引当金の額を支払額がオーバーすると
その分は費用となります
ここで一句
「引当金　オーバーしたら　当期費用」

7　引当金の考え方

▸▸ 賞与引当金を例にとって、引当金の考え方をみていきます。賞与引当金とは、次期に支払われる賞与の見積額のうちの当期負担分について設けられる引当金をいいます。

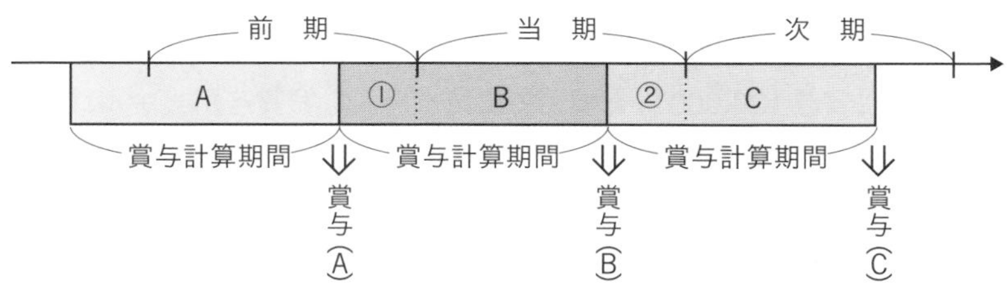

▸▸ ①当期に支払った賞与(B)のうち、前期に属する期間(①)に対する額を引当金を取り崩して支払います。②次期に支払いを予定している賞与(C)のうち、当期に属する期間(②)に対する額を、賞与引当金として設定します。

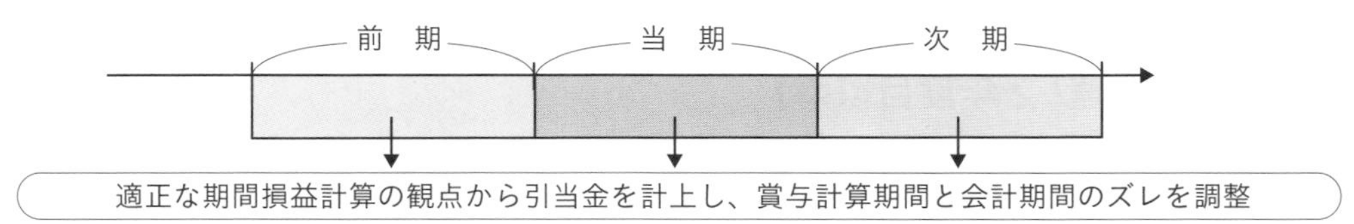

参考　賞与引当金の会計処理

1　決算時の処理(初年度)

▸▸ 次期に支払を予定している賞与のうち、当期に属する期間に対する額を賞与引当金繰入として費用計上し、貸方に賞与引当金(B/S・流動負債)として処理します。

Q　**賞与引当金 1**

決算にあたり、賞与引当金 40,000円を設定した。このときの仕訳を示しなさい。

A　**解答・解説**

(借) 賞与引当金繰入[01)	40,000	(貸) 賞与引当金	40,000

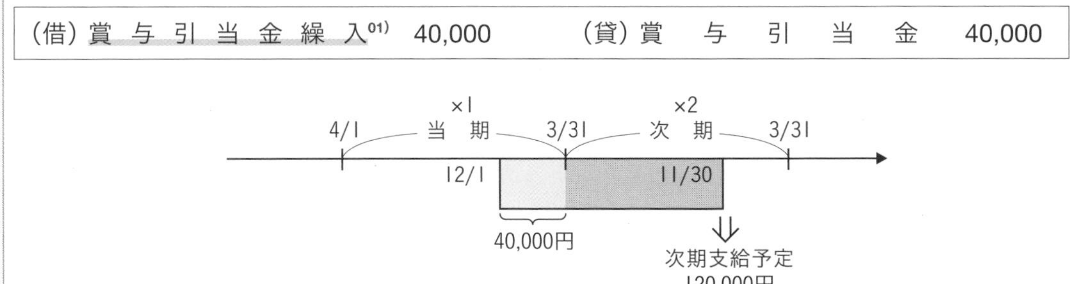

01)　P/L・販売費及び一般管理費に表示します。引当金を設定するさいには ×× 引当金繰入という勘定で処理します(退職給付引当金を除く)。

Chapter 10　負債会計(資産除去債務・リース)

2 賞与支給時の処理

実際に賞与を支給した時には、設定していた賞与引当金を取り崩して充当するとともに、当期負担分については賞与(P/L・販売費及び一般管理費)として処理します[02]。

Q 賞与引当金 2

当期の12月1日に賞与120,000円を現金で支払った。なお賞与引当金40,000円が設定されている。このときの仕訳を示しなさい。

A 解答・解説

(借)		(貸)	
賞与引当金	40,000	現金	120,000
賞与	80,000		

02) 引当金の計上を行わない場合には、当期支給120,000円がすべて当期の費用となります。

3 決算時の処理(2年度目以降)

Q 賞与引当金 3

決算にあたり、賞与引当金を設定する。当社の決算日は3月31日であり、当期12月1日から次期11月30日までの賞与は、次期12月1日に支払われる。次期の12月1日には 144,000円が支払われる予定である。このときの仕訳を示しなさい。

A 解答・解説

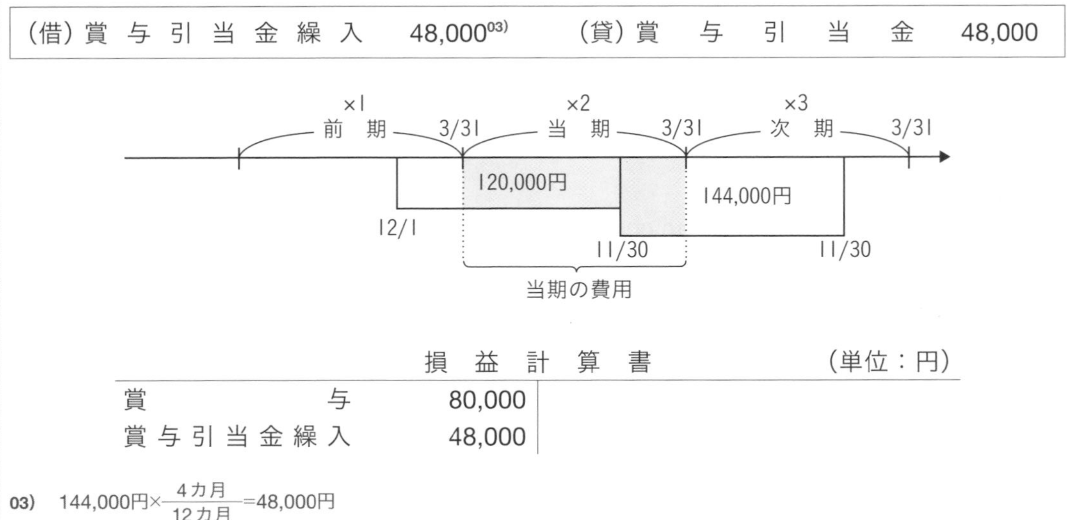

(借)		(貸)	
賞与引当金繰入	48,000[03]	賞与引当金	48,000

損益計算書　(単位:円)

賞与	80,000
賞与引当金繰入	48,000

03) $144,000円 \times \frac{4カ月}{12カ月} = 48,000円$

参考　役員賞与引当金の会計処理

» 役員賞与について、以前は利益処分として処理されていましたが、役員報酬[01]が費用処理されていることとの整合性から、**原則として当期の費用**として処理することになりました。

01) 役員の給料のことです。

1 発生時(決算時)の処理[02]

» 決算時に次期に支払われる予定の役員賞与(当期勤労分に係る役員賞与)について役員賞与引当金(B/S流動負債)を設定します。

02) 役員賞与は株主総会決議によって支給可能となるため、当期の費用として引当計上します。

Q 役員賞与引当金 1

決算にあたり、次期に支払われる予定の役員賞与30,000円について、役員賞与引当金を設定した。このときの仕訳を示しなさい。

A 解答・解説

(借)	役員賞与引当金繰入[03]	30,000	(貸)	役員賞与引当金	30,000

03) P/L・販売費及び一般管理費に表示します。

2 株主総会後の支給時の処理

» 支給時に役員賞与引当金を取り崩します。

Q 役員賞与引当金 2

次期に開催された株主総会の決議にもとづいて、役員賞与30,000円を現金で支払った。このときの仕訳を示しなさい。

A 解答・解説

(借)	役員賞与引当金	30,000	(貸)	現金	30,000

Section

2 資産除去債務

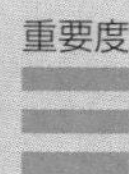

たとえば10年契約で借りた土地の上に、建物を建てたとします。10年後に土地を返すとき、その建物は取り壊さなければなりません。建物を壊すには費用がたくさんかかります。今回は、その将来の負担をどうやって現在の財務諸表に反映させるかについて学習していきます。

1 資産除去債務の意義

1 資産除去債務の意義

「資産除去債務」とは、有形固定資産[01)]の取得、建設、開発または通常の使用によって生じ、当該有形固定資産の除去に関して法令または契約で要求される法律上の義務およびそれに準ずるもの[02)]をいいます。

なお、有形固定資産の「除去」とは、売却、廃棄、リサイクル等の形で、有形固定資産を用役提供から除外することをいいます。

01) 有形固定資産には建設仮勘定やリース資産のほか、財務諸表等規則において「投資その他の資産」に分類されている投資不動産なども含みます。

02) 債務の履行を免れることがほぼ不可能な義務をいいます。たとえば、アスベスト等の法律で処理方法等を規定されている有害物質を除去する義務などが、これに該当します。

2 資産除去債務に関する会計基準の範囲

「資産除去債務に関する会計基準」では、有形固定資産の除去にかかわるものを対象としています。

そのため、有形固定資産の使用期間中に実施する環境修復や修繕は対象とはなりません。

3 一連の流れ

資産除去債務の会計処理の一連の流れは、以下のようになっています。

[取得時]
・資産除去債務の負債計上

→

[決算時]
・除去費用の配分
・利息費用の計上

→

[除去時]
・有形固定資産の除去
・資産除去債務の履行

2 資産除去債務の会計処理

1 取得時の処理

資産除去債務は、有形固定資産の取得、建設、開発または通常の使用によって発生したときに負債として計上します[01)]。資産除去債務はそれが発生したときに、有形固定資産の除去に要する割引前の将来キャッシュ・フローを見積もり、割引後の金額(割引現在価値)で算定します。

算定した資産除去債務は負債として計上し、同額を関連する有形固定資産の帳簿価額に加えます。

01) 資産除去債務の発生時に債務の金額を合理的に見積もることができない場合には、これを計上せず、合理的に見積もることができるようになった時点で負債として計上します。

Q 2-1 資産除去債務の負債計上

次の取引の仕訳を示しなさい。

×1年4月1日に備品30,000円を取得し、現金で支払った。当社には、契約上当該備品を使用後に除去する義務がある。当該備品の除去に必要な支出は11,979円と見積もられ、取得時における資産除去債務の割引現在価値は、9,000円と算定された。

A 2-1 解答・解説

(借)			(貸)		
(借)	備品	39,000	(貸)	現金	30,000
				資産除去債務	9,000

資産除去債務の金額には、除去時の見積額ではなく、取得時における割引現在価値が採用されます。なお、資産除去債務と同額を有形固定資産の帳簿価額に含めて計上します。

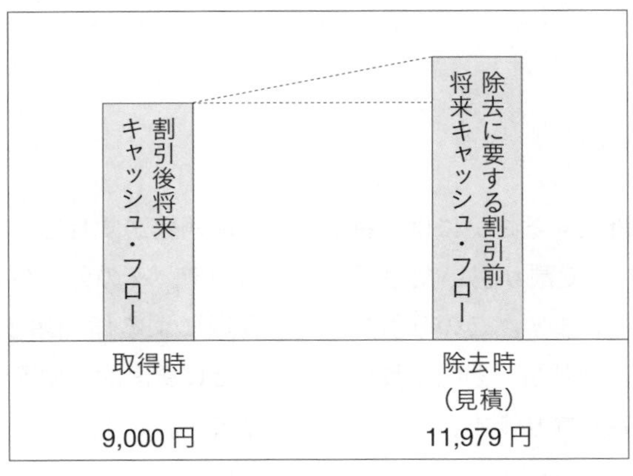

2 決算時の処理

(1) 除去費用の配分

▶▶ 資産除去債務を負債計上したさい、当該負債の計上額と同額を有形固定資産の帳簿価額に含めて計上しました。資産計上することにより、減価償却を通じて、資産除去債務に対応する除去費用を有形固定資産の残存耐用年数にわたり各期に費用配分します。

Q 2-2 | 除去費用の配分 |

決算時の仕訳を示しなさい。

×2年3月31日の決算にあたり、【Q2-1】で取得した備品(購入価額30,000円、資産除去債務の割引現在価値9,000円)について、減価償却を行う。当該備品は耐用年数3年の定額法により償却を行う。なお、残存価額はゼロである。

A 2-2 | 解答・解説 |

(借) 減価償却費	13,000	(貸) 備品減価償却累計額	13,000

資産除去債務に対応する除去費用は、減価償却により費用化します。

$$\underbrace{30{,}000円}_{購入金額} \times \frac{1年}{3年} + \underbrace{9{,}000円}_{資産除去債務} \times \frac{1年}{3年} = 13{,}000円$$

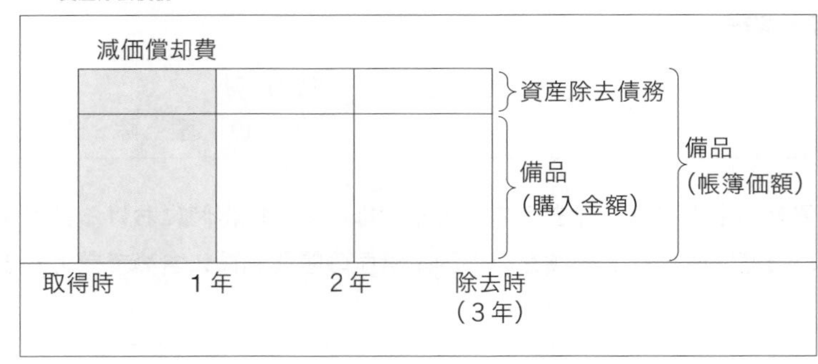

(2) 利息費用の計上

① 利息費用とは

▶▶ 資産除去債務を負債計上するさいには、将来の支出額を一定の割引率で割り引いた金額(割引現在価値)で計算しています。この割引計算によって求める金額は、割り引く期間が長ければ長いほど、金額が小さくなります。

時が経過すれば、割り引く期間自体が短くなるので、その分、金額は増加します。この時の経過による増加額を利息費用といい[02]、この分だけ資産除去債務の金額も調整する必要があります。

02) 「利息」と名前についていますが、お金を借りているわけではないため、営業外費用として計上する「支払利息」とは異なる性質を持つものです。

② 利息費用の計上

▸▸ 時の経過による利息費用と資産除去債務の調整額は、期首の資産除去債務の帳簿価額に割引率を掛けて算定します。

なお、このとき用いる割引率は、資産除去債務を計上したときの割引率を用います。

Q 2-3 | 利息費用の計上

決算時に必要な仕訳を示しなさい。

×2年3月31日の決算にあたり、【Q2-1】で資産を取得したさいに発生した資産除去債務9,000円の調整を行う。なお、資産除去債務計上時の割引率は年10%である。

A 2-3 | 解答・解説

(借) 利息費用	900	(貸) 資産除去債務	900

取得時から決算時までの計算上の利息を利息費用として、資産除去債務の金額を調整します。

9,000円 × 10% = 900円
資産除去債務残高

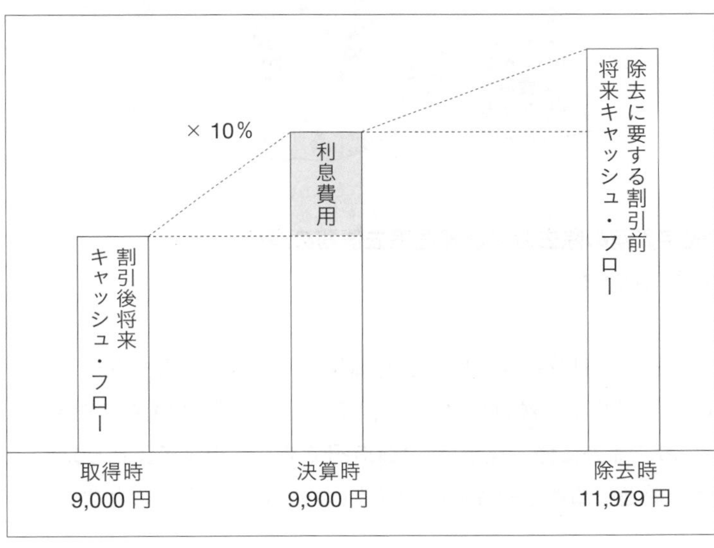

なお、利息費用の計上額を表に示すと以下のとおりになります。

年　月　日	利息費用	資産除去債務
×1年4月1日	—	9,000円
×2年3月31日	900円	9,900円
×3年3月31日	990円	10,890円
×4年3月31日	1,089円	11,979円

3 除去時の処理

(1) 有形固定資産の除去

売却、廃棄等により有形固定資産を除去する場合には、その除去方法に応じて処理を行います[03]。

03) 問題文の指示に従ってください。

(2) 資産除去債務の履行

資産除去債務を履行する場合には、資産除去債務を取り崩す処理を行います。

なお、除去に係る支出と当初の見積りにもとづく資産除去債務計上額に差異がある場合には、その差額を履行差額として損益計上します。

借地
借地に倉庫を建設
10 年後…
借地を返すときの費用 ＝ 資産除去債務
借地
10 年後に
解体費用が
かかりますね〜

Q 2-4 | 有形固定資産の除去および資産除去債務の履行

除去時に必要な仕訳を示しなさい。

×4年3月31日に、【Q2-1】で取得した備品の使用終了にともない、除去を行う。同日における当該備品の減価償却累計額は39,000円、資産除去債務は11,979円となっている（当初の見積りと同額）。なお、除去に係る支出は12,000円であり、現金で支払った。

なお、当期の減価償却費と利息費用の計上は終了しているものとする。

A 2-4 | 解答・解説

	借方科目	金額		貸方科目	金額
(借)	備品減価償却累計額	39,000	(貸)	備品	39,000
(借)	資産除去債務	11,979	(貸)	現金	12,000
	履行差額	21			

資産除去債務履行時の実際の支出額が当初の見積りにもとづく資産除去債務の計上額を上回る場合には、履行差額として費用処理します。

3 貸借対照表における表示

▸▸ 資産除去債務は、貸借対照表日後1年以内にその履行が見込まれる場合を除き、固定負債の区分に「資産除去債務」として表示します。

貸借対照表日後1年以内に資産除去債務の履行が見込まれる場合には、流動負債の区分に表示します[01]。

貸 借 対 照 表

×2年3月31日　(単位：円)

Ⅱ 固 定 資 産			Ⅱ 固 定 負 債	
1 有形固定資産			資 産 除 去 債 務	9,900
備　品	39,000			
減価償却累計額	13,000	26,000		

01) 一年基準が適用されます。

4 損益計算書における表示

1 減価償却費・利息費用

▸▸ 資産除去債務に係る減価償却費[01]・利息費用については、その資産に係る減価償却費と同じ区分に表示します。

したがって、通常の有形固定資産に係るものであれば、その減価償却費と同様に販売費及び一般管理費に表示されます。

01) 帳簿価額に含めた資産除去債務に係る減価償却費のことです。

2 履行差額

▸▸ 資産除去債務の履行時に認識される資産除去債務残高と資産除去債務の決済のために実際に支払われた額との差額である履行差額についても、除去費用に係る費用配分額(減価償却費)と同じ区分に計上します。

損 益 計 算 書

自×3年4月1日　至×4年3月31日 (単位：円)

Ⅲ 販売費及び一般管理費	
減 価 償 却 費	13,000
利 息 費 用	1,089
履 行 差 額	21

トレーニングⅠ　Ch10　問題3～5へ

5 資産除去債務の見積りの増加

▶▶ 有形固定資産の除去に要する割引前将来キャッシュ・フローが増加した場合、増加額を増加時点の割引率[01)]で割り引いた額を資産除去債務の帳簿価額に加えます。

01) 割引前将来キャッシュ・フローが減少する場合、負債計上時の割引率を使います。

Q 2-5 | 資産除去債務見積額の増加

×2年3月31日及び×3年3月31日に必要な仕訳を示しなさい。なお、計算上、端数が生じる場合には、円未満を四捨五入すること。

1 ×1年4月1日

備品30,000円を取得し、現金で支払った。この備品を3年後に除去するのに必要な支出は11,979円と見積もられた。取得時の割引率は10%であり、資産除去債務9,000円を計上している。

2 ×2年3月31日

除去に要する見積額を13,145円に変更した。変更時の割引率は8%である。

なお、減価償却は耐用年数3年、残存価額ゼロの定額法により行う。

A 2-5 | 解答・解説

1. ×2年3月31日の仕訳

(1) 利息費用の計上

(借) 利息費用	900	(貸) 資産除去債務	900

利息費用：9,000円×10%＝900円

(2) 減価償却

(借) 減価償却費	13,000	(貸) 備品減価償却累計額	13,000

減価償却費：30,000円÷3年＋9,000円÷3年＝13,000円

(3) 資産除去債務の増加

(借) 備品	1,000	(貸) 資産除去債務	1,000

資産除去債務の増加額：$(13{,}145円 - 11{,}979円) \times \frac{1}{(1.08)^2} = 999.65\cdots \rightarrow 1{,}000円$

2. ×3年3月31日の仕訳

(1) 利息費用の計上

当初発生額と増加額を分けて計算します。

(借) 利息費用	1,070	(貸) 資産除去債務	1,070

利息費用：(9,000円＋900円)×10%＋1,000円×8%＝1,070円

⑵　減価償却

増加額については残存耐用年数にわたって償却します。

(借) 減価償却費	13,500	(貸) 備品減価償却累計額	13,500

減価償却費：13,000円＋1,000円÷2年＝13,500円

各年度の資産除去債務と固定資産の帳簿価額はタイムテーブルを書くと、計算しやすくなります。

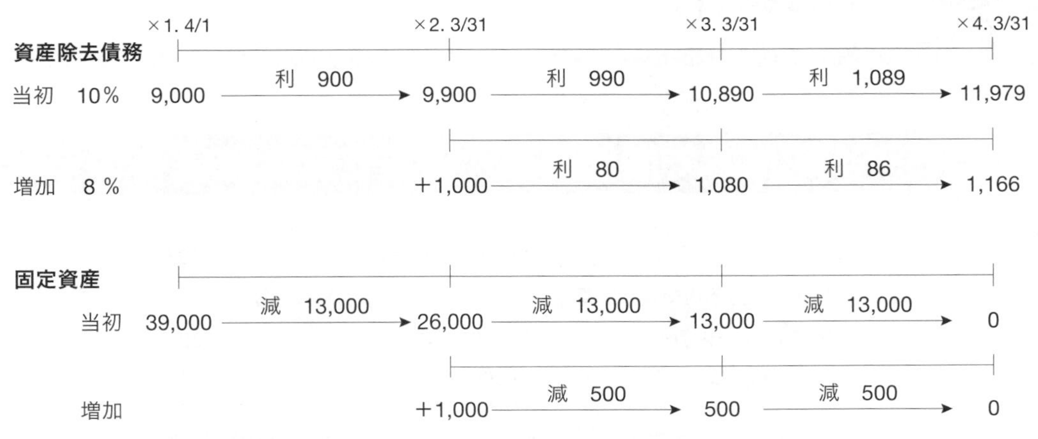

トレーニングⅠ　Ch10　問題6へ

【財務諸表計上額】　重要度 ★★

資産除去債務
　固定資産　B/S計上額：(購入代価+付随費用)+除去費用の割引現在価値
　資産除去債務　B/S計上額：除去費用の割引現在価値+各年度の利息費用

参考　資産除去債務の見積りの減少

▶▶ 除去費用の見積り額が減少した場合、当初計上した負債が減少したと考え、当初の割引率をもとに資産除去債務と固定資産を減少させます。

【Q2-5】で×2年3月31日に、除去費用見積り額を11,979円から10,769円に変更した場合

(借) 資産除去債務	1,000 [01)]	(貸) 備品	1,000

01)　現在価値：10,769円×$\frac{1}{(1.1)^2}$=8,900円 減少：(9,000円+900円)−8,900円=1,000円
または(11,979円−10,769円)×$\frac{1}{(1.1)^2}$=1,000円

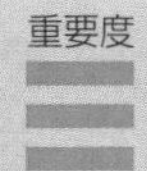

重要度

Section

3 リース会計 1

企業は売上を上げるために様々な固定資産を利用します。
たとえば、あるコピー機を購入していて、別のコピー機がリース契約であったとすると…。同じようにコピー機を使っているなら、この2台のコピー機は会計上同様に扱うべきでしょう。これにより適正な期間損益計算もできるようになるのです。

▶借方で減価償却、貸方で支払利息◀

取得時：	(リース資産)	100,000	(リース債務)	100,000
	⇒減価償却費の計算へ		⇒支払利息の計算へ	
支払時：	(リース債務)	25,000	(現　　金)	30,000
	(支 払 利 息)	5,000		

ファイナンス・リース取引は、売買取引つまり通常の資産の取得取引として処理します。

したがって借方は「リース資産勘定」、貸方は債務として「リース債務勘定」を用いて処理します。

借方のリース資産の金額は、後の減価償却費の計算の基礎となります。このとき、“所有権移転外”つまりリース期間の終了とともにリース資産が持ち帰られてしまう場合には、残存価額ゼロ、リース期間＝耐用年数として計算する必要があります。

次に貸方のリース債務ですが、リース債務には利息が発生し、リース料の支払時に優先的に支払うことになります。ですから、まず“リース債務の残高の5％”といった形で支払利息が計上され、残額でリース債務を返済していくという計算になります。

この基本的な計算構造を理解しておきましょう。

1　リース取引の意義

▸▸ **リース取引**とは、固定資産の所有者である貸し手(リース会社)[01]が、この物件の借り手(ユーザー)[01]に対し、一定期間(リース期間)にわたりこれを使用する権利を与え、借り手は一定の使用料(リース料)を貸し手に支払う取引をいいます。

01) 貸し手のことを「レッサー」、借り手のことを「レッシー」といいます。パンダや怪獣とは関係ありません。

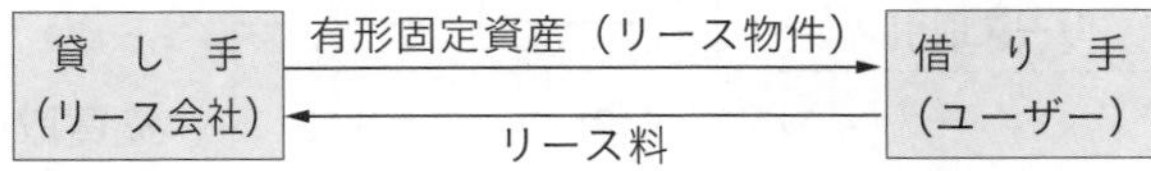

リース取引の貸し手と借り手の権利義務の関係は次のとおりです。

貸　し　手(リース会社)	立　場	借　り　手(ユーザー)
物を貸すことで、その使用料を受け取る権利を得る。	権　利	貸し手の持つ資産を使用できる権利を得る。
有形固定資産を借り手に引き渡さなければならない。	義　務	貸し手に使用料を支払わなければならない。

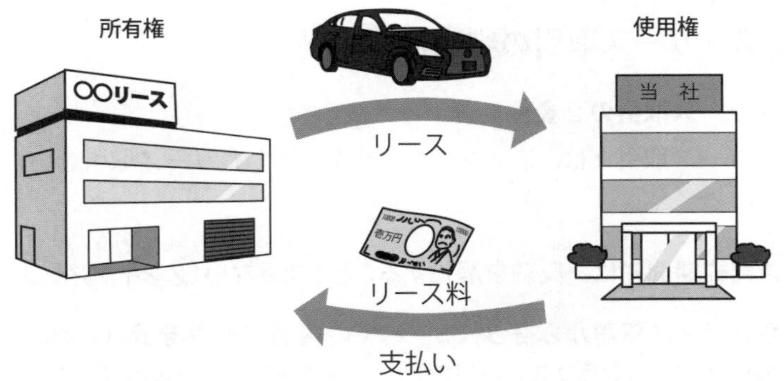

Chapter 10　負債会計（資産除去債務・リース）

2 リース取引の分類

▶▶ リース取引には、**1.ファイナンス・リース取引**[01]と**2.オペレーティング・リース取引**[02]の２種類があり、さらにファイナンス・リース取引は(1)**所有権移転**[03]**ファイナンス・リース取引**と(2)**所有権移転外ファイナンス・リース取引**の２つに分けられます[04]。

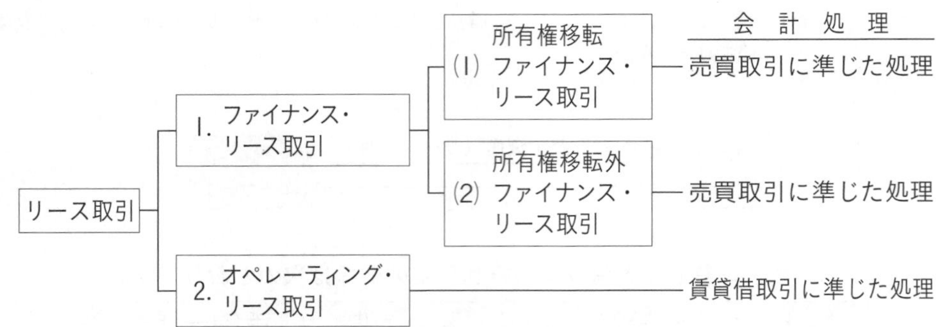

01) ファイナンス・リース（finance lease）
ファイナンス（finance）＝ 財源、収入、つまり財源を得るためのリース

02) オペレーティング・リース（operating lease）
オペレーティング（operating）＝ 経営上の、つまり経営上のリース

03) 権利が移ることを移転といいます。

04) 本試験では、問題文に判断基準が示されますので、それに従ってください。

1 ファイナンス・リース取引の判定基準

(1) ファイナンス・リース取引の２要件

▶▶ ファイナンス・リース取引とは、次の2つの要件を満たしたリース取引をいいます。

> **(1) リース契約期間中に、契約を解除することができない（ノンキャンセラブル[05]）。**
>
> **(2) 借り手がリース資産から得られるすべての経済的利益を受けられ、かつ、リース物件の使用にともなうコスト（修繕費）などを負担する（フルペイアウト）。**

05) 解約にさいして、多額の違約金を支払わなければならない場合も、ノンキャンセラブルとなります。あぁ無情。あっ、あれはレ・ミゼラブルだった…。

▶▶ なお、フルペイアウトの判定を行うための具体的な基準として現在価値基準と経済的耐用年数基準があり、このいずれかに該当する場合にはファイナンス・リース取引と判定されます。

⑵ 具体的な判定基準

① 現在価値基準

▶▶ 解約不能[06]のリース期間中におけるリース料総額の現在価値が、当該リース物件を借り手が現金で購入するものと仮定した場合の合理的見積金額（見積現金購入価額）の概ね90％以上であること。

② 経済的耐用年数基準

▶▶ 解約不能[06]のリース期間が、当該リース物件の経済的耐用年数の概ね75％以上であること。

06) ノンキャンセラブルであることが前提となります。

2 ファイナンス・リース取引の分類

⑴ 所有権移転ファイナンス・リース取引

▶▶ リース物件の所有権がリース期間満了時に借り手に移転する[07]（最終的に借り手のものになる）リース取引をいいます。

⑵ 所有権移転外ファイナンス・リース取引

▶▶ リース期間が満了してもリース物件が借り手のものとならない（最終的にリース会社に返却する）リース取引をいいます。

07) 具体的には、以下のいずれかに該当する場合、所有権が移転すると判断します。
①所有権移転条項（契約上所有権が移転することとされている）がある。
②割安購入選択権（著しく有利な価額でリース物件を買い取る権利）が与えられている。
③リース物件が特別仕様（借り手の用途に合わせて製作されたもので第三者に再リースするのが困難）により製作されたものである。

3 オペレーティング・リース取引

▶▶ 使用予定期間が短期であるといった理由から、購入するよりも借りる（リース）方が、経営上、有利である場合に用いられるリース取引です。

したがって、会計処理上も賃貸借取引に準じた処理が行われます。

(借) 支払リース料	×××	(貸) 現金預金	×××

研　究　リース取引はすべて資産計上？

海外の会計基準では、借り手は借りた資産を使用する権利（使用権）を有していると考え、ファイナンス・リース、オペレーティング・リースに分類せず、すべてのリース取引について資産計上（使用権資産）と負債計上（リース料支払債務）を行う処理を行っています。

日本の会計基準も近い将来、海外の会計基準にそろえるために改訂される予定です。

3 ファイナンス・リース取引の会計処理

▶▶ ファイナンス・リース取引における会計処理は次のとおりです。

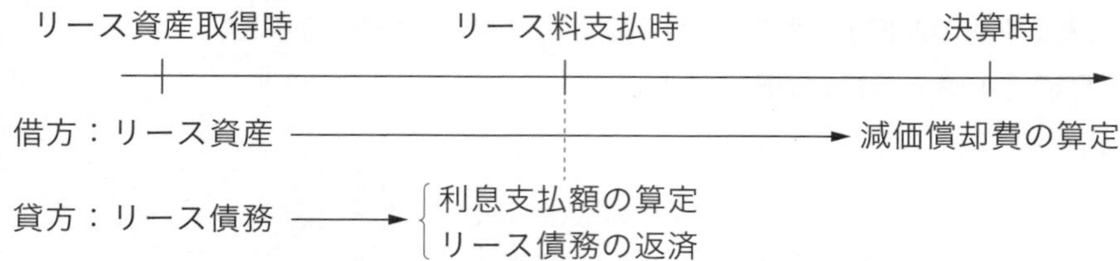

ファイナンス・リース取引は、実質的には固定資産の購入取引でありながら、支払方法としてリースを用いている取引をいいます。

したがって、会計処理上も売買取引に準じた処理を行います。

(借) リース資産[01]	×××	(貸) リース債務	×××

後に、リース料を支払ったさいには次の処理を行います。

(借) リース債務	××	(貸) 現金預金	×××
支払利息	×		

01) 貸借対照表上、リース資産として有形固定資産の区分に表示します。

▶▶ リース債務は、貸借対照表上、貸借対照表日後1年以内のリース期間に係るリース債務の額を流動負債の区分に、一方、1年を超えるリース期間に係るリース債務の額を固定負債の区分にして分けて記載します。

B/S の有形固定資産は
″その会社の設備額をあらわす″
という観点から、
所有権のないリース資産であっても
″会社の設備に変わりは無い″
ため、B/S の固定資産に表示する
処理を行います

4　リース資産取得時

1　取得原価の決定

▸▸　リース資産の取得原価については下記の方法で決定します。

	借り手側でリース物件の貸し手の購入価額等が明らかな場合	借り手側でリース物件の貸し手の購入価額等が明らかでない場合
所有権移転ファイナンス・リース取引	貸し手の購入価額等[01]	・見積現金購入価額 ・リース料総額の割引現在価値[02] いずれか低い額
所有権移転外ファイナンス・リース取引	・貸し手の購入価額等 ・リース料総額の割引現在価値[02] いずれか低い額	

▸▸　所有権移転ファイナンス・リースで貸し手の購入価額が明らかな場合というのは、会社が、特定の固定資産を購入するさいに、資金不足などの理由から「リース会社を通して購入した」という場面です。

この場合には貸し手の購入価額が明らかですから、それを取得原価とし、それ以外の場合は購入価額とリース料総額の割引現在価値とを比較し、低い額[03]となります。

01)　「貸し手の購入価額等」における「等」とは、借り手に対する現金販売価額を指しますが、試験には出題されないため気にする必要はありません。

02)　借り手が支払うリース料の総額を、取得時の現在価値に割り引いて(=今支払うとしたらいくらに相当するのか)、購入価額の代用とします。

03)　保守主義の観点から「低い額」とイメージするといいでしょう。

トレーニングⅠ　Ch10　問題7へ

2　割引率について

▸▸　リース料総額を現在価値に割り引くさいの割引率として、「貸し手の用いた利子率」がわかる場合はそれを用い、不明な場合には、「当社が追加借入をした場合の利子率」を用います。

本試験では、問題文の指示に従うだけで十分です。

Q 3-1 | 取得原価の決定 |

A社は、備品を以下の条件で使用している。次の場合につき取得時の仕訳を示しなさい。

・A社は、備品をリースして使用している。このリース取引はファイナンス・リース取引に相当する。
・リース期間は3年であり、年間の支払リース料は10,000円である。
・当該備品の見積現金購入価額[04]は、28,000円である。
・割引率としては当社の追加借入利子率4%を用い、このときの年金現価係数は2.7751（3年）、1.8861（2年）、0.9615（1年）とする。

A 3-1 | 解答・解説 |

(借) リース資産	27,751	(貸) リース債務	27,751

貸し手の購入価額が明らかでない場合の取得原価

↓

取得原価は ┬ 見積現金購入価額（28,000円） ┐ いずれか低い方の金額
　　　　　 └ リース料総額の割引現在価値（10,000円× 2.7751 ＝ 27,751円） ┘

リース料総額の割引現在価値：27,751円 ＜ 見積現金購入価額：28,000円

∴27,751円が取得原価となり、リース債務の総額となります。

図に示すと、次のようになります。

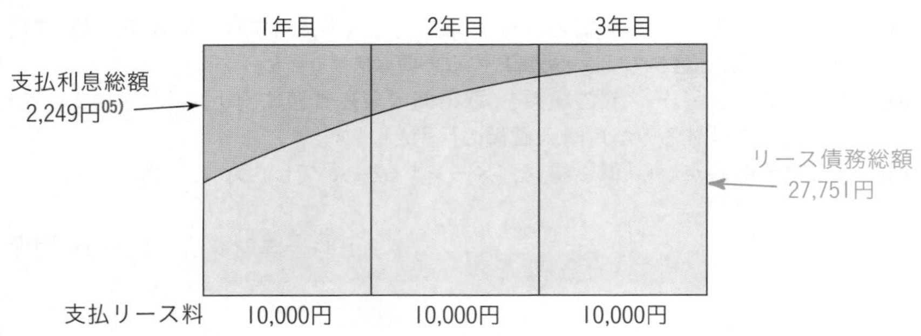

04) この資料から、貸し手の購入価額は明らかでないと判断します。この時点で、取得原価について所有権移転の有無は関係なくなります。

05) 10,000円×3年−27,751円=2,249円

5 リース料支払時

▸▸ リース債務残高に対する利息を支払い、残額でリース債務(元本)を返済します。

支払利息とリース債務返済額の計算の方法には以下の2つの方法があります。

1 支払利息を先に計算する方法

▸▸ リース債務残高に利率を掛けて支払利息を求め、支払リース料と支払利息との差額でリース債務返済額を計算します。

支払利息＝リース債務残高×利率

リース債務返済額＝支払リース料−支払利息

2 リース債務返済額を先に計算する方法

▸▸ 年金現価係数に支払リース料を掛けて各年度のリース債務残高を計算し、前年度末と当年度末のリース債務残高の差額よりリース債務返済額を求め、支払リース料とリース債務返済額との差額で支払利息を計算します。

リース債務返済額＝リース債務前期末残高※−リース債務当期末残高※

支払利息＝支払リース料−リース債務返済額

※リース債務残高 ＝ 支払リース料 × 各年度に対応する年金現価係数

▸▸ 本試験においては、問題文に各年度の年金現価係数または現価係数が与えられている場合には2の計算方法で行い、与えられていない場合には1の計算方法で行うのが適当と思われます[01]。

01) 近年の出題実績をみると、商業簿記の出題では年金現価係数が与えられていない場合が多く、会計学では与えられている場合が多いです。

Q 3-2 リース料支払時の処理

【Q3-1】の設例において、1年後、2年後、3年後、それぞれにリース料を支払ったさいの仕訳を示しなさい。円未満の端数は四捨五入すること。

A 3-2 解答・解説

1年後

(借) リース債務	8,890	(貸) 現金預金	10,000
支払利息	1,110		

2年後

(借) リース債務	9,246	(貸) 現金預金	10,000
支払利息	754		

3年後

(借) リース債務	9,615	(貸) 現金預金	10,000
支払利息	385		

1年目の状況を図に示すと、次のようになります。

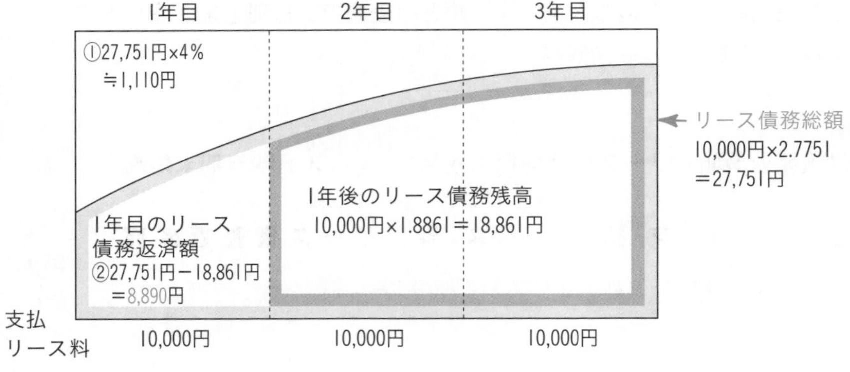

1. 支払利息を先に計算する方法(1年目)
   支払利息：27,751 円× 4 %≒ 1,110 円
   リース債務返済額：10,000 円− 1,110 円= 8,890 円
2. リース債務返済額を先に計算する方法(1年目)
   リース債務返済額：10,000 円× 2.7751 − 10,000 円× 1.8861 = 8,890 円
   支払利息：10,000 円− 8,890 円= 1,110 円
   端数の処理は問題の指示に従ってください。

6 半年複利の場合

これまで、リース料の支払いを1年毎(1年複利)として、リース料総額の割引現在価値を算定してきましたが、リース料の支払が半年毎(半年複利)であった場合には、割引率(r)を1/2、年数(n)を2倍として計算します。

<リース期間3年、割引率6%の半年払いの場合>
期間6年、割引率3%として算定

Q 3-3 半年複利の場合の割引現在価値

リース料は100,000円(半年払)、期間3年の場合のリース料総額の割引現在価値を以下の年金現価係数表を用いて求めなさい。なお、当社の追加借入利子率は年6%である。

n＼r	3%	4%	5%	6%
3年	2.8285	2.7751	2.7232	2.6730
4年	3.7171	3.6299	3.5460	3.4651
5年	4.5797	4.4518	4.3295	4.2124
6年	5.4172	5.2421	5.0757	4.9173

A 3-3 解答・解説

100,000円×5.4172＝541,720円

7 決算時

決算時には減価償却費の計算が問題になります。

ファイナンス・リース取引では、借り手がリース資産を資産計上しているので、減価償却を行うのは借り手側です。

所有権移転の有無で、耐用年数や残存価額が異なるので注意しましょう。

	耐用年数	残存価額
所有権移転ファイナンス・リース	経済的耐用年数(自己資産と同様)	自己資産と同様
所有権移転外ファイナンス・リース	リース期間	原則ゼロ

所有権移転ファイナンス・リースの場合は、最終的に自己資産となるため、減価償却も自己資産と同様に行います。

所有権移転外ファイナンス・リースの場合は、リース資産はリース期間満了後にリース会社に引き取られるので残存価額はゼロ、耐用年数もリース期間となります。

Q 3-4 | リース資産の減価償却

当期首よりファイナンス・リース取引により使用している以下の備品について(1)所有権移転ファイナンス・リース取引の場合、(2)所有権移転外ファイナンス・リース取引の場合それぞれについて、当期末の減価償却に関する仕訳を示しなさい。

・リース期間は5年であり、リース資産(備品)の計上額は100,000円である。
・リース資産(備品)の減価償却は定額法による。
・リース資産(備品)を購入した場合、耐用年数6年、残存価額は取得原価の10%として減価償却が行われる。

A 3-4 | 解答・解説

(1) 所有権移転ファイナンス・リース取引の場合

(借) 減価償却費	15,000[01]	(貸) リース資産減価償却累計額	15,000

01) $(100{,}000円-100{,}000円\times0.1)\times\frac{1年}{6年}=15{,}000円$

(2) 所有権移転外ファイナンス・リース取引の場合

(借) 減価償却費	20,000[02]	(貸) リース資産減価償却累計額	20,000

02) $100{,}000円\times\frac{1年}{5年}=20{,}000円$

8 オペレーティング・リース取引

▶▶ オペレーティング・リース取引は、通常の賃貸借取引に準じた会計処理を行います[01]。

なお、オペレーティング・リース取引では、貸し手がリース資産を資産計上しており、減価償却も行います。借り手は、リース料を支払って資産を『借りている』に過ぎません。

01) リース期間の途中で解約できるオペレーティング・リース取引を除いて、以下の事項を財務諸表に注記します。
a. 貸借対照表日後1年以内のリース期間にかかわる未経過リース料
b. 貸借対照表日後1年を超えるリース期間にかかわる未経過リース料

Q 3-5 | オペレーティング・リース取引

A社はB社に対し当年度分のリース料100,000円を現金で支払った。A社の仕訳を示しなさい。

A 3-5 | 解答・解説

(借) 支払リース料	100,000	(貸) 現金預金	100,000

9 見積現金購入価額を用いる場合

▸▸ 見積現金購入価額がリース料総額の割引現在価値より低い場合、見積現金購入価額をリース資産の取得原価とします。

このとき支払利息の計算では、見積現金購入価額とリース料総額の割引現在価値が等しくなる割引率を用います[01)]。

01) リース資産の取得原価の決定に用いた割引率(追加借入利子率)で支払利息を計算すると、最終的にリース債務残高が残ってしまうからです。

Q 3-6 見積現金購入価額を用いる場合

A社は、備品を以下の条件で使用している。次の場合につき1年目のリース料支払時の仕訳を示しなさい。なお、円未満の端数は四捨五入すること。

- ・このリース取引はファイナンス・リース取引に相当する。
- ・リース期間は3年であり、年間の支払リース料は10,000円(後払い)である。
- ・当該備品の見積現金購入価額は、27,232円である。
- ・当社の追加借入利子率は4％であり、このときの年金現価係数は2.7751 (3年)である。
- ・見積現金購入価額とリース料総額の割引現在価値が等しくなる割引率は5％である。

A 3-6 解答・解説

(1) リース資産の取得原価の決定

リース料総額の割引現在価値：10,000円×2.7751＝27,751円

見積現金購入価額：27,232円

27,751円＞27,232円　∴リース資産の取得原価：27,232円

(借) リース資産	27,232	(貸) リース債務	27,232

(2) リース料支払時

(借) リース債務	8,638 [03)]	(貸) 現金預金	10,000
支払利息	1,362 [02)]		

02) 27,232円×5％＝1,361.6→1,362円
03) 10,000円−1,362円＝8,638円

	返済前リース債務	支払利息	リース債務返済額	返済後リース債務
1年目	27,232	1,362	8,638	18,594
2年目	18,594	930	9,070	9,524
3年目	9,524	476	9,524	0

トレーニングⅠ　Ch10　問題8～10へ

【財務諸表計上額】 重要度 ★★

リース資産　B/S計上額：見積現金購入価額と割引現在価値のいずれか低い方

リース債務　B/S計上額

リース債務期首残高－(リース料－リース債務期首残高×利率)

リース債務返済額

(流動負債)：翌期返済額

(固定負債)：期末残高－翌期返済額(流動負債分)

Q TRY IT! | **理論問題** | **リース会計** |

次の各文章について、正しければ○を、正しくなければ×を付けなさい。

⑴ 所有権移転外ファイナンス・リース取引によってリースした資産の取得原価は、貸し手の購入価額とリース資産の見積現金購入価額とのいずれか低い方の価額とする。
ただし、貸し手の購入価額を知り得ない場合には、リース資産の見積現金購入価額とリース料総額の割引現在価値とのいずれか低い方とする。

⑵ リース取引の借り手の処理として、リース資産及びリース債務の計上額を算定するにあたっては、リース契約締結時に合意されたリース料総額によるのが原則である。

⑶ 所有権移転外ファイナンス・リース取引に係るリース資産の減価償却費は、自己所有の固定資産に適用する減価償却費と同一の方法により算定する。　(全経185回)

A TRY IT! | **解答** |

⑴	⑵	⑶
×	×	×
40	30	30

合計100点

TRY IT! | **解説** |

⑴ リース資産の見積現金購入価額ではなく、リース料総額の割引現在価値となります。

⑵ リース料総額から利息相当額の合理的な見積額を控除するのが原則です。

⑶ 所有権移転外ファイナンス・リース取引の場合、リース資産の償却期間はリース期間とし、残存価額はゼロとします。

テキストⅡ応用編で学習する論点

Chapter 13　リース会計2

セール・アンド・リースバック取引

残価保証、中途解約、貸手の処理

Chapter 11

退職給付会計

Point

ここのChapterでは、退職給付会計を学習していきます。退職給付会計は本試験に頻出の論点ですので、計算、理論ともにしっかり学習するようにしてください。
ポイントは退職給付費用を構成する各項目と差異の処理をおさえることです。退職給付費用と退職給付引当金の勘定連絡図(ボックス図)を書けるようにしましょう。

用語集

退職給付会計
退職一時金や企業年金の積立不足額を負債として認識する会計制度

退職給付債務
将来支払う退職金と年金のうち期末時点までに発生しているものを割引計算によって求めた金額

年金資産
企業が年金基金に預けた掛け金

利息費用
退職給付債務に係る利息

勤務費用
従業員等の勤務によって発生した退職給付債務

期待運用収益
年金基金の運用による年金資産の増加

過去勤務費用
退職給付水準の改訂等により、従業員が将来受け取ることができる退職給付額が増減するなどして発生した、退職給付債務の増減部分

数理計算上の差異
年金資産の期待運用収益と実際運用収益との差異、退職給付債務の見積り数値と実績との差異

重要度

Section

1 退職給付会計

従業員が会社を退職するときに支払う退職一時金や、退職後一定の期間にわたり支払われる退職年金は、もともと従業員が毎期、働くことによって発生する費用です。そのため、各会計期間に費用として計上する必要があります。ここでは、退職給付費用や退職給付引当金の金額の計算方法について、具体的に学習していきます。

▶退職給付会計のエッセンス◀

◆タイムテーブルの基本構造◆

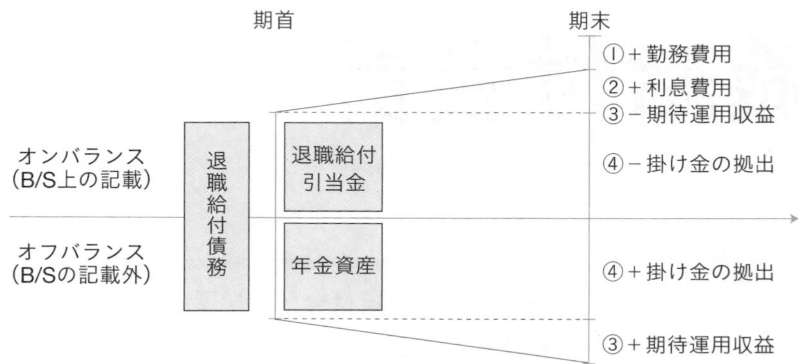

退職給付会計の仕訳は、借方：退職給付費用、貸方：退職給付引当金くらいで極々単純です。しかし金額計算は少し複雑です。イメージ図は上のとおりです。

会社が負担する退職給付債務からすでに積み立ててある年金資産を差し引いた残りが、貸借対照表の固定負債に記載される退職給付引当金になります。

退職給付債務 － 年金資産 ＝ 退職給付引当金

つまり、退職給付債務のうち、年金資産分は貸借対照表に現れず（オフバランスといいます）水面下に隠れてしまいます。この分の動きをタイムテーブルの下半分で表します。逆にタイムテーブルの上半分は貸借対照表上に記載される（オンバランスといいます）退職給付引当金となります。

これに1年間の動きを加えると、①当期の労働で増える勤務費用と②退職給付債務に対する利息（利息費用）が退職給付引当金の増加要因となり、③年金資産の運用による年金資産の増加（期待運用収益）が退職給付引当金の減少要因となります。

このほかに、④期中に掛け金を拠出して年金資産を増やした場合には、期待運用収益と同様に年金資産の増加とともに退職給付引当金が減少することになります。

以上が、タイムテーブルの基本構造です。

1 退職給付会計の意義

退職給付とは、**退職後に従業員に支給される退職一時金(退職金)および年金**のことをいいます。また、退職給付会計とは、退職一時金や企業年金[01)]の積立不足額を**退職給付引当金(負債)として認識する会計制度**です。

このとき、企業自体が退職給付を行う場合と年金基金を設けて退職給付を行う場合とがあります。

01) 企業独自の年金。国民年金や厚生年金に上積みして給付されます。

2 企業自体が退職給付を行う場合[01)]

企業が自ら退職給付を行う場合には、将来の給付に必要な額(＝退職給付債務)を退職給付引当金として計上します。

退職給付債務 ＝ 退職給付引当金

このときの仕訳は次のとおりです。

(借) 退 職 給 付 費 用	×××	(貸) 退 職 給 付 引 当 金	×××

企業自体が退職給付を行う場合を例にとり、退職給付債務の算定方法についてみていきましょう。

01) 2級での学習はこの場合です。

3 退職給付債務の算定

▶▶ 当期末の退職給付債務を算定するには、

1 将来の退職給付見込額を基礎とする方法
2 前期末の退職給付債務を基礎とする方法

の2つがあります[01]。

どちらの方法を採っても同じ結果になります。

01) 問題の指示により、どちらかの方法で解答します。

1 将来の退職給付見込額を基礎とする方法

▶▶ 当期末の退職給付債務の額を、将来の退職給付見込額のうち当期末までに発生した額を見積もり、それを現在価値に割り引いて求めます。

02) 退職後に社員が受け取る退職給付の総額。

▶▶ 当期末に認識しなければならない退職給付債務は、退職給付見込額の全部ではなく、見込額のうち、入社から当期末までの勤務期間に対応する部分に限られ、それを割引計算することに注意しましょう。

具体的には、次のStepで行います。

Step 1 退職給付見込額(退職給付の総額)を見積もる[03]。

Step 2 Step 1の金額のうち、入社時から当期末までに発生した額を求める[04]。

Step 3 Step 2で算定した金額を現在価値に割り引く。

03) 退職給付総額は入社時から退職時までの全期間に対する金額です。
04) 入社から当期末まで働いた分について債務(=退職金等を支払う義務)が生じます。

Q 1-1 | 退職給付見込額からの退職給付債務の計算

甲社はA氏に係る退職給付費用を計上することにした。A氏は、入社からの勤務期間が当期末で7年である。また、A氏の場合、入社時点から退職までの全勤務期間は10年と見積もられている。A氏の退職時に見込まれる退職給付見込額は100,000円であるとして、当期末の退職給付債務はいくらになるか。割引率5%として求めなさい(円未満切捨て)。

A 1-1 | 解答・解説

60,468円

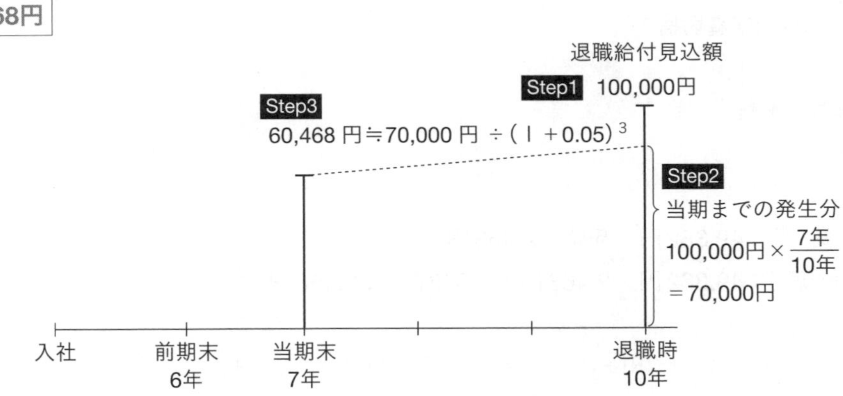

当期までの発生分を100,000円×$\frac{7年}{10年}$と算定しています。これは、退職給付見込額の各期の発生額が、入社から当期末まで毎年定額で発生していることを前提としています。この前提のことを、期間定額基準[05]といいます。

05) 一方、退職給付見込額の各期の発生額を、退職給付制度の給付算定式をもとに認識する前提もあります。この前提のことを、給付算定式基準といいます。なお、給付算定式基準が本試験で計算問題として出題される可能性は低いと思われます。

2 前期末の退職給付債務を基礎とする方法

前期末の退職給付債務に、利息費用[06]と、当期中の勤務によって発生した退職給付債務(勤務費用)を加えることによって当期末の退職給付債務を算定することができます。

06) 退職給付債務に係る利息です。

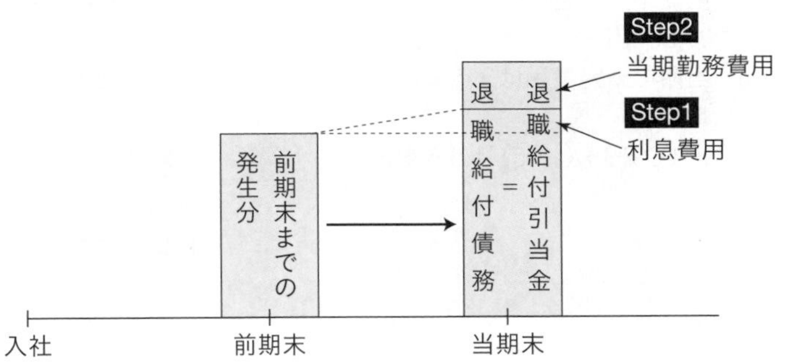

具体的には、次のStepで行います。

Step 1 前期末の退職給付債務に利率(割引率)を掛け、利息費用として退職給付債務に加える。

Step 2 当期の勤務費用を加える。

Q 1-2 | 前期末からの退職給付債務計算 |

甲社のA氏に係る前期末(入社後6年)までに発生した退職給付債務は49,362円であった。

当期の勤務費用を8,638円[07]、割引率を5%として、当期末の退職給付債務はいくらになるかを求めなさい(円未満切捨て)。

A 1-2 | 解答・解説 |

60,468円

利　息　費　用：49,362円×5％≒2,468円

退職給付債務：49,362円＋2,468円＋8,638円≒60,468円

07) 10,000円÷$(1.05)^3$≒8,638円と計算されています。

退職給付債務の算定をまとめてみると次のようになります。条件が同じであれば、将来の退職給付見込額を基礎としても、前期末の退職給付債務を基礎としても同じ金額になることを確認しておきましょう。

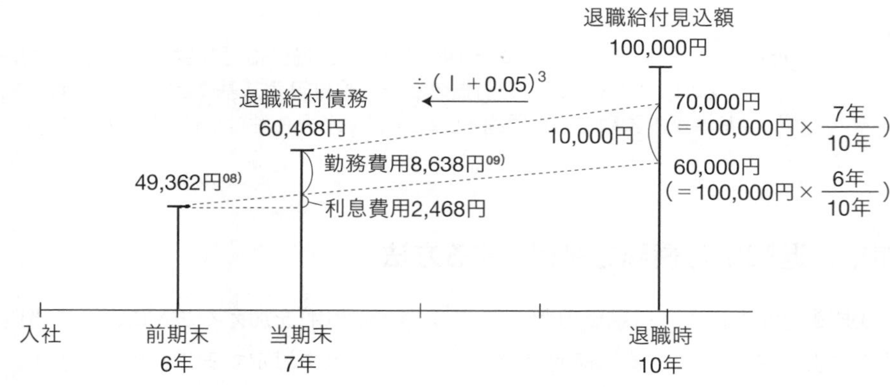

08) 前期末から退職時までは4年間あるので次の計算で求められます。
60,000円÷$(1.05)^4$≒49,362円

09) 当期の勤務費用は3年後に10,000円となっている必要があるので次の算式で求められます。
10,000円÷$(1.05)^3$≒8,638円

トレーニングⅠ Ch11 問題1・2へ

4 年金基金を設けて給付を行う場合

▸▸ 退職給付の支払に備えて年金基金を設けることがあります。

この場合の会計事実と会計処理は、次の①～③のようになります。

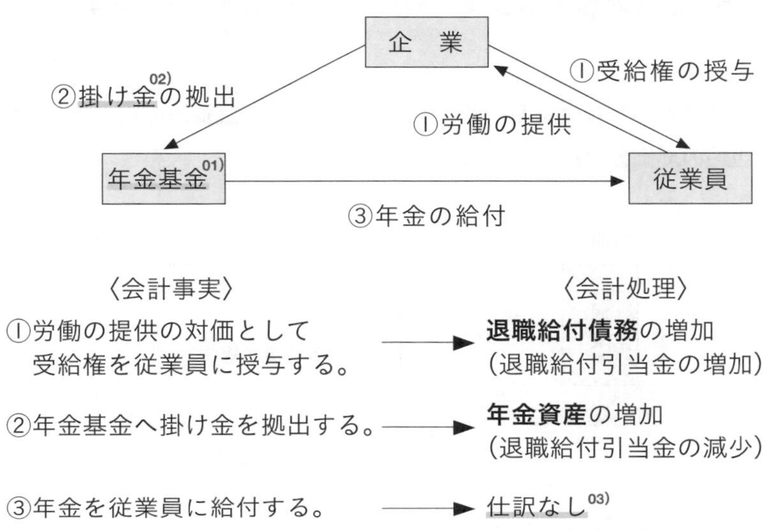

〈会計事実〉 〈会計処理〉

①労働の提供の対価として受給権を従業員に授与する。 → **退職給付債務**の増加（退職給付引当金の増加）

②年金基金へ掛け金を拠出する。 → **年金資産**の増加（退職給付引当金の減少）

③年金を従業員に給付する。 → 仕訳なし[03)]

01) 企業が預けた掛け金（年金資産）を運用して退職給付を支給するための機関です。

02) 退職給付を年金基金から支給してもらうために企業が支払う金額です。

03) 年金基金と従業員間での取引であり、企業としての処理はありません。

年金基金を設けた場合、退職給付債務と年金基金で運用されている年金資産との差額が退職給付引当金となります。

退職給付債務 − 年金資産 = 退職給付引当金

掛け金の拠出により年金資産を所有しても、退職給付債務（将来支払う退職金など）の額は変わりません。しかし、企業が（追加的に）負担しなければならない額（＝退職給付引当金）は減少します[04)]。

したがって、掛け金を拠出したさいの仕訳は次のとおりです。

(借) 退職給付引当金	×××	(貸) 現金預金	×××

04) 年金基金を設け、掛け金を拠出した時点で「退職給付債務＝退職給付引当金」という関係が崩れます。

トレーニングⅠ Ch11 問題3へ

5　年金資産の金額の算定

▸▸ 年金基金では年金資産を運用し収益を得ます。

期待運用収益[01] **＝ 前期末の年金資産 × 長期期待運用収益率**

前期末までに積み立てておいた年金資産に期待運用収益を加え、当期の拠出分を加えることで当期末の年金資産の額を求めます[02]。

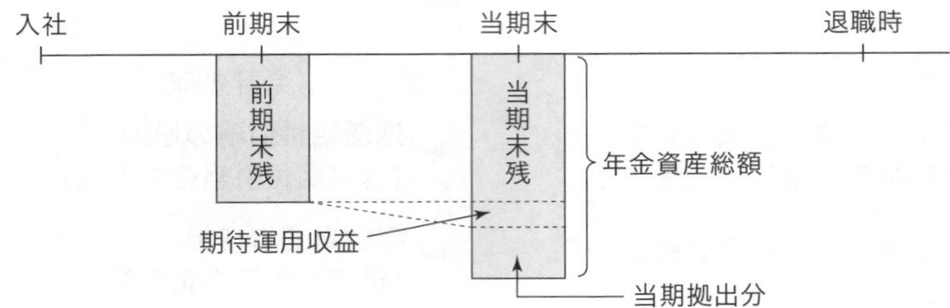

01)　「期待」と付くのは、退職給付引当金の計上を期首に行うためです。多くの問題では期末に行っていますが、期首に行うのは、期中に退職金を支払った場合に
(借) 退職給付引当金　×××　　(貸) 現　金　預　金　×××
と処理するためです。期首に行うことで後述の「数理計算上の差異」が発生します。

02)　もちろん年金基金が退職金を支払った場合などには減少します。

Q 1-3 | **年金資産の計算** |

甲社のA氏に係る前期末の年金資産の公正な評価額は30,000円であった。長期期待運用収益率は4%であり、当期に8,800円の掛け金を拠出している。当期末の年金資産の金額を求めなさい。

A 1-3 | **解答・解説** |

40,000円

期待運用収益：30,000円×4％＝1,200円

年　金　資　産：30,000円＋1,200円＋8,800円＝40,000円

6 退職給付引当金の算定

▸▸ 退職給付債務と年金資産の差額を、退職給付引当金として貸借対照表に表示します。

イメージ図を示すと、以下のようになります。

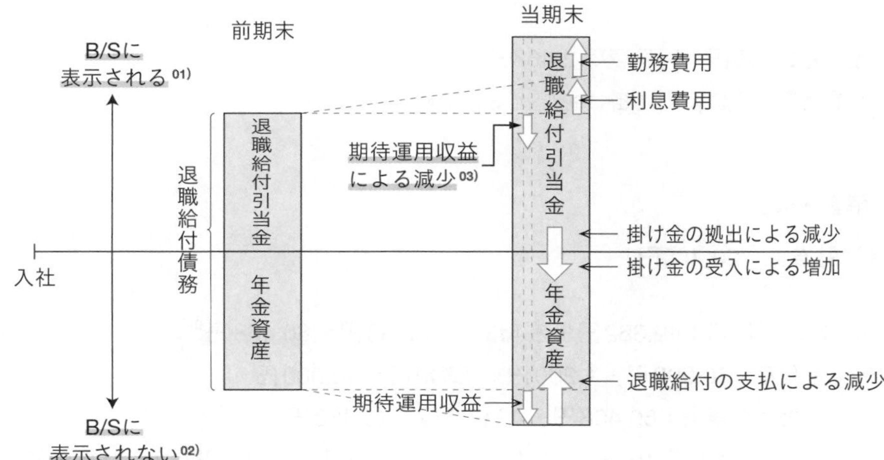

01) タイムテーブルから上がB/S に表示されるオンバランスの世界です。

02) タイムテーブルから下はB/Sに表示されないオフバランスの世界です。

03) 運用収益により、企業が負担する退職給付引当金が減額されます。

Q 1-4 退職給付引当金の計算

年金基金を設けていたとして、【Q 1-1 ～ 1-3】において、甲社のA氏に係る当期末の退職給付引当金はいくらになるかを答えなさい。

1. 前期末

   退職給付債務 49,362円、年金資産 30,000円

2. 当期

   勤務費用 8,638円、利息費用 2,468円

   期待運用収益 1,200円、掛け金拠出 8,800円

A 1-4 解答・解説

退職給付引当金　20,468円

当期末退職給付債務：49,362円＋2,468円＋8,638円＝60,468円[04)]

当期末年金資産：30,000円＋1,200円＋8,800円＝40,000円

当期末退職給付引当金：60,468円－40,000円＝20,468円

または、19,362円＋2,468円＋8,638円－1,200円－8,800円＝20,468円

04) 期待運用収益は年金資産の増加と退職給付引当金の減少をともないますが、退職給付債務の総額には影響しません。

上記の動きを、次のTフォームにまとめることもできます(単位：円)。

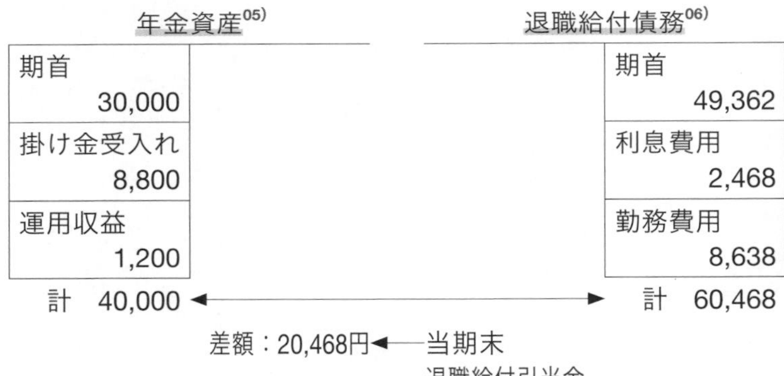

05) 年金資産は退職給付引当金の減少要因とみることができます。

06) 退職給付債務は退職給付引当金の増加要因とみることができます。

7 退職給付の会計処理

1 退職給付費用の見積り計上

▶▶ 期中(期首)に当期の退職給付費用の見積り計上を行います[01]。

(借) 退職給付費用	×××	(貸) 退職給付引当金	×××

01) 本試験では、期首の処理が未処理で決算時に処理するという形式で出題されています。

なお、退職給付費用は、次の算式で計算します。

退職給付費用 ＝ 勤務費用 ＋ 利息費用 － 期待運用収益
(退職給付引当金の増加額)

借方	貸方
利息費用	期待運用収益
勤務費用	退職給付引当金の増加額

退職給付引当金の増加額	退職給付費用

2 期中の会計処理

(1) 企業が従業員に対して退職一時金を支払った場合

▶▶ 企業が従業員に対して退職一時金を支払った場合は、退職給付債務が減少するため、退職給付引当金を減少させます。

(借) 退職給付引当金	×××	(貸) 現金預金	×××

(2) 企業が年金基金に対して掛け金を支払った場合

▶▶ 企業が年金基金に対して掛け金を支払った場合は、年金資産が増加するため、正味の退職給付引当金を減少させます。

(借) 退職給付引当金	×××	(貸) 現金預金	×××

⑶　年金基金が従業員に対して退職年金を支払った場合

▶▶　年金基金が退職者に対して退職年金を支払った場合は、年金基金が減少するとともに、退職給付債務も減少するため、相殺され、「仕訳なし」となります。

仕　訳　な　し

3　期末の会計処理

▶▶　期末において、期首に見積りにより計算した期末時点の見積額と、実際額を比べます。両者が一致した場合は特に処理をしませんが、両者が一致しなかった場合はその差異を一定の期間にわたり費用処理します。くわしくは、「8　過去勤務費用および数理計算上の差異」でみていきます。

なお、差異が生じなかった場合の勘定連絡図を示すと次のとおりです。実際に問題を解くときには、この勘定連絡図を書くと解きやすいです。

〈差異がない場合の勘定連絡図〉

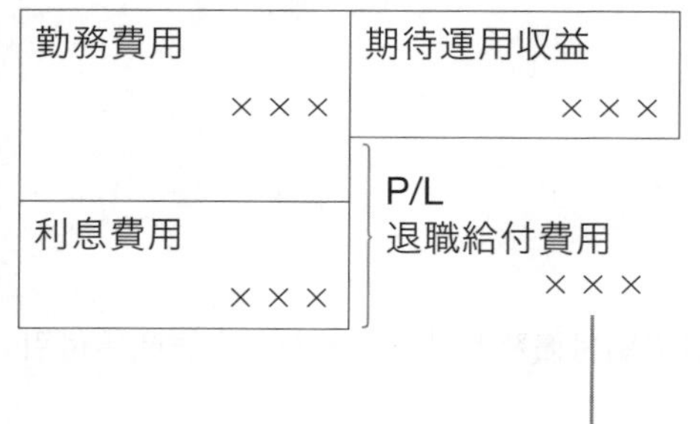

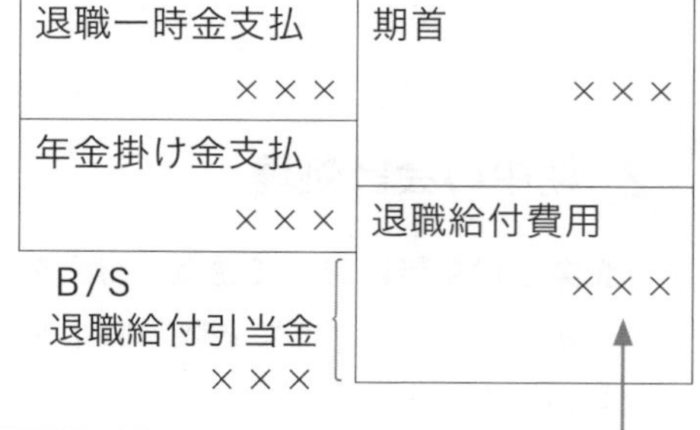

Q 1-5 退職給付の会計処理

甲社のA氏に係る当期末の退職給付費用および退職給付引当金の金額を答えなさい。

(1) 期首退職給付債務　：49,362円、期首年金資産：30,000円
　　期首退職給付引当金：19,362円
(2) 勤務費用：8,638円、利息費用：2,468円、期待運用収益：1,200円
(3) 年金基金へ掛け金8,800円を現金で拠出した。

A 1-5 解答・解説

(1) 退職給付費用の計上
　　退職給付費用：8,638円＋2,468円－1,200円＝9,906円

(借) 退職給付費用	9,906	(貸) 退職給付引当金	9,906

(2) 年金基金への掛け金拠出

(借) 退職給付引当金	8,800	(貸) 現金	8,800

(3) 当期末退職給付引当金
　　19,362円＋9,906円－8,800円＝20,468円

〈勘定連絡図〉

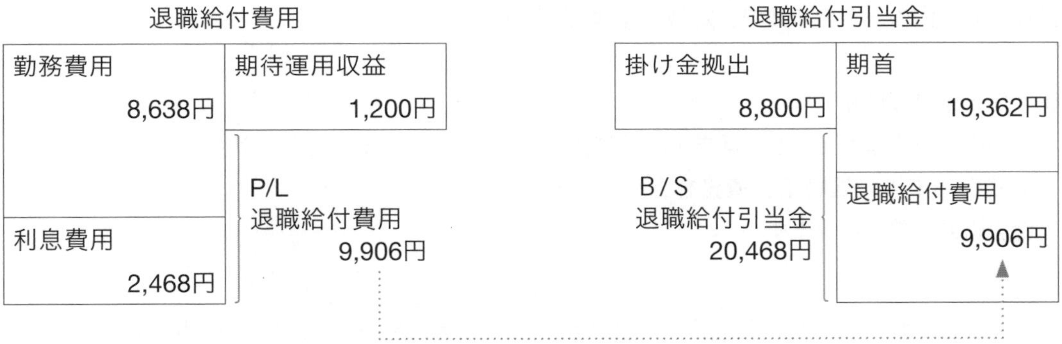

退職給付費用

勤務費用 8,638円	期待運用収益 1,200円
利息費用 2,468円	P/L 退職給付費用 9,906円

退職給付引当金

掛け金拠出 8,800円	期首 19,362円
B/S 退職給付引当金 20,468円	退職給付費用 9,906円

8 過去勤務費用および数理計算上の差異

▶▶ 退職給付会計には「見積り」による計算が含まれているため、実績との間に「差異」が生じることがあります。

それら差異の処理方法についてみていきましょう。

1 過去勤務費用

(1) 過去勤務費用とは

▶▶ 過去勤務費用とは、退職給付水準の改訂等により、従業員が将来受け取ることのできる退職給付額が増減することで発生した、退職給付債務の増減部分をいいます。

退職給付費用の見積り計上の段階では、この増減部分は会計処理上、反映されていません。

過去勤務費用は、原則として発生額を平均残存勤務期間[01]以内の一定の年数で按分した額を毎期、退職給付費用として費用処理します。

なお、過去勤務費用のうち、費用処理されていないものを未認識過去勤務費用といいます。

01) 予想される退職時から現在までの平均的な期間を平均残存勤務期間といいます。

(2) 過去勤務費用の費用処理方法

▶▶ 過去勤務費用は、発生年度から、平均残存勤務期間以内の一定の年数で、定額法(原則)[02]により費用処理(償却)[03]します

① 借方差異の償却

退職給付水準が上昇し、期末実際退職給付債務が期末予測退職給付債務を上回った場合を借方差異といいます。

その償却の仕訳は次のとおりです。

(借) 退職給付費用	×××	(貸) 退職給付引当金	×××

② 貸方差異の償却

退職給付水準が下落し、期末実際退職給付債務が期末予測退職給付債務を下回った場合を貸方差異といいます。

その償却の仕訳は次のとおりです。

(借) 退職給付引当金	×××	(貸) 退職給付費用	×××

02) 原則として定額法により償却しますが、定率法により償却することも認められています。
03) ここでいう費用処理には、貸方差異の償却による費用の減額処理も含まれます。

Q 1-6 | 過去勤務費用

甲社のA氏に係る当期末の退職給付費用および退職給付引当金の金額を答えなさい。

(1) 期首退職給付債務　：49,362円、期首年金資産：30,000円
　期首退職給付引当金：19,362円
(2) 勤務費用：8,638円、利息費用：2,468円、期待運用収益：1,200円
(3) 年金基金へ掛け金8,800円を現金で拠出した。
(4) 退職給付水準の改訂により、当期末の実際の退職給付債務が見積額よりも5,000円多くなっていることが判明した。過去勤務費用は、当期より定額法により5年で費用処理する。

A 1-6 | 解答・解説

(1) 退職給付費用の計上

(借) 退職給付費用	9,906	(貸) 退職給付引当金	9,906

(2) 年金基金への掛け金拠出

(借) 退職給付引当金	8,800	(貸) 現金	8,800

(3) 過去勤務費用(借方差異)の償却

(借) 退職給付費用	1,000[04)	(貸) 退職給付引当金	1,000

04) 5,000円÷5年＝1,000円

(4) 当期末の各金額
　退職給付費用：9,906円＋1,000円＝10,906円
　退職給付引当金：19,362円＋9,906円－8,800円＋1,000円＝21,468円

2 数理計算上の差異

(1) 数理計算上の差異とは

数理計算上の差異とは、年金資産の期待運用収益と実際運用収益との差異、退職給付債務の見積り数値と実績との差異などをいいます。

数理計算上の差異は、原則として発生額を平均残存勤務期間以内の一定の年数で按分した額を毎期、退職給付費用として費用処理します。

なお、数理計算上の差異のうち、費用処理されていないものを未認識数理計算上の差異（みにんしきすうりけいさんじょうのさい）といいます。

(2) 数理計算上の差異の費用処理方法

数理計算上の差異は、発生年度から、平均残存勤務期間以内の一定の年数で、定額法(原則)[05]により費用処理(償却)します。

なお、当期の発生額を翌期から費用処理することもできます[06]。

05) 原則として定額法により償却しますが、定率法により償却することも認められています。

06) 当期から償却するか、翌期から償却するかは、本試験では問題文の指示に従いましょう。

① 借方差異の償却

実際運用収益が期待運用収益を下回った場合、または、期末実際退職給付債務が期末予測退職給付債務を上回った場合を借方差異といいます。

その償却の仕訳は次のとおりです。

(借) 退職給付費用	×××	(貸) 退職給付引当金	×××

② 貸方差異の償却

実際運用収益が期待運用収益を上回った場合、または、期末実際退職給付債務が期末予測退職給付債務を下回った場合を貸方差異といいます。

その償却の仕訳は次のとおりです。

(借) 退職給付引当金	×××	(貸) 退職給付費用	×××

Q 1-7 数理計算上の差異

甲社のＡ氏に係る当期末の退職給付引当金の金額を答えなさい。

⑴ 期首退職給付債務　：49,362円、期首年金資産：30,000円
期首退職給付引当金：19,362円
⑵ 勤務費用：8,638円、利息費用：2,468円、期待運用収益：1,200円
⑶ 年金基金へ掛け金8,800円を現金で拠出した。
⑷ 当期の実際運用収益は1,500円であった。
数理計算上の差異は、当期より定額法により５年で費用処理する。

A 1-7 解答・解説

⑴ 退職給付費用の計上

(借) 退職給付費用	9,906	(貸) 退職給付引当金	9,906

⑵ 年金基金への掛け金拠出

(借) 退職給付引当金	8,800	(貸) 現金	8,800

⑶ 数理計算上の差異（貸方差異）の償却

(借) 退職給付引当金	60[07)]	(貸) 退職給付費用	60

07) 1,500円－1,200円＝300円（数理計算上の差異）　300円÷5年＝60円

⑷ 当期末の各金額
退職給付費用：9,906円－60円＝9,846円
退職給付引当金：19,362円＋9,906円－8,800円－60円＝20,408円

3 差異がある場合の退職給付費用と勘定連絡図

(1) 当期の退職給付費用

退職給付費用 = 勤務費用 + 利息費用 − 期待運用収益 ┬ + 借方差異の償却
└ − 貸方差異の償却

(2) 勘定連絡図

〈差異がある場合の勘定連絡図[08)]〉

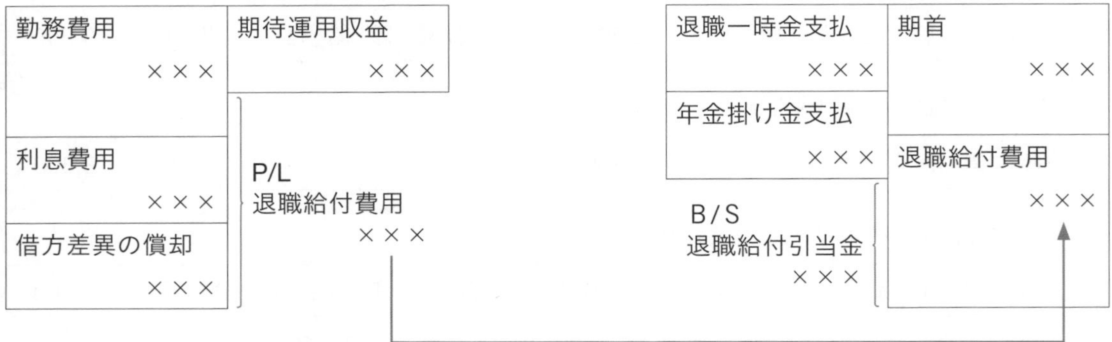

08) 上記の図は、借方差異を償却する場合です。貸方差異を償却する場合には、期待運用収益の下に記入します。

参考 未認識の差異がある場合の退職給付引当金

▶▶ 当期末の退職給付引当金は、当期首の退職給付引当金に当期中の増減額を加減して計算します。

このほかに、当期末の退職給付債務から年金資産の額と未認識数理計算上の差異、未認識過去勤務費用を引いて、当期末の退職給付引当金を計算することもできます。

退職給付引当金 = 退職給付債務 − 年金資産 − 未認識の差異[01)]

01) 未認識の差異が借方差異の場合です。貸方差異の場合には加算します。

上記の退職給付債務および年金資産は実績数値を用いるため、過去勤務費用や数理計算上の差異を含んだ金額となっています。

しかし、未認識の差異は、会計上(帳簿上)、まだ計上(認識)していない差異という意味であるため、退職給付引当金の金額の計算にあたっては、除く必要があります。

Q **未認識の差異**

当期末における退職給付引当金の金額を答えなさい。

(1) 期首退職給付債務　：49,362円、期首年金資産：30,000円
期首退職給付引当金：19,362円
(2) 勤務費用：8,638円、利息費用：2,468円、期待運用収益：1,200円
(3) 年金基金へ掛け金8,800円を現金で拠出した。
(4) 当期に過去勤務費用5,000円(借方差異)が発生した。
過去勤務費用は、当期より定額法により5年で費用処理する。

A **数値例｜解答・解説**

(1) 期末退職給付債務

49,362円(期首)＋8,638円(勤務費用)＋2,468円(利息費用)＋5,000円(過去勤務費用)＝65,468円

(2) 期末年金資産

30,000円(期首)＋1,200円(期待運用収益)＋8,800円(掛け金拠出)＝40,000円

(3) 期末未認識過去勤務費用

5,000円(発生額)－1,000円(償却額)＝4,000円

(4) 退職給付引当金

65,468円(退職給付債務)－40,000円(年金資産)－4,000円(未認識過去勤務費用)＝21,468円

【財務諸表計上額】　重要度 ★★★

退職給付費用　P/L計上額：
勤務費用+利息費用−期待運用収益±数理差異償却額±過去勤務費用償却額

退職給付引当金　B/S計上額：
期首残高+退職給付費用−年金掛け金拠出−一時金支払額
または
期末退職給付債務−期末年金資産±期末未認識差異残高注)
±期末過去勤務費用残高注)

注) 借方差異の場合→減算　　貸方差異の場合→加算

トレーニングⅠ　Ch11　問題4・5へ

参考　数理計算上の差異の計算方法

▸▸ 数理計算上の差異は、年金資産の実績値と見積り額との差額や、退職給付債務の実績値と見積り額との差額などをいいます。

実績値は年金基金などの外部委託機関から入手できますが、見積り額は計算する必要があります。

見積り額を計算するには、期待運用収益や勤務費用などの各項目が年金資産や退職給付債務に与える影響を把握する必要があります。

〈各項目が年金資産や退職給付債務に与える影響〉

各項目	影　　響
勤務費用	退職給付債務の増加
利息費用	退職給付債務の増加
期待運用収益	年金資産の増加
掛け金の支払額	年金資産の増加
退職一時金の支払額	退職給付債務の減少
退職年金の支払額	退職給付債務の減少・年金資産の減少

Q　数理計算上の差異の計算方法

次の資料にもとづき、当期の退職給付費用を計算しなさい。

(1) 期首退職給付債務　：10,000円　期首年金資産：3,000円

(2) 勤務費用　：700円　利息費用　：600円　期待運用収益：500円

(3) 年金掛け金の支払額：400円

(4) 退職一時金の支払額：300円

(5) 年金基金からの退職年金の支払額：200円

(6) 期末退職給付債務の実績値：11,000円　期末年金資産の実績値：3,600円

(7) 数理計算上の差異は、発生年度から10年で償却する。

A **数値例｜解答・解説｜**

退職給付費用 | 830 | 円

（単位：円）

退職給付債務

借方		貸方	
一時金	300	期首	10,000
退職年金	200		
期末（見積り）	10,800	勤務費用	700
		利息費用	600

年金資産

借方		貸方	
期首	3,000	退職年金	200
期待運用	500	期末（見積り）	3,700
掛け金	400		

退職給付債務見積り額：10,000円＋700円＋600円－300円－200円＝10,800円

数理計算上の差異：11,000円（実績値）－10,800円（見積り額）＝＋200円（負債が大きくなる 借方差異）

年金資産見積り額：3,000円＋500円＋400円－200円＝3,700円

数理計算上の差異：3,600円（実績値）－3,700円（見積り額）＝△100円（資産が小さくなる 借方差異）

数理計算上の差異の償却額：（200円＋100円）÷10年＝30円

退職給付費用：700円＋600円－500円＋30円＝830円

Q TRY IT! | **理論問題** | **退職給付会計** |

次の文章の空欄に適切な語句を記入しなさい。

(1) 個別貸借対照表上、退職給付債務に未認識数理計算上の差異および(　ア　)を加減した額から、年金資産の額を控除した額を負債として計上する。

ただし、年金資産の額が退職給付債務に未認識数理計算上の差異および未認識過去勤務費用を加減した額を超える場合には、資産として計上する。

(2) 個別貸借対照表に負債として計上される額については(　イ　)の科目をもって固定負債に計上し、資産として計上される額については(　ウ　)等の適当な科目をもって固定資産に計上する。

(3) 数理計算上の差異とは、年金資産の(　エ　)と実際の運用成果との差異、退職給付債務の数理計算に用いた見積数値と実績との差異および見積数値の変更等により発生した差異をいう。

なお、このうち当期純利益を構成する項目として費用処理(費用の減額処理または費用を超過して減額した場合の利益処理を含む。)されていないものを(　オ　)という。

(4) 過去勤務費用とは、退職給付水準の改訂等に起因して発生した退職給付債務の増加または減少部分をいう。なお、このうち当期純利益を構成する項目として費用処理されていないものを(　カ　)という。

(5) 次の項目の当期に係る額は、退職給付費用として、当期純利益を構成する項目に含めて計上する。

① 勤務費用　② (　キ　)　③ 期待運用収益

④ 数理計算上の差異に係る当期の費用処理額

⑤ 過去勤務費用に係る当期の費用処理額

(6) 退職給付債務は、退職により見込まれる退職給付の総額(退職給付見込額)のうち、(　ク　)までに発生していると認められる額を割り引いて計算する。

A TRY IT! | **解答** |

ア	イ	ウ	エ	オ
未認識過去勤務費用	**退職給付引当金**	**前払年金費用**	**期待運用収益**	**未認識数理計算上の差異**
⑩	⑳	⑳	⑩	⑩

カ	キ	ク
未認識過去勤務費用	**利息費用**	**期末**
⑩	⑩	⑩

合計100点

Chapter 12

社　　債

Point

このChapterは、社債の買入償還・抽選償還を中心に学習していきます。本試験では社債はそこそこ出題されています。定額法と利息法の計算の違いをしっかりおさえるようにしてください。
また、問題を解くさいには、タイムテーブルを書くと効率的です。

用語集

社債の発行差額
社債の額面金額と払込金額との差額

償却原価法
社債を額面金額と異なる金額で発行した場合に、当該差額を償還日に至るまで毎期一定の方法で貸借対照表価額に加減する方法

満期償還
社債の満期日に、額面金額により一括して償還する方法

買入償還
償還期限前に臨時に時価で社債を買い戻すこと

裸相場
利息を含まない金額

利付相場
利息を含む金額

抽選償還
抽選により毎年一定額ずつ社債を償還する方法

社債の意義

皆さん、社債をイメージしてみてください。多くの方は卒業証書のような厚めの紙に会社名、金額、そして利率が印刷されているものを想像するのではないでしょうか。

しかし、簿記で重要なことは、社債、すなわち社債券の下には利札という紙がついていることなのです。利札にはミシン目が入っていて利札が切り取れる形になっており、その利札の期限がきたら切り取って、金融機関に持ち込み利息分を現金に換金するというシステムになっているのです。社債には必ず利札がついている、というイメージを持っておいてくださいね。

1 社債の意義

株式会社は社債券(という有価証券)を発行し、一般大衆から資金を調達する[01]ことがあります。

この場合に生じる債務を社債といい、貸借対照表上、固定負債[02]に表示されます。

01) このときの社債の購入者を社債権者といいます。

02) ただし、貸借対照表日の翌日から1年以内に満期がくるものは、「一年内償還社債」として流動負債に分類・表示されます。

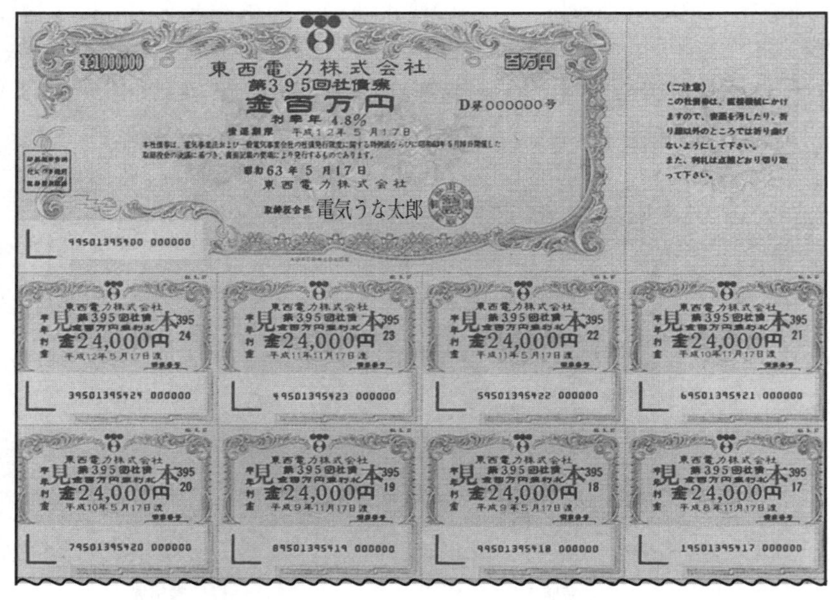

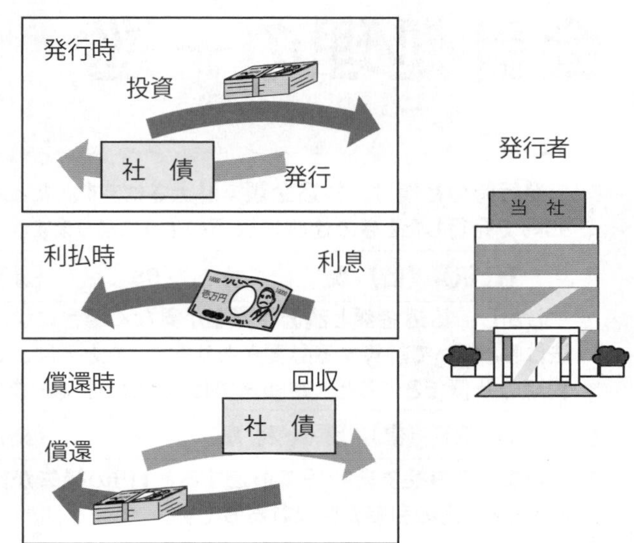

2　社債の取引の全体像

▸▸ 社債の取引では、発行、利払い、決算、再振替、償還の５つの会計事実の処理が問題になります。

特に決算における償却原価法の処理と買入償還の処理が重要です。

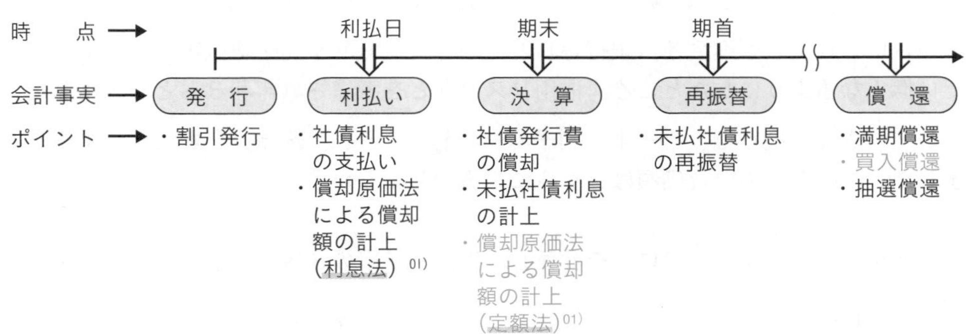

01) 償却原価法が利息法の場合には、利息の計上と同時（利払日）に償却額が計上されます。一方、定額法の場合には、決算日に償却額が計上されます。

Section 2 会計処理の一巡

重要度

発行時の社債は、払込金額で計上されます。たとえば、額面100円の社債を95円で発行したときの仕訳は以下のようになります。

（仕訳）（借）現　　金　95　（貸）社　　債　95

しかし、払込金額と額面金額とが異なる場合には、決算にさいして償却原価法にもとづいて計算する必要があります。たとえば、この社債が期首発行の5年満期の社債だとすると、定額法では次のようになります。

（仕訳）（借）社債利息　1　（貸）社　　債　1

いま、この社債を97円で償還すると1円の損失が計上されますし、94円で償還すると2円の利益が生まれるのです。

▶社債のエッセンス◀

◆社債の発行価額の現実的な決め方（利息法）◆

×1.4.1 皆さんの会社が、期間3年で10,000円の社債を発行するとしましょう。

そのさいに社債の管理会社（銀行等）と交渉し、実質的な利子率（実効利子率）ができるだけ低くなるようにしたところ、信用リスクなどを考慮され年利3％となりました。

そこで皆さんの会社は、クーポン利子率を年利2％とし、差額分を割引発行することにしました。このときの発行価額はいくらになるでしょうか？

このとき、キャッシュ・フローを計算し、実効利子率の3％で割引計算して算定します。

このようにして、社債の発行価額（払込金額）は9,717円に決まり、この額で仕訳します。

（借）現金預金　9,717　（貸）社　　債　9,717

では、この１年後の社債の金額はどうなるでしょうか？
同じようにキャッシュ・フローを計算し、実効利子率の３％で割引計算して算定します。

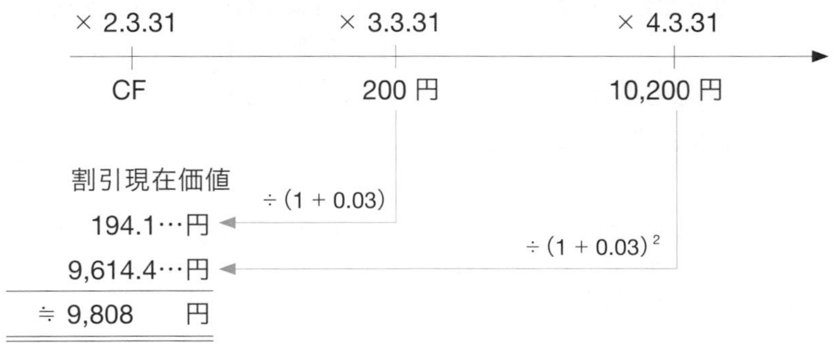

この１年で、社債という負債が 91 円（9,808 円 − 9,717 円）増えたことになり、次のように仕訳します。もちろん払込金額と額面金額の差額は元々利息ですから、借方は社債利息になります。

（借）社債利息	91	（貸）社　　債	91

←社債の簿価（償却原価）が9,808円となる

このように社債の簿価が徐々に増えていくというところがポイントです。

もちろんこのほかにクーポンの利息（当座払いとする）を支払います。

（借）社債利息	200	（貸）当座預金	200

←10,000円×２％

もしもこのときに、9,800 円でこの社債を償還した場合には次の仕訳となります。

（借）社　　債	9,808	（貸）現金預金	9,800
		社債償還益	8

社債の簿価と償還金額の差額が償還損益となることを知っておきましょう。

1　発行時の処理

1　社債の発行形態

▸▸ 社債の発行形態には、社債の額面金額と発行価額との関係から、平価(へいか)発行・割引発行・打歩(うちぶ)発行の３形態があります。

①平価発行 ——→ 額面金額＠100円＝発行価額＠100円
②割引発行[01] ——→ 額面金額＠100円＞発行価額＠ 95円
③打歩発行[02] ——→ 額面金額＠100円＜発行価額＠102円

01)　日商1級試験では、主に割引発行が出題されています。
02)　「ダフ屋」という言葉がありますが、このように呼ばれる人達はチケットをその額面金額よりも高く売ります。つまり「ダフ」は「打歩」（うちぶ）を意味しているのです。

2 社債の会計処理

▶▶ 社債を発行したときには、払込金額で社債勘定(負債)に計上します。

また、払込金額と額面金額が異なる場合(②割引発行、③打歩発行の場合)には、償却原価法[03]により当該差額(発行差額)を期間配分し、社債は償却原価法にもとづいて算定された金額(償却原価)で計上します。

03) 償却原価法とは、社債を額面金額と異なる金額で発行した場合に、当該差額を償還日に至るまで毎期一定の方法で貸借対照表価額に加減する方法です。
償却原価法には、利息法と定額法がありますが、原則として利息法によります。

	処理方法	計上のタイミング
利息法(原則)	社債の帳簿価額に実効利子率を掛けた金額と、額面金額に券面利子率を掛けた金額の差額を社債利息として計上するとともに、同額を社債の帳簿価額に加減する方法をいいます。	社債利息の計上と同時に償却額を計上
定額法	社債の発行差額を発行日から償還日までの期間で除して各期に配分する方法	決算整理仕訳として償却額を計上

3 社債発行費の会計処理

▶▶ 社債の発行のために支出した費用(発行手数料など)は、原則として支出時に社債発行費として費用処理します。ただし、繰延資産として処理することもできます。繰延資産とした社債発行費は、原則として利息法により償却しますが、定額法により償却することもできます。

日商1級試験では、主に社債発行費を繰延資産として、定額法で処理する問題が出題されるため、本テキストでも定額法をみていきます。

Q 2-1 | **社債の発行** |

当社(決算日年1回、3月末日)は×1年4月1日に、額面総額100,000円の社債を額面@100円につき@95円、期間5年、利率年5%(利払日は3月末)の条件により発行し、払込金は当座預金とした。また、社債発行のための費用6,000円は小切手を振り出して支払った。このときの仕訳を示しなさい。

なお、償却原価法(定額法)を採用しており、社債発行費は定額法により月割償却する。

A 2-1 | **解答** |

(借) 当座預金	95,000	(貸) 社債	95,000[04]
(借) 社債発行費	6,000	(貸) 当座預金	6,000

04) $100,000円 \times \frac{@95円}{@100円} = 95,000円$

2　利払日の処理

社債に対する利息は社債利息勘定(費用)で処理し、損益計算書上は営業外費用として表示します。

なお、社債利息の計算式は次のとおりです。

$$社債利息 = 額面金額 \times 年利率 \times \frac{当期における社債の利用月数}{12カ月}$$

Q　2-2｜社債利息の支払｜

当社(決算日年1回、3月末日)は×1年4月1日に、額面総額100,000円の社債を額面@100円につき@95円、期間5年、利率年5%(利払日は3月末)の条件により発行し、払込金は当座預金とした。

本日、利払日につき、社債利息を当座預金から支払った。そこで、社債利息の支払に関する仕訳を示しなさい。

A　2-2｜解答｜

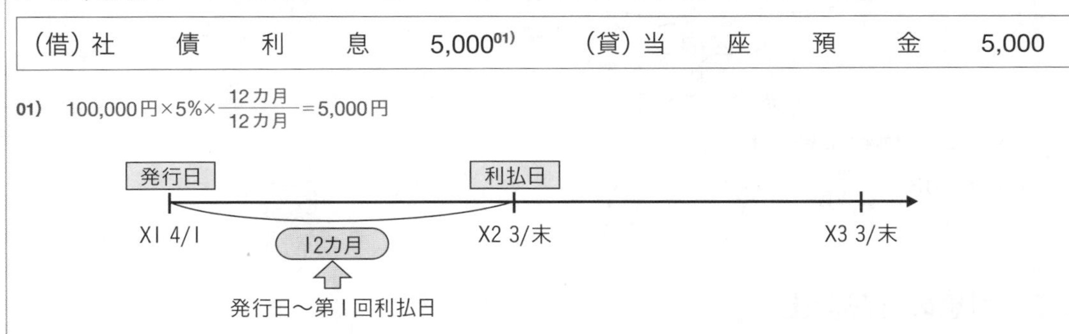

(借) 社債利息	5,000[01)]	(貸) 当座預金	5,000

01)　$100,000円 \times 5\% \times \frac{12カ月}{12カ月} = 5,000円$

利息は必ず額面金額に対して支払われます
また、社債に対するコストを明確にするために
勘定科目は「社債利息」を用います

3 決算日の処理

1 社債発行費の償却

▸▸ 繰延資産に計上した社債発行費は、社債償還までの期間にわたり月割りで償却します。

Q 2-3 | 社債発行費の償却 |

当社(決算日年1回、3月末日)は×1年4月1日に、額面総額100,000円の社債を額面@100円につき@95円、期間5年、利率年5%（利払日は3月末)の条件により発行し、払込金は当座預金とした。また、社債発行のための費用6,000円は小切手を振り出して支払った。

決算日に当該社債発行費6,000円について、定額法で月割償却を行う場合の仕訳を示しなさい。

A 2-3 | 解答 |

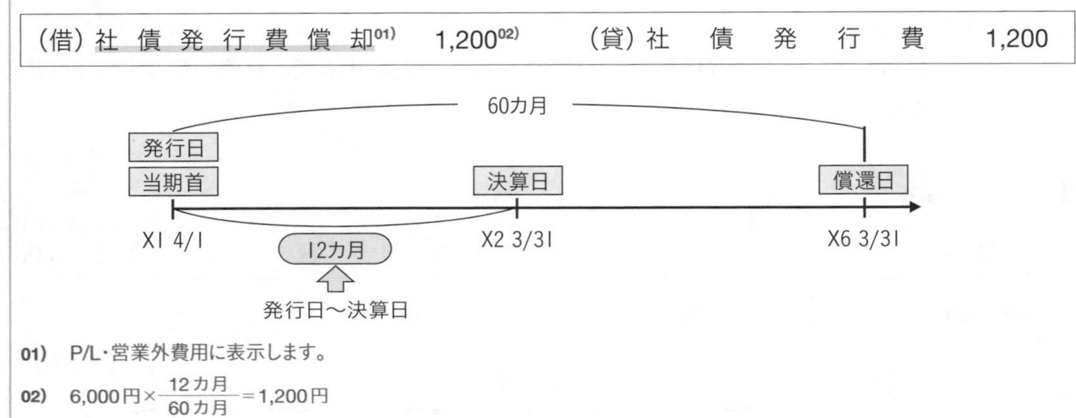

(借) 社債発行費償却[01)	1,200[02)	(貸) 社債発行費	1,200

01) P/L・営業外費用に表示します。

02) $6,000円 \times \frac{12カ月}{60カ月} = 1,200円$

2 利息の見越計上

▸▸ 社債利息の計上において、利払日と決算日が一致しない場合には、直前の利払日の翌日から決算日までの期間に対応する利息を見越計上し、未払社債利息勘定(負債)[03)で処理します。

また、翌期首において、当該未払社債利息についての再振替仕訳[04)を行うことを忘れないようにしてください。

03) B/S・流動負債に表示します。単に未払費用として処理することもあります。

04) (借)未払社債利息×× (貸)社 債 利 息××

4　償却原価法の処理

▸▸ 社債の額面金額と払込金額の差額(発行差額)は、償却原価法により発行日から償還日までの期間にわたって毎期一定の方法(利息法または定額法)で社債の貸借対照表価額に加減します。

発行差額の性格は利息とみることができるため、社債利息勘定を用いて処理します。

1　定額法

▸▸ 定額法とは、社債の発行差額を発行日から償還日までの期間で割って各期に配分する方法をいいます。

定額法による処理は、決算整理仕訳として決算時に行われる点に注意してください。

$$\text{定額法による償却額} = \underbrace{(\text{額面金額} - \text{払込金額})}_{\text{発行差額}} \times \frac{\text{当期における社債の利用月数}}{\text{発行日から償還日までの月数}}$$

Q　2-4｜発行差額の償却(定額法)｜

当社(決算日年1回、3月末日)は×1年4月1日に、額面総額100,000円の社債を額面@100円につき@95円、期間5年、利率年5％（利払日は3月末)の条件により発行し、払込金は当座預金とした。

決算日(×2年3月31日)に償却原価法(定額法)を適用する場合の仕訳を示しなさい。

A　2-4｜解答｜

(借) 社債利息[01)	1,000[02)	(貸) 社債	1,000

01)　P/L・営業外費用に表示します。

02)　$(100{,}000\text{円} - 95{,}000\text{円}) \times \frac{12\text{カ月}}{60\text{カ月}} = 1{,}000\text{円}$

タイムテーブル

発行日	決算日	償還日
X1 4/1	X2 3/31	X6 3/31

社債簿価

95,000円 (@95円) ―＋1,000円→ 96,000円 (@96円)

2 利息法

利息法とは、①社債の帳簿価額に実効利子率を掛けた金額と②額面金額に券面利子率を掛けた金額の③差額を社債利息として計上するとともに、同額を社債の帳簿価額に加減する方法をいいます03)。

利息法による処理は、利払日に行われる点に注意してください。

なお、決算日と利払日が異なる場合には、決算日に利息の見越計上を行うとともに償却額を月割りで計上します。

03) 償却原価法適用後の帳簿価額を償却原価といいます。

利息法による償却額＝(帳簿価額×実効利子率)－(額面金額×券面利子率)
③　　利息配分額 ①　　利札支払額 ②

Q 2-5 | 発行差額の償却(利息法)

当社(決算日年1回、3月末日)は×1年4月1日に、額面総額100,000円の社債を額面＠100円につき＠95円、期間5年、券面利子率年5％(利払日は3月末)の条件により発行し、払込金は当座預金とした。

利払日(×2年3月31日、利息は当座預金より支払)に償却原価法(利息法)を適用する場合の仕訳を示しなさい。なお、実効利子率は6.2％として計算すること。

A 2-5 | 解答

(借)	社債利息	5,890 04)	(貸) 当座預金	5,000 05)
			社債	890 06)

04) 95,000円×6.2％＝5,890円
05) 100,000円×5％＝5,000円
06) 5,890円－5,000円＝890円

5 社債の償還

社債の償還とは、社債の発行により調達した資金を社債権者に返済することをいいます。

社債の償還には次の方法があります。

社債の償還
- 満期償還(一時償還) ⇨ 額面金額により償還
- 買入償還(随時償還) ⇨ 市場価格により償還
- 抽選償還(分割償還) ⇨ 額面金額により償還

▸▸ 買入償還はSection 3、抽選償還はSection 4で説明しますので、ここでは満期償還について説明します。

1 満期償還とは

▸▸ 満期償還とは、社債の満期日(償還期日)に、額面金額により一括して償還する方法です。

2 満期償還の会計処理

▸▸ 社債を満期償還する場合、(1)期首から償還時までの償却原価法による償却額を計上するとともに、(2)償還した社債の額面金額を社債勘定から控除し、その額面金額と最終回の社債利息を現金等で支払います。なお、(3)社債発行費の当期償却分も償却します。

Q 2-6 | 満期償還の会計処理 |

×6年6月30日に下記の条件で発行した社債について、満期につき、額面金額と最終回の利息を当座預金から支払い、償還した。償却原価法(定額法)を採用しており、社債発行費60,000円は定額法により月割償却している。なお、会計期間は3月31日を決算日とする1年である。このときの仕訳を示しなさい。

×1年7月1日に額面総額1,000,000円を額面@100円につき@95円、期間5年、年利率8%(利払日は6月末と12月末)で発行した。

A 2-6 | 解答 |

(1)	(借)社債利息	2,500[01)]		(貸)社債	2,500
(2)	(借)社債	1,000,000		(貸)当座預金	1,040,000
	社債利息	40,000[02)]			
(3)	(借)社債発行費償却	3,000[03)]		(貸)社債発行費	3,000

01) 50,000円(発行差額)× $\frac{3カ月}{60カ月}$ =2,500円

02) 1,000,000円×8%× $\frac{6カ月}{12カ月}$ =40,000円

03) 60,000円× $\frac{3カ月}{60カ月}$ =3,000円

【財務諸表計上額】 重要度 ★★

社　債　B/S計上額：期末償却原価

社債利息　P/L計上額：利札支払額+当期償却額

トレーニングⅠ Ch12 問題1・2へ

Section

3 買入償還

買入償還の処理では、買入償還時の社債の金額の算定がポイントになります。どのタイミングで買入償還を行うか、いくら支払うのかにより、償還にあたっての損益に影響を与えます。できることなら、安く市場から買い入れたいところですが、うまくいくでしょうか。

1 買入償還(かいいれしょうかん)とは

ここはサラッと流そう

▶▶ 買入償還とは、資金的余裕が生じたり、ほかに金利の安い借入先の出現などの理由で、会社が「すでに発行している社債を市場から買い入れた方が有利である」と判断した場合、償還期限(満期日)前に臨時に時価で社債を買い戻すことをいいます。

社債の発行差額の処理として、定額法を採用する場合と利息法を採用する場合のそれぞれの処理をみていきましょう。

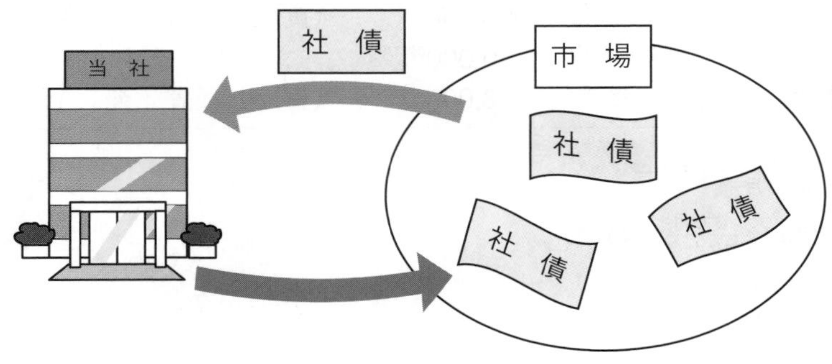
社債だって立派な借金
お金に余裕があるときは
早めに市場から買い戻そう
社 債
当 社
市 場
社 債
社 債
社 債

2　買入償還の処理（定額法）

ここは超重要!!

1　買入償還を行ったとき

(1)　買入償還した社債の簿価の計算

▸▸　定額法を採用する場合は、買入償還した社債について、期首から買入償還時までの償却原価法による償却額を計上して、買入償還時における社債の簿価を計算します。

図で示すと次のとおりです。

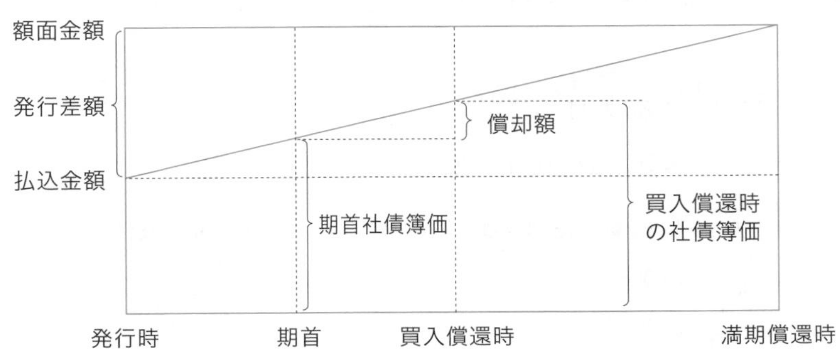

▸▸　買入償還した社債の簿価は、以下の計算式で求めます。

社債の簿価＝期首社債簿価＋当期償却額

$$\textbf{期首社債簿価}＝\textbf{払込金額}＋\textbf{発行差額}\times\frac{\textbf{発行時〜当期首までの月数}}{\textbf{償還期間の月数}}$$

$$\textbf{当期償却額}＝\textbf{発行差額}\times\frac{\textbf{当期首〜買入償還時までの月数}}{\textbf{償還期間の月数}}$$

将来の社債利息の支払を抑制するために
「社債償還損」を計上してでも
買入償還を行うことがあります

Q **3-1 | 社債の帳簿価額の計算 |**

×1年4月1日に額面総額20,000円、額面@100円につき@95円、期間5年の条件で発行した社債のうち額面総額4,000円を×4年12月31日に1口@98円(裸相場[01])で買入償還した。このときに償還される社債の帳簿価額を計算しなさい。なお、償却原価法(定額法)を採用しており、決算日は3月31日である。

A **3-1 | 解答・解説 |**

3,950円

期首社債簿価：3,800円[02]＋200円[03]× $\frac{36カ月}{60カ月}$ ＝3,920円

当期償却額：200円× $\frac{9カ月}{60カ月}$ ＝30円

買入償還した社債の簿価：3,920円＋30円＝3,950円

01) 裸相場とは利息を含まない金額のことをいいます。これに対し、利付相場とは、利息を含む金額をいいます。

02) 4,000円× $\frac{@95円}{@100円}$ ＝3,800円

03) 4,000円× $\frac{@5円}{@100円}$ ＝200円

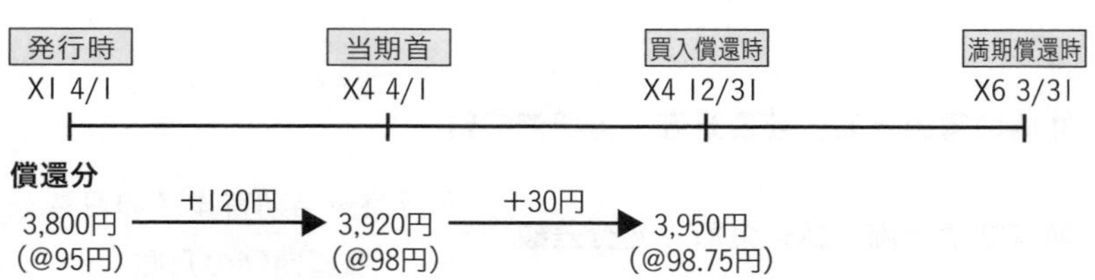

⑵ 社債償還損益の計算

▶▶ 買入償還した社債の簿価から、買入価額(時価)を差し引いた金額が社債償還損益となります。計算式は次のとおりです。

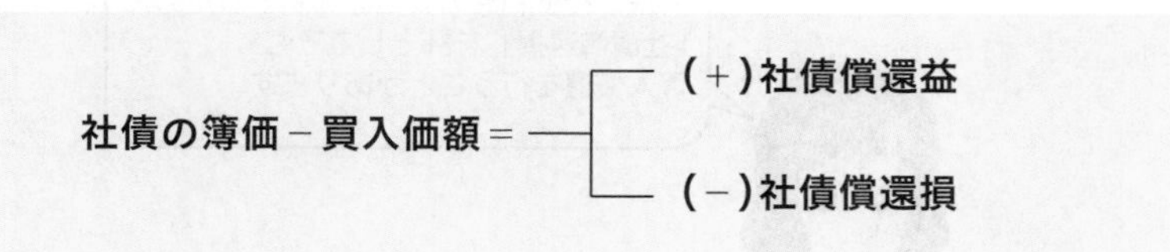

なお、損益計算書上、社債償還益は特別利益に、社債償還損は特別損失[04]にそれぞれ表示します。

04) 固定資産(建物、土地、投資有価証券など)や固定負債(社債など)の売買にともなう損益は特別損益項目となります。

Q 3-2 | **社債償還損益の計算** |

×1年4月1日に額面総額20,000円、額面@100円につき@95円、期間5年、利率年8%（利払日は9月末)の条件で発行した社債のうち額面総額4,000円を×4年12月31日に1口@98円(裸相場)で買入償還し、当座預金から支払った(Q04-01)。このときに生じる社債償還損益を計算しなさい。

ただし、損なら(−)を、益なら(+)を金額の前につけなさい。なお、償却原価法(定額法)を採用しており、決算日は3月31日である。

A 3-2 | **解答・解説** |

(+) 30円

買入価額：4,000円 × $\frac{@98円}{@100円}$ = 3,920円

買入償還された社債の簿価：3,950円(Q04-01より)

社債償還損益：3,950円 − 3,920円 = 30円(償還益)

なお、買入償還時の仕訳は次のとおりです。

(借)	社債利息	30	(貸)	社債	30
(借)	社債	3,950	(貸)	当座預金	3,920
				社債償還益	30

⑶ **社債利息の計算**

買入償還した社債に対する社債利息(前回利払日の翌日から償還日まで)を支払います[05]。図で示すと次のとおりです。

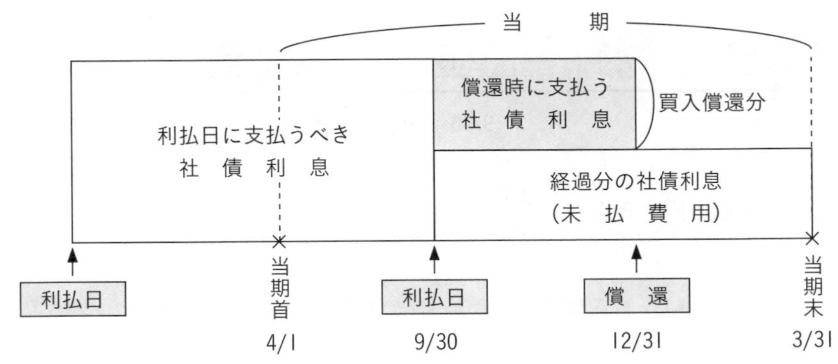

05) 償還社債に対する利息(端数利息)は、たとえ利払日でなくても償還時に支払います。端数利息は日割計算することもありますが、償還日が月初や月末の場合には月割計算が多く用いられます。

Q 3-3 買入償還・利息の計算

×1年4月1日に額面総額20,000円、額面@100円につき@95円、期間5年、利率年8%（利払日は3月末と9月末）の条件で発行した社債のうち額面総額4,000円を×4年12月31日に1口@98円(裸相場)で買入償還し、利息とともに当座預金から支払った。このときの仕訳を示しなさい。

なお、償却原価法(定額法)を採用しており、当期は×5年3月31日を決算日とする1年である。

A 3-3 解答・解説

(借)	社債利息	30	(貸) 社債	30
(借)	社債	3,950	(貸) 当座預金	3,920
			社債償還益	30
(借)	社債利息	80	(貸) 当座預金	80

期首社債簿価：3,800円＋200円× $\frac{36カ月}{60カ月}$ ＝3,920円

当期償却額：200円× $\frac{9カ月}{60カ月}$ ＝30円

買入償還した社債の簿価：3,920円＋30円＝3,950円

社債償還損益：3,950円－3,920円＝30円(償還益)

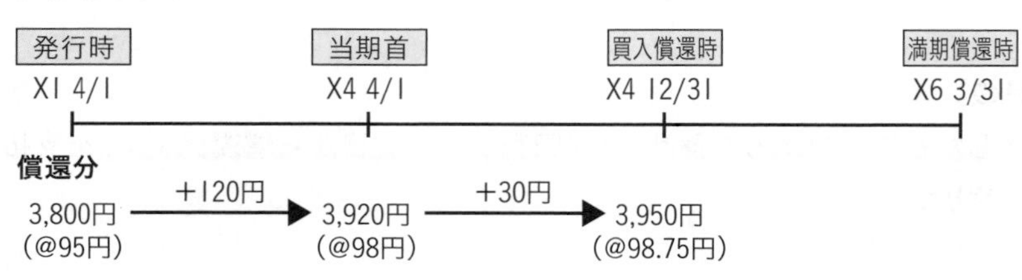

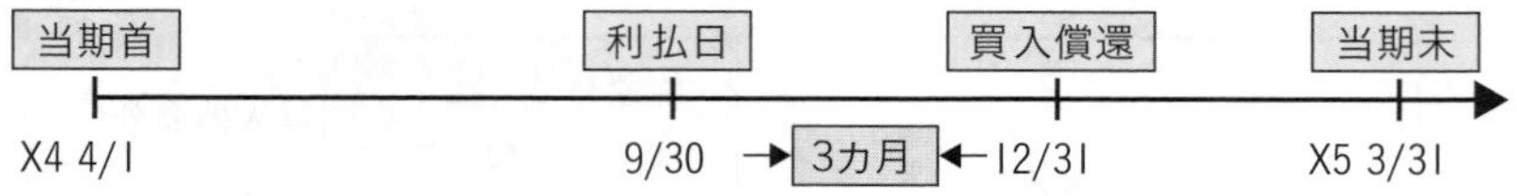

社債利息[06]：4,000円×8%× $\frac{3カ月}{12カ月}$ ＝80円

06) 利払日と買入償還日が異なるので、買入償還分に対する利息のみを支払います。

2 決算時

▸▸ 残存する社債(未償還分)の償却額の計上および社債利息の計上を行います。

Q 3-4 | **買入償還・決算時の処理** |

【Q3-3】で発行した社債の未償還分、額面総額16,000円(額面@100円につき@95円で発行、利率年8%、利払日は3月末と9月末)について、×5年3月31日、決算にあたり、償却原価法(定額法)を適用するとともに、利払日につき利息を当座預金から支払った。このときの仕訳を示しなさい。

A 3-4 | **解答・解説** |

(借) 社債利息	160	(貸) 社債	160
(借) 社債利息	640	(貸) 当座預金	640

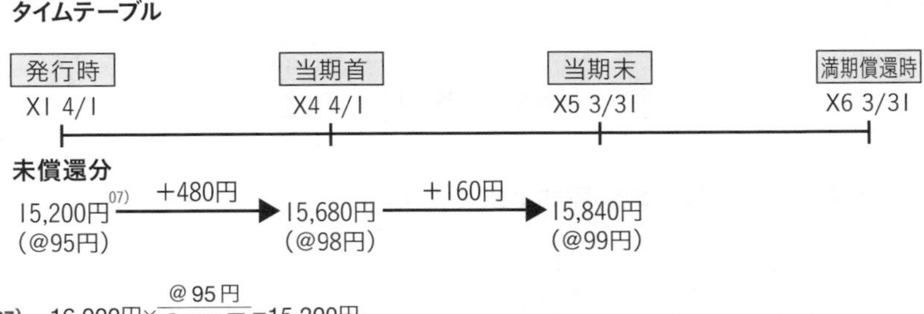

07) $16,000円 \times \frac{@95円}{@100円} = 15,200円$

償却額：$16,000円 \times \frac{@5円}{@100円} \times \frac{12カ月}{60カ月} = 160円$

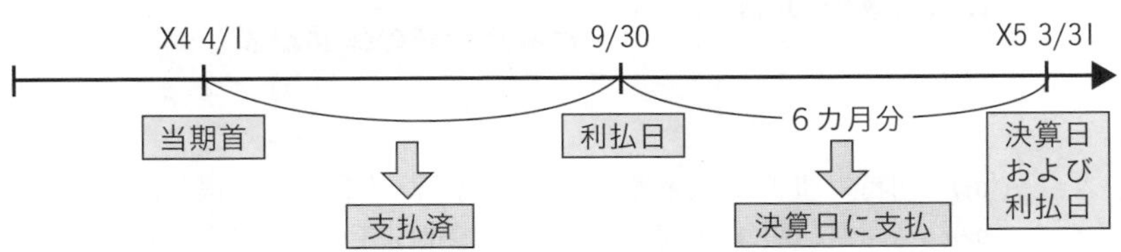

社債利息：$16,000円 \times 8\% \times \frac{6カ月}{12カ月} = 640円$

トレーニングⅠ　Ch12　問題3へ

3 買入償還の処理(利息法)

1 買入償還を行ったとき

(1) 買入償還した社債の簿価の計算

利息法を採用する場合は、まず期首から買入償還時までの償却原価法による償却額を計上して、買入償還時における社債の簿価を計算します。

次に、買入償還した社債(買入償還分)の額面金額と未償還の社債(未償還分)の額面金額の割合で簿価を按分(あんぶん)します。

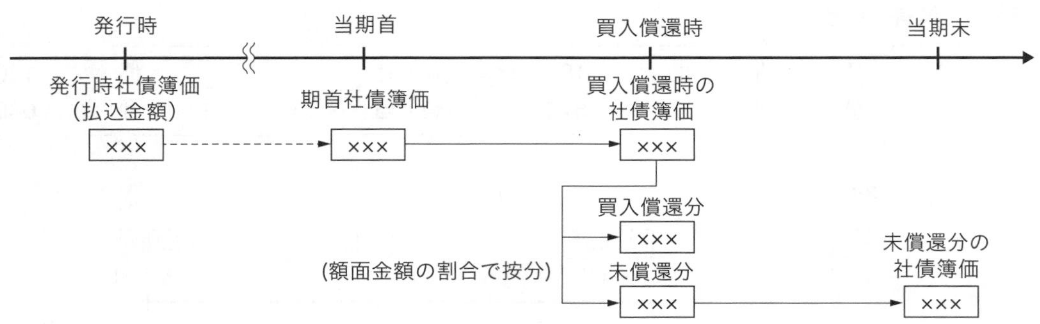

買入償還分の社債簿価は、以下の計算式で求めます。

買入償還時の社債簿価＝期首社債簿価[01)]＋当期償却額[02)]

買入償還分の社債簿価

$$= \text{買入償還時の社債簿価} \times \frac{\text{買入償還分の額面金額}}{\text{社債発行時の額面総額}}$$

01) 期首社債簿価は、利息法によって計算した前期末の償却原価です。

02) 当期償却額は、当期首から買入償還時までの期間に応じて月割計算します。

Q 3-5 | 社債の帳簿価額の計算

当社(決算日年1回、3月末日)は、×1年4月1日に額面総額20,000円、払込総額19,210円、期間5年、券面利子率年8%(利払日は3月末と9月末)の条件で発行した社債のうち額面総額4,000円を×4年9月30日に3,960円(裸相場)で買入償還した。このときに償還される社債の帳簿価額を計算しなさい。

なお、実効利子率を年9%として償却原価法(利息法)を適用しており、×4年3月31日における償却原価は19,641円と計算されている。金額の計算上、端数が生じた場合は円未満を四捨五入すること。

A 3-5 | 解答・解説 |

3,945円

期首社債簿価：19,641円[03)]

当期償却額：$19,641円 \times 9\% \times \dfrac{6カ月^{04)}}{12カ月} \fallingdotseq 884円$

$20,000円 \times 8\% \times \dfrac{6カ月^{04)}}{12カ月} = 800円$

$884円 - 800円 = 84円$

買入償還時の社債簿価：$19,641円 + 84円 = 19,725円$

買入償還分の社債簿価：$19,725円 \times \dfrac{4,000円}{20,000円} = 3,945円$

未償還分の社債簿価：$19,725円 \times \dfrac{20,000円 - 4,000円}{20,000円} = 15,780円$

（または、19,725円 − 3,945円 = 15,780円）

03) 期首社債簿価（前期末償却原価）は、通常、問題（試算表等を含む）で示されます。

04) 当期首～買入償還時=6カ月

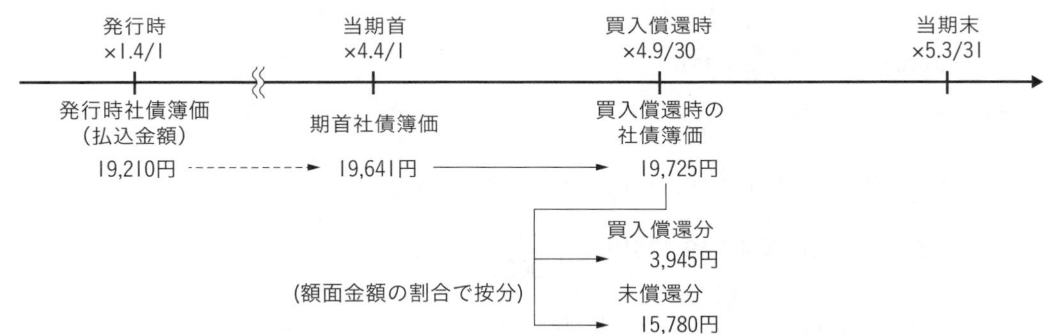

＜前期末償却原価の検証[05)]＞ （単位：円）

	a	b	c	d	e
利払日	償却前簿価	利息配分額[06)]	利札支払額[07)]	償却額 (b − c)	償却原価 (a + d)
×1年 9月30日	19,210	864	800	64	19,274
×2年 3月31日	19,274	867	800	67	19,341
×2年 9月30日	19,341	870	800	70	19,411
×3年 3月31日	19,411	873	800	73	19,484
×3年 9月30日	19,484	877	800	77	19,561
×4年 3月31日	19,561	880	800	80	19,641

05) 前期末償却原価が問題の中で示されている場合、解答上は金額を検証する必要はありません。

06) 償却前簿価$\times 9\% \times \dfrac{6カ月}{12カ月}$

07) $20,000円 \times 8\% \times \dfrac{6カ月}{12カ月} = 800円$

⑵ 買入償還時の処理

Q 3-6 | **買入償還時の処理**

当社（決算日年1回、3月末日）は、×1年4月1日に額面総額20,000円、払込総額19,210円、期間5年、券面利子率年8％（利払日は3月末と9月末）の条件で発行した社債のうち額面総額4,000円を×4年9月30日に3,960円（裸相場）で買入償還した。×4年9月30日に行うべき仕訳を示しなさい（出金はすべて当座預金からとする）。

なお、実効利子率を年9％として償却原価法（利息法）を適用しており、×4年3月31日における償却原価は19,641円と計算されている。金額の計算上、端数が生じた場合は円未満を四捨五入すること。

A 3-6 | **解答・解説**

（借）	社債利息	884[08)]	（貸）	当座預金	800[09)]
				社債	84[10)]
（借）	社債	3,945	（貸）	当座預金	3,960
	社債償還損	15			

08) $19{,}641円 \times 9\% \times \frac{6カ月}{12カ月} \fallingdotseq 884円$

09) $20{,}000円 \times 8\% \times \frac{6カ月}{12カ月} = 800円$

10) 884円－800円＝84円

買入償還時の社債簿価：19,641円＋84円＝19,725円

買入償還分の社債簿価：$19{,}725円 \times \frac{4{,}000円}{20{,}000円} = 3{,}945円$

未償還分の社債簿価：$19{,}725円 \times \frac{20{,}000円 - 4{,}000円}{20{,}000円} = 15{,}780円$

社債償還損益：3,945円–3,960円＝△15円（償還損）

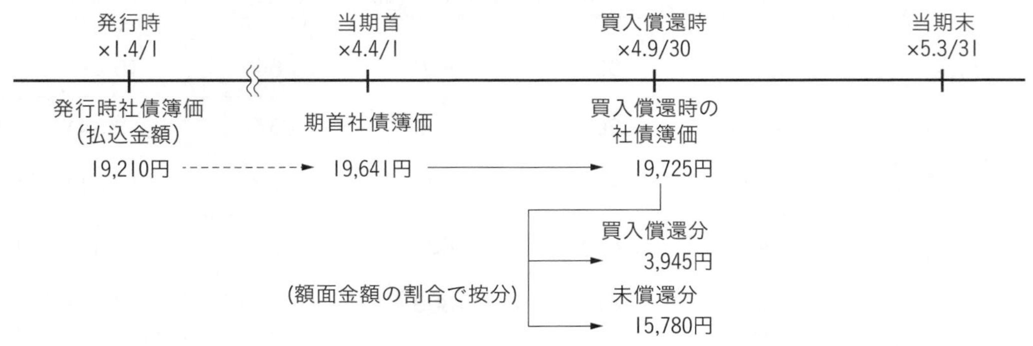

2 未償還分の処理

残存する社債(未償還分)については、引き続き利払日における処理を行います。

Q 3-7 | 未償還分の処理 |

【Q3-6】における社債の未償還分、額面16,000円(券面利子率年8%、利払日は3月末と9月末)について、×5年3月31日、利払日につき利息を当座預金から支払った。×5年3月31日に行うべき仕訳を示しなさい。

なお、実効利子率を年9%として償却原価法(利息法)を適用し、金額の計算上、端数が生じた場合は円未満を四捨五入すること。

A 3-7 | 解答・解説 |

(借)		(貸)	
社債利息	710[11]	当座預金	640[12]
		社債	70[13]

11) $15,780円\times9\%\times\frac{6カ月}{12カ月}\fallingdotseq710円$

12) $16,000円\times8\%\times\frac{6カ月}{12カ月}=640円$

13) 710円−640円=70円

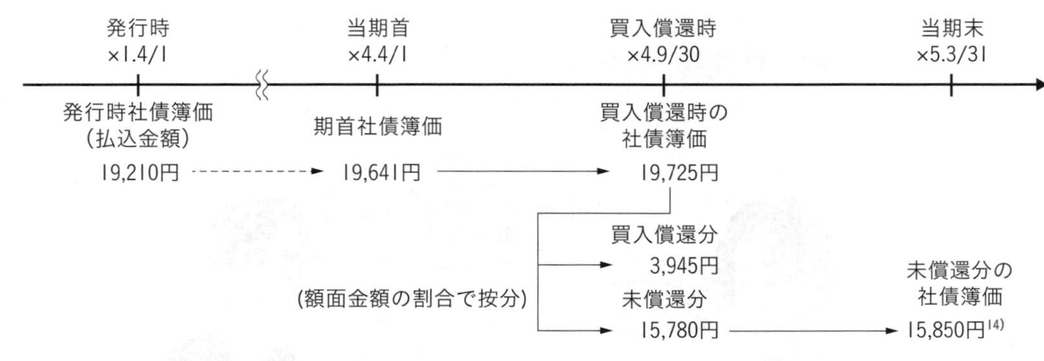

14) 15,780円+70円=15,850円

【財務諸表計上額】 重要度 ★★

買入償還があった場合
社　債　B/S計上額：未償還社債の償却原価
社債利息　P/L計上額：利札支払額+償還分償却額+未償還分償却額

トレーニングⅠ　Ch12　問題4へ

Section 4 抽選償還

重要度

社債の中には、1,000万円発行して毎年200万円ずつ償還するといった、当初から部分的に償還する約束で発行するものがあります。償還のさいに公平を期すために全社債権者の中から抽選を行い、当たった人だけが償還されるという形になります。早く当たれば、早く償還してもらえ、早く額面の金額をもらえるので有利になります。

このときのポイントは社債の発行会社は予定どおりの償還を行っているので、償還損益が生じないということです。

1 抽選償還とは

抽選償還とは、抽選により毎年一定額ずつを償還する方法[01]であり、発行時にこの約束を交している社債を抽選償還社債といいます。ただし、社債の発行後一定の期間は抽選償還を行わない場合もあります。

この場合の抽選償還を行わない期間を据置き（すえおき）期間といいます。また、抽選償還を行った場合には、当初の予定どおりに額面金額で償還が行われるため、社債償還損益は生じません。

01) 分割償還と呼ばれることもあります。

2 抽選償還の処理(利息法)

利息法を採用する場合も抽選償還時[01]には、定額法を採用する場合と同様に、まず当期首から抽選償還時までの償却原価法による償却額を社債の簿価に加減し、次に社債の償還の処理をします。

償却額は、満期に一括して償還する社債の場合と同様に、以下の計算式で求めます。

利息法による償却額＝(帳簿価額×実効利子率)－(額面金額×券面利子率)
(帳簿価額×実効利子率：利息配分額　額面金額×券面利子率：利札支払額)

01) 利息法を採用する場合、償還日と決算日が異なる設定での出題可能性は低いと思われますので本テキストでは割愛します(同様に、繰上償還についても割愛します)。

Q 4-1 | 抽選償還

社債の発行条件

社債の額面総額100,000円、払込総額は94,000円、発行日は×1年4月1日、償還期限5年、券面利子率は年5%（利払日は3月末と9月末)、毎年3月末に20,000円ずつ抽選償還を行う。なお、当社は3月31日を決算日としており、実効利子率を年7.31%として償却原価法(利息法)を採用している。

以下の各日付に行うべき仕訳を示しなさい。金額の計算上、端数が生じた場合は円未満を四捨五入すること。

(1) ×1年9月30日、利払日につき利息を当座預金より支払った。

(2) ×2年3月31日、償還日につき額面総額20,000円を償還し、利息を含めた代金は当座預金より支払った。

A 4-1 | 解答・解説

(1) **×1年9月30日における処理**

利息配分額：94,000円×7.31%×$\frac{6カ月}{12カ月}$≒3,436円

利札支払額：100,000円×5%×$\frac{6カ月}{12カ月}$＝2,500円

償　却　額：3,436円－2,500円＝936円

(借)		(貸)	
社債利息	3,436	当座預金	2,500
		社債	936

償却後の帳簿価額：94,000円＋936円＝94,936円

(2)　×**2年3月31日における処理**

①　償却額の計算

利息配分額：94,936円×7.31％×$\frac{6カ月}{12カ月}$≒3,470円

利札支払額：100,000円×5％×$\frac{6カ月}{12カ月}$＝2,500円

償　却　額：3,470円−2,500円＝970円

(借)			(貸)	
社債利息	3,470		当座預金	2,500
			社債	970

償却後の帳簿価額：94,936円＋970円＝95,906円

②　社債の償還の処理

(借)		(貸)	
社債	20,000	当座預金	20,000

トレーニングⅠ　Ch12　問題5・6へ

参考　抽選償還の処理(定額法)

抽選償還時には、まず①当期首から抽選償還時までの償却原価法による償却額を社債の簿価に加減し、次いで②社債の償還の処理をします。

抽選償還では一定期間ごとに社債が償還されるため、社債発行によって調達した資金の利用高も一定期間ごとに減少します。

そこで、定額法を採用する場合は、発行差額を、社債の発行によって調達した資金の利用高に応じて償却[01]します。解答にあたっては、社債の発行条件・償還状況を次のような図表に置き換えて理解するとよいでしょう。

01) 減価償却の計算における級数法と同じ計算方法です。

抽選償還では各年度に額面金額で社債を償還します。そのため、償却額も以下のように分けて把握します。

▶償却額の計算方法◀

社債の額面総額 100,000 円、払込金額は額面@ 100 円につき@ 94 円で、発行日は× 1 年 4 月 1 日、償還期限 5 年、利率は年 5％（利払日は 3 月末）、毎年 3 月末に 20,000 円ずつ抽選償還を行う。なお、当社は 3 月 31 日を決算日としており、償却原価法（定額法）を採用している。

Step 1

利用割合：5　4　3　2　1

Step 1 ▶ ボックス図の作成

各期に償還する社債の利用割合に応じて階段状のボックス図を作成します。5 年間で一定額ずつ償還するため、1 年目の社債の利用割合は5、2 年目の社債の利用割合は4･･･となります。このボックス図が発行差額であり、満期日までに償却する金額となります。

満期日まで償却する金額：

$$100{,}000円 \times \frac{@100円 - @94円}{@100円} = 6{,}000円$$

□ 1 個あたりの償却額：

6,000 円 ÷15 個（5 個＋ 4 個＋ 3 個＋ 2 個＋ 1 個）＝@400 円

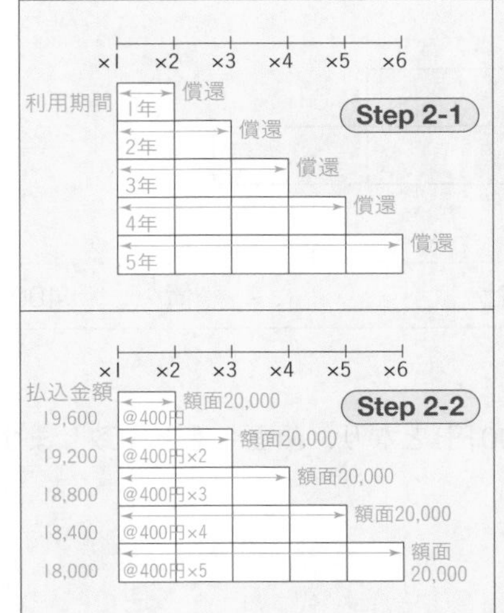

Step 2 ▶ 各社債の払込金額の計算

1 年後に償還する社債の利用期間は 1 年、2 年後に償還する社債の利用期間は 2 年･･･となります。(2-1)

抽選償還では社債が額面金額で償還されます。そのため、各社債が償還時に額面金額になるように各社債の額面金額から償却額（対応する□の部分）を差し引いて各社債の払込金額に相当する金額を求めます。(2-2)

× 2 年償還社債の払込金額：20,000円－@400× 1 個＝19,600円
× 3 年償還社債の払込金額：20,000円－@400× 2 個＝19,200円
× 4 年償還社債の払込金額：20,000円－@400× 3 個＝18,800円
× 5 年償還社債の払込金額：20,000円－@400× 4 個＝18,400円
× 6 年償還社債の払込金額：20,000円－@400× 5 個＝18,000円

これにより、各社債の払込金額に相当する金額に、決算ごとに償却額を加え、償還時には額面金額になります。

1　償還した社債の処理

▶▶ 抽選償還する社債について、①社債の簿価に償却額を加減し、②社債の償還を行います。

Q　抽選償還・償還時の処理

社債の発行条件

社債の額面総額100,000円、払込金額は額面@100円につき@94円で、発行日は×1年4月1日、償還期限5年、利率は年5%（利払日は3月末）、毎年3月末に20,000円ずつ抽選償還を行う。なお、当社は3月31日を決算日としており、償却原価法（定額法）を採用している。

×2年3月31日、償還日につき額面総額20,000円を償還し、利息を含めた代金は小切手で支払った。当該社債に係る償却額の調整および社債の償還にかかわる仕訳を示しなさい。

A　解答・解説

(1)	(借) 社債利息	400	(貸) 社債		400
(2)	(借) 社債	20,000	(貸) 当座預金		20,000
	(借) 社債利息	1,000	(貸) 当座預金		1,000

(1)　償却額の計算

▶▶ 1個あたりの調整すべき金額（@400円）に▭の数を掛けて、償還する社債分の調整額を計算します。

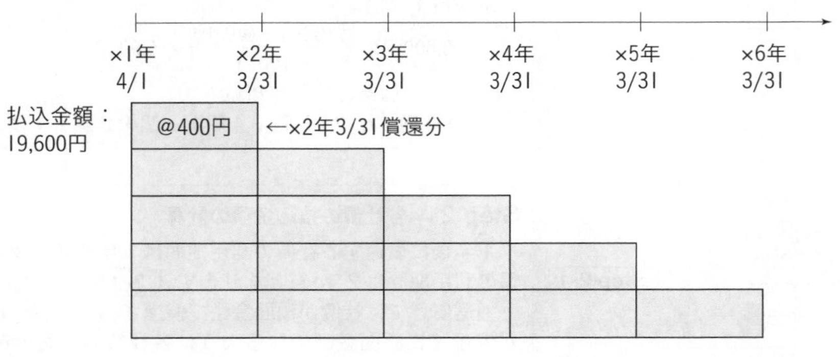

(借) 社債利息	400[02]	(貸) 社債	400

02)　@400円×1個＝400円

▶▶ これによって社債の簿価は20,000円（19,600円＋400円）となり、額面金額と一致します。次に、この額面金額を用いて、社債の償還を行います。

(2)　社債の償還の処理

(借) 社債	20,000	(貸) 当座預金	20,000

2 未償還の社債

▸▸ 社債利息の支払および残存する社債の償却額の計上を行います。

Q 抽選償還・利払時、決算時の処理

社債のうち未償還分について、×2年3月31日、利払日につき利息を当座預金から支払った。また、決算にあたり、償却原価法(定額法)を適用する。このときの仕訳を示しなさい。

A 解答・解説

(借)	社債利息	4,000[03]	(貸)	当座預金	4,000
(借)	社債利息	1,600	(貸)	社債	1,600

03) 80,000円×5%=4,000円

×1年4月1日から×2年3月31日の間に[ ]は5個ありますが、×2年3月31日償還分は(1)ですでに償還したため、残りの4個分について調整を行います。

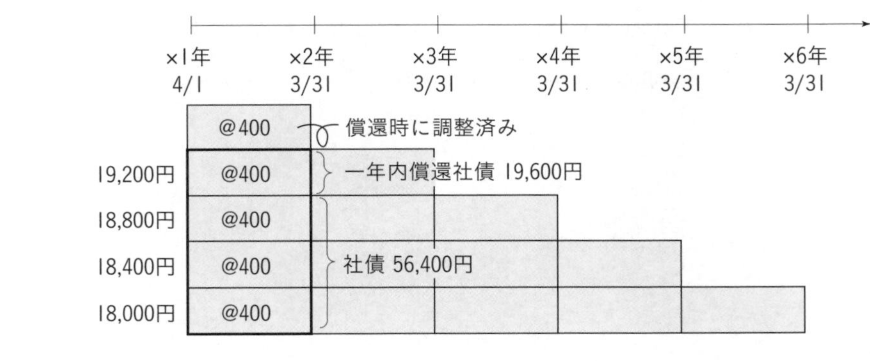

(借)	社債利息	1,600[04]	(貸)	社債	1,600

04) @400円×4個=1,600円

3 一年内償還社債(いちねんないしょうかんしゃさい)への振替え

▸▸ 翌年度末(×3年3月31日)に償還予定の社債を、一年内償還社債として流動負債に計上します。

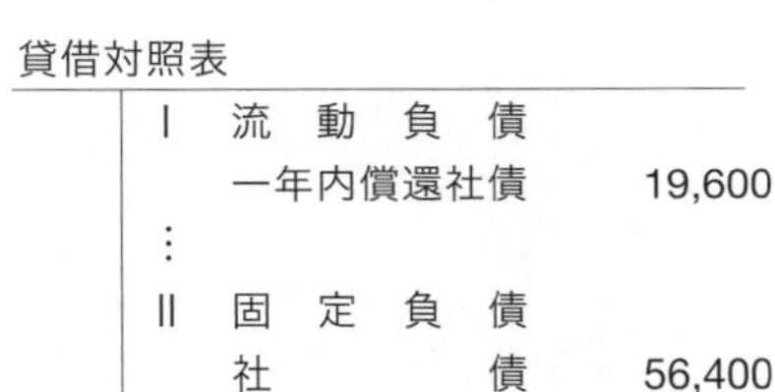

貸借対照表

I	流動負債	
	一年内償還社債	19,600
⋮		
II	固定負債	
	社債	56,400

Column　1級の学習の流れ

1　テキストとトレーニング

『テキスト』のChapterを1つ学習したら、『トレーニング』（問題集）の該当するChapterの問題を解きましょう。

そこで解けなかった問題については、問題文の頭に○印を付けておいて、繰り返し解くようにしましょう。

2　過去問題集（学習期間：1冊あたり1カ月ほど）

本試験の出題の仕方の特徴をつかむために、過去問題集を解くのは合格に必須です。

本試験の総合問題を論点ごとに切り出して集めた『だれでも解ける過去問題集』、本試験の出題形式をそのまま掲載した『講師が選んだ過去問題集』があります。

いきなり本試験の出題形式でそのまま解くのは難しいという方は、『だれでも解ける過去問題集』で慣れてから『講師が選んだ過去問題集』に進むことをおすすめします。

3　直前予想問題（学習期間：3週間ほど）

本試験において出題予想が当たるかどうかは合否に大きく影響します。1級の広い範囲の中から出題が予想される箇所を集中的に解き、本試験でそれが出題されれば、大きく得点を伸ばすことができます。

弊社の直前予想問題としては『ズバリ！1級完全予想模試』があります。

これが本試験を受けるまでの学習の流れになります。そのため、学習にあたっては、工業簿記・原価計算も含めて自分なりにだいたい学習に何カ月かかるのかを決めてから、とりかかるようにしましょう。

Chapter 13

純資産会計1（配当、自己株式）

Point

このChapterでは、主に剰余金の配当、株主資本等変動計算書、自己株式について学習していきます。剰余金の配当と自己株式についてはよく出題されるため、しっかりおさえましょう。

用語集

株主資本等変動計算書
貸借対照表の純資産の部の変動を表す財務諸表

自己株式
自社が発行している株式のこと

Section 1

株主資本等の分類

株主資本の中心は、資本金です。株主からの払込みを全額資本金とし、また、利益計算を経た金額をすべて資本金とするよりも、「剰余金」を設けて「資本金としない部分」という区分をつくった方が便利な場合があります。株式会社は個人商店と異なり、多くの出資者がいるため資本金の変動にはビンカンなのです。剰余金は、資本剰余金と利益剰余金に分けて考え、拠出資本と留保利益の区別をしっかりと守ることにしています。

この区分は、貸借対照表の表示方法に反映されています。また、株主資本の変動は、株主資本等変動計算書により明らかにされます。

1 株主資本等の分類

▸▸ 貸借対照表の純資産の部は、株主資本と株主資本以外の項目に分類されます。

株主資本は、発生源泉別に分類され、資本金、資本剰余金、利益剰余金の3つの区分に大別されます。さらに、自己株式を保有している場合には、株主資本の控除項目として株主資本の区分の末尾に表示されます。

株主資本以外の項目には、評価・換算差額等と新株予約権があり、その他有価証券評価差額金は評価・換算差額等の区分に表示されます。

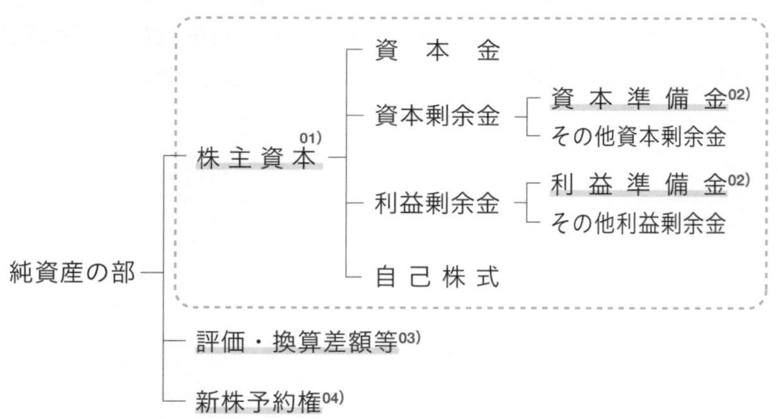

[点線枠] はChapter13で扱う内容を示しています。

01) 株主資本とは、会社の純資産(資産−負債)のうち、株主に帰属する部分です。なお、総資本とは、純資産と負債の合計です。

02) 資本準備金と利益準備金をあわせて「準備金」と総称することもあります。

03) Chapter 4 Section 3参照。

04) 新株予約権については『テキストⅡ応用編』Chapter 3で扱います。

株主資本のうち資本金は、会社法の規定に従って、資本(金)とされている部分です。

また、資本取引から生じた資本剰余金と、損益取引から生じた利益剰余金も株主資本ですが、明確に区別する必要があります[05)]。

05) 資本取引・損益取引区分の原則(一般原則三)
「資本取引と損益取引とを明瞭に区別し、特に資本剰余金と利益剰余金とを混同してはならない。」

トレーニングⅠ　Ch13　問題1へ

2 資本剰余金の区分

資本剰余金は、資本準備金とその他資本剰余金の２つに区分して記載します。「その他資本剰余金」は、より具体的な科目として「資本金及び資本準備金減少差益」「自己株式処分差益」等を用いることがありますが、貸借対照表上は「その他資本剰余金」として表示します。

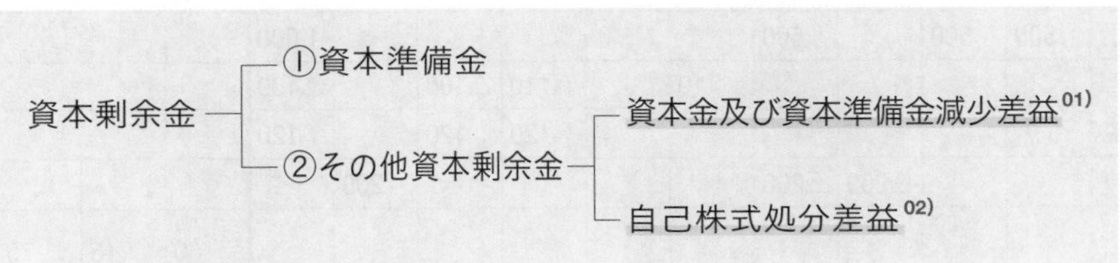

01) 資本金・資本準備金を減額させたことにより生じる項目です。
02) 自己株式の処分により生じる項目です。

3 利益剰余金の区分

利益剰余金は、利益準備金とその他利益剰余金の２つに区分して記載します。さらに、その他利益剰余金は「任意積立金」と「繰越利益剰余金」に区分して記載します。

なお、貸借対照表上、任意積立金は「新築積立金」や「別途積立金」などの具体的な表示科目を用います。

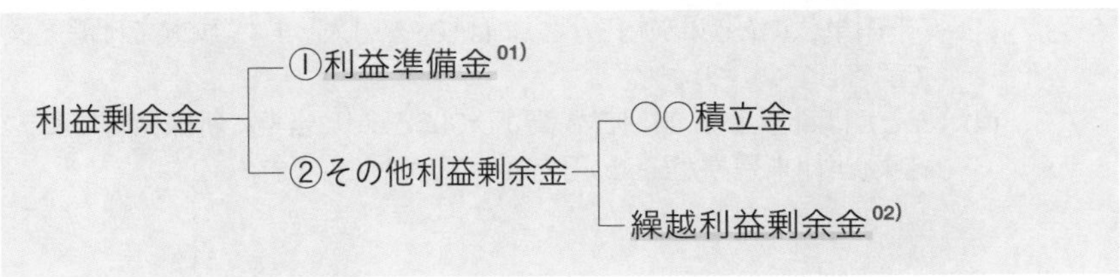

01) 利益準備金を減額した場合には、繰越利益剰余金に振り替えられます。
02) 当期に計上された純利益などが含まれます。

4　株主資本等変動計算書における表示

会社法では、株主総会のときのみではなく、一定の要件、手続のもといつでも剰余金の配当などを行うことが認められています。このため、会計期間ごとに株主に帰属する部分である株主資本の各項目の変動を明らかにする必要が生じ、株主資本等変動計算書を作成することが義務付けられることになりました。

株主資本等変動計算書は、以下のようになります。

株主資本等変動計算書

自×1年4月1日　至×2年3月31日[01]　　　　（単位：円）

変動の原因	株主資本										評価・換算差額等			新株予約権	純資産合計
	資本金	資本剰余金			利益剰余金				自己株式	株主資本合計	その他有価証券評価差額金	繰延ヘッジ損益	評価・換算差額等合計		
		資本準備金	その他資本剰余金	資本剰余金合計	利益準備金	その他利益剰余金		利益剰余金合計							
						任意積立金	繰越利益剰余金								
当期首残高	5,000	200	600	800	550	400	300	1,250	△350	6,700	180	50	230	70	7,000
当期変動額															
新株の発行	500	500		500						1,000					1,000
剰余金の配当					10		△110	△100		△100					△100
当期純利益							120	120		120					120
自己株式の消却			△200	△200					200	—[03]					—[03]
株主資本以外の項目の当期変動額(純額)											[02] 60	15	75	55	130
当期変動額合計	500	500	△200	300	10	–	10	20	200	1,020	60	15	75	55	1,150
当期末残高	5,500	700	400	1,100	560	400	310	1,270	△150	7,720	240	65	305	125	8,150

この行の金額が期末の貸借対照表の純資産の部に記載されます。

Ⅰ株主資本の変動を総額で記載します。

Ⅱ評価・換算差額等の変動を記載します。

Ⅲ新株予約権の変動を記載します。

株主資本等変動計算書は、上から下に向かって読むことで、各純資産の変動状況がわかります[04]。

01) 会計期間を記載します。

02) 問題を解くときは、当期首残高と当期末残高の差額で求めましょう。

03) 通常、金額がゼロの場合には「—」(バー)を記入し、表示単位未満の金額がある場合(千円単位のときに500円など)には「0」を記入します。試験では問題文の指示に従って解答してください。

04) たとえば資本金は、当期首残高が5,000円あり、当期に新株発行によって500円増えた結果、当期末残高が5,500円であることがわかります。

Section

2 剰余金の配当

「払込金額の１／２は資本金としなくてよい」と同様に、配当時に準備金を積み立てる規定も会社法に定められているもので、覚えておくしかないところです。

1 剰余金の配当

(1) 配当の処理

剰余金の配当[01]は、原則として株主総会決議により行います。この決議によって配当額は確定しますが、実際に支払うのは後日になるので、株主総会決議のさいには「未払配当金」勘定で処理します[02]。

なお、剰余金の配当財源となるのは、「その他資本剰余金[03]」と「その他利益剰余金（繰越利益剰余金）」です。

01) 株主に対して剰余金を分配することです。

02) 配当の支払時の処理　（借）未払配当金　××　（貸）現 金 預 金　××

03) その他資本剰余金を財源とした配当をしたときの受取側の処理

①その他有価証券	（借）現 金 預 金	××	（貸）投資有価証券	××
②売買目的有価証券	（借）現 金 預 金	××	（貸）受取配当金	××

(2) 準備金の積立ての処理

剰余金の配当を行う場合には、会社財産確保の観点から準備金の合計[04]が資本金の４分の１に達するまで、配当額の10分の１の金額を配当財源別に資本準備金または利益準備金として積み立てます。

04) 資本準備金＋利益準備金

準備金の積立て

$$\left.\begin{array}{l}\text{配当額の合計} \times \dfrac{1}{10} \\ \text{資本金} \times \dfrac{1}{4} - (\text{資本準備金} + \text{利益準備金})\end{array}\right\}\text{いずれか小さい方}$$

配当財源が {
その他資本剰余金 → 資本準備金を積立て
その他利益剰余金 → 利益準備金を積立て

Q　2-1｜剰余金の配当1｜

株主総会決議により、剰余金の配当に関して以下の決議がされ、その効力が生じた。この場合の仕訳を示しなさい。なお、株主総会時における資本金は500,000円、資本準備金は70,000円、利益準備金は35,000円であった。

〈剰余金の配当に関する決議内容〉

配当総額は150,000円。そのうち、100,000円については繰越利益剰余金を財源とし、残額50,000円についてはその他資本剰余金を財源とする。

A　2-1｜解答・解説｜

(借)	その他資本剰余金	55,000	(貸)	資本準備金	5,000
				未払配当金	50,000
(借)	繰越利益剰余金	110,000	(貸)	利益準備金	10,000
				未払配当金	100,000

150,000円（配当総額）× $\frac{1}{10}$ ＝ 15,000円 ＜ 500,000円（資本金）× $\frac{1}{4}$ －（70,000円（資本準備金）＋ 35,000円（利益準備金））＝ 20,000円

よって準備金積立額15,000円
- 資本準備金50,000円 × $\frac{1}{10}$ ＝ 5,000円
- 利益準備金100,000円 × $\frac{1}{10}$ ＝ 10,000円

▶▶ 配当金額の $\frac{1}{10}$ を積み立てると積立限度額（資本金 × $\frac{1}{4}$ － 準備金）を超える場合は、積立限度額までの金額を配当財源の割合で按分します。

準備金積立額 × $\frac{\text{その他資本剰余金の配当額}}{\text{その他資本剰余金の配当額＋繰越利益剰余金の配当額}}$ ＝資本準備金積立額

準備金積立額 × $\frac{\text{繰越利益剰余金の配当額}}{\text{その他資本剰余金の配当額＋繰越利益剰余金の配当額}}$ ＝利益準備金積立額

Q 2-2 | 剰余金の配当2

株主総会決議により、剰余金の配当に関して以下の決議がされ、その効力が生じた。

この場合の仕訳を示しなさい。なお、株主総会時における資本金は500,000円、資本準備金は70,000円、利益準備金は43,000円であった。

〈剰余金の配当に関する決議内容〉

配当総額は150,000円。そのうち、100,000円については繰越利益剰余金を財源とし、残額50,000円についてはその他資本剰余金を財源とする。

A 2-2 | 解答・解説

$$\underbrace{150{,}000円}_{配当総額}\times\frac{1}{10}=15{,}000円>\underbrace{500{,}000円}_{資本金}\times\frac{1}{4}-(\underbrace{70{,}000円}_{資本準備金}+\underbrace{43{,}000円}_{利益準備金})=12{,}000円$$

よって準備金積立額12,000円

$$資本準備金積立額：12{,}000円\times\frac{50{,}000円}{50{,}000円+100{,}000円}=4{,}000円$$

$$利益準備金積立額：12{,}000円\times\frac{100{,}000円}{50{,}000円+100{,}000円}=8{,}000円$$

(借)		(貸)	
その他資本剰余金	54,000	資本準備金	4,000
		未払配当金	50,000
繰越利益剰余金	108,000	利益準備金	8,000
		未払配当金	100,000

トレーニングⅠ　Ch13　問題3・4へ

「シー（4）ホンキンの1/4に達するまで
ハイトー（10）キンの1/10を積立てる」
と覚えておきましょう

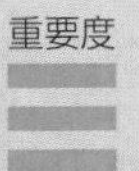

Section 3

自己株式

株式会社は、新たに株式を発行することにより、資金の調達が可能になるというメリットがあります。しかし、株式を発行するということは、配当金の負担が増加する、会社が買収される可能性がある、といったデメリットもあります。そこで、会社自身が自社の株式を購入し、購入した自己株式を消却して株式の流通量を調整することが会社法で認められています。

では、このような自己株式に関する一連の行為について、どのような会計処理が行われるのでしょうか。

▶自己株式は株主資本のマイナス◀

(借)	現金預金	10,000	(貸) 資本金	10,000
(借)	自己株式	1,000	(貸) 現金預金	1,000

貸借対照表

	純資産の部		
	Ⅰ. 株主資本		
	1. 資本金	10,000	
	2. 自己株式	△1,000	9,000

10,000円売り上げて1,000円返品されたとすると、9,000円売り上げたことと同じになります。

では、10,000円分の株式を発行して、このうち1,000円分を自社で買い入れた場合はどうなるでしょうか？

この場合、市場から調達した資金は9,000円となるので、貸借対照表の資本金の金額も9,000円となるべきです。しかし、買い入れた自己株式を再度売却する可能性もあるので、資本金の額を減少させるのではなく、株主資本の控除項目として処理するのです。

1　自己株式とは

ここはサラッと流そう

▸▸　文字どおり自己株式とは「自己」すなわち自社の「株式」であり、すでに発行している自社の株式を自社で取得したものです[01)]。

株式を発行して、資金を調達し、結局はその資金で自己株式を取得するということは、一連の流れで株式を発行していない[02)]（もしくは資金を調達していない）ことになり、事実上の出資の払戻しとなります。したがって、貸借対照表では、純資産の部のうち株主資本にマイナス項目として表示されます[03)]。

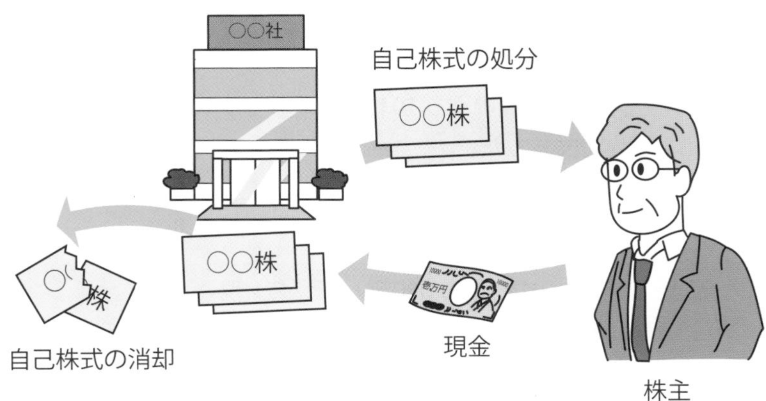
○○社
自己株式の処分
○○株
○○株
株
自己株式の消却
現金
株主

01)　分配可能額の範囲内で取得することが認められています。
なお、分配可能額とは、会社が株主に対して配当等を行うことができる金額をいいます。くわしくは「テキストⅡ応用編」Chapter19で学習します。

02)　自己株式については配当を行いません。

03)　取得原価をもって純資産の部から控除します。

自己株式の売却を〝処分〟といいます
また、自己株式の取得原価に付随費用は
加えません
加えると、資本から費用を差し引いてしまう
ことになるためです

2　自己株式の取得

▶▶ 会社が証券市場を通じて自己株式を取得すると、証券会社等に手数料を支払うことになります。

この支払手数料は、有価証券の取得とは異なり[01]営業外費用として処理します。

01) 自己株式以外の有価証券の取得に係った支払手数料は、有価証券の取得原価に含めます。

Q 3-1 自己株式の取得

当社は発行している株式100株のうち10株を1株あたり10,000円で取得し、そのさいの手数料1,000円とともに現金で支払った。

A 3-1 解答

(借)			(貸)	
自己株式	100,000[02]		現金	101,000
支払手数料	1,000			

02) @10,000円×10株＝100,000円

3　自己株式の保有

▶▶ 自己株式の取得は、実質的には株主資本の払戻しと考えられます。このため、自己株式は時価評価することなく、取得原価で表示します。また、減損処理の対象にもなりません。

貸借対照表上、期末に保有する自己株式は、取得原価で、純資産の部の株主資本の末尾に「自己株式」として控除する形式で表示します。

純資産の部	
Ⅰ 株主資本	
1 資本金	×××
2 資本剰余金	×××
3 利益剰余金	×××
4 自己株式	△×××
株主資本合計	×××

4 自己株式の処分

会社は取得した自己株式を処分[01)]することができます。自己株式を処分した場合は、自己株式の処分の対価と自己株式の帳簿価額の差額である「自己株式処分差額」が計上されます。

自己株式処分差額が正の場合は「自己株式処分差益」といい、負の場合は「自己株式処分差損」といいます。いずれの場合も、自己株式処分差額はその他資本剰余金勘定を用いて処理します[02)]。

01) 売却というイメージで捉えてください。
02) 問題によっては、「自己株式処分差益」勘定と「自己株式処分差損」勘定を用いる場合も考えられますので、問題文の指示に従ってください。

自己株式処分差額 ＝ 自己株式の処分の対価 － 自己株式の帳簿価額
自己株式処分差額
→ 正 … 自己株式処分差益
→ 負 … 自己株式処分差損
}「その他資本剰余金」勘定で処理

自己株式の処分に係る付随費用は財務費用であり、株式交付費として原則、支払時に営業外費用に計上します。ただし、繰延資産に計上することもできます[03)]。

03) 自己株式の処分に係る付随費用の処理は、問題文の指示に従ってください。

(1) 費用として処理した場合

(借)			(貸)		
(借)	現金預金	×××	(貸)	自己株式	×××
				その他資本剰余金	×××
(借)	支払手数料または株式交付費 営業外費用	×××	(貸)	現金預金	×××

(2) 繰延資産として処理した場合

(借)			(貸)		
(借)	現金預金	×××	(貸)	自己株式	×××
				その他資本剰余金	×××
(借)	株式交付費 繰延資産	×××	(貸)	現金預金	×××

償却（決算時）

(借)			(貸)		
(借)	株式交付費償却	×××	(貸)	株式交付費	×××

Q 3-2 | **自己株式処分差額の処理**

自己株式(取得原価 10,000円)を募集株式発行の手続により処分した。そこで、自己株式の処分の対価が(1)13,000円、(2)8,000円の場合の仕訳を行いなさい。

A 3-2 | **解答**

(1)	(借) 現金預金	13,000	(貸) 自己株式	10,000
			その他資本剰余金	3,000
(2)	(借) 現金預金	8,000	(貸) 自己株式	10,000
	その他資本剰余金	2,000		

参考 新株の発行と自己株式の処分を同時に行った場合

▸▸ この場合、自己株式の処分の対価の算定がポイントとなり、以下の式により計算します。

$$\text{新株式に対する払込金額} = \text{払込金額} \times \frac{\text{新株発行数}}{\text{交付株式数}}$$

$$\text{自己株式の処分対価} = \text{払込金額} \times \frac{\text{自己株式数}}{\text{交付株式数}}$$

▸▸ なお、この場合に、自己株式処分差損が生じるときは、処分差損は新株式に対する払込金額から控除して処理します。

Q **自己株式の交付**

株式1,000株の募集を行い総額500,000円の払込みを受けた。1,000株のうち、800株は株式を発行し、200株は自己株式を交付した。資本金計上額は会社法規定の最低限度額とする。

自己株式の帳簿価額が(1)80,000円、(2)125,000円の場合の仕訳を行いなさい。

A **解答**

(借) 現金預金	500,000	(貸) 資本金	200,000 01)
		資本準備金	200,000
		自己株式	80,000
		その他資本剰余金	20,000 02)

01) 500,000円×$\frac{800株}{1,000株}$=400,000円　　400,000円×$\frac{1}{2}$=200,000円

02) 500,000円×$\frac{200株}{1,000株}$=100,000円(対価)　自己株式処分差額：100,000円－80,000円＝20,000円

(借) 現金預金	500,000	(貸) 資本金	187,500 03)
		資本準備金	187,500
		自己株式	125,000

03) 100,000円－125,000円＝△25,000円(差損)　(400,000円－25,000円)×$\frac{1}{2}$=187,500円

5　自己株式の消却

会社は、取締役会決議等により、保有する自己株式を消却することができます[01)]。自己株式を消却する場合は会社法の規定によって「その他資本剰余金」を減額します。

なお、自己株式の消却に係る付随費用は、財務費用と考え「支払手数料」などの勘定により営業外費用に計上します。

01) 消却が決まっていても決算において消却手続が完了していない場合は、貸借対照表上「自己株式」として計上されます。

Q 3-3 | 自己株式の消却

取締役会決議により自己株式 100,000円を消却することが決議され、消却手続が完了した。この場合に必要となる仕訳を行いなさい。なお、決算時におけるその他資本剰余金の金額は150,000円であった。

A 3-3 | 解答

(借) その他資本剰余金	100,000	(貸) 自己株式	100,000

6　その他資本剰余金がマイナスになった場合の処理

自己株式の処分対価によっては自己株式処分差額がマイナスとなり、結果としてその他資本剰余金がマイナスとなる場合があります。このような場合には、決算において繰越利益剰余金を減額して、マイナスとなったその他資本剰余金をゼロとする処理を行います。

Q 3-4 | その他資本剰余金の処理

期中に自己株式の処分を行った結果、決算時におけるその他資本剰余金の金額は△100,000円となった。この場合に必要となる仕訳を行いなさい。なお、決算時における繰越利益剰余金の金額は250,000円であった。

A 3-4 | 解答

(借) 繰越利益剰余金	100,000	(貸) その他資本剰余金	100,000

トレーニングⅠ　Ch13　問題4～7へ

Q TRY IT! | **理論問題** | **純資産会計**

次の各文章の空欄に適切な語句を記入しなさい。

(1) 取得した自己株式は、(　ア　)をもって純資産の部の(　イ　)から控除する。

(2) 自己株式処分差益は、(　ウ　)に計上する。
自己株式処分差損は、(　エ　)から減額する。

(3) 自己株式を消却した場合には、消却手続が完了したときに、消却の対象となった自己株式の帳簿価額を(　オ　)から減額する。

(4) 自己株式の取得、処分および消却に関する付随費用は、損益計算書の(　カ　)に計上する。

(5) 自己株式の処分および消却の会計処理の結果、その他資本剰余金の残高が負の値となった場合には、(　キ　)末において、その他資本剰余金をゼロとし、負の値をその他利益剰余金(繰越利益剰余金)から減額する。

A TRY IT! | **解答** |

ア	イ	ウ	エ	オ
取得原価	株主資本	その他資本剰余金	その他資本剰余金	その他資本剰余金
⑳	⑩	⑩	⑩	⑩

カ	キ
営業外費用	会計期間
⑳	⑳

合計100点

テキストⅡ応用編で学習する論点

Chapter 3　純資産会計2
新株予約権、新株予約権付社債

Chapter 19　特殊論点
分配可能額

Chapter 14

外貨換算会計

Point

このChapterでは、外貨建取引の換算、外貨建有価証券の評価、為替予約の処理を学習します。外貨建有価証券の評価は本試験でよく出題されますのでしっかりおさえてください。
また、外貨建取引の換算や為替予約もたまに出題されます。いずれも重要性は高いです。

用語集

外貨建取引
取引価額が外国通貨の単位で表示される取引

換　　算
外貨建金額を円建に直すこと

貨幣項目
最終的に現金化する資産および負債

非貨幣項目
貨幣項目以外の資産および負債

為替予約
為替レートの変動にともなうリスクを回避するために、外貨建金銭債権債務の決済時の為替レートをあらかじめ決定しておく方法

振当処理
為替予約取引と外貨建金銭債権債務の取引とをまとめて処理する方法

独立処理
ヘッジ対象となる外貨建金銭債権債務の取引とヘッジ手段となる為替予約取引とを分けて処理する方法

直々差額
取引発生時の為替レートと予約時の為替レートとの差額

直先差額
予約時のレートと予約レートとの差額

予定取引
将来予定されている取引

重要度

Section 1

外貨建取引

海外との取引を行っている企業を想像してみてください。
国内の取引先であれば、販売したとき「売上1,000万円」と処理することができますが、米国の取引先に対して販売したときには、どのように処理すればいいのでしょうか？
「売上10万ドル」で、財務諸表に載せるわけにはいきません。そのため、海外との取引について日本円に直す作業が必要になります。
では、このような外貨建の取引についてみていきましょう。

1 外貨建取引(がいかだてとりひき)とは

外貨建取引とは、取引価額が外国通貨の単位で表示される取引をいいます。外貨建取引を会計帳簿に記録するためには取引価額を円建(えんだて)[01)]に直す必要があります。外貨建金額を円建に直すことを換算といいます。

01) 円単位で示されているものを円建、ドル単位で示されているものをドル建といいます。

▸▸ 外貨建取引では、様々な金額と為替レートを用いて会計処理を行っていきます。

外貨建金額
- 取得原価 ……………………HC（ヒストリカル[02]・コスト）
- 時　　価（決算日の時価）…CC（カレント[03]・コスト）

為替レート
- 取引発生時のレート ………HR（ヒストリカル・レート）
- 決算日のレート ………CR（カレント・レート）
- 期中平均レート ………AR（アベレージ[04]・レート）
- 予約レート ………FR（フォワード[05]・レート）

▸▸ 外貨建取引の換算は、(1)**取引の発生時**　(2)**決算時**　(3)**決済時**の時点で必要になります。

02) ヒストリカル（Historical）とは「歴史上の」という意味です。つまり、「取得時の」という意味です。

03) カレント（Current）とは「現在の」という意味です。つまり、「決算日現在の」という意味です。

04) アベレージ（Average）とは「平均的な」という意味です。つまり、「期中のレートを平均して求めた」という意味です。

05) フォワード（Forward）とは「先に」という意味です。つまり、「予約により決定した」という意味です。

2　外貨建取引の一巡（取引→決済）

▸▸ 外貨建取引では、(1)取引時の外貨建金額を取引時の為替レートで換算し記帳します。したがって、仕入原価や買掛金の額は輸入時に確定します。(2)決済時にはその時点の為替レートで決済するので、取引時に確定した金額との間に差額が生じます[01]。この取引時と決済時の為替レートの変動から生じる差額は為替差損益（かわせさそんえき）として処理します。

01) 用いるレートが違うので差額が生じます。

Q 1-1 原則的な外貨建取引

以下の取引について必要な仕訳を示しなさい。

(1)　取引時：商品1,000ドルを掛けで輸入した（輸入時の為替レート：1ドル120円）。

(2)　決済時：上記掛代金1,000ドルを現金で決済した（決済時の為替レート：1ドル117円）。

A 1-1 解答・解説

(1)	(借) 仕入	120,000	(貸) 買掛金	120,000[02]
(2)	(借) 買掛金	120,000	(貸) 現金	117,000[03]
			為替差損益	3,000[04]

02) 120円×1,000ドル＝120,000円

03) 117円×1,000ドル＝117,000円

04) 貸借差額

3 決算時の換算

外貨建の資産や負債は、決算時にも換算を行います[01]。これは取引時から決済時までの期間が長期にわたる資産や負債が、レートの変動により実態とかけ離れるのを避ける必要があるためです。

この取引と決算時の為替レートの変動から生じる差額も為替差損益として処理します。

01) 収益や費用は取引時に確定するので決算時に換算することはありません。
02) 換算を行えば、必ず為替差損益が生じると考えてください。

Q 1-2 | 決算時の換算 |

以下の取引について必要な仕訳を示しなさい。

(1) 取引時：商品1,000ドルを掛けで輸入した(1ドル120円)。
(2) 決算時：買掛金1,000ドルがある(1ドル125円)。
(3) 決済時：買掛金1,000ドルを現金で決済した(1ドル117円)。

A 1-2 | 解答 |

(1)	(借)	仕入	120,000	(貸)	買掛金	120,000
(2)	(借)	為替差損益	5,000	(貸)	買掛金	5,000
(3)	(借)	買掛金	125,000	(貸)	現金	117,000
					為替差損益	8,000

為替差損益は、
P/L上相殺して（純額で）
為替差益（営業外収益）または
為替差損（営業外費用）として
表示されます

4 換算のルール

決算時の外貨建資産・負債の換算は貨幣・非貨幣法で行われます。

この方法によると、貨幣項目は決算時の為替レートを適用し、非貨幣項目については取得時または発生時の為替レートを適用して換算することになります。

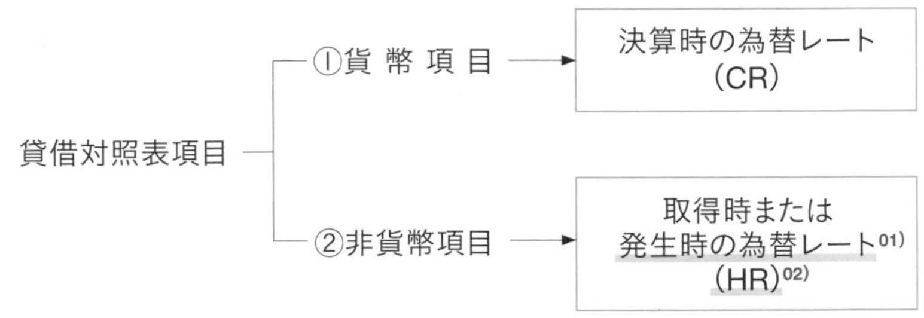

01) 「HRに換算する」とはいいますが、元々取引時にHRで記録されているので、実質的に換算する必要はありません。

02) 上記のことからHRを"ほっとけレート"の略だ！などという人もいます。

(1) **貨幣項目**：最終的に現金化する資産および負債をいいます。

〔決算時の為替レート(CR)により換算する項目〕

・通貨(現金)　・預　　金　・売　掛　金　・受取手形　・貸　付　金
・売買目的有価証券　・満期保有目的債券　・その他有価証券　・買　掛　金　・支払手形
・借　入　金　・自社発行社債　・未収収益　・未払費用　など

(2) **非貨幣項目**：貨幣項目以外の資産および負債をいいます。

〔取得時または発生時の為替レート(HR)により換算する項目〕03)

・棚卸資産(商品)04)　**・前　払　金　・前　受　金　・繰延資産**
・有形固定資産　・無形固定資産　・前払費用　・前受収益
・子会社株式および関連会社株式(時価の著しい下落のあるものを除く)など

03) つまり換算しない項目です。

04) 時価が下落したことにより時価で評価していた場合には、CR換算となります。

5　損益計算書の表示

▶▶ 損益計算書上は、期中および期末の換算によって生じた為替差損益の純額を「為替差益」(営業外収益)または「為替差損」(営業外費用)として、いずれかの区分に表示します。

Q　1-3 | 資産・負債の換算

決算期末に次のような外貨建資産および負債があるとき、それぞれの貸借対照表価額を計算し、為替差損益の合計を示しなさい。ただし、期末為替レートは1ドル106円とする。

資産・負債	帳簿価額	外貨建金額(ドル)
① 現金	107,000円	1,000
② 定期預金	109,000円	1,000
③ 売掛金	103,000円	1,000
④ 前払金	105,000円	1,000
⑤ 商品	107,000円	1,000
⑥ 短期貸付金	107,500円	1,000
⑦ 長期貸付金	110,000円	1,000
⑧ 土地	110,000円	1,000
⑨ 自社発行社債	104,000円	1,000
⑩ 満期保有目的債券	102,000円	1,000

A　1-3 | 解答・解説

①現金	②定期預金	③売掛金	④前払金	⑤商品
106,000円	106,000円	106,000円	105,000円	107,000円
⑥短期貸付金	**⑦長期貸付金**	**⑧土地**	**⑨自社発行社債**	**⑩満期保有目的債券**
106,000円	106,000円	110,000円	106,000円[01]	106,000円

為替差損　4,500円

資産・負債	帳簿価額	貸借対照表価額	為替差損益
①現金	107,000円	106円×1,000ドル＝106,000円	1,000円(損)
②定期預金	109,000円	106円×1,000ドル＝106,000円	3,000円(損)
③売掛金	103,000円	106円×1,000ドル＝106,000円	3,000円(益)
④前払金	105,000円	105,000円	―
⑤商品	107,000円	107,000円	―
⑥短期貸付金	107,500円	106円×1,000ドル＝106,000円	1,500円(損)
⑦長期貸付金	110,000円	106円×1,000ドル＝106,000円	4,000円(損)
⑧土地	110,000円	110,000円	―
⑨自社発行社債	104,000円	106円×1,000ドル＝106,000円	2,000円(損)
⑩満期保有目的債券	102,000円	106円×1,000ドル＝106,000円	4,000円(益)
			4,500円(損)

01)　⑨自社発行社債は負債ですので、B/S価額が増えることにより為替差損が生じることに注意してください。

トレーニングⅠ　Ch14　問題1・2へ

重要度

外貨建有価証券の評価

日本の企業が、アメリカの会社の株式や社債を購入することがあります。外貨建有価証券の取得です。
しかし、有価証券には、売買目的のものから支配目的の子会社株式に至るまで様々なものがあり、一律に換算することはできません。
では、どの科目をどのように換算すればいいのでしょうか。

1 決算日における換算の概要

外貨建有価証券の換算をまとめると、次のようになります。

<table>
<tr><th colspan="2">分　類</th><th>貸借対照表価額</th><th>評価差額（簿価－貸借対照表価額）の処理</th></tr>
<tr><td colspan="2">売買目的有価証券</td><td>CC×CR</td><td>有価証券評価損益</td></tr>
<tr><td rowspan="2">満期保有目的債券</td><td>原価</td><td>HC×CR</td><td>為替差損益</td></tr>
<tr><td>償却原価</td><td>償却原価×CR</td><td>償却原価法を適用の上、簿価と償却原価×CRとの差額を為替差損益とします。</td></tr>
<tr><td>その他有価証券</td><td>時価</td><td>CC×CR</td><td>その他有価証券評価差額金または投資有価証券評価損
(全部純資産直入法もしくは部分純資産直入法)</td></tr>
<tr><td colspan="2">子会社株式・
関連会社株式</td><td>HC×HR</td><td>――</td></tr>
</table>

外貨建金額は、時価、取得原価、償却原価と様々なものが用いられますが、為替レートにHR（取得時のレート）が用いられるのは、子会社株式・関連会社株式のみということを把握しておきましょう。

なお、時価を把握することが極めて困難と認められる外貨建有価証券の貸借対照表価額については、取得原価(HC)または外貨による償却原価を決算時のレート(CR)で換算します。

2　売買目的有価証券

通常(円建)の売買目的有価証券が期末に時価評価され、有価証券評価損益が計上されるのと同様に、外貨建の売買目的有価証券も期末に時価に換算[01]し、有価証券評価損益を計上します。

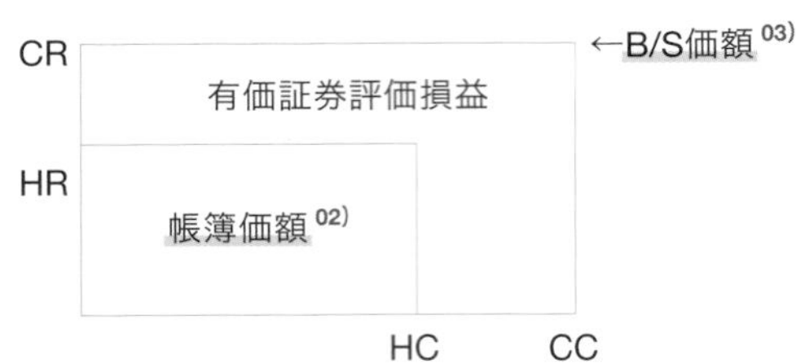

01) 換算というよりも、むしろ時価評価です。

02) 前期以前に購入し、切放法を採用している場合は、HRは前期末レートに、HCは前期末時価になります。

03) この額が貸借対照表に記載されます。

Q　2-1　売買目的有価証券

当期における下記の資料にもとづき、決算整理において必要となる仕訳を示しなさい。

■資　料■

銘　柄	取得原価	取得時レート	時　価	保有目的
A社株式	3,000ドル	110円	3,050ドル	売買目的

・決算時の為替レートは1ドル100円である。

・売買目的有価証券は当期に取得している。

A　2-1　解答・解説

(借) 有価証券評価損益	25,000	(貸) 売買目的有価証券	25,000

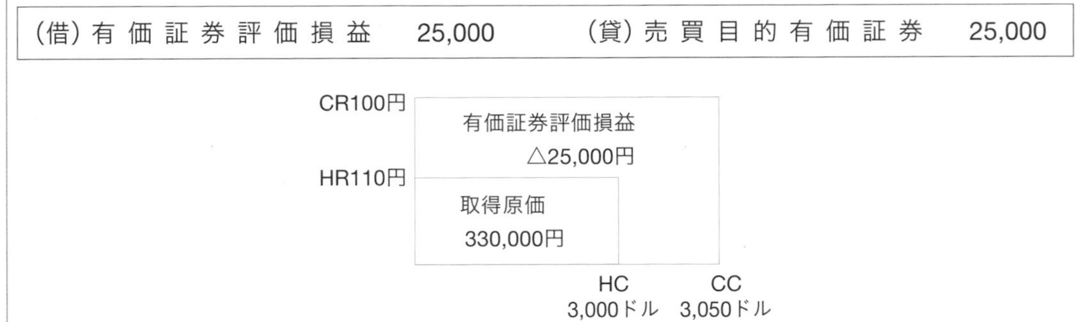

3 満期保有目的の債券

満期保有目的の債券は、1原価法(原則)を採用している場合と2償却原価法を採用している場合[01)]とで、換算するさいの外貨建金額が異なります。

01) この場合の処理が多く出題されています。

1 原価法を採用している場合

原価法を採用しているため、取得時の外貨建金額を換算対象とします。

ただし、決算時には決算日レートを用いて換算し、差額は為替差損益となります。

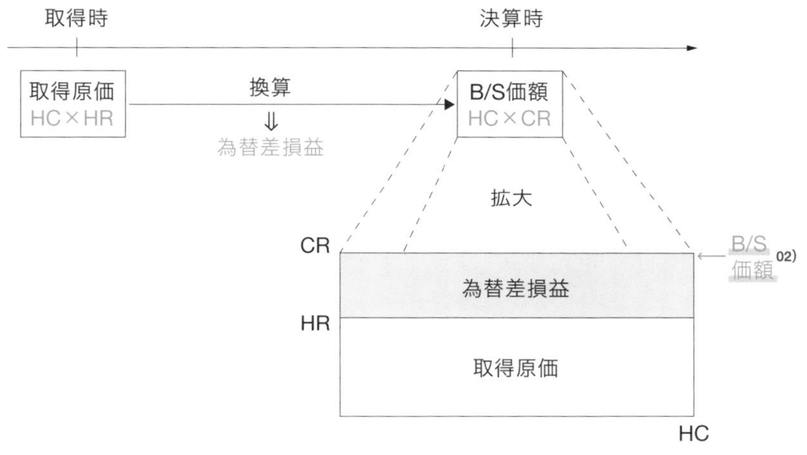

02) 商品の評価と異なり、外枠がB/S価額となっている点に注意してください。

【財務諸表計上額】 重要度 ★★★

外貨建売買目的有価証券　B/S計上額：期末時価×決算日レート

外貨建満期保有目的債券　B/S計上額：期末償却原価×決算日レート
有価証券利息　P/L計上額：利札受取額×HR+償却額×AR

2 償却原価法を採用している場合

償却原価法を採用している場合には、外貨による償却原価を算定し、それに決算日レートを乗じて期末の貸借対照表価額とします。

なお、償却額は期中平均レート(AR)を用いて換算し[03]、有価証券利息勘定で処理します。

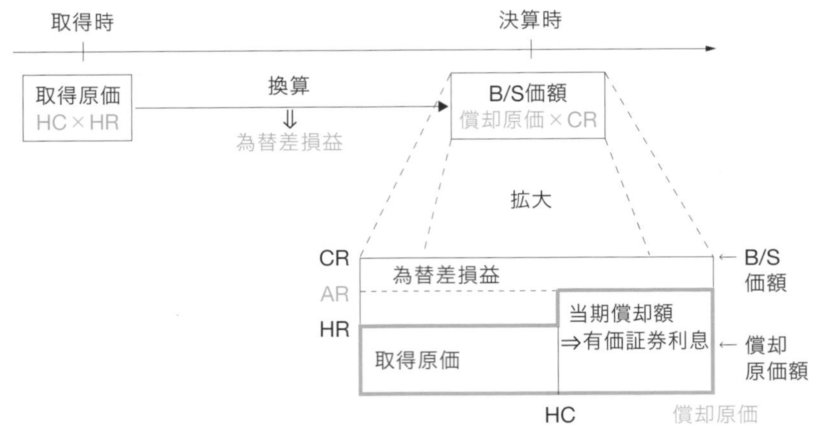

03) 償却額は利息に相当するものなので、期中を通じて平均的に発生するため期中平均レートを用います。

Q 2-2 | 満期保有目的の債券

当期(×3年3月31日に終了する1年間)における下記の資料にもとづき、決算整理において必要となる仕訳を示しなさい。

■資　料■

銘　柄	取得原価	取得時レート	時　価	保有目的
A社社債	4,000ドル	113円	4,050ドル	満期保有
B社社債	7,400ドル	117円	7,700ドル	満期保有

・決算時の為替レートは1ドル120円である。
・当期の期中平均為替レートは1ドル116円である。
・A社社債は額面金額で取得したものである。
・B社社債の償還期限は×5年3月31日であり、当社は×2年4月1日に額面金額8,000ドルを7,400ドルで取得している。なお、額面金額と取得価額との差額は金利の調整と認められるため、償却原価法を適用する(定額法)。

解答・解説

A社社債

(借) 満期保有目的債券	28,000	(貸) 為替差損益	28,000

B社社債

(借) 満期保有目的債券	23,200	(貸) 有価証券利息	23,200
(借) 満期保有目的債券	23,000	(貸) 為替差損益	23,000

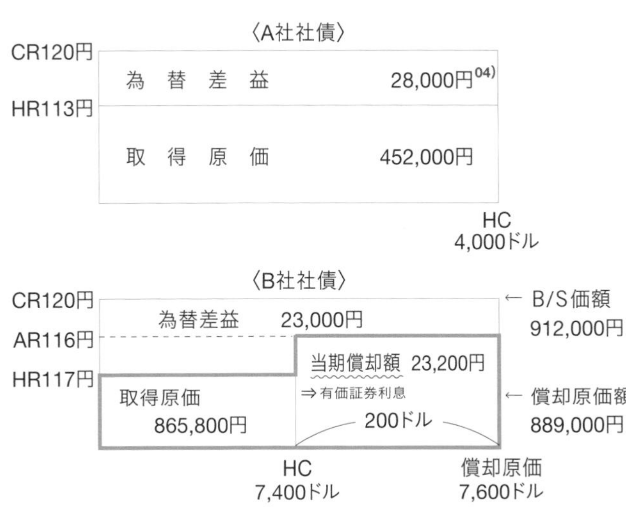

04) 4,000ドル×(120円－113円)＝28,000円(差益)

(1) **外貨建償却額**

$$(8,000\text{ドル} - 7,400\text{ドル}) \times \frac{12\text{カ月}}{36\text{カ月}} = 200\text{ドル}$$

(2) **円建償却額(有価証券利息)**

200ドル×AR116円＝23,200円

(3) **為替差損益**

7,600ドル×CR120円－(865,800円＋23,200円)＝23,000円(差益)

翌期の処理

翌期の期中平均レート：121円、翌期末のレート：122円の場合、次の図となります。

05) 7,600ドル×120円＝912,000円

06) 200ドル×121円＝24,200円

07) 7,800ドル×122円＝951,600円

08) 951,600円－(912,000円＋24,200円)＝15,400円

参考　償却原価法(利息法)の場合

▶▶ 外貨建満期保有目的債券について償却原価法(利息法)を採用しているときは、利払日に償却原価法を適用し、決算日に決算日レートで換算します。

(1) 償却原価法(利払日)

利息配分額：外貨建取得原価×実効利子率
利札受取額：外貨建額面金額×券面利子率
外貨建償却額：利息配分額−利札受取額
（以上3つ：外貨ベースで計算）
円建償却額：外貨建償却額×期中平均レート

(2) 決算日レートで換算(決算日)

為替差損益：外貨建償却原価×決算日レート−(取得原価+円建償却額)

Q　償却原価法(利息法)の処理

次の資料にもとづき、利払日と決算日における仕訳を示しなさい。なお、有価証券利息は現金で受け取っている。

(1) ×1年4月1日にA社社債(額面200ドル、償還期日は×6年3月31日)を180ドルで購入した。取得時のレートは1ドル100円である。
利払日は3月末日、A社社債の券面利子率は2.5%、実効利子率は5%である。

(2) 額面金額と取得価額の差額は金利の調整と認められるため、償却原価法(利息法)を適用する。
期中平均レートは1ドル105円である。×2年3月31日のレートは1ドル110円である。

A　解答

(1) 利払日(×2年3月31日)

(借)			(貸)	
現金	550		有価証券利息	970
満期保有目的債券	420			

利息配分額：180ドル×5%＝9ドル
利札受取額：200ドル×2.5%＝5ドル　　現金：5ドル×110円＝550円
外貨建償却額：9ドル−5ドル＝4ドル
円建償却額：4ドル×105円＝420円

(2) 決算日(×2年3月31日)

(借)			(貸)	
満期保有目的債券	1,820		為替差損益	1,820

為替差損益：(180ドル＋4ドル)×110円−(18,000円＋420円)＝1,820円
（180ドル＋4ドル：外貨建償却原価　110円：決算日レート）

4 その他有価証券

1 原則処理

▶▶ その他有価証券は決算時レートで換算しますが、換算対象となる株式または債券に(1)市場価格のある場合と(2)市場価格のない場合とで処理が異なります。また、評価差額の処理は全部純資産直入法と部分純資産直入法が認められています[01]。

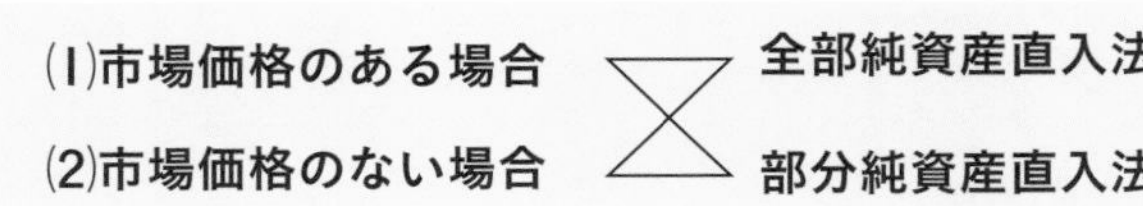

01) 円建のその他有価証券の評価と同じです。

(1) 市場価格のある場合

▶▶ 市場価格のあるということは、時価(CC)があるということなので、その他有価証券の時価(CC)を決算時レート(CR)で換算します。

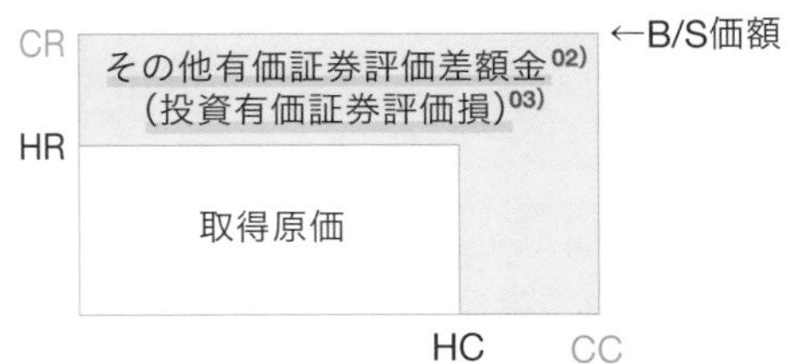

02) 税効果会計を適用する場合には税金分を控除した金額を計上します。税効果会計はChapter19で学習します。

03) 部分純資産直入法を採用していて、かつ評価損のときだけ「投資有価証券評価損」となります。

(2) 市場価格のない場合

▶▶ 市場価格のないということは、時価(CC)がないということなので、取得原価(HC)を決算時のレート(CR)で換算します。

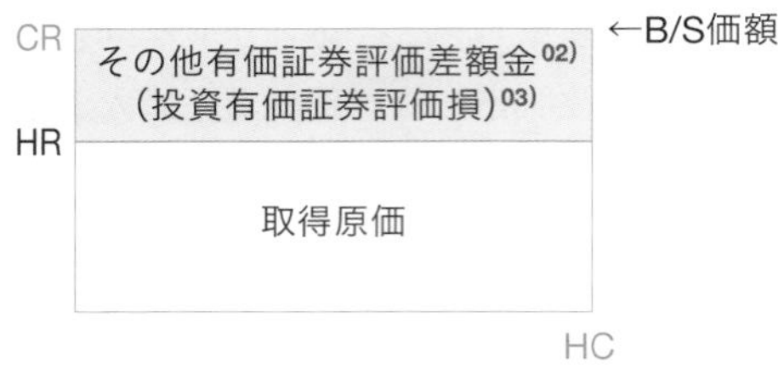

2 容認処理

▶▶ その他有価証券のうち債券については、時価の変動に係る差額を評価差額とし、それ以外の差額(為替相場の変動)は為替差損益として処理することができます04)。

(1) 市場価格のある場合

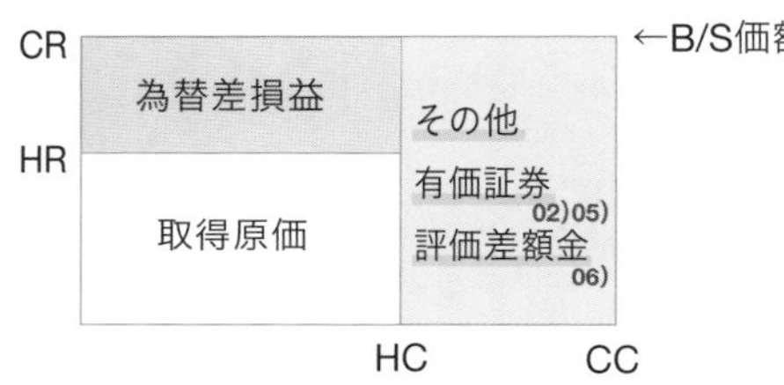

(2) 市場価格のない場合

04) 満期保有目的債券の換算差額を為替差損益で処理することとの整合性から認められています。

05) または「投資有価証券評価損」。

06) 時価と原価の差額は、その他有価証券の場合すぐ売却することを想定しておらずいわば未実現であるため、その他有価証券評価差額金のうち為替相場変動分については為替差損益としません。

Q 2-3 | その他有価証券

次の資料により、(1)原則処理、(2)容認処理の場合の決算整理仕訳を示しなさい。

■資料1■

決算整理前残高試算表　(単位：円)

その他有価証券	22,000	

■資料2■　決算整理事項

その他有価証券はいずれも当期に取得したものであり、全部純資産直入法を採用している。

銘　柄	市場価格	取得原価	期末時価	取得時レート	決算時レート
A社社債	有	100ドル	130ドル	1ドル100円	1ドル110円
B社社債	無	100ドル	—	1ドル120円	

A 2-3 | 解答・解説

(1)　原則処理の場合

A社社債

(借) その他有価証券	4,300	(貸) その他有価証券評価差額金	4,300[07]

07)　130ドル×110円−100ドル×100円＝4,300円

B社社債

(借) その他有価証券評価差額金	1,000[08]	(貸) その他有価証券	1,000

08)　(110円－120円)×100ドル＝△1,000円

(2)　容認処理の場合

A社社債

(借) その他有価証券	4,300	(貸) その他有価証券評価差額金	3,300[09]
		為替差損益	1,000[10]

09)　(130ドル－100ドル)×110円＝3,300円

10)　(110円－100円)×100ドル＝1,000円

B社社債

(借) 為替差損益	1,000[11]	(貸) その他有価証券	1,000

11)　(110円－120円)×100ドル＝△1,000円

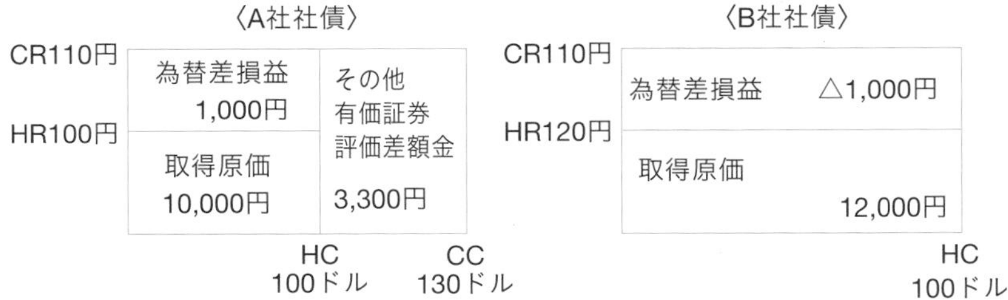

5　子会社株式・関連会社株式

外貨建の子会社株式や関連会社株式は、支配力や影響力を及ぼすことを目的として所有しているため、時価評価の対象となっていません[01]。

また、投資額を示すことに意味がある[02]ので取得原価のまま据え置くことになります[03]。したがって、換算差額は生じません。

01) 原価評価です。

02) 連結財務諸表を作成するさいにも投資額が必要になります。

03) 「HC×HRに換算する」という言い方もありますが、同じことです。

Q　2-4 | 子会社株式および関連会社株式

当期における下記の資料にもとづき、決算整理において必要となる仕訳を示しなさい。

■資　料■

銘　　柄	取得原価	取得時レート	時　　価	保有目的
A社株式	60,000ドル	122円	54,000ドル	支配目的

決算時の為替レートは1ドル120円である。

A　2-4 | 解答

仕　訳　な　し

参考　強制評価減と実価法（減損処理）

外貨建有価証券も時価や実質価額が著しく下落・低下した場合には、強制的に評価の減額を行わなければなりません。まとめると次のようになります。

分類	適用要件	減額処理法	貸借対照表価額	評価差額
市場価格のある場合	時価が著しく下落したとき（回復見込のあるものを除く）[01]	強制評価減	外貨による時価×CR	当期の損失として処理
市場価格のない場合	実質価額が著しく低下したとき	実価法	外貨による実質価額×CR[02]	当期の損失として処理

01) 回復の見込みのないもの、または回復見込みの不明なものの場合です。

02) 子会社株式や関連会社株式であっても決算時のレートで換算します。

いずれにしても、外貨による時価(CC)や実質価額を決算時レートに換算し、評価損を計上[03]します。

03) 切放法を用います。

なお、時価や実質価額の著しい下落の判断は、外貨ベースで行います。

Q **減損処理**

次の決算整理事項により、決算整理仕訳を示しなさい。なお、決算時の為替相場は1ドル＝130円である。

〔決算整理事項〕

(1) 子会社株式55,000円は、期中に取得したA社株式(取得原価500ドル、取得時の為替相場は1ドル110円)である。決算時の時価は180ドル、回復可能性は不明である。

(2) 関連会社株式36,000円は、期中にB社株式30株(取得原価300ドル、取得時の為替相場は1ドル120円、市場価格のない株式)を取得したさいに計上したものである。期末におけるB社の財政状態は次のとおりであり、実価法を適用する。なお、B社の発行済株式総数は100株である。

B社　貸借対照表　(単位：ドル)

借方	金額	貸方	金額
諸資産	700	諸負債	600
		資本金	400
		繰越利益剰余金	△300
	700		700

A **解答・解説**

A社株式

(借)子会社株式評価損[05]	31,600[04]	(貸)子会社株式	31,600

04) 180ドル×130円－55,000円＝△31,600円
05) P/L上、関係会社株式評価損とします。

B社株式

(借)関連会社株式評価損[05]	32,100[06]	(貸)関連会社株式	32,100

06) (700ドル－600ドル)×30株/100株＝30ドル(実質価額)
30ドル×130円－36,000円＝△32,100円

トレーニングⅠ　Ch14　問題3・4へ

【財務諸表計上額】 重要度★★★

その他有価証券　B/S計上額：期末時価×CR

関係会社株式　B/S計上額：
減損処理をしない銘柄の原価×HR＋減損処理をした銘柄の時価(実質価額)×CR

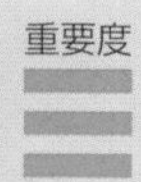

Section 3 為替予約

重要度

外貨建取引で問題となるのは、為替レートがつねに変動していて決済してみるまで損したのか得したのかさえわからないという点です。輸入業者ならば変動分を価格に転化することも可能ですが、輸出業者の場合、販売後には外貨建の債権を保有しており、急に円高(外貨安)が進行すると思わぬ損失を被ることがあります。為替相場の変動による損失を防止する方法はないのでしょうか。

1 為替予約とは

為替予約とは、為替レートの変動にともなうリスクを回避するために[01]、外貨建金銭債権債務の決済時の為替レートをあらかじめ決定(予約)しておく方法です。

為替予約には独立処理(原則)と振当処理(ふりあてしょり)[02](容認)が認められていますが、本試験では振当処理にもとづく方法の出題可能性が高いため、本テキストでは振当処理を中心に学習していきます。

01) 為替予約は、将来の為替差損を回避するとともに、為替差益を放棄します。
02) 為替予約取引と外貨建金銭債権債務の取引とをまとめて処理する方法です。

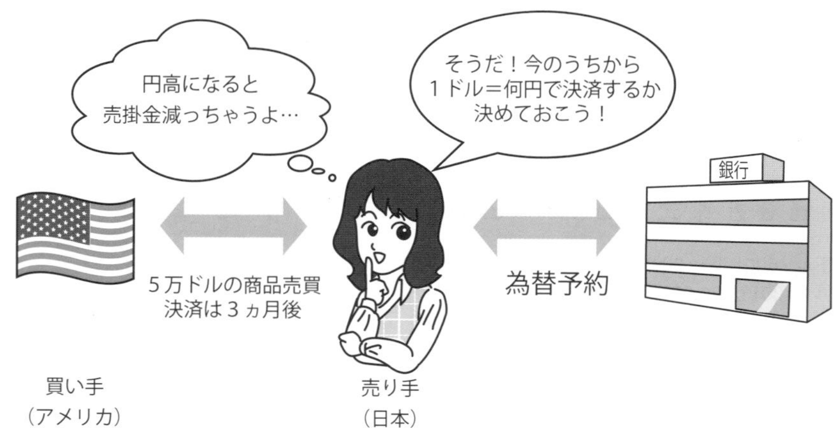

2 振当処理による会計処理

為替予約が取引発生時(まで)のものか取引発生後のものかにより、会計処理が異なります。また、取引発生時(まで)に為替予約を付した場合にも、それが(1)**営業取引**(仕入、売上)によるものか、(2)**資金取引**(貸付、借入等)によるものかにより会計処理が異なります。

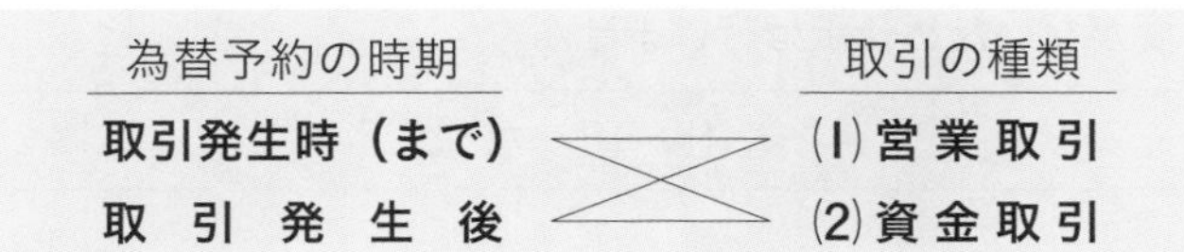

3 取引発生時までに為替予約を付した場合

1 営業取引の場合

仕入取引、売上取引といった営業取引の場合、取引発生時に取引全体を予約レート(先物為替相場)で換算します01)。したがって、決算時、決済時に為替差損益は発生しません02)。

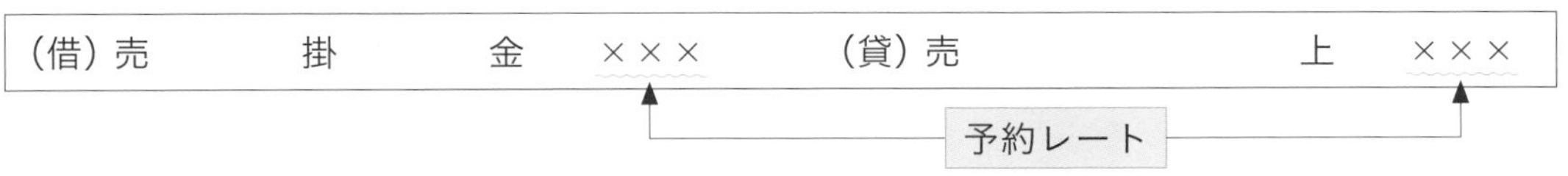

01) ほかにも処理方法がありますが、本テキストでは割愛しています。
02) 換算替えをしないために為替差損益は発生しません。

Q 3-1 取引発生時(まで)・営業取引

①〜③の一連の取引について仕訳を示しなさい。

①×0年9月1日に商品500ドルを輸出し、代金は掛けとした。輸出と同時に為替予約を付しており、輸出時の為替レートは1ドル118円、予約レートは1ドル120円である。
なお、掛代金の決済日は×1年7月31日である。
②×1年3月31日決算。決算時における為替レートは1ドル122円である。
③×1年7月31日において掛代金500ドルを現金で受け取った。決済時の為替レートは1ドル124円である。

A 3-1 | **解答・解説**

① **取引発生時**

取引全体を予約レートで換算します。

(借) 売 掛 金	60,000	(貸) 売 上	60,000

② **決算時**

換算替えの必要がないため仕訳は行いません。

仕 訳 な し

③ **決済時**

取引発生時に付した予約レートで決済します。

(借) 現 金	60,000	(貸) 売 掛 金	60,000

①　②　③

取引発生時 ＝ 為替予約　決算時　決済時

2 資金取引の場合

▶▶ 貸付け、借入れといった資金取引について為替予約を付した場合、債権債務のみを予約レートで換算し、相手科目は取引発生時のレート(直物為替相場)で換算します。差額は前払費用または前受収益とします[03]。

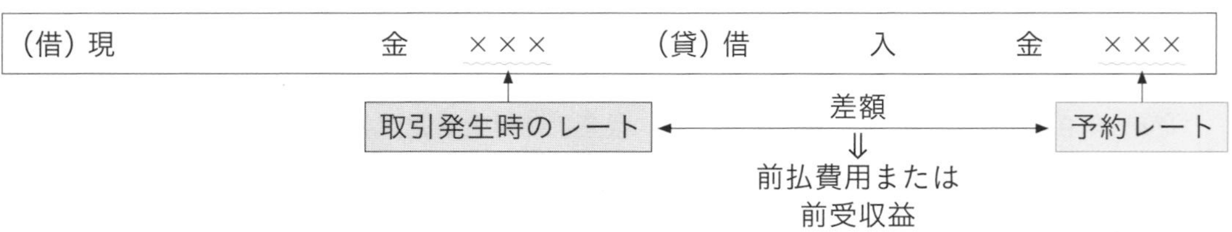

▶▶ なお、決算時にこの差額のうち当期対応分を為替差損益に振り替えます[04]。

03) 決済時ではなく、決算時に為替差損益に振り替えます。
04) 通常、月割で配分します。

Q 3-2 取引発生時(まで)・資金取引

①～③の一連の取引について仕訳を示しなさい。

①×0年10月1日に米国企業より500ドルを現金で借り入れた。借入時に返済額について為替予約を付している。借入時の為替レートは1ドル118円、予約レートは1ドル120円である。なお、借入金の返済日は×1年7月31日である。

②×1年3月31日決算。決算時の為替レートは1ドル122円である。

③×1年7月31日、借入金を現金で決済した。決済時の為替レートは1ドル124円である。

A 3-2 解答・解説

タイムテーブル

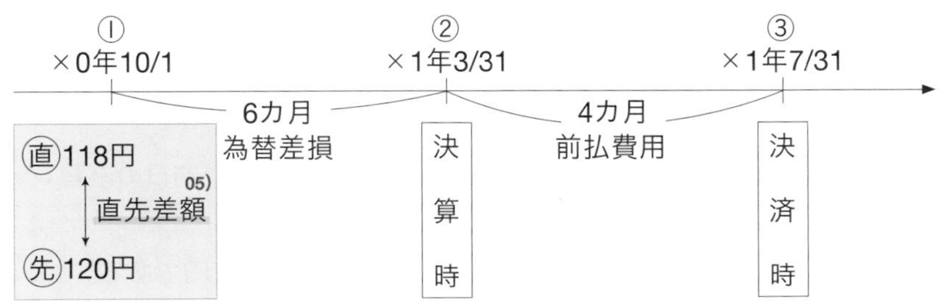

05) 予約時の直物為替相場と将来の決済する時点でのレート(先物為替相場)との差額という意味です。

① 取引発生時

借入金は予約レートで、現金は取引発生時のレートで換算します。

(借) 現金	59,000	(貸) 短期借入金	60,000
前払費用	1,000		

② 決算時

取引発生時に計上した前払費用または前受収益のうち当期に対応する金額を為替差損益として処理します。

(借) 為替差損益	600[06]	(貸) 前払費用	600

06) 1,000円×$\frac{6カ月}{10カ月}$=600円

③ 決済時

取引発生時に付した予約レートで決済し、前払費用または前受収益の残高を為替差損益に振り替えます。

(借) 短期借入金	60,000	(貸) 現金	60,000
(借) 為替差損益	400	(貸) 前払費用	400

4 取引発生後に為替予約を付した場合(営業取引および資金取引)

取引発生後に為替予約を付した場合、①取引発生時の為替レートと予約時の為替レートとの差額(直々差額(じきじき))[01]については当期の損益とし、②予約時のレートと予約レートとの差額(直先差額(じきさき))については予約時から決済時までの期間に配分します。

01) 取引発生時の直物為替相場(その時点でのレート)と予約時の直物為替相場との差額という意味です。

Q 3-3 | 取引発生後 |

①〜④の一連の取引について仕訳を示しなさい。

①×0年9月1日に商品500ドルを輸出し、代金は掛けとした。輸出時の為替レートは1ドル118円である。なお、掛代金の決済日は×1年6月30日である。

②×0年11月1日に売掛金500ドルにつき為替予約を付した。予約日の為替レートは1ドル119円であり、予約レートは1ドル121円である。

③×1年3月31日決算。決算時における為替レートは1ドル122円である。

④×1年6月30日において掛代金500ドルを現金で受け取った。決済時の為替レートは1ドル124円である。

A 3-3 | 解答・解説 |

タイムテーブル

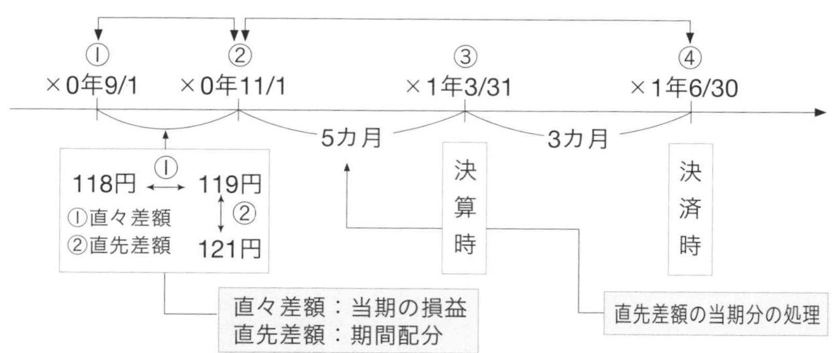

① **取引発生時**

取引全体を、取引発生時のレートで換算します。

(借) 売　掛　金	59,000	(貸) 売　　上	59,000

② **為替予約時**

イ　取引時レートと予約日のレートとの差額(直々差額)→当期の損益

(119円−118円)×500ドル＝500円

ロ　予約日のレートと予約レートとの差額(直先差額)→当期と翌期に配分

(121円−119円)×500ドル＝1,000円(前受収益)

(借)	売掛金	1,500	(貸) 前受収益	1,000
			為替差損益	500

③ **決算時**

直先差額のうち、当期分(予約時から決算時まで)を為替差損益に振り替えます。

(借)	前受収益	625	(貸) 為替差損益	625[02]

02) 1,000円×$\frac{5カ月}{8カ月}$＝625円

④ **決済時**

予約レートで決済し、前払費用または前受収益の残高を為替差損益に振り替えます。

(借)	現金	60,500	(貸) 売掛金	60,500
(借)	前受収益	375	(貸) 為替差損益	375

トレーニングⅠ　Ch14　問題5・6へ

参考　独立処理

ここはサラッと流そう

独立処理とは、外貨建金銭債権債務と為替予約とを分けて処理する方法です。

具体的には、外貨建金銭債権債務については、決算日における為替レート(CR)により円換算し、為替予約については、決算日において時価評価します。

この結果、外貨建金銭債権債務から発生するリスク(為替差損益)が為替予約によってどれほど回避されているかがわかります。

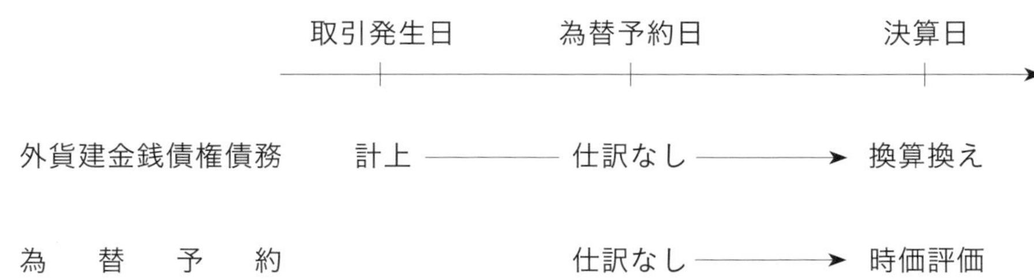

Q **独立処理**

次の資料にもとづき、以下の仕訳を示しなさい。なお、為替予約は独立処理により行い、金銭の受払いはすべて現金預金勘定で行うこと。

■資　料■

取　引：(1)　×1年1月1日　商品10ドルを掛けにより販売した。
(2)　×1年2月1日　上記の売掛金につき、為替予約(売予約)[01]を行った。
(3)　×1年3月31日　決算日のため、必要な処理を行う。
(4)　×1年4月1日　為替予約の差額を振り戻す。
(5)　×1年4月30日　上記売掛金が決済された。

為替レート：

先物為替相場は以下の各日付における4月30日に見込まれる為替相場である。

日　　付	直物為替相場	先物為替相場
×1年1月1日	115円	113円
×1年2月1日	114円[02]	111円[02]
×1年3月31日	110円	108円
×1年4月30日	106円	106円

01)　(得意先から受け取った)ドルを先物レートで銀行に売る(円に換える)契約をいいます。

02)　114円が予約日のレート、111円が予約レートになります。

A **解答・解説**

タイムテーブル

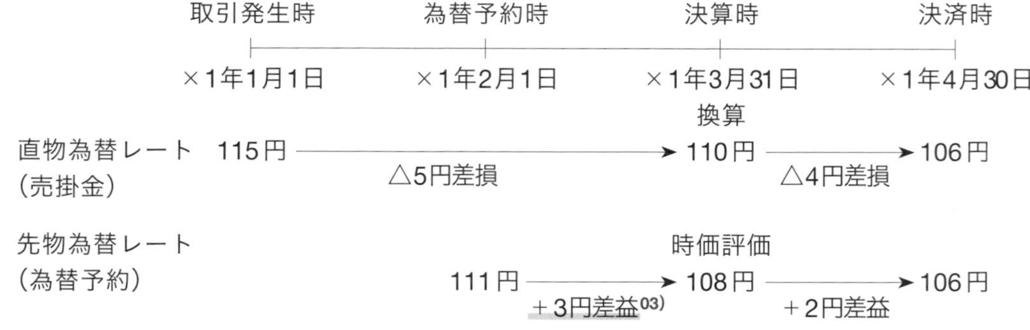

03)　もし決算日に為替予約をしていたら1ドル108円で売ることになっていたので、1ドルあたり3円得したと考えます。

独立処理の場合、外貨建金銭債権債務に関する仕訳と、為替予約に関する仕訳を別々に行います。

	外貨建金銭債権債務	為　替　予　約
取引時 ×1年 1/1	(借)売　掛　金　1,150　(貸)売　　上　1,150 - - - - - 115円×10ドル＝1,150円	仕　訳　な　し - - - - - 為替予約をまだ行っていないので、仕訳は行いません。
為替 予約時 ×1年 2/1	仕　訳　な　し - - - - - 売掛金に関する換算替えは決算時に行うため、仕訳は行いません。	仕　訳　な　し - - - - - 為替予約時においては、為替予約の効果がまだ出ていないため、仕訳は行いません。
決算時 ×1年 3/31	(借)為替差損益　50　(貸)売　掛　金　50 - - - - - (110円－115円)×10ドル＝△50円 決算時における直物為替レート(CR)で換算します。	(借)為替予約　30　(貸)為替差損益　30 - - - - - (111円－108円)×10ドル＝30円 為替予約について時価評価を行います。
翌期首 ×1年 4/1	仕　訳　な　し - - - - -	(借)為替差損益　30　(貸)為替予約　30 - - - - - 翌期首に為替予約の評価差額を振り戻します。
決済時 ×1年 4/30	(借)為替差損益　40　(貸)売　掛　金　1,100 　現金預金　1,060 - - - - - (106円－110円)×10ドル＝△40円 決済時の為替レートにより決済します。 このように外貨建金銭債権債務は、通常の換算・決済と同じ処理となります。	(借)為替予約　50　(貸)為替差損益　50 (借)現金預金　1,110　(貸)為替予約　50 　現金預金　1,060 ⇓ (借)現金預金　50　(貸)為替差損益　50 - - - - - (111円－106円)×10ドル＝50円 予約時から決済時までの為替予約について時価評価を行います。 得意先から受け取った10ドル(簿価1,060円)を銀行で1,110円で交換できるので、50円分得したことになります。

参考　予定取引(振当処理)[01)]

予定取引とは、現時点においては商品売買などの取引や契約が成立していないが、近い将来に実行される可能性が高い取引をいいます。

ここでは、この取引に備えて為替予約を行った場合の処理をみていきます[02)]。

たとえば、次期に商品を販売する取引に備えて当期に為替予約を行ったとしましょう。振当処理を採用する場合、当期末においては売掛金がまだ発生していないため、為替予約の差額を売掛金に振り当てることができません。

そこで、為替予約を行ったことを財務諸表に反映させるために為替予約を時価評価し、為替予約の差額は繰り延べます。

01) 本テキストでは出題の可能性がある振当処理のみをみていきます。
02) 14-19ページで学習した取引発生前の為替予約との違いは、為替予約後から取引時までに決算があるかないかの違いです。

Q　予定取引(振当処理)

次の資料にもとづき、以下の仕訳を示しなさい。なお、為替予約は振当処理によることとし、ヘッジ会計を適用するものとする。金銭の受払いはすべて現金預金勘定で行うこと。

■資　料■

取　引：(1)　×1年1月1日　×1年4月30日に予定されている商品10ドルの販売代金(掛売上)につき、売予約による為替予約を行った。
(2)　×1年3月31日　決算日のため、必要な会計処理を行う。
(3)　×1年4月1日　再振替仕訳を行う。
(4)　×1年4月30日　予定どおり、商品10ドルを販売した。
(5)　×1年5月31日　上記取引が決済された。

為替レート：

先物為替相場は以下の各日付における5月31日に見込まれる相場である。

日　付	直物為替相場	先物為替相場
×1年1月1日	115円	114円
×1年3月31日	113円	111円
×1年4月30日	112円	110円
×1年5月31日	109円	109円

A 解答・解説

タイムテーブル

	為替予約時	決算時	再振替時	商品販売時	決済時
	×1年 1月1日	×1年 3月31日	×1年 4月1日	×1年 4月30日	×1年 5月31日
直物為替レート（売掛金）	115円	113円		112円	109円
先物為替レート（為替予約）	114円	111円		110円	109円

	売　掛　金	為　替　予　約
為替予約時 ×1年 1/1	仕　訳　な　し 商品販売取引は、次期に行うため、当期に仕訳を行いません。	仕　訳　な　し 為替予約時においては、為替予約の効果がまだ出ていないため、仕訳は行いません。
決算時 ×1年 3/31	仕　訳　な　し	(借)為替予約　30　(貸)繰延ヘッジ損益　30 (114円－111円)×10ドル＝30円 為替予約について時価評価を行い、評価差額を繰り延べます。
再振替時 ×1年 4/1	仕　訳　な　し	(借)繰延ヘッジ損益　30　(貸)為替予約　30 商品取引が当期に実行されるため、再振替仕訳(洗替え)を行います。
販売時 ×1年 4/30	(借)売掛金　1,140 (貸)売　上　1,140 114円×10ドル＝1,140円 予約レートで、売掛金に振り当てる処理を行います。	仕　訳　な　し
決済時 ×1年 5/31	(借)現金預金　1,140 (貸)売掛金　1,140 予約レートで掛代金を決済します。	仕　訳　な　し

Q TRY IT! | **理論問題** | **外貨換算会計** |

次の各文章について、正しければ○を、正しくなければ×を付けなさい。

⑴　外貨建取引等会計処理基準によれば、外貨建の子会社株式および関連会社株式については、取得価額を決算時の為替相場により円換算した額を付する。
⑵　外貨建満期保有目的債券に償却原価法を適用する場合の償却額は、外国通貨による償却額を決算時の為替相場により円換算した額による。
⑶　外貨建その他有価証券の換算では、外国通貨による取得原価を決算日の為替相場により円換算した額を付す。
⑷　外貨建有価証券の時価の著しい下落または実質価値の低下により、決算日の為替相場による換算を行ったことによって生じた換算差額は、当期の為替差損として処理する。(全経185回)
⑸　為替予約の付されている外貨建金銭債権債務に振当処理を適用した場合に生じた為替差損益のうち、直々差額は予約日の属する期の損益として処理し、直先差額は予約日の属する期から決済日の属する期までの期間にわたり配分する。

A TRY IT! | **解答** |

⑴	⑵	⑶	⑷	⑸
×	×	×	×	○

各⑳点　合計**100**点

TRY IT! | **解説** |

⑴　外貨建の子会社株式および関連会社株式については、取得価額を取得時の為替相場により円換算した額を付します。
⑵　外国通貨による償却額を期中平均相場により円換算した額を付します。
⑶　外国通貨による時価を決算日の為替相場により円換算した額を付します。
⑷　換算差額は、当期の有価証券の評価損として処理します。

トレーニングⅠ　Ch14　問題7へ

Chapter 15

企業結合

Point
このChapterでは、合併について学習していきます。合併では多くが株式を発行し純資産を増加させますが、ポイントは株式の時価です。

用語集

合　併
2つ以上の会社が合体して1つの会社になること

吸収合併
合併当事会社のうち一方が解散して消滅し、他方が存続する合併

新設合併
合併当事会社がいずれも消滅して、新しい会社を設立する形態の合併

取　得
ある企業が、他の企業に対する支配を獲得して一つの報告単位となること

パーチェス法
結合会社が被結合会社から受け入れる資産および負債の取得原価を、対価として交付する現金および株式等の時価(公正価値)とする方法

抱合株式
合併する以前に、合併会社が保有している被合併会社の株式

純資産額法
帳簿価額を基礎とした純資産額で企業を評価する方法

純財産額法
合併当事会社の資産を再調達原価(時価)に評価替えを行い、負債を差し引いた正味の財産額(純財産額)で企業を評価する方法

収益還元価値法
過去数年間の平均利益を資本還元率で割った金額(収益還元価値)で企業を評価する方法

折衷法
上記のいずれかの方法によって算定した企業評価額のうち、2つの企業評価額の平均値で企業を評価する方法

合併比率
被合併会社の株式1株に対して合併会社の株式を何株交付すべきかという割当比率

Section

1 企業結合の基礎知識

企業同士の合併、持株会社の設立、さらには不採算事業の売却など、企業組織の大がかりな見直しが行われることは、近年では珍しくありません。このような組織再編のうち、企業結合について学習していきます。

1 企業結合と事業分離

企業結合とは、ある企業（またはある企業を構成する事業）と、他の企業（または他の企業を構成する事業）とが一つの報告単位に統合[01]することをいいます。

企業結合には、合併、株式交換[02]、株式移転[02]があります。

一方、事業分離[02]とは、ある企業を構成する事業を他の企業に移転することをいいます[03]。

なお、企業結合と事業分離をあわせて組織再編といいます。

組織再編	企業結合	合　　併	**吸収合併**
			新設合併
		合併以外	**株式交換**
			株式移転
	事業分離	会社分割	**吸収分割**
			新設分割

01) ある企業とある企業が、まとまって一つの財務諸表を作ることをいいます。
02) 株式交換、株式移転、事業分離については『テキストⅡ応用編』で学習します。
03) 権利を移すことを「移転」といいます。ここでは、経営権を移すことを意味しています。

2 企業結合の会計処理（パーチェス法）[01]

「企業結合に関する会計基準」では、企業結合は、原則として一方の企業（取得企業）による他方の企業（被取得企業）の取得、つまり資産購入と同様に考えて、パーチェス法による処理を行います[02]。

01) 「パーチェス（purchase）＝購入すること」。つまり、通常の資産購入（取得）と同様に処理する方法です。
02) 企業結合にはパーチェス法を適用しない取引もありますが、これらは出題の可能性が低いため、参考として扱っています。15-5ページを参照してください。

1　パーチェス法の意義

パーチェス法とは、取得企業が被取得企業からの受入資産・負債の取得原価を、原則として支払対価（現金・株式等）の時価（公正価値）とする方法です。

2　パーチェス法の処理

(1)　取得原価の算定

取得企業が被取得企業の取得原価を算定するさいには、取得企業が被取得企業（の株主）に交付した支払対価の企業結合日における時価を基準とします。

具体的には、支払対価が現金であれば現金支出額、取得企業株式であれば当該交付株式の時価となります[03)]。

	支払対価	
	現　　金	株　　式
取得原価	現金支出額	交付株式の時価（増加資本）

支払対価のうち株式を交付した部分は、払込資本として資本金・資本準備金・その他資本剰余金[04)]となります。

これらの金額の内訳は、契約にもとづいて決定します。

03)　この場合の時価とは、支払対価となる財の時価と取得した事業の時価のうち、より高い信頼性をもって測定可能な時価のことです。

04)　通常の新株発行と異なり、企業結合にともなう新株発行の払込資本は「その他資本剰余金」となる場合もあります。問題文の指示に従ってください。

(2) 受入資産・負債の評価

▶▶ 取得企業は、被取得企業から受け入れる資産・負債を、企業結合日時点における時価[05]で評価します。

05) 固定資産を取得したときに時価で評価するのと同様に、企業そのものを取得したときも、資産・負債は時価評価します。

(3) のれんの算定

▶▶ 被取得企業の取得原価が、受入資産・負債の純額(時価)を上回る場合には、当該超過額を「のれん」といいます。

反対に下回る場合には、当該不足額を「負ののれん」といいます。両者は会計処理が異なるため、注意が必要です。

① のれんの処理

▶▶ のれんが生じた場合、のれん勘定[06]として無形固定資産に計上し、20年以内に定額法などにより規則的に償却します。このとき、償却額はのれん償却額勘定として販売費及び一般管理費に計上します。

ただし、のれんの金額が少ない場合、資産とせずに発生時に費用処理することもできます。

② 負ののれんの処理

▶▶ 負ののれんが生じた場合、負ののれん発生益勘定として、発生時に特別利益に計上します。

06) 『のれん』が計上される場合、その企業の価値よりも超過収益力の分だけ高い値段で買ったことになります。

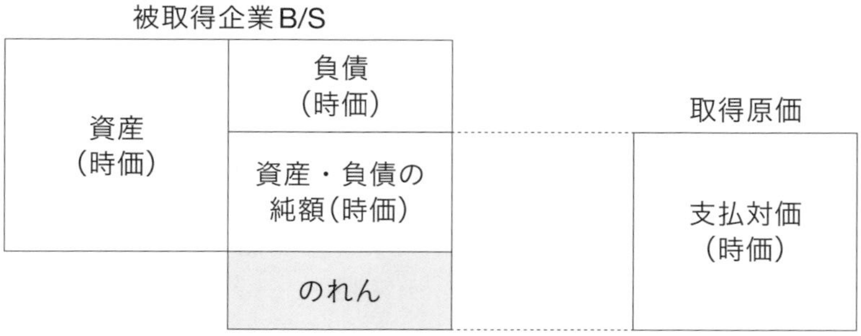

被取得企業B/S

資産(時価)	負債(時価)
	資産・負債の純額(時価)
	のれん

取得原価：支払対価(時価)

・取得原価　＞　資産・負債の純額(時価)
　　⇒　のれん(無形固定資産)計上
・取得原価　＜　資産・負債の純額(時価)
　　⇒　負ののれん発生益(特別利益)計上

参考 パーチェス法を適用しない取引

1 共通支配下の取引

▸▸ 共通支配下の取引とは、結合当事企業(事業)のすべてが、企業結合の前後で同一の株主により最終的に支配され、かつ、その支配が一時的ではないものをいいます。

たとえば、親子会社間合併、子会社間合併、子会社に対する会社分割などがあてはまります。共通支配下の取引は企業集団内の内部取引であり、未実現損益の計上を防ぐため、パーチェス法は適用しません。

2 共同支配企業の形成

▸▸ 共同支配とは、複数の独立した企業(共同支配投資企業)が、ある企業(共同支配企業)を共同で支配することをいいます。

共同支配は取得に該当しないため、パーチェス法は適用しません。

3 逆取得

▸▸ 逆取得とは、株式を交付した企業と取得企業が一致しない場合をいいます。

通常の取得では、取得企業となるのは存続会社ですが、逆取得の場合、取得企業となるのは消滅会社になります。

逆取得の場合、存続会社はパーチェス法を適用せず、消滅会社の資産および負債を合併直前の適正な帳簿価額により計上します。

Column 逆取得でパーチェス法(消滅会社の時価評価)を適用しないワケ

2003年、当時、約8,000億円の不良債権(⇒評価額)に苦しむ三井住友銀行は準国有化のピンチ。一方、同行には約2兆円の土地の含み益があった。そこで子会社のわかしお銀行を存続会社に、三井住友銀行を消滅会社として合併を行った。

その結果、三井住友銀行の資産は時価評価され2兆円UPし、8,000億円の損失を消すことに成功。

そして、存続会社のわかしお銀行の社名を三井住友銀行に変更するという、脱法的な手段を用いたことが問題となり、〝逆取得の場合は帳簿価額で引き継ぐ〟というルールができたのです。

重要度

Section 2 合　併

合併は、企業単位で直接的に「結合」する方法です。合併には吸収合併と新設合併とがありますが、簿記の学習では吸収合併を中心に行います。

1 合併の意義

▶▶ 合併とは、2つ以上の企業が合体して1つの企業になることをいいます。合併により、合併当事企業の一部または全部が解散し、財産は包括的に存続会社のものとなります。また、消滅会社の株主は、存続会社の株主となります。

2 合併の分類

1 吸収合併

▶▶ 吸収合併とは、合併当事会社のうち一方が解散して消滅し、他方が存続する合併です。この場合、存続する会社を存続会社（合併会社）、消滅する会社を消滅会社（被合併会社）といいます。

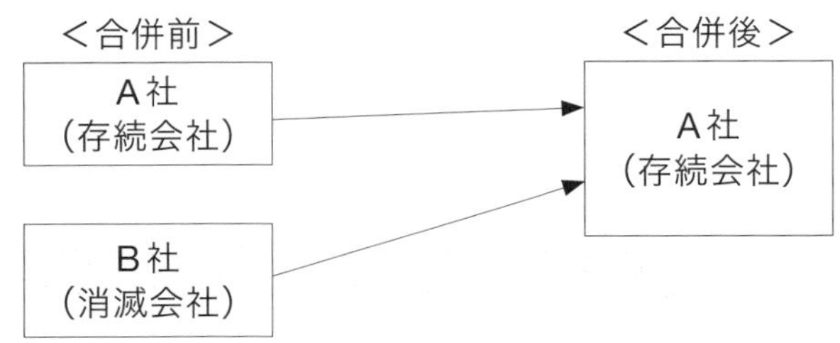

2 新設合併

新設合併とは、合併当事会社がいずれも消滅して、新しい会社を設立する合併です。この場合、新たに設立される会社を新設会社(合併会社)、消滅する会社を消滅会社(被合併会社)といいます。

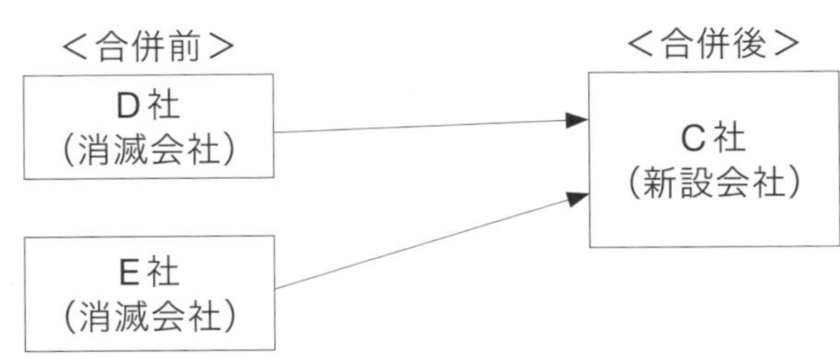

新設合併は吸収合併に比べ手続が煩雑なため、実務上行われている合併のほとんどは吸収合併です。

また、消滅会社の仕訳は必要ありません。

そのため、本テキストでは吸収合併における存続会社の仕訳を説明していきます。

3 吸収合併の会計処理

1 合併受入仕訳

合併にさいして、存続会社(A社とする)は消滅会社(B社とする)の資産・負債を受入処理すると同時に、B社株主に対してA社株式を交付(増資処理)[01]するため、パーチェス法にもとづき、これを仕訳します(合併受入仕訳)。

合併受入仕訳(A社)

(借)	B社諸資産	×××	(貸)	B社諸負債	×××
	のれん	×××		払込資本	×××

パーチェス法の処理は、①取得原価の算定、②受入資産・負債の評価、③のれんの算定の順に行います。

なお、通常は「取得企業=存続会社、被取得企業=消滅会社」となるため、このことを前提に説明していきます。

01) 会社法は、支払対価としてB社株主に現金等を交付することも認めています。しかし、本テキストにおいては、支払対価としてA社株式を交付することを前提として学習していきます。

Q 2-1 | 合併受入仕訳 |

次の資料にもとづき、(1)株式3,000株を交付した場合および(2)株式2,500株を交付した場合の、合併受入仕訳を示しなさい。

A社は、×2年3月31日にB社を吸収合併し、B社株主に対してA社株式を交付した。なお、当該合併における取得企業はA社である。また、A社株式の時価は@50円であり、払込資本のうち100,000円を資本金とし、残額はその他資本剰余金とすること。

貸借対照表

B社　×2年3月31日　(単位：円)

諸資産	200,000	諸負債	70,000
		資本金	130,000
	200,000		200,000

(注)諸資産の時価は210,000円、諸負債の時価は70,000円である。

A 2-1 | 解答・解説 |

(1) 株式3,000株を交付した場合

(借)		(貸)	
諸資産	210,000	諸負債	70,000
のれん	10,000	資本金	100,000
		その他資本剰余金	50,000

① 取得原価の算定

取得原価：@50円×3,000株＝150,000円

資本金：100,000円

その他資本剰余金：150,000円(取得原価)－100,000円(資本金)＝50,000円

② 受入資産・負債の評価

諸資産：210,000円(時価)、諸負債：70,000円(時価)

③ のれんの算定

150,000円(取得原価)－(210,000円－70,000円)(資産・負債の純額(時価))＝10,000円(のれん)

(2) 株式2,500株を交付した場合

(借)		(貸)	
諸資産	210,000	諸負債	70,000
		資本金	100,000
		その他資本剰余金	25,000
		負ののれん発生益	15,000

① 取得原価の算定

取得原価：@50円×2,500株＝125,000円

資本金：100,000円

その他資本剰余金：125,000円（取得原価）－100,000円（資本金）＝25,000円

② 受入資産・負債の評価

諸資産：210,000円(時価)、諸負債：70,000円(時価)

③ のれんの算定

125,000円（取得原価）－(210,000円－70,000円)（資産・負債の純額(時価)）＝△15,000円(負ののれん発生益)

Q 2-2 | のれんの償却

次の仕訳を示しなさい。

吸収合併により計上したのれん10,000円を、20年の定額法で償却する。

A 2-2 | 解答・解説

のれん償却額：10,000円÷20年＝500円

(借)のれん償却額	500	(貸)のれん	500

2 合併相殺仕訳

▸▸ 合併受入仕訳に加え、合併当事会社間において債権債務(売掛金と買掛金、貸付金と借入金など)がある場合、相殺消去します(合併相殺仕訳)。

Q 2-3 | 合併相殺仕訳

次の資料にもとづき、合併後貸借対照表を完成させなさい。

A社はB社を吸収合併し、株式2,800株(時価@50円)を交付した。当該合併における取得企業はA社である。なお、払込資本は全額を資本金とすること。また、A社の諸資産の中にはB社に対する貸付金5,000円が含まれている。

A社 貸借対照表 (単位:円)

諸資産	1,000,000	諸負債	350,000
		資本金	400,000
		利益準備金	50,000
		任意積立金	120,000
		繰越利益剰余金	80,000
	1,000,000		1,000,000

B社 貸借対照表 (単位:円)

諸資産	200,000	諸負債	60,000
		資本金	100,000
		利益準備金	10,000
		任意積立金	25,000
		繰越利益剰余金	5,000
	200,000		200,000

(注)諸資産と諸負債の時価は帳簿価額と一致している。

A 2-3 | 解答・解説

A社 合併後貸借対照表 (単位:円)

諸資産	1,195,000	諸負債	405,000
		資本金	540,000
		利益準備金	50,000
		任意積立金	120,000
		繰越利益剰余金	80,000
	1,195,000		1,195,000

① 合併受入仕訳

(借) 諸資産	200,000	(貸) 諸負債	60,000
		資本金	140,000[02]

02) @50円×2,800株=140,000円

② 合併相殺仕訳

(借) 諸負債 (借入金)	5,000	(貸) 諸資産 (貸付金)	5,000

3 自己株式の処分

▸▸ 合併にあたり、存続会社は消滅会社株主に対して、新株発行と同時に自己株式を交付することがあります。

このとき、交付株式の時価から自己株式の簿価を控除した額を払込資本とします。また、交付株式の時価から資産・負債の純額(時価)を引いて、のれんを算定します。

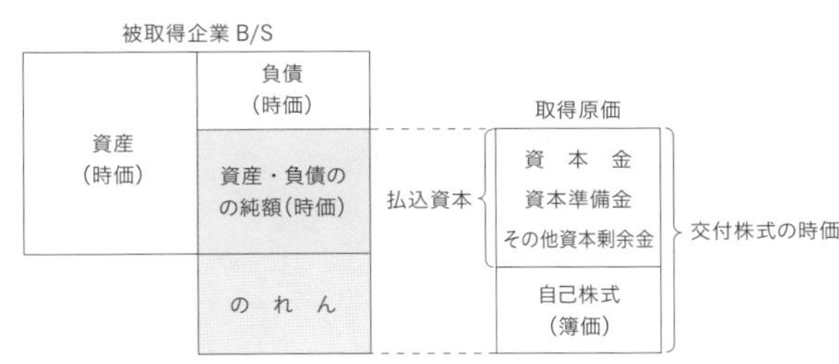

Q 2-4 | **自己株式の処分** |

次の資料にもとづき、合併受入仕訳を示しなさい。

A社は、以下の財政状態にあるB社を吸収合併する。当該合併における取得企業はA社である。B社株主に対してA社株式3,000株を交付したが、そのうち100株は自己株式(帳簿価額10,000円)を処分し、残りは新株を発行した。なお、A社株式の時価は@50円であり、払込資本のうち50%を資本金とし、残額を資本準備金としている。

貸 借 対 照 表

B社　　　　×2年3月31日　　　　(単位：円)

諸資産	190,000	諸負債	60,000
		資本金	130,000
	190,000		190,000

(注)諸資産の時価は200,000円、諸負債の時価は60,000円である。

A 2-4 | **解答・解説** |

(借) 諸資産	200,000	(貸) 諸負債	60,000
のれん	10,000	資本金	70,000
		資本準備金	70,000
		自己株式	10,000

(1) **取得原価の算定**

取得原価：@50円×3,000株＝150,000円

払込資本：150,000円－10,000円(自己株式)＝140,000円

資本金(資本準備金)：140,000円×50％＝70,000円

(2) **受入資産・負債の評価**　諸資産：200,000円、諸負債：60,000円

(3) **のれんの算定**　150,000円(取得原価)－(200,000円－60,000円)(資産・負債の純額(時価))＝10,000円

自己株式の処分のまとめ

(1) **自己株式単独による処分** ―― 処分差益→その他資本剰余金／処分差損→その他資本剰余金

(2) **自己株式と新株発行**（新株予約権の行使含む） ―― 処分差益→その他資本剰余金／処分差損→払込資本から控除

(3) **企業結合での自己株式の交付** ―― 被取得企業の取得原価から自己株式の簿価を引いた額を払込資本とする。

トレーニングⅠ　Ch15　問題1へ

参考　抱合株式（だきあわせかぶしき）

ここはサラッと流そう

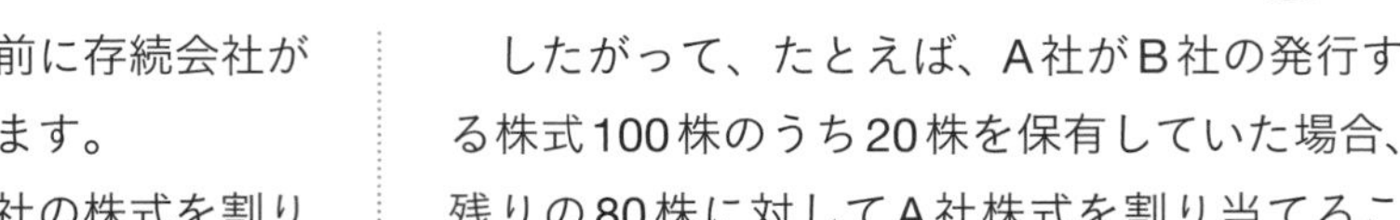

▶▶　抱合株式とは、合併する以前に存続会社が保有する消滅会社の株式をいいます。

通常、抱合株式には、存続会社の株式を割り当てることができません。

したがって、たとえば、A社がB社の発行する株式100株のうち20株を保有していた場合、残りの80株に対してA社株式を割り当てることとなります。

個別財務諸表上の処理

▶▶　取得企業（存続会社）が保有する被取得企業（消滅会社）株式の簿価を減少させます。また、取得企業が交付する株式の時価と、取得企業が保有する被取得企業株式（抱合株式）の簿価の合計額を、被取得企業の取得原価とします。

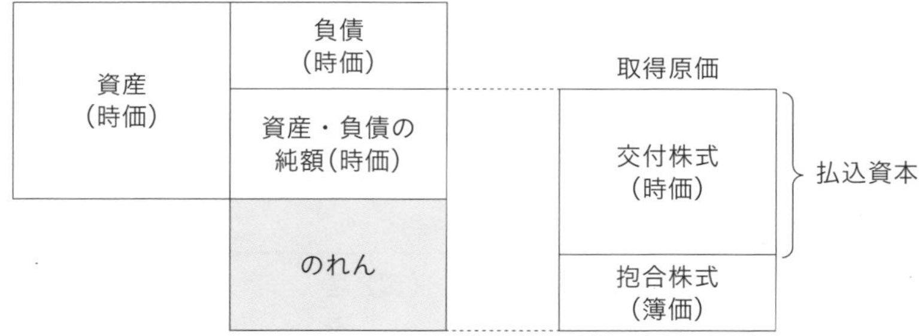

Q 抱合株式の処理

次の資料にもとづき、合併受入仕訳を示しなさい。

A社は、以下の財政状態にあるB社を吸収合併することとなった。当該合併における取得企業はA社である。A社はB社株式1,000株をその他有価証券(帳簿価額10,000円)として保有しており、A社を除く、B社株主に対して2,900株を交付した。なお、A社株式の時価は@50円であり、払込資本のうち50%を資本金とし、残額を資本準備金とする。

貸借対照表

B社　×2年3月31日　(単位：円)

諸資産	190,000	諸負債	60,000
		資本金	130,000
	190,000		190,000

(注)諸資産の時価は200,000円、諸負債の時価は60,000円である。

A 解答・解説

(借)		(貸)	
諸資産	200,000	諸負債	60,000
のれん	15,000	資本金	72,500
		資本準備金	72,500
		その他有価証券	10,000

(1) **取得原価の算定**

取得原価：@50円×2,900株+10,000円=155,000円

払込資本：@50円×2,900株=145,000円

資本金(資本準備金)：145,000円×0.5=72,500円

(2) **受入資産・負債の評価**

諸資産：200,000円、諸負債：60,000円

(3) **のれんの算定**

155,000円−(200,000円−60,000円)=15,000円

取得原価　資産・負債の純額(時価)

Chapter 15 企業結合

Section

3 交付株式数の決定

少食の人のひと口と、大食いの人のひと口は分量がぜんぜん違います。体格や性格、そのときの空腹具合でも違ってきます。人それぞれということです。ちょっと無理がありますが、企業も同様です。株式を発行していても、1株あたりの価値は発行する会社によってまったく異なります。合併を行うにあたり、その時の状況によって「いったい何株交付すればよいのか?」を決定することになります。なお、本試験ではたまにしか出題されないため、後回しでも大丈夫です。

1 交付株式数決定の手順

ここでは、合併を中心にみていきます。合併では、存続会社が消滅会社の株主に対して株式等を交付します。この交付する株式数は以下の手順により決定します。

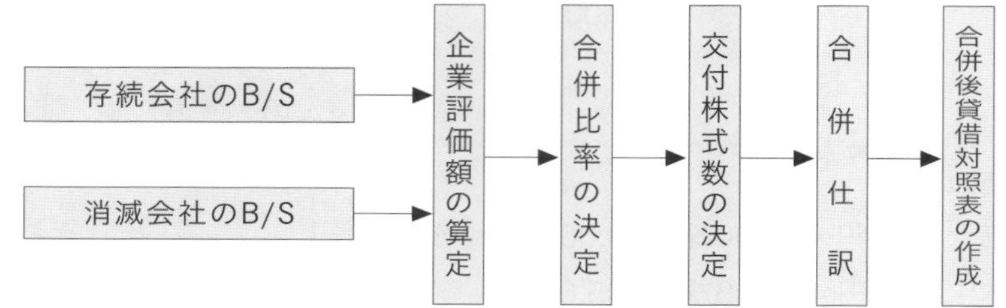

2 企業評価額

企業評価額とは、企業の全体としての経済価値を示すもので、その測定には純財産を基礎にしたものから、収益力にもとづいたものなど様々な方法があります。

1. 純資産額法[01)]
2. 純財産額法
3. 収益還元価値法[01)]
4. 株式市価法
5. 折衷法[01)]

01) 日商1級試験では1．3．5．の方法が過去に出題されています。

1 純資産額法(帳簿価額法)

▸▸ 純資産額法とは、簿価を基礎とした純資産額で企業を評価する方法です。

企業評価額 = 総　資　産(簿価) − 総　負　債(簿価)
純資産

貸借対照表

資　産（簿　価）	負　債（簿　価）
	純　資　産（企業評価額）

Q ヨ-1 | **純資産額法** |

A・B両社の合併直前の貸借対照表にもとづき、企業評価額を「純資産額法」によって計算しなさい。

A社　貸借対照表　(単位：円)

諸　資　産	1,800,000	諸　負　債	600,000
		資　本　金	800,000
		利益準備金	150,000
		繰越利益剰余金	250,000
	1,800,000		1,800,000

B社　貸借対照表　(単位：円)

諸　資　産	1,100,000	諸　負　債	620,000
		資　本　金	400,000
		利益準備金	50,000
		繰越利益剰余金	30,000
	1,100,000		1,100,000

A ヨ-1 | **解答・解説** |

A社：1,800,000円 − 600,000円 = 1,200,000円

B社：1,100,000円 − 620,000円 = 480,000円

2 純財産額法(時価純資産法)

▶▶ 純財産額法とは、合併当事会社の資産および負債を時価(再調達原価)に評価替えを行い、正味の財産額(純財産額)で企業を評価する方法です。

企業評価額 = 総　資　産(時価) − 総　負　債(時価)
純財産

貸借対照表

資　　産 (時　価)	負　　債 (時　価)
	純　財　産 (企業評価額)

3 収益還元価値法

▶▶ 収益還元価値法とは、過去数年間の平均利益を資本還元率で割った金額(収益還元価値)で企業を評価する方法です。

(1) 自己資本利益率を用いる方法

企業評価額 = (自己資本[02] × 自己資本利益率) ÷ 資本還元率[03]
収益還元価値　　平均利益

02) 自己資本 =株主資本+評価・換算差額等の合計です。

03) 同種企業において自己資本(純資産額) 1円あたりどれだけの利益をあげているかを表したものであり、次の計算式で求めます。

$$資本還元率 = \frac{同種企業の平均利益}{同種企業の平均自己資本}$$

ただし、その数値は通常、問題で与えられます。

(2) 総資本利益率を用いる方法

企業評価額 = (総資本[04] × 総資本利益率) ÷ 資本還元率
収益還元価値　　平均利益

04) 総資本とは、負債と純資産の合計であり、資産総額と等しくなります。

▸▸ 収益還元価値とは、同種企業が平均利益を獲得するために必要とする自己資本の額を表します。

つまり、平均利益から逆算して、あるべき自己資本の額を算定することになります。

収益還元価値 ＞ 実際の自己資本　→　平均的な同種企業より優良
収益還元価値 ＜ 実際の自己資本　→　平均的な同種企業より劣る

Q 3-2 | **収益還元価値法** |

A・B両社の企業評価額を「収益還元価値法」によって計算しなさい。

純　資　産　額：	A社　1,200,000円	B社　480,000円
自己資本利益率：	A社　15％	B社　12％
資　本　還　元　率：	A社　10％	B社　10％

A 3-2 | **解答・解説** |

A社：1,200,000円×15％÷10％＝1,800,000円

B社：480,000円×12％÷10％＝576,000円

4　株式市価法

▸▸ 株式市価法とは、株式市場における平均株価で企業を評価する方法です。

企業評価額 ＝ 平均株価 × 発行済株式総数
株式市価

5　折衷法（平均法）

▸▸ 折衷法は上記のいずれかの方法によって算定した企業評価額のうち、2つの企業評価額の平均値で企業を評価する方法です。

$$\text{企業評価額} = \frac{\text{2つの方法による企業評価額の合計}}{2}$$

Chapter 15 企業結合

日商1級試験では純資産額法と収益還元価値法を用いた折衷法が出題されています[05]。

$$企業評価額 = \frac{純資産額法による企業評価額 + 収益還元価値法による企業評価額}{2}$$

05) どの方法の折衷によるかは問題文で指示されます。

Q 3-3 | 折衷法 |

A・B両社の合併直前の貸借対照表にもとづき企業評価額を「折衷法」によって計算しなさい。

A社 貸借対照表 (単位：円)

諸資産	1,800,000	諸負債	600,000
		資本金	800,000
		利益準備金	150,000
		繰越利益剰余金	250,000
	1,800,000		1,800,000

B社 貸借対照表 (単位：円)

諸資産	1,100,000	諸負債	620,000
		資本金	400,000
		利益準備金	50,000
		繰越利益剰余金	30,000
	1,100,000		1,100,000

1. 折衷法は純資産額法と収益還元価値法の平均による。
2. 自己資本利益率はA社が15%、B社が12%である。
3. 資本還元率は両社ともに10%である。

A 3-3 | 解答・解説 |

(1) A社

純資産額法：1,800,000円−600,000円＝1,200,000円

収益還元価値法：(1,800,000円−600,000円)×15%÷10%＝1,800,000円

折衷法：(1,200,000円＋1,800,000円)÷2＝1,500,000円

(2) B社

純資産額法：1,100,000円−620,000円＝480,000円

収益還元価値法：(1,100,000円−620,000円)×12%÷10%＝576,000円

折衷法：(480,000円＋576,000円)÷2＝528,000円

トレーニングⅠ Ch15 問題2へ

3　合併比率の決定

ここはサラッと流そう

»　合併比率とは、消滅会社の株式1株に対して存続会社の株式を何株交付すべきかという割当比率をいいます。つまり、消滅会社株式と存続会社株式の交換比率です。

»　合併比率は合併当事会社の、1株あたり企業評価額の割合として算定します。

$$
\text{合併比率}=\frac{\left(\text{消滅会社の企業評価額}\right)\div\left(\text{消滅会社の発行済株式総数}\right)}{\left(\text{存続会社の企業評価額}\right)\div\left(\text{存続会社の発行済株式総数}\right)}=\frac{\left(\text{消滅会社の1株あたりの企業評価額}\right)}{\left(\text{存続会社の1株あたりの企業評価額}\right)}=\frac{X}{1}
$$

Q 3-4 | **合併比率の計算** |

A社はB社を吸収合併することになった。以下の資料により、合併比率を求めなさい。

	企業評価額	発行済株式総数
A社	1,050,000円	800株
B社	378,000円	400株

A 3-4 | **解答・解説** |

合併比率：$\dfrac{378{,}000\text{円}\div400\text{株}}{1{,}050{,}000\text{円}\div800\text{株}}=0.72$

A社：B社＝1：0.72

4　交付株式数の決定

ここはサラッと流そう

»　消滅会社の株主に交付する株式の数は、消滅会社の発行済株式総数に合併比率を掛けて計算します。

交付株式数[01)] ＝ 消滅会社の発行済株式総数 × 合併比率

01)　交付株式数に端数が出た場合には通常、株式は発行せず、合併交付金として現金等を支払って処理します。

Q 3-5 | **交付株式数の決定** |

【Q3-4】により、交付株式数を求めなさい。

A 3-5 | **解答・解説** |

交付株式数：400株×0.72＝288株

トレーニングⅠ　Ch15　問題3へ

Chapter 15　企業結合

Q TRY IT! | **理論問題** | **企業結合** |

次の文章の空欄に適切な語句または数値を記入しなさい。

⑴ 企業結合における「取得」とは、ある企業が他の企業または企業を構成する事業に対する(ア)を獲得することをいう。

「取得企業」とは、ある企業または企業を構成する事業を取得する企業をいい、取得される企業を「被取得企業」という。

⑵ 被取得企業または取得した事業の取得原価は、原則として取得の対価(支払対価)となる財の企業結合日における(イ)で算定する。

支払対価が現金以外の資産の引渡し、負債の引受けまたは株式の交付の場合には、支払対価となる財の時価と被取得企業または取得した事業の時価のうち、より高い信頼性をもって測定可能な時価で算定する。

⑶ 取得とされた企業結合において、被取得企業の資産・負債を、原則として、企業結合日における時価で算定するが、この会計処理方法を(ウ)という。

⑷ 被取得企業又は取得した事業の取得原価が、受け入れた資産および引き受けた負債に配分された純額を上回る場合には、その超過額は(エ)として会計処理し、下回る場合には、その不足額は(オ)として会計処理する。

⑸ のれんは、資産に計上し、(カ)年以内のその効果の及ぶ期間にわたって、定額法その他合理的な方法により規則的に償却する。

⑹ のれんは(キ)の区分に表示し、のれんの当期償却額は(ク)の区分に表示する。

⑺ 負ののれんは、原則として(ケ)に表示する。

A TRY IT! | **解答** |

ア	イ	ウ	エ	オ
支配	**時価**	**パーチェス法**	**のれん**	**負ののれん**
⑩	⑩	⑩	⑩	⑩

カ	キ	ク	ケ
20	**無形固定資産**	**販売費及び一般管理費**	**特別利益**
⑩	⑩	⑩	⑳

合計100点

テキストⅡ応用編で学習する論点

Chapter 14 企業結合・事業分離応用編
株式交換、株式移転、事業分離

Chapter 16

連結会計1（資本連結）

Point

連結会計は主に商業簿記の総合問題でよく出題されます。連結会計は苦手とされる方が多いですが、本試験での重要性は非常に高いです。連結会計の枠組みを把握することを意識して1つ1つをていねいにおさえるようにしてください。

用語集

親会社
他の会社を支配している会社

子会社
他の会社に支配されている会社

支配力基準
実質的な支配関係の有無にもとづいて子会社を判定する基準

全面時価評価法
子会社の資産および負債について、親会社持分だけでなく非支配株主の持分についても全面的に時価によって評価替えする方法

Section

1 連結会計の基礎知識

重要度

世の中には企業グループがたくさんあります。企業グループが、グループとして力をあわせて活動しているのであれば「グループとしての決算書」をみたいと考えるのは当然です。

そこでこれまでと異なり、視点を広くとらえ、個々の企業ではなく「活動単位としての企業グループ」に焦点をあわせていくのが連結会計です。

1 連結財務諸表の意義

▸▸ 連結財務諸表とは、支配従属関係にある2つ以上の会社からなる企業集団を単一の組織体とみなして、企業集団の財政状態、経営成績、キャッシュ・フローの状況を総合的に報告するために親会社が作成する財務諸表です。

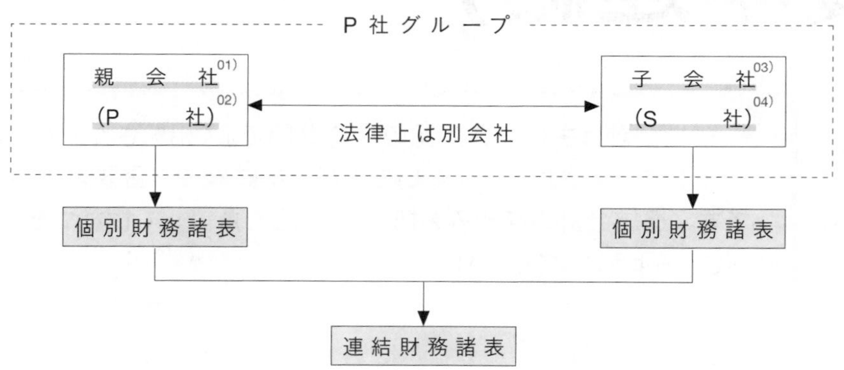

01) 親会社とは、他の会社を支配している会社(支配会社)をいいます。

02) 親会社を示すさいにParent：親の頭文字をとってP社と表すこともあります。

03) 子会社とは他の会社に支配されている会社(被支配会社)をいいます。
なお、連結会計上は、子会社の子会社(いわゆる孫会社)も、被支配会社として子会社と同様に扱います。

04) 子会社を示すさいにSubsidiaries：子会社の頭文字をとってS社と表すこともあります。
決して、Son（息子)でもSlave（奴隷)でもありません。

2 連結財務諸表

▸▸ 連結財務諸表は次の5つから構成されています。

<連結財務諸表>

連結損益計算書(連結P/L)
連結株主資本等変動計算書(連結S/S) 01)
連結貸借対照表(連結B/S)
連結キャッシュ・フロー計算書(連結C/F) 02)
連結包括利益計算書(連結C/I) 03)

▸▸ 連結財務諸表は①連結損益計算書で計算された「親会社株主に帰属する当期純利益」を連結株主資本等変動計算書に移し、②連結株主資本等変動計算書で算定された利益剰余金当期末残高を連結貸借対照表に移すという流れ(つながり)を持っています 04)。

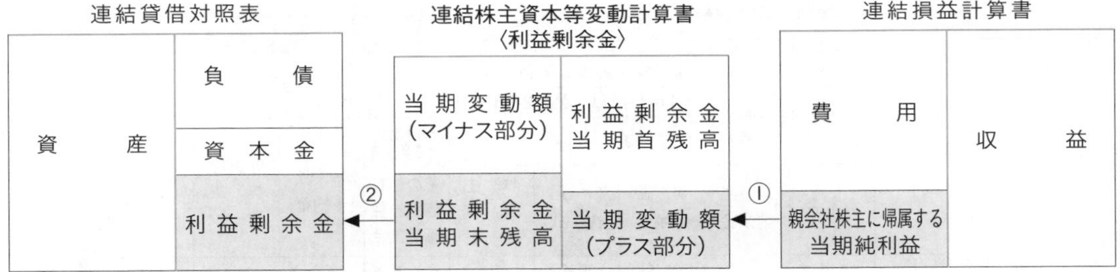

▸▸ 連結株主資本等変動計算書は純資産の増減(変動)を示す計算書であるとともに、連結損益計算書と連結貸借対照表とをつなぐ連結環としての役割を持っています。

01) 株主資本等変動計算書(Statements of Shareholders' Equity)はS/Sと省略されます。
02) 連結キャッシュ・フロー計算書については「テキストII応用編」で学習します。
03) 連結包括利益計算書(Statement of Comprehensive IncomeはC/Iと省略されます)については、Chapter17で学習します。
04) 個別会計上の流れと同じです。

3　連結財務諸表の様式

連結損益計算書
自 ×1年4月1日　至 ×2年3月31日

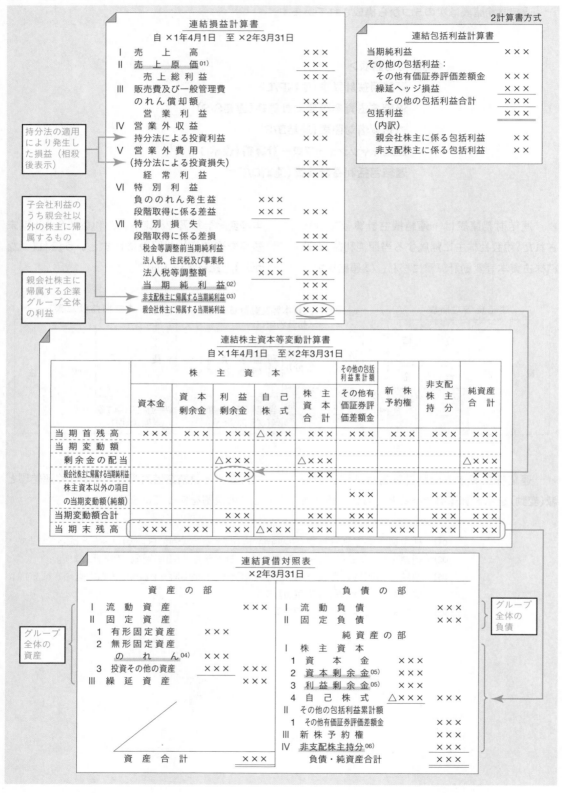

Ⅰ 売　上　高		×××
Ⅱ 売　上　原　価[01]		×××
売上総利益		×××
Ⅲ 販売費及び一般管理費		
のれん償却額		×××
営業利益		×××
Ⅳ 営業外収益		
持分法による投資利益		×××
Ⅴ 営業外費用		
(持分法による投資損失)		×××
経常利益		×××
Ⅵ 特別利益		
負ののれん発生益	×××	
段階取得に係る差益	×××	×××
Ⅶ 特別損失		
段階取得に係る差損		×××
税金等調整前当期純利益		×××
法人税、住民税及び事業税	×××	
法人税等調整額	×××	×××
当期純利益[02]		×××
非支配株主に帰属する当期純利益[03]		×××
親会社株主に帰属する当期純利益		×××

持分法の適用により発生した損益（相殺後表示）

子会社利益のうち親会社以外の株主に帰属するもの

親会社株主に帰属する企業グループ全体の利益

2計算書方式

連結包括利益計算書

当期純利益		×××
その他の包括利益：		
その他有価証券評価差額金		×××
繰延ヘッジ損益		×××
その他の包括利益合計		×××
包括利益		×××
（内訳）		
親会社株主に係る包括利益		××
非支配株主に係る包括利益		××

連結株主資本等変動計算書
自×1年4月1日　至×2年3月31日

	株主資本					その他の包括利益累計額			
	資本金	資本剰余金	利益剰余金	自己株式	株主資本合計	その他有価証券評価差額金	新株予約権	非支配株主持分	純資産合計
当期首残高	×××	×××	×××	△×××	×××	×××	×××	×××	×××
当期変動額									
剰余金の配当			△×××		△×××				△×××
親会社株主に帰属する当期純利益			×××		×××				×××
株主資本以外の項目の当期変動額(純額)						×××		×××	×××
当期変動額合計			×××		×××	×××		×××	×××
当期末残高	×××	×××	×××	△×××	×××	×××	×××	×××	×××

連結貸借対照表
×2年3月31日

資産の部			負債の部		
Ⅰ 流動資産		×××	Ⅰ 流動負債		×××
Ⅱ 固定資産			Ⅱ 固定負債		×××
1 有形固定資産	×××		純資産の部		
2 無形固定資産			Ⅰ 株主資本		
のれん[04]	×××		1 資本金	×××	
3 投資その他の資産	×××	×××	2 資本剰余金[05]	×××	
Ⅲ 繰延資産		×××	3 利益剰余金[05]	×××	
			4 自己株式	△×××	×××
			Ⅱ その他の包括利益累計額		
			1 その他有価証券評価差額金		×××
			Ⅲ 新株予約権		×××
			Ⅳ 非支配株主持分[06]		×××
資産合計		×××	負債・純資産合計		×××

グループ全体の資産

グループ全体の負債

01) 科目の集約性を重視し、売上原価は計算過程を示さずに一括して表示します。
02) 非支配株主に帰属する当期純利益も含めた税引後の利益に相当します。
03) 非支配株主に帰属する当期純利益→利益のマイナス
04) 親会社の投資と子会社の資本を相殺したときの差額です。
05) 内訳を表示せずにまとめて示します。
06) 純資産の部の内訳項目として表示します。

4 連結財務諸表の作成手順

▸▸ 連結財務諸表は、親会社と子会社の個別財務諸表を合算し、それに連結修正仕訳を加えて作成します。

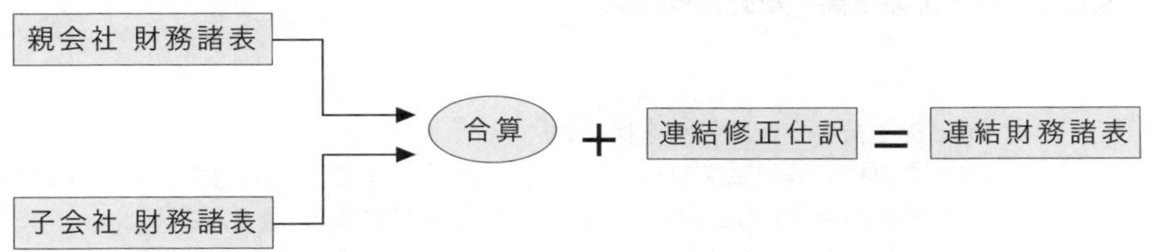

▸▸ 連結修正仕訳は、連結精算表上で行うもので個別会計における帳簿にはまったく影響を与えません。したがって、前期までに行った連結修正仕訳は、当期の個別財務諸表には反映されていない[01]ため、当期の連結決算にあたって前期までの仕訳を再び行う必要があります。この仕訳を連結開始仕訳といいます。

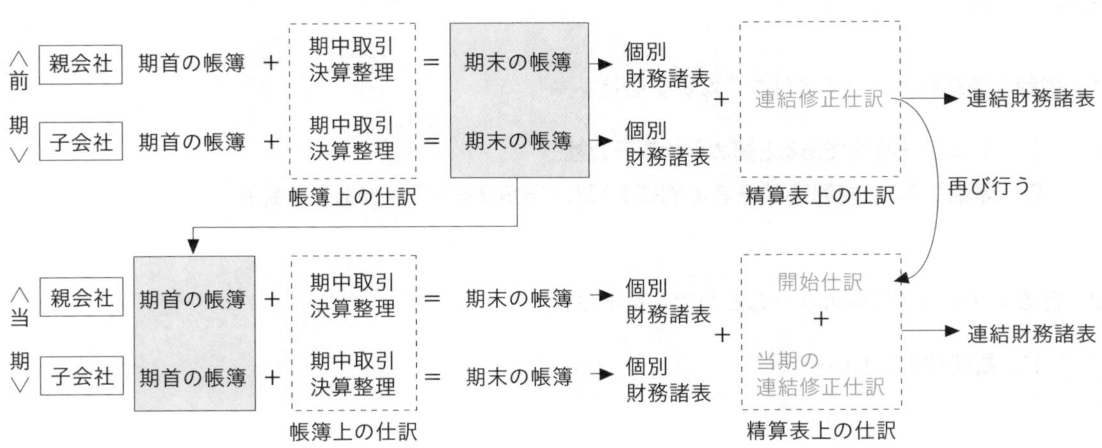

01) 連結修正仕訳が行われる前の「期末の帳簿」が繰り越されているためです。

5 その他の基礎知識

1 子会社の範囲

子会社の範囲は、実質的に他の企業の意思決定機関[01]を支配しているかどうかで判断する、支配力基準が採用されています。

具体的な判断基準は以下のとおりです。なお、支配を始めた日を支配獲得日といいます。子会社は原則として連結の対象となります。

(1) 他の企業の議決権の過半数を所有している[02]。

(2) 議決権が50%以下であっても、高い比率の議決権を有しており、かつ当該会社の意思決定機関を支配している一定の事実[03]が認められる。

01) 株主総会、取締役会を指します。

02) 議決権の過半数を有していても、破産会社・更生会社等で、かつ有効な支配従属関係が存在しない場合、当該会社は子会社に該当しません。

03) S社取締役会の過半数をP社からの派遣で占める場合、S社借入金の過半をP社からの借入れで占めている場合など。

参考 非連結子会社

子会社のうち以下に該当するものは非連結子会社となり、非連結子会社は持分法[04]の適用対象となります。

1. 強制：連結範囲に含めてはならない子会社。

(1) 支配が一時的であると認められる子会社

(2) 連結することで利害関係者の判断を著しく誤らせるおそれがある子会社

2. 容認：連結範囲に含めないことができる子会社。

(1) 重要性の乏しい子会社

04) Chapter18で学習します。

2 連結決算日

▶▶ 連結財務諸表作成にあたっての会計期間は1年であり、親会社の決算日を連結決算日[05]とします。

親会社と子会社の決算日が異なるときは次の処理を行います。

原則：仮決算

▶▶ 子会社は連結決算日に正規の決算に準ずる合理的な手続により決算を行う。

容認：みなし決算

▶▶ 親会社と子会社の決算日の差異が3カ月以内の場合は、子会社の正規の決算を連結決算日における決算とみなすことができる。

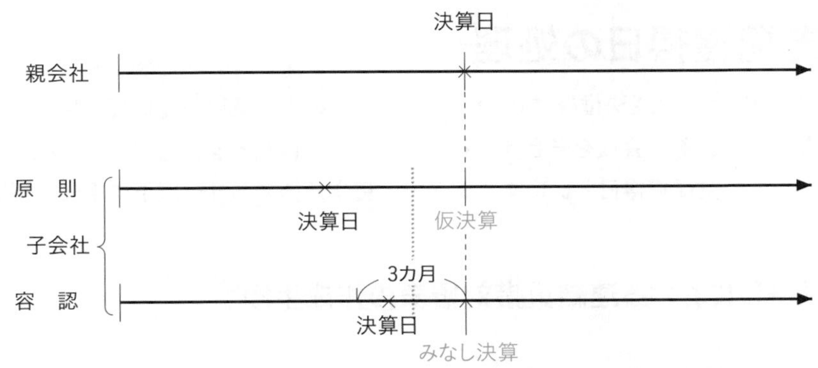

05) 連結財務諸表作成上の決算日のことです。

Section

2 資本連結の基本的処理

重要度

親会社の子会社への投資と、子会社の資本とを相殺することを資本連結といいます。
このSectionでは、その基礎として株式取得時の処理を学びましょう。

1 支配獲得日の処理

ある会社が他の会社の議決権株式の過半数を取得するなどして、その会社を子会社として支配を始めた日を、支配獲得日といいます。

この支配獲得日には連結貸借対照表を作成しなければなりません[01]。このとき必要なのが、資本連結であり、以下の手順で行います。

1 支配獲得日における連結貸借対照表の作成手順[02]

(1) 子会社の資産・負債を時価に評価替えする。
(2) 親会社と評価替後の子会社の個別貸借対照表を合算する。
(3) 「親会社の投資」と「子会社の資本」を相殺消去する（資本連結）。
(4) 連結貸借対照表を作成する。

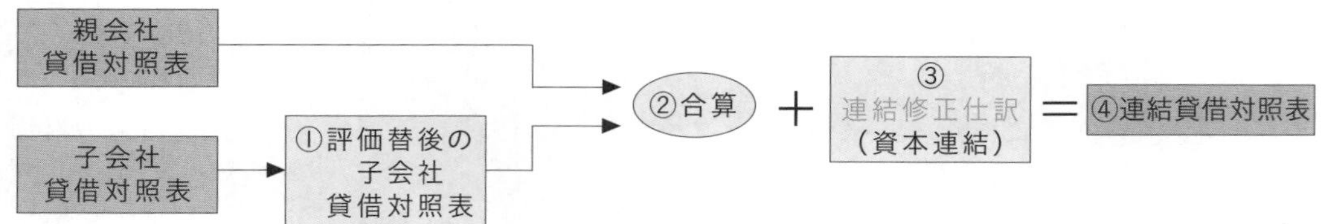

01） 支配獲得日が子会社の決算日と異なる場合は、直近の子会社のB/Sを用いることができます。

02） 支配獲得日においては連結B/Sのみを作成します。
なお、支配獲得日後の連結決算のときには、連結B/Sのほか、連結P/L・連結C/I、連結S/S、連結C/Fも作成します。

2 支配獲得日の資本連結

子会社の貸借対照表に表示されている資産および負債の帳簿価額が時価と異なる場合には、時価にあわせて修正(評価替え)を行う必要があります[03)]。この差額は評価差額として子会社の資本に加えることとなります。

03) 個別財務諸表の修正です。連結上の処理である資本連結そのものではありません。

Q 2-1 **評価替えのための仕訳**

P社は×1年12月31日にS社発行済株式の全部を取得し、実質的に支配した。これにさいしてS社の資産および負債を時価で評価したところ、以下の事実が判明した。評価替えのための仕訳を示しなさい。

	簿　価	時　価
土　　地	12,000	15,000

A 2-1 **解答**

(借)	土　地	3,000	(貸)	評　価　差　額[04)]	3,000

04) 子会社の資産・負債を評価替えした後に、資本連結を行います。
なお、この評価差額は、資本連結の仕訳ですぐに消去されるため、連結財務諸表に記載されることはありません。

子会社のB/Sを時価評価することで計上される「評価差額」
この勘定は、次に行われる資本連結の仕訳で消去されるという、勘定科目史上儚い科目です
「カゲロウでも1日は生きてられるのに…」
by評価差額

2 部分所有子会社の資本連結

▶▶ 親会社以外の株主(非支配株主)が存在する子会社(部分所有の子会社)を資本連結[01)]する場合、子会社の資産・負債を時価評価した後、その資本の勘定を親会社の持分と非支配株主の持分[02)]とに分けて考えます。

部分所有子会社の資本連結は以下の手順で行います。

① 子会社の貸借対照表の資産と負債を時価で評価する。

② 子会社の資本を株式の持分比率により、親会社の持分と非支配株主の持分とに分ける。

③ 親会社の持分→親会社の投資と相殺する。

④ 非支配株主の持分→非支配株主持分勘定[03)]に振り替える。

01) 親会社の投資勘定と、それに対応する子会社の資本を相殺することです。

02) 「持分の合計=子会社の資本」と考えるとよいでしょう。

03) 非支配株主持分は純資産の部に表示します。 ⇒ 16-4ページの連結財務諸表の様式(連結B/S)を参照のこと。

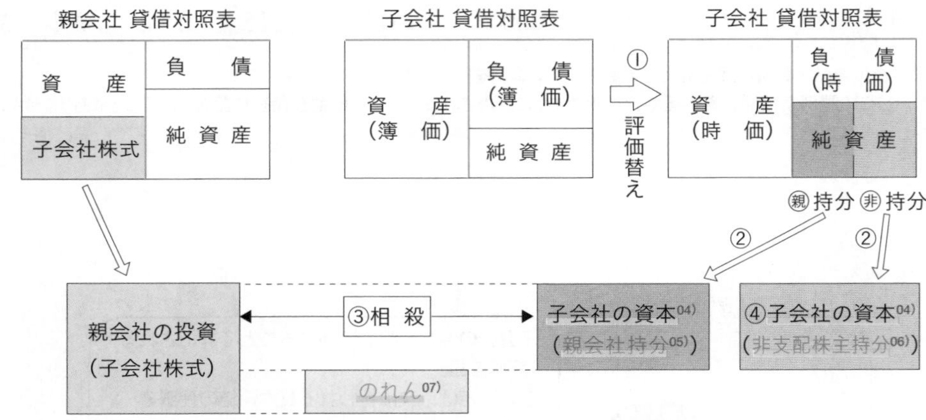

04) 子会社の資本=親会社持分+非支配株主持分
持分合計

05) 親会社持分=子会社の資本×親会社持分割合

06) 非支配株主持分=子会社の資本×非支配株主持分割合

07) のれんは、親会社の投資勘定と、それに対応する子会社の資本(親会社持分)との差額として算定されます。

3　評価替えによる修正のある場合

子会社の資産・負債の時価が簿価と一致しない場合には、子会社の資産・負債の時価と簿価との差額は、全額を評価差額勘定[01]として子会社の資本に含めます。

その結果、評価差額のうち親会社持分に相当する額は投資と相殺し、非支配株主持分に相当する額は非支配株主持分勘定に含められることになります。

01）差額の全額を評価差額勘定として計上するので「全面時価評価法」と呼びます。親会社持分に相当する部分だけ評価差額を計上する「部分時価評価法」という考え方もありますが、現行制度上は認められていません。

Q　2-2　全面時価評価法

P社は×1年12月31日にS社発行済株式の70％を38,000円で取得し支配した。そのときのS社の貸借対照表は次のとおりである。①評価替えのための仕訳および②連結修正仕訳を示しなさい。

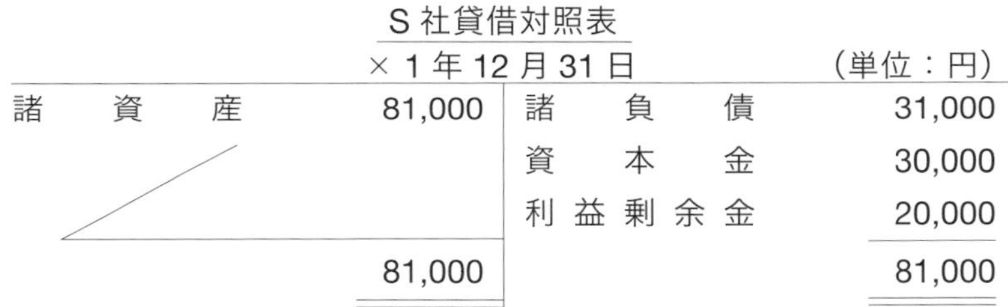

S社貸借対照表

×1年12月31日　　（単位：円）

諸資産	81,000	諸負債	31,000
		資本金	30,000
		利益剰余金	20,000
	81,000		81,000

（注）S社の諸資産の時価は83,000円である。

A　2-2　解答・解説

①

（借）諸資産	2,000	（貸）評価差額	2,000

②

（借）資本金	30,000	（貸）S社株式	38,000
利益剰余金	20,000	非支配株主持分	15,600[02]
評価差額	2,000		
のれん	1,600		

02）（30,000円＋20,000円＋2,000円）×30％＝15,600円
全面時価評価法によれば、評価差額2,000円には非支配株主持分が含まれているので、非支配株主持分は評価差額を含む資本合計に非支配株主の持分（30％）を掛けて計算します。

トレーニングⅠ　Ch16　問題1へ

重要度

Section

3 支配獲得日後の処理

P社がS社の株式の70%を所有しています。当期にS社が100千円の利益を計上しました。連結会計上、この利益はどのように処理されるのでしょうか。そうです。この内70千円が連結ベースの利益となります。つまり、30千円については“連結ベースの利益ではありませんよ”という処理が必要になるのです。

1 支配獲得日の資本連結

子会社の支配獲得時には連結貸借対照表のみを作成[01]しましたが、その後の連結決算日には5つの財務諸表[02]を作成します。

そのさい、支配獲得後に子会社が計上した利益や、資本連結によって生じたのれんの償却などについては当年度の連結修正仕訳を行います。

これに加えて、前年度に行った資本連結をもう一度行わなければなりません。この前年度分までの仕訳を(連結)開始仕訳といいます。

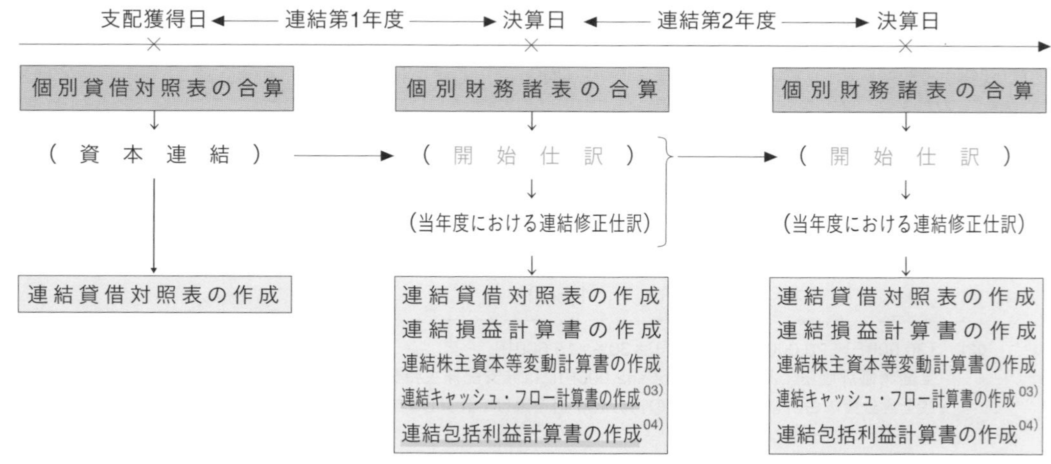

01) このとき行う連結修正仕訳がSection2で学習した資本連結です。

02) 連結貸借対照表、連結損益計算書、連結株主資本等変動計算書、連結キャッシュ・フロー計算書、連結包括利益計算書の5種類。

03) 連結キャッシュ・フロー計算書については、「テキストII応用編」で学習します。

04) 連結包括利益計算書については、Chapter17で学習します。

▸▸ 連結修正仕訳は連結精算表上で行うため、個別会計上の帳簿の金額には影響を与えません。したがって、連結第2年度では連結第1年度で行った連結修正仕訳を開始仕訳として再び行います。

つまり、開始仕訳を出発点として、いったん前年度末の状態に戻した上で当期の連結修正仕訳を行うことになります。

▶過年度の損益は利益剰余金当期首残高に化ける◀

去年：（借）のれん償却額 100　（貸）の　れ　ん 100

損益は化ける ⇩　　⇩ B/S 項目はそのまま

今年：（借）利益剰余金当期首残高 100　（貸）の　れ　ん 100

連結会計上の仕訳はすべて精算表上の仕訳です。つまり次期に繰り越されることのない、その期の連結財務諸表を作成するためだけの仕訳です。

と、いうことは前期に行った仕訳も、必要ならもう一度当期にやり直さなければなりません。

たとえば去年、のれんの償却を100円行ったとしましょう。

当期には、のれん自体は100円減らせばOKです。しかし「のれん償却額」はどうでしょう。

去年ののれんの償却を「のれん償却額」としたのでは、当期の「のれん償却額」と区別がなくなりますし、当期の費用とするのは正しくもありません。

そこで考えてみましょう。

「去年の費用は今年にどんな影響を及ぼすか」を。

去年の100円の費用の発生は、去年の純利益の減少となり、去年の利益剰余金の減少となったはずです。それを今年からみると、利益剰余金当期首残高の減少となります。

去年の収益はその逆で、利益剰余金当期首残高の増加となり、結局、過年度の損益はすべて利益剰余金当期首残高勘定で処理することになるのです。ここがポイントです。

ちなみに連結会計の仕訳に「××当期首残高」「××当期変動額」は出てきても「××当期末残高」は出てきません。当期末残高は、当期首残高や当期変動額が変われば自動的に変わるものですから。

2　連結財務諸表の作成手順

▶▶ 次の手順で連結財務諸表を作成します。

1. 子会社の資産・負債の評価替え
2. 親会社・子会社の個別財務諸表の合算
3. 連結修正仕訳
   (1) 開始仕訳
   (2) 当期の連結修正仕訳
      ① のれんの償却
      ② 子会社当期純利益の振替え
      ③ 剰余金の配当
4. 連結財務諸表の作成

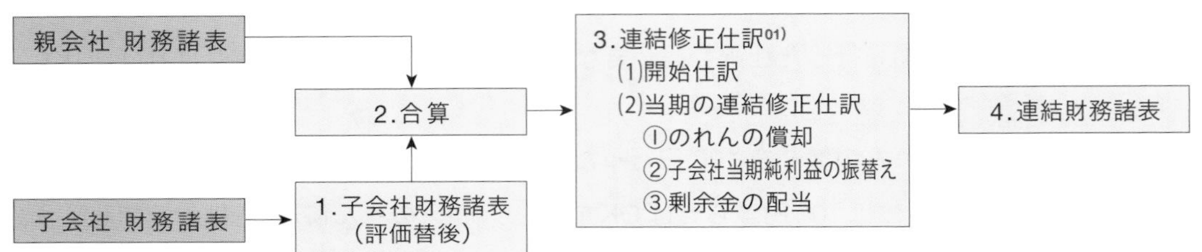

01) 連結会計上、行われる仕訳はすべて修正仕訳となります。したがって、連結修正仕訳に出て来なかった科目は、親会社と子会社を合算したものがそのまま連結財務諸表に計上されます。

3　開始仕訳

▶▶ 開始仕訳は、過年度の連結修正仕訳すべてを1つにまとめたものです。

具体的には、過年度の純資産項目の変化は、「○○当期首残高勘定」[01]として処理します[02]。

特に、過年度の連結損益計算書項目は、過年度において利益剰余金勘定に振り替えられているため、利益剰余金当期首残高勘定として処理する点に注意が必要です。

(借)	資本金当期首残高	××	(貸)	S社株式	××
	利益剰余金当期首残高	××		非支配株主持分当期首残高	××
	評価差額	××			
	のれん	××			

01) 利益剰余金当期首残高勘定、非支配株主持分当期首残高勘定などです。

02) 連結S/S上の表示に従って仕訳をします。

Q 3-1 | 開始仕訳1

P社は×1年3月31日にS社発行済株式の70%を150,000円で取得し、支配した。×1年3月31日のS社の貸借対照表は次のとおりであり、P社・S社とも会計期間は4月1日から3月31日までの1年である。なお、×1年3月31日におけるS社の諸資産に含み益3,000円がある。

×2年3月31日の連結財務諸表を作成するために必要な、(1)資産・負債の評価替えに係る仕訳および(2)投資と資本の相殺消去に係る開始仕訳を示しなさい。

貸借対照表

S社　×1年3月31日　(単位：円)

諸資産	400,000	諸負債	200,000
		資本金	100,000
		利益剰余金	100,000
	400,000		400,000

A 3-1 | 解答・解説

(1)

(借) 諸資産	3,000	(貸) 評価差額	3,000

(2)

(借) 資本金当期首残高	100,000	(貸) S社株式	150,000
利益剰余金当期首残高	100,000	非支配株主持分当期首残高	60,900[03]
評価差額	3,000		
のれん	7,900[04]		

03) 203,000円×30%＝60,900円
04) 150,000円－203,000円×70%＝7,900円(借方)

4 のれんの償却

支配獲得時の資本連結によりのれんが生じた場合[01]、のれん償却額勘定[02]として償却を行います。償却期間は問題文の指示に従ってください。

01) 負ののれんが生じた場合、発生時に利益計上するため、それ以降の処理は不要です。
02) のれん償却勘定でも可。連結P/L上では販売費及び一般管理費に表示します。

Q 3-2 | のれんの償却

【Q3-1】において、×1年度の連結財務諸表を作成するために必要なのれん7,900円の償却に係る連結修正仕訳を示しなさい。ただし、のれんは発生年度の翌年から20年間の均等償却を行うものとする。

A 3-2 | 解答

(借) のれん償却額	395	(貸) のれん	395[03]

03) 7,900円÷20年＝395円

5 子会社当期純利益の振替え

▶▶ 個別財務諸表をそのまま合算すると、子会社の当期純利益(利益剰余金増加額)の全額を連結財務諸表に計上することとなります。

しかし、非支配株主が存在する場合は、当該子会社の当期純利益のうち非支配株主帰属分については非支配株主持分勘定に振り替えなければなりません。

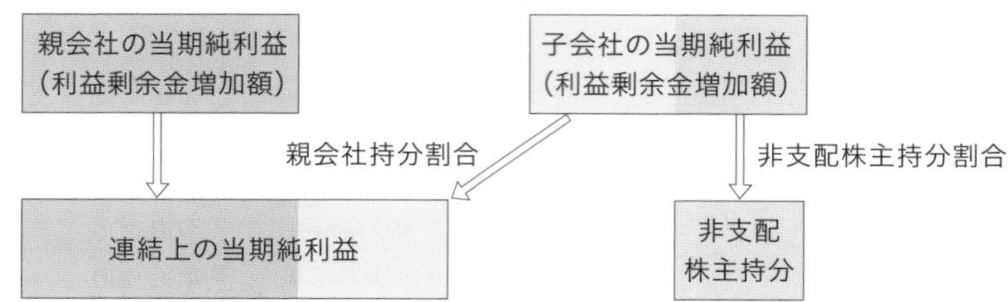

▶▶ 具体的には、当期純利益(損失)のうち非支配株主持分に相当する額については、非支配株主持分当期変動額勘定として非支配株主持分を増加(減少)させるとともに、相手勘定として連結損益計算書の損益項目である非支配株主に帰属する当期純利益勘定[01]に計上します。

(1) 子会社が純利益を計上した場合

(借) 非支配株主に帰属する当期純利益	×××	(貸) 非支配株主持分当期変動額	×××

当期純利益×非支配株主持分割合

(2) 子会社が純損失を計上した場合

(借) 非支配株主持分当期変動額	×××	(貸) 非支配株主に帰属する当期純損失	×××

当期純損失×非支配株主持分割合

01) 非支配株主に帰属する当期純利益→P社にとっての費用→P社の利益のマイナス

Q 3-3 | 子会社当期純利益の振替え |

【Q3-1】において、×1年度の連結財務諸表を作成するために必要な子会社当期純利益の振替えに係る連結修正仕訳を示しなさい。

貸借対照表
×2年3月31日
(単位：円)

資産	P社	S社	負債・純資産	P社	S社
諸資産	550,000	430,000	諸負債	300,000	210,000
S社株式	150,000	—	資本金	200,000	100,000
			利益剰余金	200,000	120,000
	700,000	430,000		700,000	430,000

損益計算書
自×1年4月1日　至×2年3月31日（単位：円）

科目	P社	S社
諸収益	230,000	120,000
諸費用	134,000	67,000
法人税等	26,000	13,000
当期純利益	70,000	40,000

株主資本等変動計算書
自×1年4月1日　至×2年3月31日　（単位：円）

借方	P社	S社	貸方	P社	S社
資本金当期末残高	200,000	100,000	資本金当期首残高	200,000	100,000
剰余金の配当	30,000	20,000	利益剰余金当期首残高	160,000	100,000
利益剰余金当期末残高	200,000	120,000	当期純利益	70,000	40,000

A 3-3 | **解答・解説**

(借) 非支配株主に帰属する当期純利益	12,000[02]	(貸) 非支配株主持分当期変動額	12,000

02)　40,000円×30%＝12,000円

トレーニングⅠ　Ch16　問題2へ

6 剰余金の配当

子会社の配当金は、持分比率に応じて親会社と非支配株主に支払われます。

このうち、親会社に支払われた分は連結会社間の内部取引となるため、親会社の受取配当金勘定と相殺消去します。また、非支配株主に支払われた分は非支配株主持分の減少となります。

(借) 受取配当金	×××	(貸) 剰余金の配当	×××
└子配当金×P持割合		利益剰余金	
非支配株主持分当期変動額	×××	子配当金全額	
└子配当金×非支配株主持分割合			

Q 3-4 | **剰余金の配当**

【Q3-1】において、×1年度の連結財務諸表を作成するために必要な、剰余金の配当に係る連結修正仕訳を示しなさい。期中の剰余金の配当は、P社30,000円、S社20,000円である。

A 3-4 | **解答・解説**

(借) 受取配当金	14,000[02]	(貸) 剰余金の配当[03]（利益剰余金）	20,000[01]
非支配株主持分当期変動額	6,000		

01)　このように、子会社の剰余金配当は全額取り消されるため、「連結S/Sの剰余金の配当額＝親会社の剰余金の配当額」となります。

02)　20,000円×70%＝14,000円

03)　「あれっ！配当の処理をしているのに利益剰余金（剰余金の配当）が貸方で増えている？」と思ってしまいそうですが、これは個別会計上で行った配当の処理を連結会計上で取り消している処理になります。〝減少の取消し⇒増加″となっています。

7 連結財務諸表の作成

1 連結財務諸表の作成

▶▶ 個別財務諸表を合算し、連結修正仕訳を加味して連結財務諸表を作成します。

Q 3-5 | 連結財務諸表の作成

【Q3-1】から【Q3-4】に従って、連結財務諸表(連結キャッシュ・フロー計算書および連結包括利益計算書を除く)を作成しなさい。

A 3-5 | 解答・解説

連結損益計算書

自×1年4月1日 至×2年3月31日 (単位：円)

諸収益	336,000 01)
諸費用	201,395 02)
税金等調整前当期純利益	134,605
法人税等	39,000
当期純利益	95,605
非支配株主に帰属する当期純利益	12,000
親会社株主に帰属する当期純利益	83,605

連結株主資本等変動計算書

自×1年4月1日 至×2年3月31日 (単位：円)

資本金当期末残高	200,000	資本金当期首残高	200,000
剰余金の配当	30,000	利益剰余金当期首残高	160,000
利益剰余金当期末残高	213,605	親会社株主に帰属する当期純利益	83,605
非支配株主持分当期末残高	66,900	非支配株主持分当期首残高	60,900
		非支配株主持分当期変動額	6,000 03)

連結貸借対照表

×2年3月31日 (単位：円)

資産	金額	負債・純資産	金額
諸資産	983,000	諸負債	510,000
のれん	7,505	資本金	200,000
		利益剰余金	213,605
		非支配株主持分	66,900
	990,505		990,505

01) 230,000円＋120,000円－14,000円＝336,000円

02) 134,000円＋67,000円＋395円＝201,395円

03) 12,000円－6,000円＝6,000円

2 翌年度の開始仕訳

前期末までの連結修正仕訳を合計して開始仕訳とします。ただし、連結損益計算書項目は利益剰余金当期首残高勘定、非支配株主持分当期変動額勘定は非支配株主持分当期首残高勘定となる点に注意が必要です。

Q 3-6 開始仕訳2

【Q3-1】から【Q3-4】に従って、×2年度の連結財務諸表を作成するために必要な開始仕訳を示しなさい。

A 3-6 解答・解説

	借方科目	金額		貸方科目	金額
(借)	諸資産	3,000	(貸)	評価差額	3,000
(借)	資本金当期首残高	100,000	(貸)	S社株式	150,000
	利益剰余金当期首残高	106,395[04]		非支配株主持分当期首残高	66,900[06]
	評価差額	3,000			
	のれん	7,505[05]			

04) 100,000円＋395円＋12,000円＋14,000円－20,000円＝106,395円
05) 7,900円－395円＝7,505円
06) 60,900円＋12,000円－6,000円＝66,900円

Q3-1

	借方科目	金額		貸方科目	金額
(借)	諸資産	3,000	(貸)	評価差額	3,000
(借)	資本金当期首残高	100,000	(貸)	S社株式	150,000
	利益剰余金当期首残高	100,000		非支配株主持分当期首残高	60,900
	評価差額	3,000			
	のれん	7,900			

Q3-2

	借方科目	金額		貸方科目	金額
(借)	利益剰余金当期首残高 のれん償却額	395	(貸)	のれん	395

Q3-3

	借方科目	金額		貸方科目	金額
(借)	利益剰余金当期首残高 非支配株主に帰属する当期純利益	12,000	(貸)	非支配株主持分当期首残高 非支配株主持分当期変動額	12,000

Q3-4

	借方科目	金額		貸方科目	金額
(借)	利益剰余金当期首残高 受取配当金	14,000	(貸)	利益剰余金当期首残高 剰余金の配当	20,000
	非支配株主持分当期首残高 非支配株主持分当期変動額	6,000			

3 タイムテーブル

タイムテーブルとは、横軸に時間経過を、縦軸に各時点の子会社資本の内訳、株式取得割合やのれん等を記入し、分析する表であり、特に開始仕訳に係る利益剰余金当期首残高と非支配株主持分当期首残高を算定するのに有用です[07]。

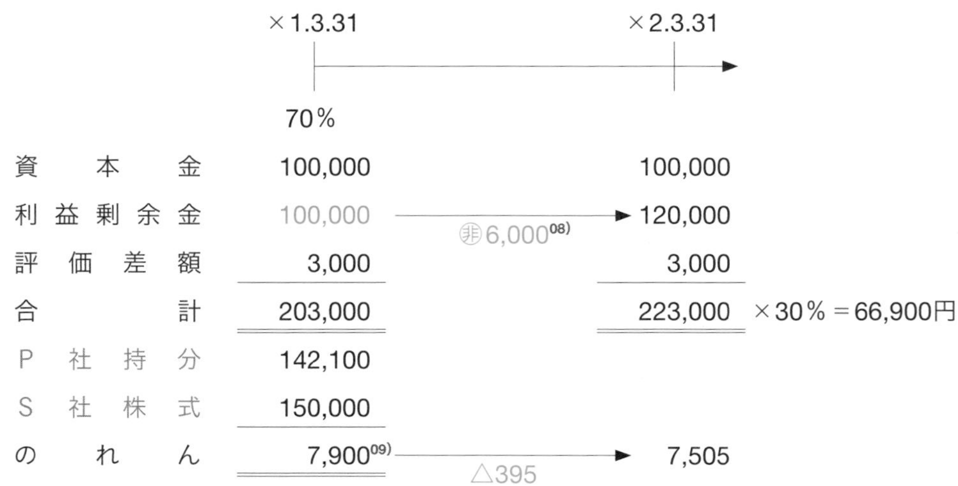

07) 実際に連結会計の総合問題を解く場合、タイムテーブルを使うものと思ってください。
08) (120,000円－100,000円)×30%＝6,000円
このように、×1年度の「当期純利益の振替え」・「剰余金の配当」に係る利益剰余金の変化をまとめて算定します。
09) 150,000円－142,100円＝7,900円
S社株式　P社持分

＜×2年度開始仕訳＞

(借) 諸資産	3,000	(貸) 評価差額	3,000

(借) 資本金当期首残高	100,000	(貸) S社株式	150,000
利益剰余金当期首残高	106,395[10]	非支配株主持分当期首残高	66,900
評価差額	3,000		
のれん	7,505		

10) 100,000円＋6,000円＋395円＝106,395円

トレーニングⅠ　Ch16　問題3・4へ

Chapter 17

連結会計2（成果連結、包括利益）

Point

このChapterは、親子会社間の取引と包括利益をみていきます。親子会社間の取引の修正は非常に重要で、部分点がとれるところでもあるので、しっかりおさえるようにしてください。
包括利益については、損益計算書には計上されない資産または負債の価値の増加分を利益または損失と捉える点が重要です。

用語集

ダウン・ストリーム
親会社が子会社に資産を売却したケース

アップ・ストリーム
子会社が親会社に資産を売却したケース

包括利益
ある企業の特定期間の財務諸表において認識された純資産の変動額のうち、当該企業の純資産に対する持分所有者との直接的な取引によらない部分

その他の包括利益
包括利益のうち当期純利益に含まれない部分

Section

1 債権・債務の相殺消去

重要度

現実には資金の貸借から商品や固定資産の売買に至るまで様々な取引が親子会社間で展開されています。
このSectionでは、まず資金の貸借からみていきます。

1 成果連結の意義

成果連結とは、親子会社間の債権債務、商品売買取引等の相殺消去のことであり、連結修正仕訳の1つです。

連結会社間の債権債務・商品売買取引等について、連結上あるべき仕訳を考えると、企業グループ内における取引(内部取引)に過ぎないことから、「仕訳なし」となります。

そこで、個別上の仕訳を連結上の「仕訳なし」の状態に戻すため、連結会社間の債権債務・商品売買取引等を相殺消去する成果連結が必要になります[01)]。

01) なお、連結会社間の取引が連結会社以外の会社を通じて行われている場合であっても、その取引が実質的に連結会社間の取引であるときは、当該取引を連結会社間の取引とみなし、成果連結の対象とします。

2 貸付金・借入金

連結会社間で資金の貸借を行い、連結決算期末に債権債務の残高がある場合、それを示す貸付金と借入金を相殺消去します[01)]。

この取引は連結ベースでは企業グループ内部での資金の移動にすぎないためです。

また、付随して発生する利息の授受や経過勘定についても相殺消去します。

01) ただし、連結修正仕訳は個別財務諸表上の科目で行うので、短期貸付金(借入金)または長期貸付金(借入金)という科目を用います。

Q 1-1 会社間取引・貸付金・借入金

P社(親会社)はS社(子会社)に対する短期貸付金100,000円があり、それにより未収利息1,500円、受取利息02) 6,000円を計上した。このときの連結修正仕訳を示しなさい。

A 1-1 解答・解説

(借)	短期借入金	100,000	(貸)	短期貸付金	100,000
(借)	受取利息03)	6,000	(貸)	支払利息03)	6,000
(借)	未払費用04)	1,500	(貸)	未収収益04)	1,500

02) 受取利息のうち1,500円について未収利息が計上されています。
03) 受取利息と支払利息が対応します。
04) 未収収益と未払費用が対応します。

親会社

(借)	短期貸付金	100,000	(貸)	現金	100,000
(借)	現金	4,500	(貸)	受取利息	4,500
(借)	未収収益	1,500	(貸)	受取利息	1,500

資金取引 ←→

子会社

(借)	現金	100,000	(貸)	短期借入金	100,000
(借)	支払利息	4,500	(貸)	現金	4,500
(借)	支払利息	1,500	(貸)	未払費用	1,500

〈連結ベース〉
仕訳なし(連結会社間の内部取引にすぎない)

3 売掛金・買掛金

1 売掛金と買掛金の相殺

連結会社間で商品売買を掛けで行い、連結決算期末に売掛金・買掛金の残高がある場合、これを相殺消去します01)。

なぜなら、連結会社間の債権・債務は連結ベースでは債権者と債務者が一致してしまうからです。

01) すべての売掛金・買掛金を相殺消去するのではなく、連結会社間の商品売買によって生じたものだけを消去します。また、連結会社間の売掛金・買掛金でも期中に決済されたものについては、個別財務諸表上、計上されていないため、相殺する必要はありません。

2 貸倒引当金の修正

連結会社間の債権(売掛金など)に貸倒引当金が設定されていた場合には、貸倒引当金とともにその繰入額も消去します。

(1) 親会社の貸倒引当金を修正する場合

Q 1-2 | 売掛金・買掛金(税効果なし)

P社はS社株式の80%を所有し支配している。連結決算にあたり、P社はS社に対して売掛金100,000円があり、これに2%の貸倒引当金を設定している。このときの連結修正仕訳を示しなさい。

A 1-2 | 解答・解説

(借) 買掛金	100,000	(貸) 売掛金	100,000
(借) 貸倒引当金	2,000	(貸) 貸倒引当金繰入	2,000[02]

02) 100,000円×2%=2,000円

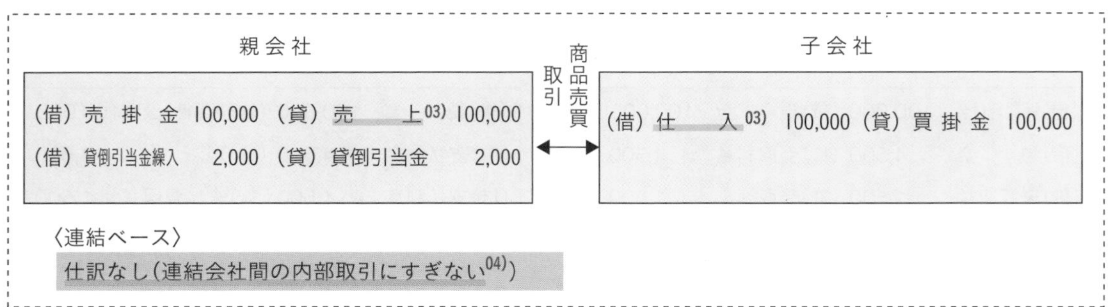

03) 連結会社間における売上高と売上原価の相殺消去についてはSection2で扱います。

04) 貸倒引当金の設定はS社との取引をともなわないP社内の仕訳ですが、貸倒引当金の対象である債権(売掛金)が消去されるのにともなって、修正が必要になります。

(2) 子会社の貸倒引当金を修正する場合

部分所有子会社が親会社に対する売掛金に設定した貸倒引当金繰入額を消去した場合、子会社の損益が変動するため、非支配株主持分も修正します。

Q 1-3 | 売掛金・買掛金(子会社の貸倒引当金の修正)

P社はS社株式の80%を所有し支配している。連結決算にあたり、S社はP社に対して売掛金100,000円があり、これに2%の貸倒引当金を設定している。このときの連結修正仕訳を示しなさい。なお、貸倒引当金の修正に係る損益は、非支配株主持分にも負担させる。

A 1-3 | 解答

(1) 債権・債務の相殺

(借) 買掛金	100,000	(貸) 売掛金	100,000

(2) 貸倒引当金の修正

(借) 貸倒引当金	2,000	(貸) 貸倒引当金繰入	2,000[05]
(借) 非支配株主に帰属する当期純利益	400	(貸) 非支配株主持分当期変動額	400[06]

05) 100,000円×2%=2,000円

06) 2,000円×20%=400円

4 前期末に貸倒引当金が設定されていた場合

前期末の売掛金に貸倒引当金が設定されていた場合には、前期末の貸倒引当金繰入額の修正については利益剰余金当期首残高とし、当期末の貸倒引当金繰入額の修正については貸倒引当金繰入を消去します。

Q 1-4 貸倒引当金

P社はS社株式の80％を所有し支配している。連結決算にあたり、P社はS社に対して売掛金150,000円があり、これに2％の貸倒引当金を差額補充法により設定している。

なお、前期末におけるS社に対する貸倒引当金は、2,000円（すべて売上債権に係る分）である。このときの連結修正仕訳を示しなさい。

A 1-4 解答・解説

（借）	買掛金	150,000	（貸）	売掛金	150,000

（借）	貸倒引当金	3,000[01]	（貸）	利益剰余金当期首残高	2,000
				貸倒引当金繰入	1,000[02]

01) S社に対する当期末における貸倒引当金は全額（150,000円×2％）消去されます。

02) 当期末貸倒引当金残高　150,000円×2％＝3,000円
3,000円－2,000円＝1,000円

上記の貸倒引当金の仕訳は、以下のように分けて考えることもできます。

(1) 前期分の引継ぎ

（借）	貸倒引当金	2,000	（貸）	利益剰余金当期首残高（前期の貸倒引当金繰入）	2,000

(2) 当期分の修正

（借）	貸倒引当金	1,000	（貸）	貸倒引当金繰入	1,000

参考　子会社の貸倒引当金の修正（前期末の貸倒引当金の修正）

▶▶ 子会社において、前期末に親会社の売掛金について貸倒引当金を設定していた場合の処理については、本試験での出題可能性が低いため、参考にしてあります。

Q　貸倒引当金

P社はS社株式の80％を所有し支配している。連結決算にあたり、S社はP社に対して売掛金150,000円があり、これに2％の貸倒引当金を差額補充法により設定している。

なお、前期末におけるP社に対する貸倒引当金は、2,000円（すべて売上債権に係る分）である。このときの連結修正仕訳を示しなさい。

また、貸倒引当金の修正にかかわる損益は非支配株主持分にも負担させる。

A　解答・解説

(1)　債権・債務の相殺

借方	金額	貸方	金額
(借) 買掛金	150,000	(貸) 売掛金	150,000

(2)　貸倒引当金の修正

借方	金額	貸方	金額
(借) 貸倒引当金	3,000	(貸) 利益剰余金当期首残高	2,000
		貸倒引当金繰入	1,000
(借) 利益剰余金当期首残高[03)]	400	(貸) 非支配株主持分当期首残高	400[04)]
(借) 非支配株主に帰属する当期純利益	200	(貸) 非支配株主持分当期変動額	200[05)]

03)　前期の「非支配株主に帰属する当期純利益」の修正なので「利益剰余金当期首残高」で処理します。

04)　2,000円×20％＝400円

05)　1,000円×20％＝200円

5　手形取引

▶▶　連結会社間で手形取引を行い、連結決算期末に未決済の場合、それを示す受取手形と支払手形を相殺消去します。

ただし、手形は裏書や割引を行う可能性があるので、その場合の連結修正仕訳には注意が必要です。

1　内部取引の消去

▶▶　連結会社間で手形の授受が行われた場合、連結ベースでは企業グループ内部の取引にすぎないため、個別会計上の仕訳を消去します。

Q　1-5｜手形取引

P社(親会社)はS社(100%子会社)に買掛金の支払のために手形10,000円を振り出した。S社はこの手形を期末現在保有している。このときの連結修正仕訳を示しなさい。なお、S社は売上債権残高に対して2%の貸倒引当金を設定している。

A　1-5｜解答・解説

(借)	支払手形	10,000	(貸) 受取手形	10,000
(借)	貸倒引当金	200	(貸) 貸倒引当金繰入	200

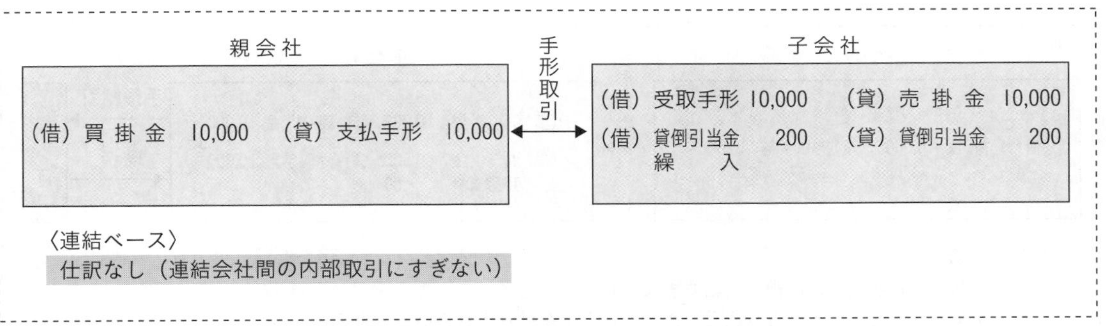

S社は100%子会社なので、非支配株主持分の修正は必要ありません。

2　他勘定への振替え

▶▶　親会社が振り出した手形を子会社が受け取り、さらに企業グループ外に割引・裏書した場合には他勘定へ振り替えます[01]。

01)　子会社が振り出した手形を親会社が割引・裏書した場合も同じです。

(1) 割引手形

企業グループ内で発行した手形を企業グループ外(銀行など)で割り引いた場合は、手形による資金の借入れと考え、短期借入金勘定に振り替えます[02)]。

さらに、手形の割引料は、手形借入にともなう「利息の前払い」と考えられますので、個別会計上計上されている手形売却損勘定を支払利息勘定に振り替えます。

また、振り替えた支払利息のうち次期に係る部分を前払利息勘定に振り替えます。

02) 手形の振出しによる借入金で1年を超えるものは通常ありませんので、短期借入金として表示します。

Q 1-6 | 割引手形 |

P社(親会社)はS社(子会社)に買掛金の支払のため手形 10,000円を振り出した。S社はこの手形を銀行で割り引き、割引料500円(次期に係る部分:200円)を差し引かれた。このときの連結修正仕訳を示しなさい。なお、S社は割引時に受取手形を直接減額している。

A 1-6 | 解答・解説 |

(借)	支払手形[03)]	10,000	(貸)	短期借入金	10,000
(借)	支払利息	500	(貸)	手形売却損	500
(借)	前払費用	200	(貸)	支払利息	200

03) 割引時に受取手形を直接減額しているため、個別B/S上、割引分の受取手形は計上されていません。したがって、受取手形をあらためて減額する必要はありません。

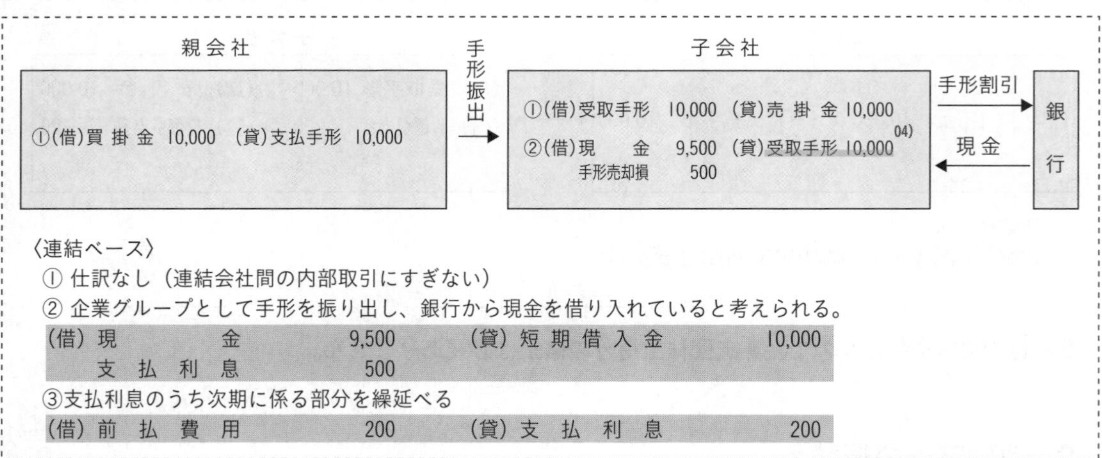

連結修正仕訳

①	(借)	支払手形	10,000	(貸)	受取手形	10,000
②	(借)	受取手形	10,000	(貸)	短期借入金	10,000
	(借)	支払利息	500	(貸)	手形売却損	500
③	(借)	前払費用	200	(貸)	支払利息	200

①～③の仕訳をまとめると解答の仕訳になります。

04) 連結B/Sで、手形割引高が注記されている場合、注記の金額からも控除します。

⑵ 裏書手形

▸▸ 企業グループ内で振り出した手形を企業グループ外(仕入先など)へ裏書譲渡した場合は、通常の手形振出と考え、支払手形として処理します。

Q 1-7 | **裏書手形** |

P社(親会社)はS社(子会社)に買掛金の支払のため手形 10,000円を振り出した(①)。また、S社はこの手形を買掛金決済のために裏書した(②)。このときの連結修正仕訳を示しなさい。なお、S社は裏書時に受取手形を直接減額している。

A 1-7 | **解答・解説** |

仕　訳　な　し

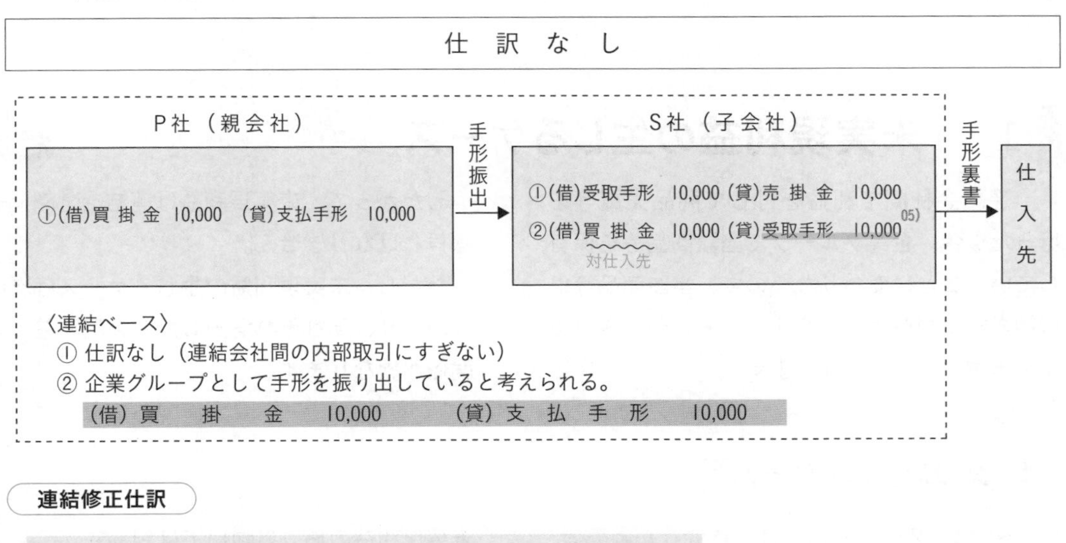

連結修正仕訳

	借方	金額	貸方	金額
①	(借) 支 払 手 形	10,000	(貸) 受 取 手 形	10,000
②	(借) 受 取 手 形	10,000	(貸) 支 払 手 形	10,000

①、②の仕訳をまとめると解答の「仕訳なし」となります。

05) 連結B/Sで、手形裏書高が注記されている場合、注記の金額からも控除します。

トレーニングⅠ　Ch17　問題1・2へ

重要度

Section

2 商品売買等の相殺消去

企業グループとしての親会社と子会社であっても、それぞれが独立した一つの企業のため、商品などの売買取引では一定の利益分を加算して行います。

この利益は、連結会計を行うにあたっては内部利益となり、在庫などの資産として企業内部に残っている場合には、「内部未実現利益」となります。未実現ならば、ほっておくわけにはいきません。

1 未実現利益の生じるケース

連結会社間で利益を付して商品売買等を行った場合、企業グループで当該商品等を保有していることに変わりないので、当該商品等に付加された利益は企業グループ外に販売されるまで未実現の利益となります。

したがって、未実現利益は連結上全額消去しなければなりません。

ただし、未実現利益の生じるケースは次の2つがあり、それぞれ消去した未実現利益の負担関係が異なります。

1 ダウン・ストリーム[01)]

ダウン・ストリームとは、親会社が販売者、子会社が購入者となる場合をいいます。このとき、親会社(販売者)が利益を付加しているので、未実現利益の消去については親会社が全額負担します(全額消去・親会社負担方式)。

2 アップ・ストリーム[01)]

アップ・ストリームとは、子会社が販売者、親会社が購入者となる場合をいいます。このとき、子会社(販売者)が利益を付加しているので、未実現利益の消去については、子会社の持分比率に応じて親会社と非支配株主が負担します(全額消去・持分比率負担方式)。

01) ダウン・ストリームは下降気流、アップ・ストリームは上昇気流という意味です。

2 非償却性資産(土地)の未実現利益の消去

連結会社間で非償却性資産[01]に利益を付して売買を行った場合、その取引によって生じる利益を未実現利益として消去します。

01) 非償却性資産とは減価償却を行わない資産です。代表的なものが土地です。

1 ダウン・ストリーム

ダウン・ストリームの場合、全額消去・親会社負担方式で未実現利益を処理します。

Q 2-1 | 非償却性資産の未実現利益消去(ダウン・ストリーム)

P社はS社株式の70%を取得し、支配している。期中、P社が帳簿価額150,000円の土地を200,000円でS社に売却しており、期末現在、S社は当該土地を保有している。このときの連結修正仕訳を示しなさい。

A 2-1 | 解答

(借)			(貸)	
(借)	土地売却益	50,000	(貸) 土地	50,000

2 アップ・ストリーム

アップ・ストリームの場合、全額消去・持分比率負担方式で処理します。

Q 2-2 | 非償却性資産の未実現利益消去(アップ・ストリーム)

P社はS社株式の70%を取得し、支配している。期中、S社が帳簿価額150,000円の土地を200,000円でP社に売却しており、期末現在、P社は当該土地を保有している。このときの連結修正仕訳を示しなさい。

A 2-2 | 解答・解説

(借)	土地売却益	50,000	(貸) 土地	50,000
(借)	非支配株主持分当期変動額	15,000	(貸) 非支配株主に帰属する当期純利益	15,000[02]

02) 50,000円×30%=15,000円

3 償却性資産の未実現利益の消去

▸▸ 連結会社間で償却性資産[01]に利益を付して売買を行った場合、購入側は利益が付加された金額を取得原価として減価償却を行っています。

そこで、未実現利益の消去に加えて減価償却費の修正も必要になります。

01) 償却性資産とは備品、建物といった減価償却を行う資産です。

1 ダウン・ストリーム

Q 2-3 | 償却性資産の未実現利益の消去1 |

P社はS社株式の70％を所有し支配している。当期首にP社はS社に帳簿価額300,000円の備品を500,000円で売却した。期末現在、この備品は企業集団外部に販売されていない。

なお、S社は、備品の減価償却を定額法(残存価額ゼロ)により5年間で行うものとする。

このときの連結修正仕訳を示しなさい。

A 2-3 | 解答 |

⑴ 未実現利益の消去

(借) 備品売却益[02]	200,000	(貸) 備品	200,000

02) ダウン・ストリームの場合、未実現利益は全額消去・親会社負担方式で消去します。

⑵ 減価償却費の修正

(借) 減価償却累計額	40,000	(貸) 減価償却費	40,000[03]

03) 個別上：500,000円÷5年＝100,000円　連結上：300,000円÷5年＝60,000円
100,000円−60,000円＝40,000円

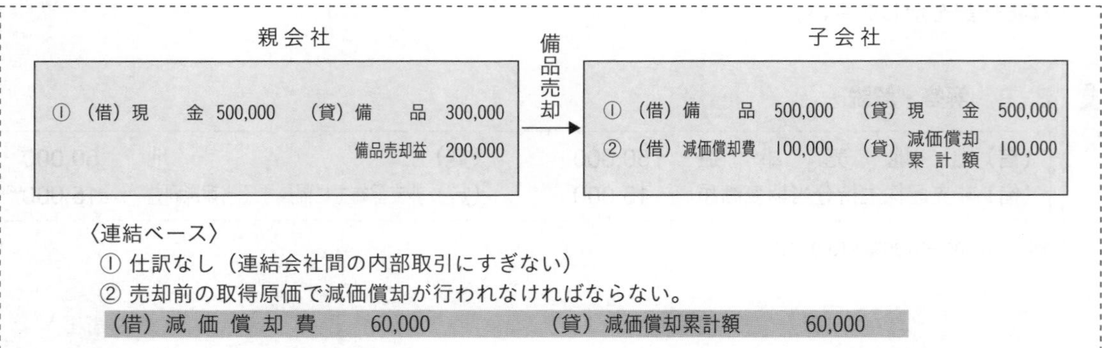

▸▸ 親会社が利益を付加しているので、減価償却費の修正額についても親会社が負担します。

したがって、非支配株主持分には影響しません。

2 アップ・ストリーム

Q 2-4 | **償却性資産の未実現利益の消去2** |

P社はS社株式の70%を所有し支配している。当期首にS社はP社に帳簿価額300,000円の備品を500,000円で売却した。期末現在、この備品は企業集団外部に販売されていない。

なお、P社は、備品の減価償却を定額法(残存価額ゼロ)により5年間で行うものとする。

このときの連結修正仕訳を示しなさい。

A 2-4 | **解答** |

(1) 未実現利益の消去

(借)	備品売却益	200,000	(貸) 備品	200,000
(借)	非支配株主持分当期変動額[04]	60,000[05]	(貸) 非支配株主に帰属する当期純利益	60,000

04) アップ・ストリームの場合、未実現利益は全額消去・持分比率負担方式で消去します。

05) 200,000円×30%＝60,000円

(2) 減価償却費の修正

(借)	減価償却累計額	40,000	(貸) 減価償却費	40,000
(借)	非支配株主に帰属する当期純利益	12,000[06]	(貸) 非支配株主持分当期変動額[04]	12,000

06) 40,000円×30%＝12,000円

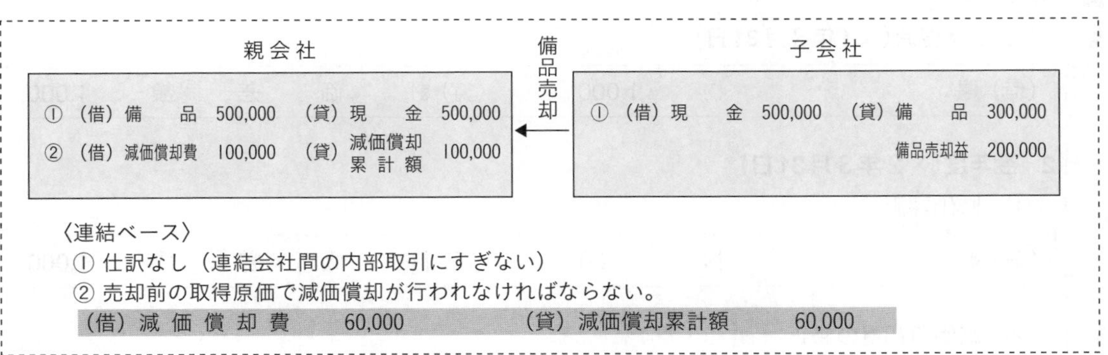

▸▸ 子会社が利益を付加しているので、減価償却費の修正額についても子会社が負担します。したがって非支配株主持分に影響します[07]。

07) 子会社の付加した未実現利益が減価償却により一部実現したと考えることもできます。

トレーニングⅠ　Ch17　問題3へ

参考　評価差額の実現

子会社の支配獲得時に、子会社の建物などの償却性資産を時価評価したときは、翌年度から減価償却費を修正します。

具体的には、固定資産の簿価修正額を残存耐用年数で割った額について、減価償却費を修正します。

また、子会社の減価償却費の修正による純資産の変動額を非支配株主持分にも配分します。

01) 評価差額の実現は、親子会社間の取引から話は変わり、支配獲得時の子会社の資産の時価評価についての応用論点です。
仕訳は、固定資産の未実現利益の消去の処理と、逆のイメージです。

Q　評価差額の実現

P社は×1年3月末にS社の発行済株式(S社株式)の80%を取得し、S社を支配した。

×1年3月期と×2年3月期の連結財務諸表作成にあたり、子会社の資産の時価評価に係る仕訳を行う。

(1) 支配獲得時(×1年3月31日)にS社の建物について1,000円の評価益が生じている。
(2) 建物の償却方法は、定額法、残存価額：ゼロであり、支配獲得時からの残存耐用年数は10年である。

A　解答・解説

1　支配獲得時(×1年3月31日)

(借) 建物	1,000	(貸) 評価差額	1,000

2　翌年度(×2年3月31日)

(1) 時価評価

(借) 建物	1,000	(貸) 評価差額	1,000

(2) 減価償却費の修正

(借) 減価償却費	100 02)	(貸) 減価償却累計額	100

02) 1,000円÷10年＝100円

(3) 非支配株主持分への配分

(借) 非支配株主持分当期変動額	20 03)	(貸) 非支配株主に帰属する当期純利益	20

03) 100円×20%＝20円

なお、税効果会計(税率30%)を適用する場合の仕訳は、次のようになります。

(借) 建物	1,000	(貸) 繰延税金負債	300[04]
		評価差額	700[05]

04) 1,000円×30%=300円
05) 1,000円×(1−30%)=700円

(借) 減価償却費	100	(貸) 減価償却累計額	100
(借) 繰延税金負債	30[06]	(貸) 法人税等調整額	30
(借) 非支配株主持分当期変動額	14[07]	(貸) 非支配株主に帰属する当期純利益	14

06) 100円×30%=30円(時価評価時の将来加算一時差異の解消のため、繰延税金負債となる)
07) (100円−30円)×20%=14円

4 売上高と売上原価(仕入)

連結会社間で商品売買を行った場合、売上高と売上原価を連結会計上相殺消去します。これは、商品の売買も連結ベースでは企業集団内部の商品の移動にすぎないからです。

連結修正仕訳は、財務諸表上の科目である売上高と売上原価[01]で行います。この相殺消去は、ダウン・ストリームでもアップ・ストリームでも必ず行います。

01) 連結P/Lでは売上原価の内訳は示さないので、「仕入高」とはしません。

Q 2-5 売上高と売上原価

P社(親会社)はS社(子会社)に対して、商品500,000円を掛けにより販売した。このときの連結修正仕訳を示しなさい。

A 2-5 解答・解説

(借) 売上高	500,000	(貸) 売上原価	500,000

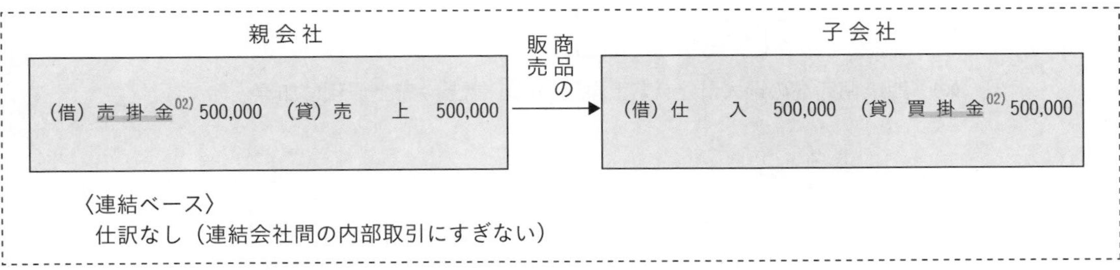

02) 売掛金・買掛金の相殺消去については17-3ページ参照。

5 棚卸資産の未実現利益の消去(ダウン・ストリームの場合)

1 期末商品に含まれる未実現利益

親会社が子会社に棚卸資産を販売し、期末まで企業グループ外部に売却せず、手許に残っている場合、期末の棚卸資産に含まれる未実現利益を全額消去し、これを親会社が全額負担します。

Q 2-6 棚卸資産の未実現利益の消去1

P社(親会社)はS社(子会社)に原価率80%で商品を販売している。S社の期末商品 2,000円はP社から仕入れたものである。このときの連結修正仕訳を示しなさい。

A 2-6 解答・解説

(借) 売上原価	400	(貸) 商品	400[01]

01) 2,000円×20%＝400円

期末商品2,000円に含まれる内部利益400円は未実現のため、連結貸借対照表の商品勘定から控除します。また、その金額を売上原価に加算します。これは、個別財務諸表上、期末商品に未実現利益が含まれていた分だけ売上原価が過小計上されていたためです[02]。

02) 売上原価の求め方　期首棚卸高+当期仕入高－期末棚卸高=売上原価

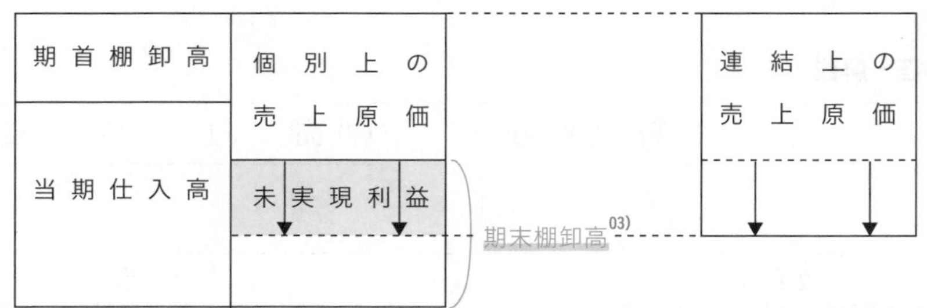

03) 期末棚卸高の過大計上=売上原価の過小計上⇒売上原価に加算

2 期首商品に含まれる未実現利益

未実現利益を含んだ期末商品は、翌期には期首商品となります。

期首商品に含まれる未実現利益については次の処理を行います。

Q 2-7 棚卸資産の未実現利益の消去2

P社(親会社)はS社(子会社)に80%の原価率(前期も同じ)で商品を販売している。S社の期首商品3,000円はP社から仕入れたものである。このときの連結修正仕訳を示しなさい。

A 2-7 解答・解説

(借) 利益剰余金当期首残高	600[04]	(貸) 売上原価	600[04]

04) 3,000円×20%＝600円

(1) 前期の引継ぎの仕訳

前期に行った連結修正仕訳を再び行います。

(借) 利益剰余金当期首残高	600	(貸) 商品	600

前期の売上原価の修正なので、「利益剰余金当期首残高」で処理します。

(2) 当期の実現の仕訳

期首商品に含まれる未実現利益は当期にはすべて実現したと考えます[05]。そこで、この金額を売上原価から控除します。

これは、期首商品に未実現利益が含まれていた分だけ売上原価が過大計上されていたためです。

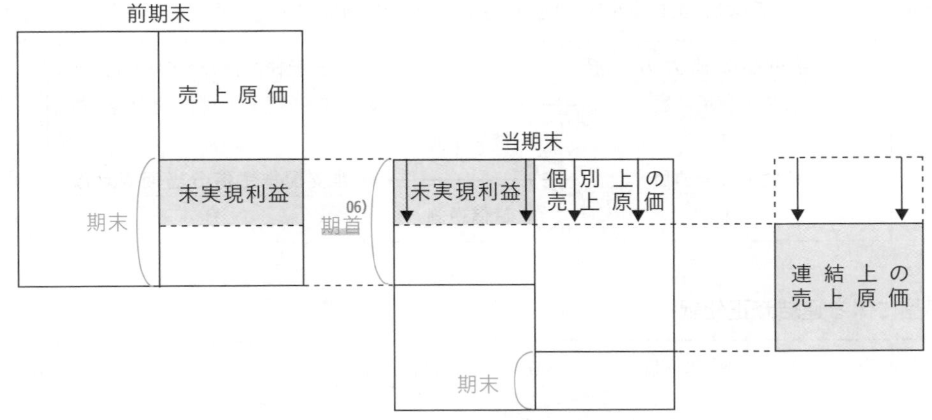

05) 先入先出法と仮定し、期首商品は当期中にすべて販売したと考えます。
06) 期首棚卸高の過大計上＝売上原価の過大計上⇒売上原価から減算

(借) 商品	600[07]	(貸) 売上原価	600

07) (1)の仕訳によって連結B/Sの商品を減らしてしまっているので、それを相殺消去します。

(1)、(2)の仕訳を合計すると、解答の仕訳になります。

6 棚卸資産の未実現利益の消去(アップ・ストリームの場合)

1 期末商品に含まれる未実現利益

▸▸ 期末の棚卸資産に含まれる未実現利益を全額消去し、未実現利益の消去による子会社の純利益の減少額を、親会社と非支配株主が株式持分割合に応じて負担します。

Q 2-8 | 棚卸資産の未実現利益の消去3

S社(子会社)はP社(親会社)に原価率80%で商品を販売している。P社の期末商品 2,000円はS社から仕入れたものである。なお、P社はS社株式の70%を所有している。このときの連結修正仕訳を示しなさい。

A 2-8 | 解答

(借)	売上原価	400	(貸)	商品	400[01]
(借)	非支配株主持分当期変動額	120	(貸)	非支配株主に帰属する当期純利益	120[02]

01) 2,000円×20%=400円
02) 400円×30%=120円

▸▸ ダウン・ストリームの場合と同様に、未実現利益を消去します。加えて、未実現利益のうち、非支配株主の持分割合分については非支配株主持分に負担させます[03]。

03) 最初の仕訳で、いったん親会社に全額負担させているので、親会社には改めて負担させる必要はなく、非支配株主持分についてのみ修正します。

仕訳をするにあたっては次のルールを知っておくと便利です。

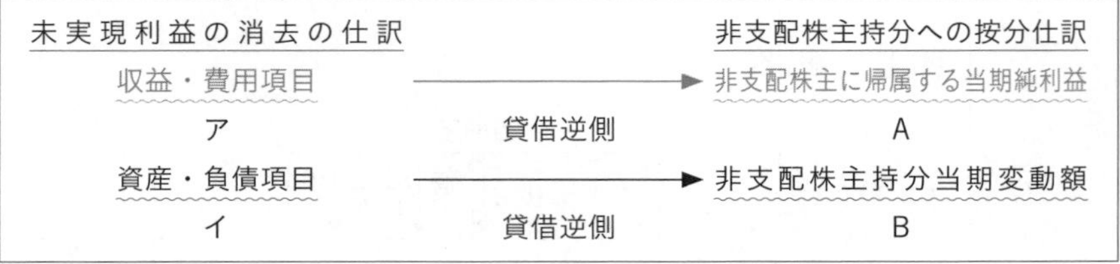

期末商品に係る連結修正仕訳

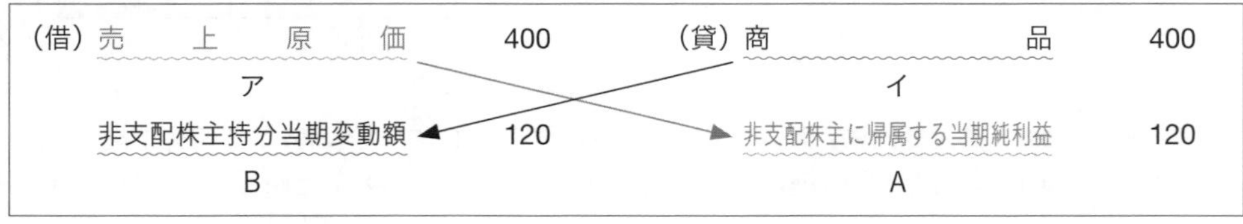

2 期首商品に含まれる未実現利益

▸▸ ダウン・ストリームと同じ考え方で、期首商品の未実現利益を処理します。

Q 2-9 | **棚卸資産の未実現利益の消去4** |

S社(子会社)はP社(親会社)に原価率80% (前期も同じ)で商品を販売している。P社の期首商品 2,000円はS社から仕入れたものである。なお、P社はS社株式の70%を所有している。このときの連結修正仕訳を示しなさい。

A 2-9 | **解答・解説** |

(借)	利益剰余金当期首残高	400	(貸) 売上原価	400
(借)	非支配株主持分当期首残高	120	(貸) 利益剰余金当期首残高	120
(借)	非支配株主に帰属する当期純利益	120	(貸) 非支配株主持分当期変動額	120

(1) 前期の引継ぎの仕訳

▸▸ 前期に行った連結修正仕訳を再び行います。

(借)	利益剰余金当期首残高	400	(貸) 商品	400
(借)	非支配株主持分当期首残高 非支配株主持分当期変動額	120	(貸) 利益剰余金当期首残高 非支配株主に帰属する当期純利益	120

(2) 当期の実現の仕訳

▸▸ 期首商品に含まれる未実現利益が実現したものとして仕訳を行います。子会社純利益の増加にともない非支配株主持分も増加させます。

(借)	商品	400	(貸) 売上原価	400
(借)	非支配株主に帰属する当期純利益	120	(貸) 非支配株主持分当期変動額	120

(1)、(2)の仕訳を合計すると、解答の仕訳になります。

なお、問題を解くさいには、例題の解答のようにまとめて仕訳を行っても、解説のようにまとめずに仕訳を行ってもかまいません。

次のルールを知っておくと便利です。

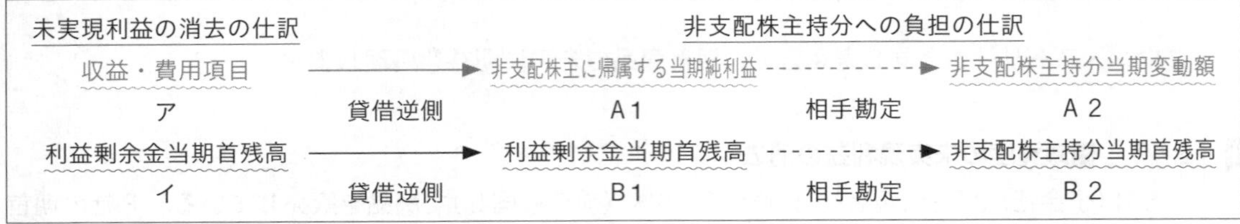

期首商品に係る連結修正仕訳

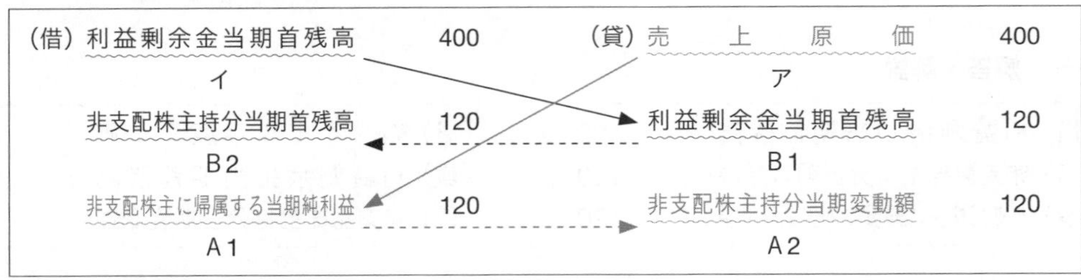

① **収益費用項目**

▶▶ 1つ目の仕訳で、貸方に「売上原価」という費用項目があるため、非支配株主持分への負担の仕訳では、反対側の借方に「非支配株主に帰属する当期純利益」がきます。

そして、「非支配株主に帰属する当期純利益」の相手勘定は「非支配株主持分当期変動額」となります。

② **利益剰余金当期首残高**

▶▶ 1つ目の仕訳で、借方に「利益剰余金当期首残高」があるため、非支配株主持分への負担の仕訳では、反対側の貸方に「利益剰余金当期首残高」がきます。

そして、「利益剰余金当期首残高」の相手勘定は「非支配株主持分当期首残高」となります。

トレーニングⅠ　Ch17　問題4へ

▶ 棚卸資産の未実現利益の消去の仕訳のイミ ◀

期末商品：(借) 売上原価 ＊＊＊ (貸) 商品 ＊＊＊
②その分の当期の利益が減ったよ　①未実現利益を引くよ

期首商品：(借) 利益剰余金当期首残高 ＊＊＊ (貸) 売上原価 ＊＊＊
④前期の利益じゃないよ　③当期の利益になったよ

棚卸資産の未実現利益の消去の仕訳の意味をお話しておきましょう。

まず、①期末商品です。期末商品には未実現利益が含まれている場合、それを控除します。

②その分、当期の利益が減るので、商品売買に関する費用である売上原価を増やすことで当期の利益の減少を認識します。

次に期首商品です。期首にあった商品は当期にすべて販売したと考えます。

したがって、③期首商品に含まれていた未実現利益は当期の利益になったと考え、これを売上原価を減らすことで示します(結果的に当期利益の増加になります)。

一方、期首商品に含まれる未実現利益は、個別会計上、前期の利益としていたので、④前期の利益じゃないよ、という処理が必要になります。これを前期の利益を表す利益剰余金当期首残高を減らすことで表しています。

アップ・ストリームの場合は、これに加えて非支配株主持分への影響を考える必要があります。期首商品でみておきましょう。

貸方の売上原価は「当期利益の増加」を示しているので、当期利益の非支配株主持分への振替えの仕訳をします。

借方の利益剰余金当期首残高は「前期利益の減少」を意味しているので、前期利益が減って非支配株主持分も減少する仕訳を行います。

これらの仕訳はまとめることもできますが、1つ1つ理解することが望ましいでしょう。

【財務諸表計上額】 重要度 ★★★

連結財務諸表
資　本　金：親会社の資本金
非支配株主持分：子会社の当期末資本×非支配株主割合
±アップストリームによる非株への影響額

Chapter 17 連結会計2 (成果連結、包括利益)

7　未達取引の処理

連結決算期末に連結会社間で未達取引が存在する場合には、未実現利益の消去や債権債務の相殺消去などの連結修正仕訳に先立ち、未達取引についての処理を行います。

1　商品未達

連結会社間で商品未達がある場合には、まず、仕入側に未達があるので仕入側の当期仕入高を修正し、次に、当期仕入高から期末商品への振替えを行います。

Q 2-10 | 商品未達 |

　P社(親会社)はS社(子会社)に対して商品5,000円を送付したが、連結決算期末の時点でS社に未達であった。このときの連結修正仕訳を示しなさい。

A 2-10 | 解答・解説 |

(借) 商　品	5,000	(貸) 買　掛　金	5,000

(1)　未達商品の金額だけ仕入側の当期仕入高を修正します。

(借) 売　上　原　価[01)]（仕　入）	5,000	(貸) 買　掛　金	5,000

01)　この修正により連結会社間の商品売買で発生した売上高と仕入高の金額が一致します。

(2)　未達商品は仕入側の期末商品となるので、期末商品へ振り替えます。

(借) 商　品	5,000	(貸) 売　上　原　価（仕　入）	5,000

(1)、(2)の仕訳を合計すると、連結修正仕訳になります。

2　決済未達

連結会社間で債権債務の決済に関して未達がある場合、債権者側に未達があるので債権者側の債権残高を減らします。

　この修正により、連結会社間の債権残高と債務残高の金額が一致します。

Q 2-11 | 決済未達 |

　S社(子会社)はP社(親会社)に対する買掛金4,000円を支払ったが、P社に未達であった。このときの連結修正仕訳を示しなさい。

A 2-11 | 解答 |

(借) 現　金　預　金	4,000	(貸) 売　掛　金	4,000

トレーニングⅠ　Ch17　問題5～7へ

Section 3 連結精算表

Section2までで資本連結、のれんの処理、未実現利益の消去など、親会社と子会社の財務諸表の連結に必要な処理方法をひととおり学びました。
このSectionでは連結精算表に実際に記入して親会社と子会社の財務諸表を連結してみましょう。

1 連結精算表とは

連結精算表とは、親会社と子会社の個別財務諸表を合算した上で、連結修正仕訳を行うことにより連結財務諸表を作成するというプロセスを一覧表の形で示したものです。

この連結精算表をもとに連結財務諸表を作成します。

個別上の仕訳と連結上のあるべき仕訳が異なるため、連結精算表上で連結修正仕訳を行い、連結財務諸表の金額を算定します。

2 連結精算表の作成

過去に日商1級で出題されたものと同じ形式の連結精算表を使って練習してみましょう。

親会社と子会社の個別財務諸表の合算まではすでに行われているため、解答にあたっては、①連結修正仕訳を行って消去・振替欄に記入する、②合計欄の金額に連結修正仕訳の金額を足し引きして連結財務諸表欄に記入する、という順で解答していくことになります。

たとえば、子会社の資産・負債の評価替えについて精算表を記入する場合、次のようになります。

(借) 土　地	1,000	(貸) 評 価 差 額	1,000

勘　定　科　目	個別財務諸表			消去・振替		連結財務諸表
	P社	S社	合　計			
⋮						
土　　地	10,000	6,000	16,000 →	(+) 1,000 →		→17,000
⋮						
評　価　差　額					1,000	
⋮						

以下の連結精算表をもとに、記入順序を確認しておきましょう。

連　結　精　算　表　（単位：円）

勘定科目	個別財務諸表			消去・振替		連結財務諸表
	P社	S社	合　計			
貸借対照表						
諸　資　産	475,000	385,000	860,000			860,000
商　　品	25,000	15,000	40,000		1,000	39,000
土　地	50,000	30,000	80,000	3,000		83,000
S社株式	150,000		150,000		150,000	0
の れ ん				7,900	395	7,505
資産合計	700,000	430,000	1,130,000	10,900	151,395	989,505
諸　負　債	(300,000)	(210,000)	(510,000)			(510,000)
資　本　金	(200,000)	(100,000)	(300,000)	100,000		(200,000)
利益剰余金	(200,000)	(120,000)	(320,000)	157,395	50,000	(212,605)
評価差額				3,000	3,000	0
非支配株主持分				6,000	72,900	(66,900)
負債・純資産合計	(700,000)	(430,000)	(1,130,000)	266,395	125,900	(989,505)
損益計算書						
売　上　高	(192,000)	(114,000)	(306,000)	30,000		(276,000)
諸　収　益	(14,000)	(6,000)	(20,000)			(20,000)
受取配当金	(24,000)		(24,000)	14,000		(10,000)
売上原価	108,000	62,000	170,000	1,000	30,000	141,000
諸　費　用	26,000	5,000	31,000			31,000
のれん償却額				395		395
法人税等	26,000	13,000	39,000			39,000
非支配株主に帰属する当期純利益				12,000		12,000
親会社株主に帰属する当期純利益	(70,000)	(40,000)	(110,000)	57,395	30,000	(① 82,605)
株主資本等変動計算書						
資本金当期首残高	(200,000)	(100,000)	(300,000)	100,000		(200,000)
資本金当期末残高	(200,000)	(100,000)	(300,000)	100,000		(200,000)
利益剰余金当期首残高	(160,000)	(100,000)	(260,000)	100,000		(160,000)
当期変動額						
剰余金の配当	30,000	20,000	50,000		20,000	30,000
親会社株主に帰属する当期純利益	(70,000)	(40,000)	(110,000)	57,395	30,000	(② 82,605)
利益剰余金当期末残高	(200,000)	(120,000)	(320,000)	157,395	50,000	(③ 212,605)
非支配株主持分当期首残高					60,900	(60,900)
非支配株主持分当期変動額				6,000	12,000	(6,000)
非支配株主持分当期末残高				6,000	72,900	(④ 66,900)

精算表上の（　　）は貸方金額を示す。

① まず、親会社株主に帰属する当期純利益を確定します。

② 親会社株主に帰属する当期純利益を株主資本等変動計算書の親会社株主に帰属する当期純利益に書き写します。

③ 利益剰余金当期末残高を計算し、貸借対照表の利益剰余金に書き写します。

④ 非支配株主持分当期末残高を計算し、貸借対照表の非支配株主持分に書き写します。

注）消去・振替欄は採点対象にならない場合があるので、消去・振替欄の利益剰余金当期末残高、非支配株主持分当期末残高などの記入は後回しでかまいません。

トレーニングⅠ　Ch17　問題8へ

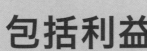

Section

4 包括利益

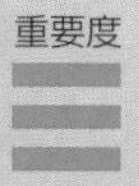

海外の財務諸表では、収益から費用を引いた額だけでなく、資産・負債の価値が変動した場合には利益と考えます。一方、日本の財務諸表では、収益から費用を引いた額を利益と考えます。しかし、日本の連結財務諸表でも、海外の財務諸表と比較できるように、資産・負債の価値が変動した場合も利益とする考え方を一部取り入れています。

例えば、その他有価証券の価値(時価)が変動した場合、個別財務諸表上は、純資産の部に表示しています。これを連結財務諸表上、どのように表示すればよいでしょうか？

1 包括利益とは

1 包括利益とは

包括利益とは、ある企業の特定期間の財務諸表において認識された純資産の変動額のうち、当該企業の純資産に対する持分所有者[01)]との直接的な取引[02)]によらない部分をいいます。

01) 持分所有者とは、株主と新株予約権の所有者、非支配株主のことを指します。
02) 新株の発行、剰余金の配当、新株予約権の発行などです。資本取引に近いものとイメージすると理解しやすくなります。

純資産の変動額からみた包括利益

例　当期に100円の新株の発行を行い、資本金が100円増加した場合

前期末連結B／S

資　産	負　債
	純資産 700

当期末連結B／S

資　産	負　債
	純資産 1,400

①純資産の変動額 700

②持分所有者との直接的な取引	100
③包　括　利　益	600

①純資産の変動額：1,400円－700円＝700円

②持分所有者との直接的な取引：100円

③包括利益：700円－100円＝600円

2 包括利益の計算

包括利益の説明は上記のように純資産の変動額の観点からされていますが、実際の計算は以下のように行います。

包括利益の計算

当期純利益＋その他の包括利益＝包括利益

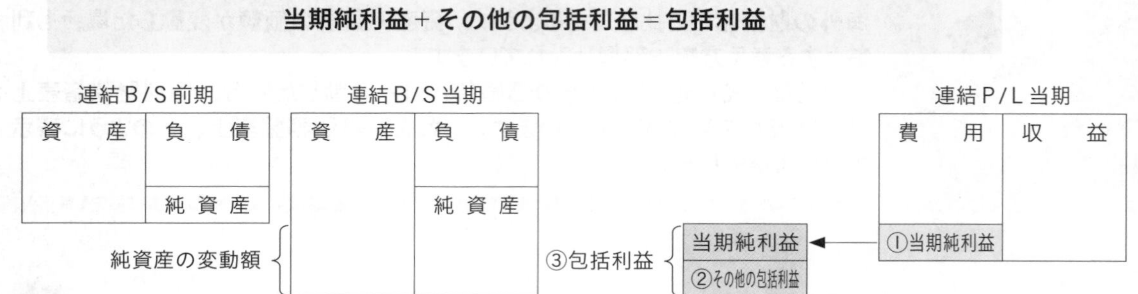

当期純利益とは、親会社株主に帰属する当期純利益と非支配株主に帰属する当期純利益の合計であることに注意してください。

3 その他の包括利益

その他の包括利益とは、包括利益のうち当期純利益に含まれない部分をいいます。

具体的には、以下の項目の当期変動額がその他の包括利益となります。

その他の包括利益の項目

- **その他有価証券評価差額金**[03)]
- **繰延ヘッジ損益**
- **為替換算調整勘定**[04)]
- **退職給付に係る調整額**[05)]　**など**

03) 個別貸借対照表で「評価・換算差額等」に計上されていた項目の当期変動額がその他の包括利益に該当します。

04) 為替換算調整勘定については、「テキストⅡ応用編」で学習します。

05) 退職給付に係る調整額については、「テキストⅡ応用編」で学習します。

2 包括利益の表示方法

1 表示方法

包括利益を表示する形式には大きく分けて**2計算書方式**と**1計算書方式**の2つがあります。

このうち、いずれかの方法を選択して[01]包括利益を表示します。

01) どちらか一方が原則的な方法というわけではありません。なお、1計算書方式と2計算書方式は表示形式が異なるだけで、包括利益の計算過程はどちらも同じものとなります。

(1) 2計算書方式

2計算書方式では、連結損益計算書において親会社株主に帰属する当期純利益を計算します。

さらに、連結包括利益計算書[02]を作成し、当期純利益にその他の包括利益を加減することで包括利益を計算・表示します。

02) 包括利益計算書は、英語で"Statement of comprehensive income"というため、C/I と略すこともあります。

連結損益計算書

Ⅰ	売上高	×××
Ⅱ	売上原価	×××
	⋮	
	税金等調整前当期純利益	×××
	法人税、住民税及び事業税	×××
	当期純利益	×××
	非支配株主に帰属する当期純利益	×××
	親会社株主に帰属する当期純利益	×××

連結包括利益計算書

当期純利益	×××
その他の包括利益：	
その他有価証券評価差額金[03]	×××
包括利益	×××
(内訳)[04]	
親会社株主に係る包括利益	×××
非支配株主に係る包括利益	×××

03) その他の包括利益は原則として税効果を控除した金額で表示します。

04) 包括利益の内訳として、親会社株主に係る包括利益と非支配株主に係る包括利益を表示します。
これを付記(ふき)といいます。これは1計算書方式も同じです。

(2) 1計算書方式

▶▶ 1計算書方式では、連結損益および包括利益計算書という1つの計算書で当期純利益と包括利益を表示します。

連結損益及び包括利益計算書

Ⅰ 売 上 高	×××
Ⅱ 売 上 原 価	×××
⋮	⋮
税金等調整前当期純利益	×××
法人税、住民税及び事業税	×××
当期純利益[05]	×××
(内訳)	
親会社株主に帰属する当期純利益	×××
非支配株主に帰属する当期純利益	×××
その他の包括利益：	
その他有価証券評価差額金	×××
包括利益	×××
(内訳)	
親会社株主に係る包括利益	×××
非支配株主に係る包括利益	×××

05) 当期純利益の下に親会社株主と非支配株主の利益の内訳を示した上で、当期純利益にその他の包括利益を加減して包括利益を計算します。

2 包括利益の内訳

▶▶ 連結損益計算書では、当期純利益を非支配株主に帰属する当期純利益と親会社株主に帰属する当期純利益に分けました。

包括利益も**非支配株主に係る包括利益**と**親会社株主に係る包括利益**の2つに分けることができます。

その他の包括利益としてその他有価証券評価差額金[06]が生じた場合、以下のようなイメージ図になります。

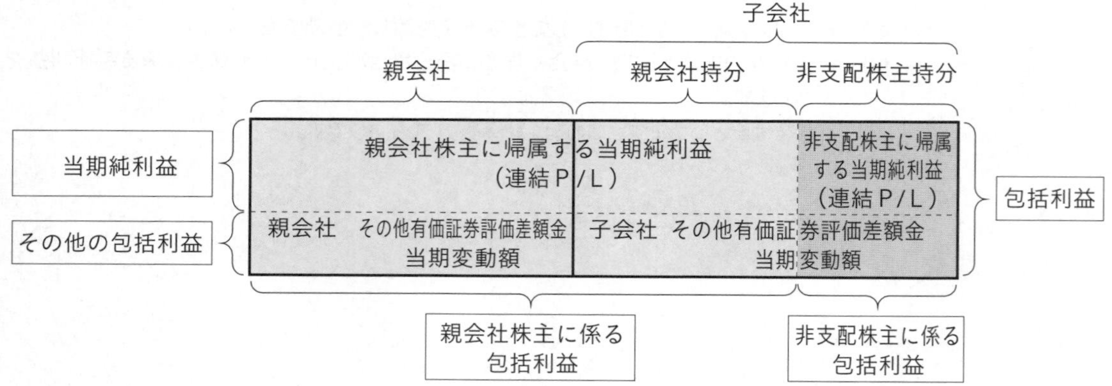

06) その他有価証券評価差額金の当期変動額のうち、親会社計上分は、全額が親会社株主に係る包括利益となります。子会社計上分は、持分比率に応じて親会社株主に係る包括利益と非支配株主に係る包括利益に分けられます。

⑴ 親会社株主に係る包括利益

親会社株主に係る包括利益 ＝ 親会社株主に帰属する当期純利益 ＋ その他の包括利益のうち親会社持分に相当する額

⑵ 非支配株主に係る包括利益

非支配株主に係る包括利益 ＝ 非支配株主に帰属する当期純利益 ＋ その他の包括利益のうち非支配株主持分に相当する額

3 連結貸借対照表、連結株主資本等変動計算書のひな型

▶▶ 連結株主資本等変動計算書と連結貸借対照表のひな型は以下のようになります。

個別貸借対照表や個別株主資本等変動計算書上の「評価・換算差額等」は、連結貸借対照表と連結株主資本等変動計算書では「その他の包括利益累計額」として表示します[07]。

07) 個別上では、引き続き「評価・換算差額等」として表示するため、個別と連結で表示区分が異なる点に注意してください。また、退職給付に係る調整額、為替換算調整勘定は、連結上でのみ計上する項目です。

連結株主資本等変動計算書

	株主資本		その他の包括利益累計額	非支配株主持分
	資本金	利益剰余金	その他有価証券評価差額金	
当期首残高	×××	×××	×××	×××
新株の発行	×××			
親会社株主に帰属する当期純利益		×××		
株主資本以外の項目の当期変動額			×××	×××
当期末残高	×××	×××	×××	×××

連結貸借対照表

負債合計	×××
純資産の部	
Ⅰ 株主資本	
1 資本金	×××
2 利益剰余金	×××
Ⅱ その他の包括利益累計額	
1 その他有価証券評価差額金	×××
Ⅲ 非支配株主持分	×××

3 親会社のその他有価証券評価差額金

親会社が計上したその他有価証券評価差額金は、連結財務諸表上、全額をその他有価証券評価差額金として表示します。

Q 4-1 包括利益の計算1

P社はS社の発行済株式のうち、80%を所有している。次の資料にもとづき、当期の連結包括利益計算書を作成しなさい。なお、税効果会計は適用しない。

1. 連結損益計算書

連結損益計算書 (単位：円)

Ⅰ 諸収益	150,000
Ⅱ 諸費用	100,000
税金等調整前当期純利益	50,000
法人税、住民税及び事業税	20,000
当期純利益	30,000
非支配株主に帰属する当期純利益	2,000
親会社株主に帰属する当期純利益	28,000

2. P社が保有するその他有価証券は、次のとおりである。

銘柄	取得原価	前期末時価	当期末時価
A社株式	10,000円	11,000円	12,500円

3. S社は、その他有価証券を保有していない。
4. 非支配株主持分の当期首残高は16,000円である。

A 4-1 解答・解説

連結包括利益計算書 (単位：円)

当期純利益	30,000
その他の包括利益：	
その他有価証券評価差額金	1,500
包括利益	31,500
(内訳)	
親会社株主に係る包括利益	29,500
非支配株主に係る包括利益	2,000

1．その他の包括利益

前期末のその他有価証券評価差額金：11,000円－10,000円＝1,000円

当期末のその他有価証券評価差額金：12,500円－10,000円＝2,500円

その他の包括利益：2,500円－1,000円＝1,500円

2．包括利益の内訳

親会社株主に係る包括利益：28,000円（親会社株主に帰属する当期純利益）＋1,500円（親会社株主に係るその他の包括利益）＝29,500円

非支配株主に係る包括利益：2,000円（非支配株主に帰属する当期純利益）＋0円＝2,000円（非支配株主に係るその他の包括利益）

なお、当期の連結株主資本等変動計算書、連結貸借対照表は次のようになります。

連結株主資本等変動計算書（単位：円）

	その他の包括利益累計額 その他有価証券評価差額金	非支配株主持分
当期首残高	1,000	16,000
当期変動額	1,500	2,000
当期末残高	2,500	18,000

連結貸借対照表（単位：円）

⋮	⋮
II　その他の包括利益累計額	
その他有価証券評価差額金	2,500
III　非支配株主持分	18,000

トレーニングⅠ　Ch17　問題9へ

4　子会社のその他有価証券評価差額金

1　支配獲得日におけるその他有価証券評価差額金

▸▸ 支配獲得日における子会社のその他有価証券評価差額金のうち、親会社持分については投資と相殺します。

子会社のその他有価証券評価差額金のうち、非支配株主持分については非支配株主持分に振り替えます。

(借)		(貸)	
資本金当期首残高	×××	S社株式	×××
利益剰余金当期首残高	×××	非支配株主持分当期首残高	×××
その他有価証券評価差額金当期首残高	×××		
評価差額	×××		
のれん	×××		

2　支配獲得日後におけるその他有価証券評価差額金

▸▸ 支配獲得日後に計上したその他有価証券評価差額金については、当期変動額のうち、非支配株主持分に相当する部分を非支配株主持分に振り替えます。

子会社が計上したその他有価証券（当期変動額）は、連結財務諸表上、次のように表示します。

	連結包括利益計算書	連結株主資本等変動計算書	連結貸借対照表
子会社の その他有価証券 評価差額金	全額、その他有価証券評価差額金として計上される。	親会社持分相当額： →その他有価証券評価差額金として計上 非支配株主持分相当額： →非支配株主持分へ振替え	親会社持分相当額： →その他有価証券評価差額金として計上 非支配株主持分相当額： →非支配株主持分へ振替え

(借) その他有価証券評価差額金当期変動額	×××	(貸) 非支配株主持分当期変動額	×××

Q 4-2 | 包括利益の計算 2 |

P社は前期末にS社の発行済株式のうち、80%を64,000円で取得している。次の資料にもとづき、当期の連結包括利益計算書を作成しなさい。なお、税効果会計は適用しない。

1. 前期末のS社の資本は、次のとおりである。
   資本金：50,000円、利益剰余金：29,400円、その他有価証券評価差額金：600円
2. S社の当期純利益は10,000円である。
3. 連結損益計算書

連結損益計算書 (単位：円)

Ⅰ 諸収益	150,000
Ⅱ 諸費用	100,000
税金等調整前当期純利益	50,000
法人税、住民税及び事業税	20,000
当期純利益	30,000
非支配株主に帰属する当期純利益	2,000
親会社株主に帰属する当期純利益	28,000

4. S社が保有するその他有価証券は、次のとおりである。

銘　柄	取得原価	前期末時価	当期末時価
A社株式	10,000円	10,600円	11,500円

5. P社は、その他有価証券を保有していない。

A 4-2 | 解答・解説 |

連結包括利益計算書 (単位：円)

当期純利益	30,000
その他の包括利益：	
その他有価証券評価差額金	900
包括利益	30,900
(内訳)	
親会社株主に係る包括利益	28,720
非支配株主に係る包括利益	2,180

1. その他の包括利益

前期末のその他有価証券評価差額金：10,600円－10,000円＝600円

当期末のその他有価証券評価差額金：11,500円－10,000円＝1,500円

その他の包括利益：1,500円－600円＝900円

2. 包括利益の内訳

親会社株主に係る包括利益：28,000円＋900円×80％＝28,720円

（28,000円：親会社株主に帰属する当期純利益　900円×80％：親会社株主に係るその他の包括利益）

非支配株主に係る包括利益：2,000円＋900円×20％＝2,180円

（2,000円：非支配株主に帰属する当期純利益　900円×20％：非支配株主に係るその他の包括利益）

なお、当期の連結修正仕訳と、連結株主資本等変動計算書、連結貸借対照表は次のようになります。

(1) 連結開始仕訳

(借)	資本金当期首残高	50,000	(貸) S社株式	64,000
	利益剰余金当期首残高	29,400	非支配株主持分当期首残高	16,000
	その他有価証券評価差額金当期首残高	600		

(2) 子会社の当期純利益の振替え

(借)	非支配株主に帰属する当期純利益	2,000[01)]	(貸) 非支配株主持分当期変動額	2,000

01) 10,000円×20％＝2,000円

(3) 子会社のその他有価証券評価差額金当期変動額の振替え

(借)	その他有価証券評価差額金当期変動額	180[02)]	(貸) 非支配株主持分当期変動額	180

02) 900円×20％＝180円

(4) 連結株主資本等変動計算書、連結貸借対照表

連結株主資本等変動計算書（単位：円）

	その他の包括利益累計額 その他有価証券評価差額金	非支配株主持分
当期首残高	0[03)]	16,000
当期変動額	720[04)]	2,180
当期末残高	720	18,180

連結貸借対照表　（単位：円）

⋮	⋮
II　その他の包括利益累計額	
その他有価証券評価差額金	720
III　非支配株主持分	18,180

03) 支配獲得時の子会社のその他有価証券評価差額金は相殺され、ゼロとなります。

04) 900円－180円＝720円

トレーニングⅠ　Ch17　問題10へ

参考　組替調整（くみかえちょうせい）

▶▶ ここまではその他有価証券を売却せず、保有し続ける場合を想定していました。

次に、その他有価証券を売却した場合の連結損益計算書、連結包括利益計算書の表示と注記を確認します。

1　その他有価証券の売却

▶▶ その他有価証券を時価評価したさいに生じるその他有価証券評価差額金は、その他の包括利益(未実現損益)です。

ところが、含み益が生じたその他有価証券を売却すると投資有価証券売却損益が生じ当期純利益がその分増減することになります。言い換えると、未実現損益が実現することになります。

2　組替調整の意義

▶▶ 当期および過去の期間にその他の包括利益に含まれていた部分(未実現損益)を、当期純利益に移し替えることを組替調整(リサイクリング)といいます。

組替調整額は、その他の包括利益の内訳項目に係る増減要因であり、その他の包括利益の内訳項目ごとに注記する必要があります。

3　その他有価証券に係る処理と表示

例　組替調整

×1年度にP社(親会社)は、A社株式(その他有価証券)を3,000円で購入し、×2年度に売却した。

A社株式の×1年度末の時価は3,500円、×2年度の売却時の時価は4,200円であった。

なお、税効果会計は考慮しない。

(I)　実際の仕訳

①　×1年度　決算

(借) その他有価証券	500	(貸) その他有価証券評価差額金	500[01)]

01)　3,500円－3,000円＝500円

②　×2年度　期首

(借) その他有価証券評価差額金	500	(貸) その他有価証券	500

③　×2年度　売却時

(借) 現金預金	4,200	(貸) その他有価証券	3,000
		投資有価証券売却益	1,200[02)]

02)　4,200円－3,000円＝1,200円

⑵ 連結財務諸表および注記

① 連結財務諸表

連結損益計算書（単位：円）

︙	︙
投資有価証券売却益	1,200
︙	︙
当期純利益	1,200
︙	︙

連結包括利益計算書（単位：円）

当期純利益	1,200
その他の包括利益：	
その他有価証券評価差額金	△500[03)]
包括利益	700

03) その他有価証券評価差額金　前期末残高：500円、当期末残高0円
0円－500円＝△500円（減少）

② 組替調整額の注記

組替調整額はその他有価証券評価差額金（その他の包括利益の内訳項目）に係る増減要因として、以下のように注記します。

その他有価証券評価差額金

当期発生額	700[04)]
組替調整額	△1,200
その他の包括利益合計	△500

04) 4,200円－3,500円＝700円（当期の時価の変動分）

③ 組替調整額の注記の理解のための仕訳

組替調整額の理解のためのイメージ上の仕訳としては、ⅱ期首の振戻仕訳をせず、ⅲ売却時に時価に評価替えしてから売却すると考えます。これは、その他の包括利益の増減を、前期分と当期分で分けて把握するためのものであり、会計処理としての洗替法とは別のものと考えます。

ⅰ　×1年度　決算

(借) その他有価証券	500	(貸) その他有価証券評価差額金 その他の包括利益の増加	500

ⅱ　×2年度　期首

仕　訳　な　し

連結会計2（成果連結、包括利益）　Chapter 17

iii　×2年度　売却時

イ　時価評価(当期発生額)

(借) その他有価証券	700	(貸) その他有価証券評価差額金 その他の包括利益の増加	700

ロ　売却

(借) 現金預金	4,200	(貸) その他有価証券	4,200

ハ　組替調整

(借) その他有価証券評価差額金 その他の包括利益の減少	1,200	(貸) 投資有価証券売却益 当期純利益の増加[05]	1,200

05)　組替調整額

その他有価証券評価差額金

当期発生額	700
組替調整額	△1,200
その他の包括利益合計	△500

④　表による組替調整額の把握

以下のように表形式でその他の包括利益の増減を把握することもできます(以下、単位：円)。こちらの方が理解しやすいと思います。

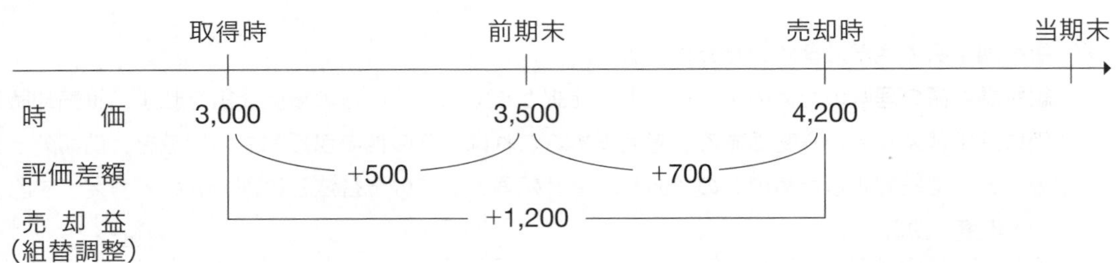

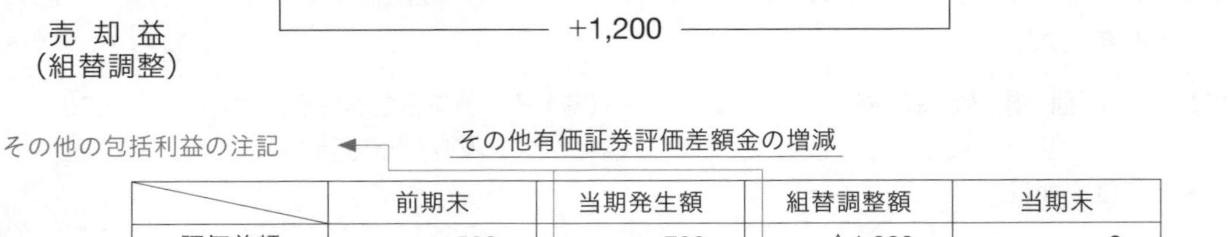

	前期末	当期発生額	組替調整額	当期末
評価差額	500	700	△1,200	0

連結包括利益計算書

当期純利益	1,200
その他の包括利益：	
その他有価証券評価差額金	△500
包括利益	700

注　記

その他有価証券評価差額金	
当期発生額	700
組替調整額	△1,200
その他の包括利益合計	△500

Q TRY IT! | **理論問題** | **包括利益** |

次の各文章の空欄に適切な語句を記入しなさい。

1．用語の定義

(1) 「包括利益」とは、ある企業の特定期間の財務諸表において認識された(　ア　)のうち、当該企業の純資産に対する持分所有者との直接的な取引によらない部分をいう。

　当該企業の純資産に対する持分所有者には、当該企業の株主のほか当該企業の発行する新株予約権の所有者が含まれ、連結財務諸表においては、当該企業の子会社の(　イ　)も含まれる。

(2) 「その他の包括利益」とは、包括利益のうち(　ウ　)に含まれない部分をいう。連結財務諸表におけるその他の包括利益には、(　エ　)に係る部分と(　オ　)に係る部分が含まれる。

2．包括利益の計算の表示

当期純利益に(　カ　)の内訳項目を加減して包括利益を表示する。

3．その他の包括利益の内訳の開示

(1) その他の包括利益の内訳項目は、その内容にもとづいて、その他有価証券評価差額金、繰延ヘッジ損益、為替換算調整勘定、退職給付に係る調整額等に区分して表示する。

(2) その他の包括利益の内訳項目は、税効果を控除した後の金額で表示する。ただし、各内訳項目を税効果を控除する前の金額で表示して、それらに関連する税効果の金額を一括して加減する方法で記載することができる。いずれの場合も、その他の包括利益の各内訳項目別の税効果の金額を注記する。

(3) 当期純利益を構成する項目のうち、当期または過去の期間にその他の包括利益に含まれていた部分は、(　キ　)として、その他の包括利益の内訳項目ごとに注記する。

A TRY IT! | **解答** |

ア	イ	ウ	エ	オ
純資産の変動額	非支配株主	当期純利益	親会社株主	非支配株主
⑮	⑮	⑩	⑩	⑩

カ	キ
その他の包括利益	組替調整額
⑳	⑳

合計100点

Chapter 17 連結会計2（成果連結、包括利益）

Column 必然的な偶然

『必然的な偶然』という話をしましょう。

実は、幸運にも合格した人は口を揃えてこう言います。

『いやー、たまたま前の日に見たところが出てねー、それができたから…』とか、『いやー、たまたま行く途中に見たところが出てねー、それができたから…』と、いかにも偶然に運がよかったかのように。

しかし、私から見るとそれは偶然ではなく、必然です。前の日に勉強しなかったら、試験会場に行く途中に勉強しなかったら、その幸運は起こらなかったのですから。

つまり、最後まで諦めなかった人だけが最後の幸運を手にできる必然性があるということだと思います。

みなさんも諦めずに、最後まで可能性を追求してくださいね。

テキストⅡ応用編で学習する論点

Chapter 15　連結会計３
追加取得と一部売却
段階取得、持分法から連結への移行
連結上の税効果会計、
持分法上の税効果会計

Chapter 16　連結会計４
連結上の退職給付会計
在外子会社の財務諸表項目の換算等
組織再編にともなう連結上の処理

Chapter 18

持分法

Point

持分法は連結会計とセットで出題されることが多いです。持分法では、財務諸表を合算せず当社が持っている分だけを連結財務諸表に反映することに大きな特徴があります。まずは、仕訳をしっかりおさえるようにしてください。

用語集

持分法
投資会社の被投資会社に対する投資額(投資勘定で処理)を評価するにあたり、被投資会社の活動に応じてその投資勘定を各期ごとに修正していく方法

非連結子会社
連結範囲の基準にもとづき子会社と判定されたが、連結の目的上あるいは重要性の原則の適用などの理由により、連結の範囲から除かれた子会社

関連会社
親会社および子会社が、子会社以外の他の会社の財務および営業の方針に対して重要な影響を与えることができる場合における当該他の会社

影響力基準
子会社以外の他の会社の「経営に関する意思決定機関に重要な影響を与えることができるかどうか」にもとづいて関連会社を判定する基準

Section

1 持分法の基礎知識

「トモダチ以上コイビト未満」のイメージです。企業と企業の関係は密接であるけれども、支配とまでは至っていない場合があります。そうはいっても一方が他方の経営方針に大きな影響を与えることができるならば、その実態を反映した処理が望ましいでしょう。
　連結会計の考え方をコンパクトにして、工夫された会計処理をみていきましょう。

1 持分法の意義・必要性

1 持分法の意義

持分法とは、投資会社の被投資会社に対する投資額(投資勘定で処理)を評価するにあたり、被投資会社の活動に応じてその投資勘定[01]を各期ごとに修正していく方法です。なお、持分法に係る仕訳は、連結修正仕訳に含まれます。

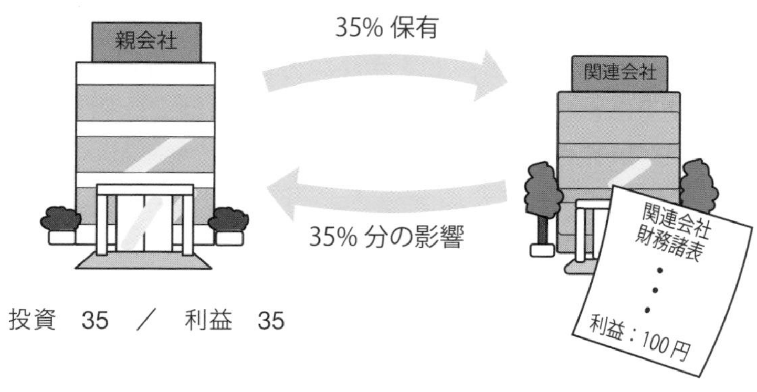

01) 被投資会社に対する投資を表す勘定を、本テキストでは「投資勘定」と呼ぶことにします。具体的には、投資勘定を「関係会社株式」「〇社株式」などとして仕訳を行います。

2 持分法の必要性

▸▸ 被投資会社の株式は、個別上では関係会社株式として原則、取得原価で評価します(原価法)。しかし、それでは被投資会社の活動成果を財務諸表上に反映することができません。

そこで、連結子会社のみならず、その他の関係会社を含めた企業グループ全体の経営成績を連結財務諸表に反映するために、連結上では被投資会社の株式(連結子会社株式を除く)を持分法により評価する必要があります。

	被投資会社の株式の評価方法
個　別　上	原　価　法
連　結　上	持　分　法

2　持分法の前提

ここは
サラッと
流そう

▸▸ 持分法は、被投資会社に対する投資会社持分の変動を"連結上"反映する方法です。したがって、持分法の適用には、他の連結子会社がすでに存在して連結財務諸表を作成していることが前提となります。

3　持分法の適用範囲

ここは
サラッと
流そう

▸▸ 以下にあげる非連結子会社および関連会社に対する投資については、原則として持分法を適用しなければなりません。

1 非連結子会社

▸▸ **非連結子会社**とは、以下の理由から連結範囲に含めない子会社をいいます。

⑴　強制：連結範囲に含めてはならない。
　①　支配が一時的であると認められる子会社
　②　連結することで利害関係者の判断を著しく誤らせるおそれがある子会社
⑵　容認：連結範囲に含めないことができる。
　重要性の乏しい子会社

2 関連会社

(1) 意義

関連会社とは、企業(その子会社を含む)が、出資・人事・資金・技術・取引等の関係を通じて、対象企業(子会社を除く)の財務・営業・事業方針の決定に対して重要な影響を与えることができる場合における、当該対象企業をいいます(影響力基準)。

(2) 影響力基準による判定

以下のいずれかに該当する場合、影響力が認められるものとして、対象企業を関連会社と判定します。

① 対象企業の議決権株式の20％以上を実質的に所有している場合
② 対象企業の議決権株式の取得割合が20％未満であっても、一定の議決権(15％以上)を有しており、かつ当該企業の財務・営業方針の決定に対して重要な影響を与えることが可能な場合

3 持分法適用範囲外の企業

更生会社、整理会社、破産会社等であって、かつ当該会社の財務・営業方針の決定に対して重要な影響を与えることができない企業は、関連会社に該当しないものとして、持分法を適用しません。

持分法を適用する場合、持分法適用会社が「非連結子会社」か「関連会社」かにより、会計処理が一部異なってきます。しかし、本テキストではより出題可能性が高い関連会社のみを取り扱っていきます。

4 持分法適用にあたり使用する被投資会社財務諸表

持分法の適用にあたり用いるのは、被投資会社の直近の財務諸表です。

連結決算日と被投資会社の決算日に差異がある場合でも、直近の財務諸表を用います。

ただし、当該差異の期間内に重要な取引・事象等が発生しているときは、必要な修正・注記を行います。

Section

2 持分法の処理

ここからは持分法の具体的な処理を学習します。連結会計とは仕訳は異なるものの、数値の算定等における基本的な考え方など共通点が多くあります。そのため、連結会計をしっかり学習していれば、持分法の理解につながります。

1 持分法の基本的な処理

持分法では、被投資会社の直近の財務諸表にもとづいて、被投資会社に対する投資勘定を修正するだけなので、基本的な処理はその投資勘定[01]を増減させるのみとなります。また、そのときの相手勘定は持分法による投資損益で処理します。

(1) 投資勘定を増やす場合

(借) A 社 株 式	×××	(貸) 持分法による投資損益	×××

(2) 投資勘定を減らす場合

(借) 持分法による投資損益	×××	(貸) A 社 株 式	×××

持分法による投資損益の連結損益計算書上の表示は、貸方残高の場合、「持分法による投資利益」(営業外収益)とし、借方残高の場合、「持分法による投資損失」(営業外費用)とします。

01) 以後、設例では「A 社株式勘定」という具体的な勘定科目を用いて説明します。

2 株式取得時の処理

持分法を適用する企業の株式を取得したときは、連結会計と異なり、投資と資本[01]の相殺消去は行いません。ただし、投資差額(のれん・負ののれん)の算定は行います。

投資額 －(被投資会社の資本 × 投資会社持分割合)＝ {⊕のれん / ⊖負ののれん}

01) 連結会計における「資本」と同じで、「純資産」とは異なります。
資本＝株主資本＋評価・換算差額等＋評価差額＝純資産＋評価差額－新株予約権

Chapter 18 持分法

1 のれんが生じる場合

▸▸ のれんが生じる場合、株式取得時の連結修正仕訳は不要です。のれんに相当する金額は、のれん勘定で処理せず、投資勘定に含めておき、計上後20年以内に定額法などにより償却していきます。

Q 2-1 | 株式取得時(のれんが生じる場合) |

×1年3月31日に、P社はA社の発行済議決権株式の30%を50,000円で取得し、持分法を適用することとした。同日におけるA社の純資産は資本金100,000円、資本剰余金 20,000円、利益剰余金 30,000円である。

このときの持分法適用に係る連結修正仕訳を示しなさい。なお、当期は×1年3月31日を決算日とする1年であり、投資差額は発生年度の翌年から10年間で均等償却する。

A 2-1 | 解答・解説 |

仕　訳　な　し[02]

02) 株式を取得した時点では個別会計上の処理と同じです。そのため仕訳不要です。

(1) 投資差額の計算のイメージ

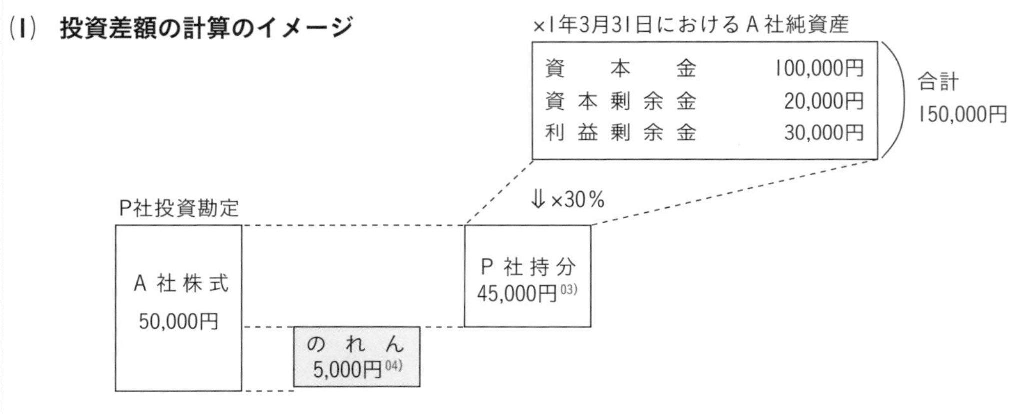

03) 150,000円×30%＝45,000円　04) 50,000円－45,000円＝5,000円

(2) タイムテーブル[05]

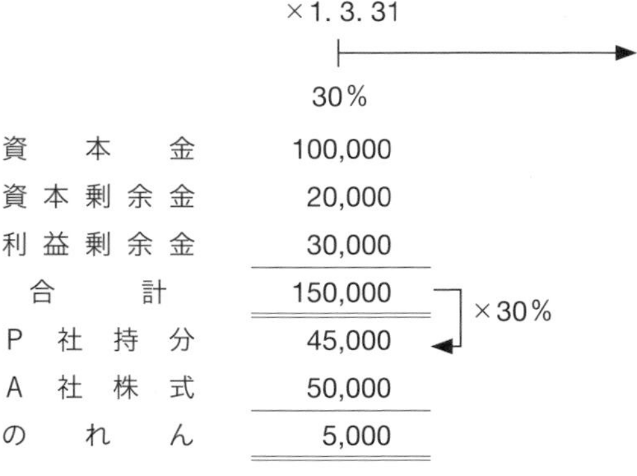

×1. 3. 31 30%

資本金	100,000
資本剰余金	20,000
利益剰余金	30,000
合計	150,000
P社持分	45,000 (×30%)
A社株式	50,000
のれん	5,000

05) (1)のイメージとは別で、実際に数値を算定するときはタイムテーブルを用います。

2 負ののれんが生じる場合

負ののれんが生じる場合、投資と資本の相殺消去に関する仕訳は不要ですが、負ののれんの金額は連結上と同様に一括して利益計上します。

ただし、負ののれん発生益とはせず、持分法による投資損益に含めて処理し、同額を投資勘定に加算します。

Q 2-2 | 株式取得時(負ののれんが生じる場合)

×1年3月31日に、P社はA社の発行済議決権株式の30%を42,000円で取得し、持分法適用関連会社とした。同日におけるA社の純資産の部は以下のとおりである。

資本金100,000円　　資本剰余金20,000円　　利益剰余金30,000円

このときの持分法適用に係る連結修正仕訳を示しなさい。なお、当期は×1年3月31日を決算日とする1年である。また、のれんが生じる場合は、発生年度の翌期から10年間で均等償却する。

A 2-2 | 解答・解説

(借) A 社 株 式	3,000	(貸) 持分法による投資損益	3,000

(1) 投資差額の計算のイメージ

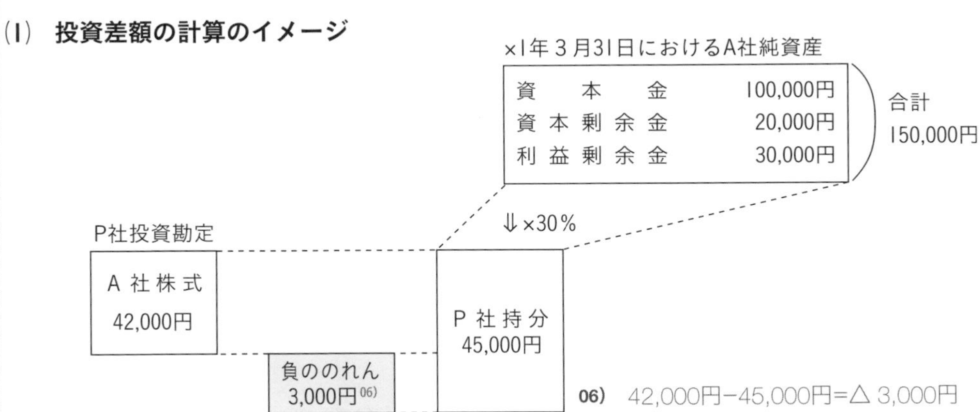

06) 42,000円－45,000円＝△3,000円

(2) タイムテーブル

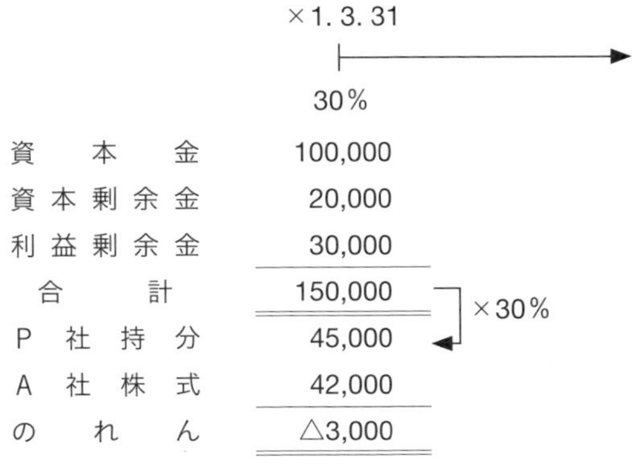

3 資産・負債の評価替え

1 評価替えの処理

持分法の適用にあたっては、投資日に被投資会社の資産・負債を時価に評価替えします。この時価評価により生じる評価差額は被投資会社の資本とします。

ただし、連結会計と異なり当該評価替えの仕訳自体は行わず、実際には評価差額の金額算定のみを行う[01]点に注意が必要です。

01) 被投資会社の財務諸表は合算しないためです。

・イメージは連結同様の仕訳で

(借) 資　産	1,000	(貸) 評 価 差 額	1,000

・実際は…

仕 訳 な し

2 評価替えの方法

被投資会社が関連会社の場合、被投資会社の資産・負債の時価と簿価の差額[02]のうち、投資会社持分に相当する部分(取得割合分)のみを時価評価し、評価差額を算定します。これを部分時価評価法[03]といいます。

評価差額 =(時価 − 簿価)× 取得割合

なお、部分時価評価法においてタイムテーブルを書く場合、「評価差額」は「合計」より下部に記入します。なぜなら、部分時価評価法では株式の追加取得があった場合に評価差額も追加計上されるので、全面時価評価法と同様に「評価差額」を「合計」より上部に記入すると、計算結果が不正確になるからです。

02) 税効果を適用する場合は、税金相当額控除後の額です。
03) 非連結子会社の場合、全面時価評価法により評価替えします。

Q 2-3 資産・負債の評価替え

×1年3月31日に、P社はA社の発行済議決権株式の30％を50,000円で取得し、持分法適用会社とした。同日におけるA社の純資産の部は次のとおりである。

資本金100,000円　　資本剰余金20,000円　　利益剰余金30,000円

この他、土地(簿価80,000円)の時価は85,000円である場合における、のれんの金額を示しなさい。なお、当期は×1年3月31日を決算日とする1年である。

A 2-3 解答・解説

3,500円

(1) 投資差額の計算のイメージ

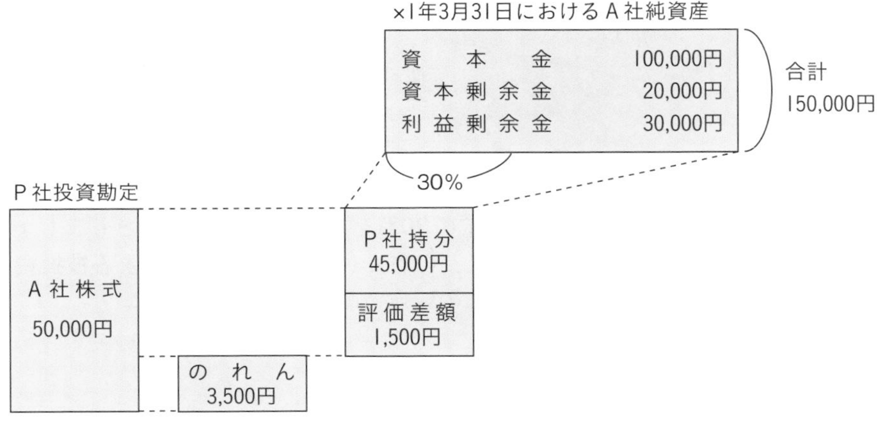

(2) タイムテーブル

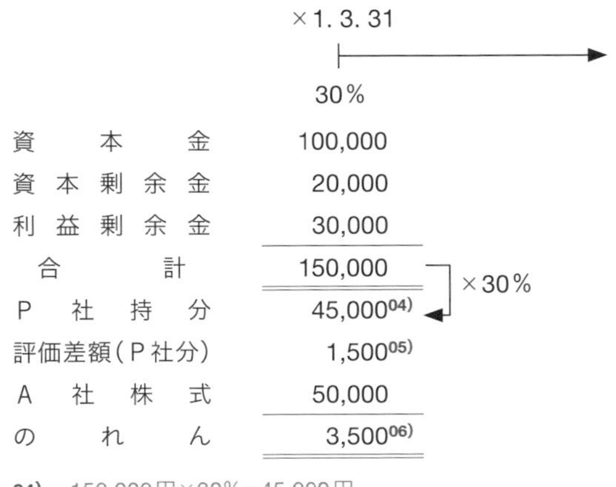

資本金	100,000
資本剰余金	20,000
利益剰余金	30,000
合計	150,000
P社持分	45,000[04)]
評価差額(P社分)	1,500[05)]
A社株式	50,000
のれん	3,500[06)]

04) 150,000円×30%＝45,000円
05) (85,000円－80,000円)×30%＝1,500円
06) 50,000円－(45,000円＋1,500円)＝3,500円

▶持分法のイメージ図◀

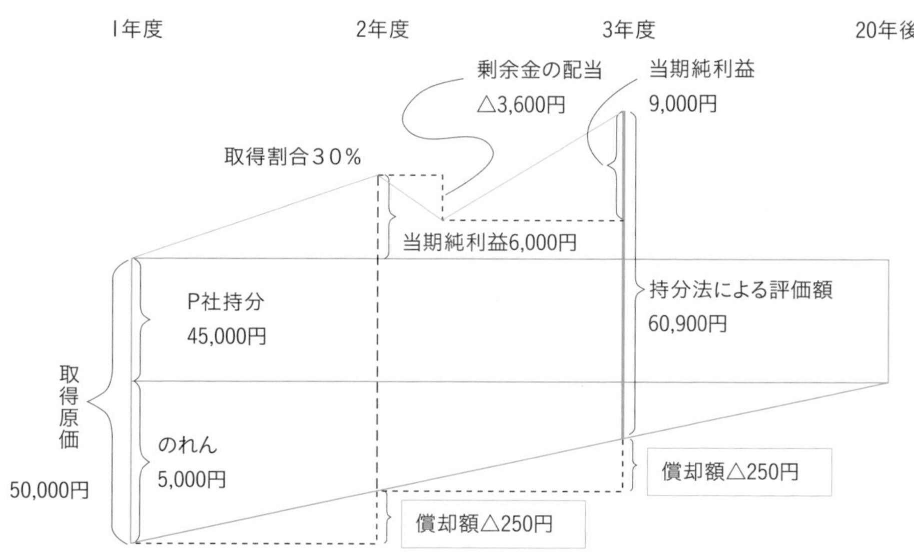

この図の説明をします。
1年度に純資産150,000円のA社の株式の30%を50,000円で買ったとしましょう。
すると、P社の持分は45,000円になり、のれん(投資とそれに対応する被投資会社の資本の差額)は5,000円と計算できます。この時点での仕訳はありません。

次に2年度です。
A社は利益剰余金が20,000円増加しました。
するとP社は、20,000円の30%は投資額が増えたと処理します。

利益計上：	(借) A　社　株　式	6,000	(貸) 持分法による投資損益	6,000

また、投資差額の償却を20年で行うとしましょう。

償　却：	(借) 持分法による投資損益	250	(貸) A　社　株　式	250

では3年度、当期の処理をみていきましょう。
当期に12,000円の配当を行い(投資会社はその30%を受け取っている)、30,000円の当期純利益を計上し、昨年と同じ投資差額の償却を行いました。

配　当：	(借) 受 取 配 当 金	3,600	(貸) A　社　株　式	3,600
利益計上：	(借) A　社　株　式	9,000	(貸) 持分法による投資損益	9,000
償　却：	(借) 持分法による投資損益	250	(貸) A　社　株　式	250

このように、A社の純資産の増減に従って、A社株式勘定も増減します。
また、上記図の太い線の部分が3年度のA社株式の金額60,900円ということになります。

持分法は結局は『純資産法』。A社の純資産の増減でA社株式勘定の金額も変わってくることになるのです。
この点を理解しておきましょう。

4 持分法適用後の処理

1 開始仕訳

連結会計同様、持分法においても開始仕訳により、過年度の持分法適用仕訳すべてを1つにまとめて行います。また、過年度の持分法による投資損益勘定は連結損益計算書項目であり、過年度に利益剰余金勘定に振り替えられているため、利益剰余金当期首残高勘定に振り替えます。

(借) A 社 株 式	×××	(貸) 利益剰余金当期首残高（持分法による投資損益）	×××

2 当期の持分法適用仕訳

(1) のれんの償却

のれんが生じた場合、連結会計と同様に、発生後20年以内に定額法などの方法により償却します。ただし、持分法の場合、のれんの償却額は持分法による投資損益に含めて処理し、償却したのれんの額だけ投資勘定を減らすことになります。

なお、負ののれんが生じた場合、発生年度にすべてを当期の利益として、持分法による投資損益に含めて計上し、その後の処理は不要になります。

(借) 持分法による投資損益（のれん償却額）	×××	(貸) A 社 株 式	×××

(2) 当期純損益の振替え

投資後に被投資会社が当期純損益を計上した場合、当該当期純損益のうち投資会社持分に相当する額を持分法による投資損益として計上するとともに、同額を投資勘定に加減します。

投資勘定増減額（持分法による投資損益）＝被投資会社の当期純損益×投資会社持分割合

(借) A 社 株 式	×××	(貸) 持分法による投資損益	×××

Chapter 18 持分法

(3) 剰余金の配当

被投資会社からの剰余金の配当は、連結会計と同様、投資会社からすれば、投資の一部が現金化して払戻しされたと考えることができます。

したがって、投資会社が計上した受取配当金と投資勘定を相殺消去します。

投資勘定増減額＝被投資会社からの剰余金の配当×投資会社持分割合
受取配当金取消額

(借) 受取配当金	×××	(貸) A社株式	×××

Q 2-4 当期の持分法適用仕訳1（のれん）

P社は、×1年3月31日にA社の発行済議決権株式の30％を50,000円で取得し、持分法適用会社とした。次の資料にもとづき、当期(×2年3月31日を決算日とする1年)の持分法適用に係る連結修正仕訳を示しなさい。

■資　料■

(1)A社純資産の部(×1年3月31日)
資本金100,000円　資本剰余金20,000円　利益剰余金30,000円

(2)×1年度株主資本等変動計算書
当期純利益20,000円　剰余金の配当12,000円

(3)のれんは発生年度の翌年から20年で均等償却する。

A 2-4 解答・解説

(借) 持分法による投資損益	250	(貸) A社株式	250
(借) A社株式	6,000[01]	(貸) 持分法による投資損益	6,000
(借) 受取配当金	3,600[02]	(貸) A社株式	3,600

01) 20,000円×30%＝6,000円
02) 12,000円×30%＝3,600円

① タイムテーブル

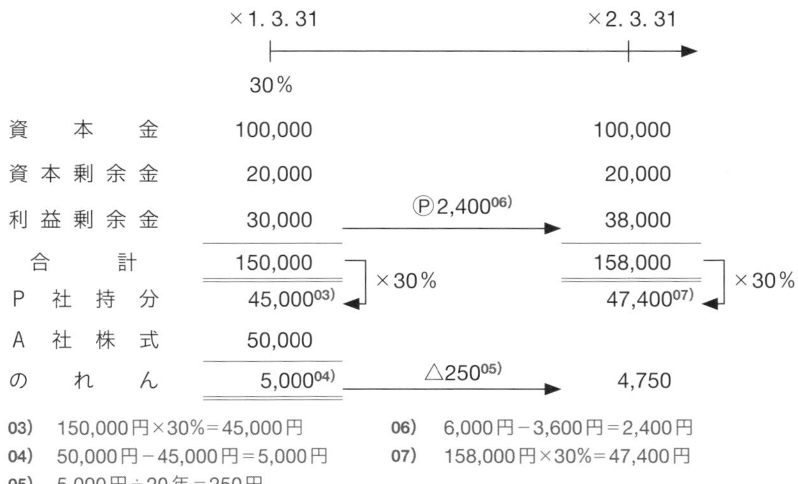

×1.3.31
×2.3.31
30%
資本金 100,000 100,000
資本剰余金 20,000 20,000
利益剰余金 30,000 Ⓟ2,400[06) 38,000
合計 150,000 158,000
×30%
P社持分 45,000[03) 47,400[07)
×30%
A社株式 50,000
のれん 5,000[04) △250[05) 4,750

03) 150,000円×30%＝45,000円
04) 50,000円－45,000円＝5,000円
05) 5,000円÷20年＝250円
06) 6,000円－3,600円＝2,400円
07) 158,000円×30%＝47,400円

② 連結財務諸表

連結損益計算書		連結貸借対照表	
Ⅳ営業外収益		A社株式 52,150[09)	
持分法による投資利益	5,750[08)		

08) △250円＋6,000円＝5,750円
09) 50,000円－250円＋6,000円－3,600円＝52,150円または、47,400円＋4,750円＝52,150円

Chapter 18 持分法

Q 2-5 当期の持分法適用仕訳2（負ののれん）

P社は、×1年3月31日にA社の発行済議決権株式の30%を50,000円で取得し、持分法適用会社とした。次の資料にもとづき、当期(×2年3月31日を決算日とする1年)の持分法適用に係る連結修正仕訳(開始仕訳含む)を示しなさい。

■資　料■

(1) A社純資産の部(×1年3月31日)
　資本金100,000円　　資本剰余金20,000円　　利益剰余金50,000円

(2) ×1年度株主資本等変動計算書
　当期純利益20,000円　　剰余金の配当12,000円

A 2-5 解答・解説

(借)			(貸)	
(借) A社株式	1,000		(貸) 利益剰余金当期首残高	1,000[10)
(借) A社株式	6,000		(貸) 持分法による投資損益	6,000
(借) 受取配当金	3,600		(貸) A社株式	3,600

10) 50,000円－(100,000円＋20,000円＋50,000円)×30%＝△1,000円

トレーニングⅠ　Ch18　問題1・2へ

5 未実現利益の消去

持分法においても、商品売買等における未実現利益の消去を行います。

ただし、やはり連結会計とは勘定科目等が異なるため、注意が必要です。

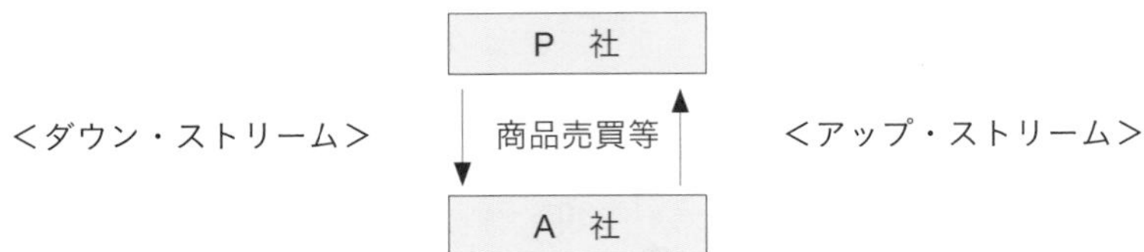

1 ダウン・ストリーム

被投資会社の期末資産に含まれる未実現利益のうち投資会社持分について[01]、原則として売上高・固定資産売却益等[02]から減額するとともに、同額の投資勘定の減額として処理します。

01) ただし、非連結子会社に対するダウン・ストリームの場合のみ、未実現利益の全額を消去します。

02) 容認規定として、持分法による投資損益勘定からの減額とする処理も認められています。問題文の指示に従ってください。

Q 2-6 ダウン・ストリーム(棚卸資産)

P社はA社の発行済議決権株式の30％を取得し、持分法を適用している。

P社はA社に原価率80％で商品を販売しており、A社期末商品のうち2,000円はP社から仕入れたものである。持分法適用に係る連結修正仕訳を示しなさい。

A 2-6 解答・解説

(借) 売　上　高	120	(貸) A　社　株　式	120[03]

03) 2,000円×(1－80％)×30％＝120円

ダウン・ストリームの場合、投資会社個別P/L の売上高に未実現利益が含まれています。そのため、借方を売上高の減額とします。

一方、被投資会社個別B/S の商品に未実現利益が含まれていますが、持分法では被投資会社個別B/Sを合算しないため、貸方を投資勘定の減額とします。

Q 2-7 ダウン・ストリーム(固定資産)

P社はA社の発行済議決権株式の30%を取得し、持分法を適用している。

当期、P社はA社に取得原価4,000円の土地を5,000円で売却し、期末現在、A社は当該土地を引き続き保有している。持分法適用に係る連結修正仕訳を示しなさい。

A 2-7 解答・解説

(借)	土地売却益	300	(貸)	A社株式	300[04]

04) (5,000円－4,000円)×30%＝300円

2 アップ・ストリーム

投資会社の期末資産に含まれる未実現利益のうち、投資会社持分については、原則として商品・土地等から減額[05]するとともに、同額を持分法による投資損益の借方に計上します。

05) 容認規定として、投資勘定からの減額とする処理も認められています。問題文の指示に従ってください。

Q 2-8 アップ・ストリーム(棚卸資産)

P社はA社の発行済議決権株式の30%を取得し、持分法を適用している。

A社はP社に原価率80%で商品を販売しており、P社期末商品のうち2,000円はA社から仕入れたものである。持分法適用に係る連結修正仕訳を示しなさい。

A 2-8 解答・解説

(借)	持分法による投資損益	120	(貸)	商品	120

アップ・ストリームの場合、投資会社個別B/Sの商品に未実現利益が含まれているため、貸方を商品の減額とします。

一方、被投資会社個別P/Lの売上高勘定に未実現利益が含まれていますが、持分法では被投資会社個別P/Lを合算しないため、借方を持分法による投資損益の減額とします。

Q 2-9 アップ・ストリーム(固定資産)

P社はA社の発行済議決権株式の30%を取得し、持分法を適用している。

当期、A社はP社に取得原価4,000円の土地を5,000円で売却し、期末現在、P社は当該土地を引き続き保有している。持分法適用に係る連結修正仕訳を示しなさい。

A 2-9 解答・解説

(借)	持分法による投資損益	300	(貸)	土地	300

3 翌期の仕訳

持分法においても、未実現利益の消去に係る翌期の仕訳として開始仕訳および実現仕訳を行います。

たとえば、【Q2-6】および【Q2-8】について、翌期の具体的な仕訳は以下のとおりです。

1．ダウン・ストリーム 【Q2-6】

(1) 開始仕訳

(借) 利益剰余金当期首残高	120	(貸) A 社 株 式	120

(2) 実現仕訳

(借) A 社 株 式	120	(貸) 売 上 高	120

(3) ①+②

(借) 利益剰余金当期首残高	120	(貸) 売 上 高	120

2．アップ・ストリーム 【Q2-8】

(1) 開始仕訳

(借) 利益剰余金当期首残高	120	(貸) 商 品	120

(2) 実現仕訳

(借) 商 品	120	(貸) 持分法による投資損益	120

(3) ①+②

(借) 利益剰余金当期首残高	120	(貸) 持分法による投資損益	120

トレーニングⅠ Ch18 問題3～5へ

Chapter 19

税効果会計

Point
このChapterで学習する税効果会計は他の各論点に影響するものです。特に有価証券の税効果は、頻出ですので必ずおさえてください。
また、将来減算一時差異と将来加算一時差異の区別を付けられるようにしてください。
なお、本試験では問題文の各論点に税効果会計を適用する旨がある場合のみ適用します。

用語集

税効果会計
会計上の収益・費用と税法上の益金・損金の認識時点が相違する場合などに行う会計処理

将来減算一時差異
将来、税金が減算される一時差異

将来加算一時差異
将来、税金が加算される一時差異

重要度

Section 1

税効果会計の概要

1年が終わり、なんとか利益が出ました！　そこで、税引前当期純利益に税率を掛けた金額を法人税等として税務署に納付しようとしたところ、「納税金額が違いますよ！」と指摘されました。どうやら、会計上の利益に税率を掛ければいいという単純な話ではなさそうです。

このSectionでは、会計と税務の違いを調整するために行われる税効果会計の概要について学習します。

1　税効果会計とは

税効果会計とは、会計上の収益・費用と税務上の益金[01]・損金[02]の認識時点の相違等により、会計上と税務上の資産・負債に差異が生じる場合に、会計上の「法人税等[03]を控除する前の当期純利益(税引前当期純利益)」と「法人税等の額」を合理的に対応させる手続のことをいいます。

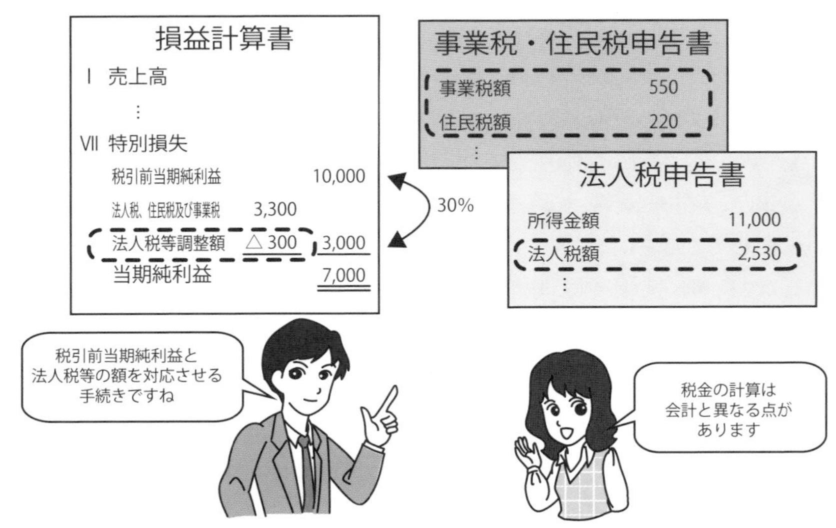

01)　会計における収益に相当します。

02)　会計における費用に相当します。

03)　法人税等とは、『法人税、住民税及び事業税』のことをいいます。

会計は、適正な期間損益計算を目的として、収益から費用を差し引いて、企業の業績である利益(税引前当期純利益)を計算します。

一方、税務は、適正な税金額の計算を目的として、益金から損金を差し引いて、企業の税金支払能力の基礎となる課税所得を計算します。

このように会計と税務では計算目的が異なるため、収益と益金、費用と損金に差異が生じ、通常、税引前当期純利益と課税所得は一致しません。

	プラス要素		マイナス要素		差引
会計	収益	−	費用	=	税引前当期純利益
	≠		≠		≠
税務	益金	−	損金	=	課税所得

適正な期間損益計算を目的とする財務会計においては、「税引前当期純利益」と「法人税等の額」が税率で対応することが望ましいので、税効果会計を適用して法人税等の金額を調整して表示します。

Chapter 19
税効果会計

2　税効果会計の方法

1　税効果会計の処理方法

税効果会計の方法には、(1)繰延法と(2)資産負債法の２つの方法があります。

(1)　繰延法

繰延法とは、会計上の収益・費用と税務上の益金・損金の期間帰属の相違にもとづく差異(期間差異)について、発生した年度における法人税等の支払額の増減額を差異が解消する年度まで、貸借対照表上、繰延税金資産・負債として計上する方法のことです[01)]。

そのため、期間差異に係る税金の額は、発生した会計年度の税率を用いて計算し、仮に税率が変更された場合でも、繰延税金資産・繰延税金負債の再計算を行うことはありません。

01)　発生年度における税引前当期純利益と法人税等の額を期間的に対応させ、当期の損益計算を重視する考え方です。

(2)　資産負債法

資産負債法とは、会計上の資産・負債の金額と税務上の資産・負債の相違にもとづき生じる差異(一時差異)が解消される年度における法人税等の支払額の増減額を、貸借対照表において繰延税金資産・負債として計上する方法のことです[02)]。

そのため、一時差異に係る税金の額は、差異が解消される会計期間の税率を用いて計算し、税率が変更された場合、繰延税金資産・繰延税金負債の再計算を行います。

02)　繰延税金資産・負債の貸借対照表能力の観点から、繰延税金資産・負債の支払額の増減額を示すことを重視する考え方です。

2　会計基準上での取扱い

繰延法では、税率変更のさいに再計算を行わないため、繰延税金資産・繰延税金負債は将来の法人税等の支払額の増減を示しません。よって、資産負債法の方がより繰延税金資産・繰延税金負債の金額を正確に示すことになります。

そのため、税効果会計に係る会計基準では、「資産負債法」によることとしています。

3　課税所得の計算方法

税務上の課税所得は、前述のように益金から損金を差し引いて計算します。ただし、会計上で損益計算書を作成して税引前当期純利益を計算しており、税務上でまた別に益金と損金にもとづいた損益計算書を作成して課税所得を計算するのでは手間がかかります。

そこで、会計上で計算した税引前当期純利益に、会計上の収益・費用と税務上の益金・損金との差異を調整することにより、税務上の課税所得を計算します。

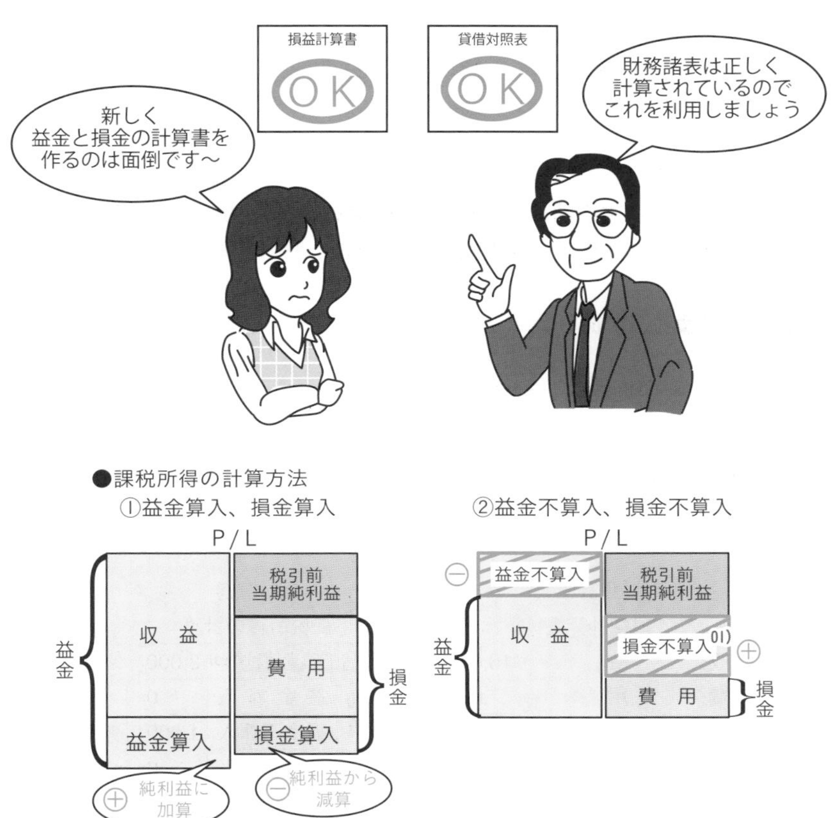

●課税所得の計算方法

①益金算入、損金算入

P/L

収益	税引前当期純利益
	費用
益金算入	損金算入

益金：収益＋益金算入（⊕純利益に加算）
損金：費用＋損金算入（⊖純利益から減算）

②益金不算入、損金不算入

P/L

益金不算入 ⊖	税引前当期純利益
収益	損金不算入[01] ⊕
	費用

益金：収益
損金：費用

01)　損金不算入＝費用にならない＝費用が減る＝利益が増える＝純利益に加算、と考えます。

4　会計上の法人税等と税務上の税額

仮に、税効果会計を適用しないと、どうなるでしょうか？

法人税等の額は、課税所得を基礎として費用計上されます。会計上の税引前当期純利益と税法上の課税所得とに差異があるときは、①法人税等の額が税引前当期純利益と期間的に対応しません。

また、②将来の法人税等の支払額に対する影響が表示されないことになります。

ここでは、税引前当期純利益[01)]に必要な調整を行い課税所得を計算するまでの流れを、(1)税効果会計を適用しない場合と(2)税効果会計を適用した場合とに分けて、具体的な数値を用いてみていきます。

01)　この項目での税務上の計算は、税効果会計の理解のために、計算（計算方法）を簡略化しています。

【例】会計上、当期の収益総額は10,000円、費用総額は7,000円であった。
なお、費用総額の中に税務上、損金に算入されない賞与引当金繰入1,000 円が含まれている。
法定実効税率[02)]は30%である。

02)　法人税のほか、住民税・事業税の税率を考慮した税率です。

(1)　税効果会計を適用しない場合

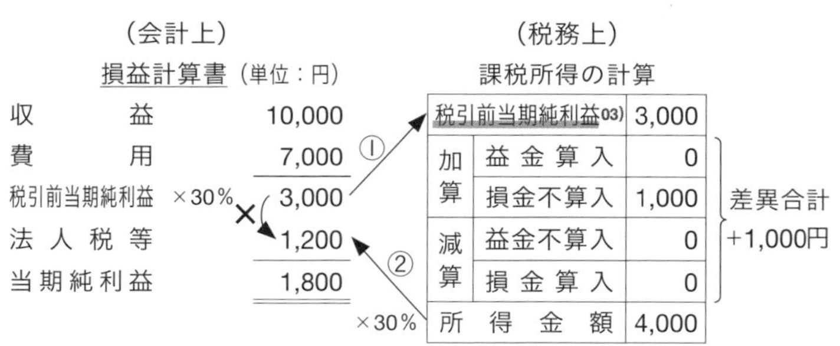

①　税務上の課税所得は、会計上の税引前当期純利益に会計上と税務上の差異を調整して計算します。

②　税務上で計算された課税所得をもとに法人税等の金額が決まります。ここで、損益計算書をみると税引前当期純利益3,000円と法人税等1,200 円が法定実効税率30%で対応していません。

税引前当期純利益が3,000 円の場合、会計上の税金費用はその30%の900 円であるべきです。そこで税効果会計を適用します。

03)　実際の法人税法では少し違う計算をしますが、便宜上、税引前当期純利益からスタートして説明しています。

(2) 税効果会計を適用した場合

税引前当期純利益と法人税等が対応するように、法人税等の金額を調整します。そのさい、法人税等の金額を『法人税等調整額』という勘定科目を使用して調整します[04]。

調整金額は差異の金額に法定実効税率を掛けて計算します。

04) 相手勘定は、差異の内容によって『繰延税金資産』または『繰延税金負債』となります。詳しくは、本ChapterのSection2以降で学習します。

(借) 繰延税金資産	300[05]	(貸) 法人税等調整額	300

05) 調整金額：1,000円(差異)×30%(税率)=300円
税務上の所得が会計上の利益よりも1,000円大きいため、その分だけ税務上の法人税等の金額は大きくなります。
ここでは税務上の法人税等の金額を会計上の利益をベースとした法人税等の金額に調整するため、差異に税率を掛けた金額を引いています。

貸方の法人税等調整額は、損益計算書の法人税等の下に表示します。

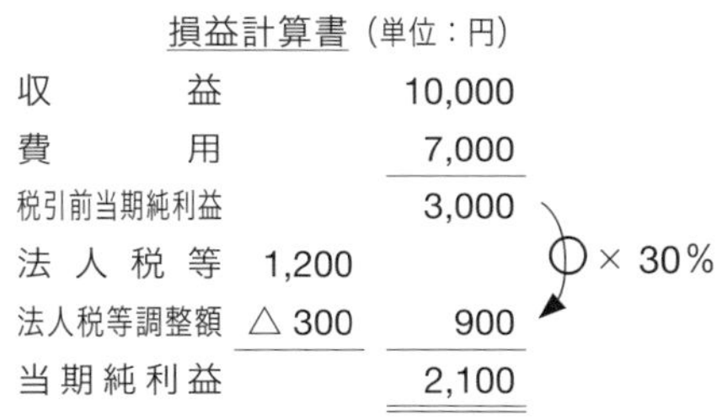

損益計算書 (単位：円)

収益		10,000
費用		7,000
税引前当期純利益		3,000
法人税等	1,200	
法人税等調整額	△300	900
当期純利益		2,100

これにより、税引前当期純利益3,000円と法人税等調整額考慮後の法人税等900円が対応します。

このように、税効果会計の適用によって会計上の税引前当期純利益に対応する法人税等の額となるように調整が行われます。なお、この調整はあくまでも会計上のものですから、税効果会計の適用の有無にかかわらず、実際納付額(1,200円)は変わらないという点に注意してください。

Section

2 会計上と税務上の差異

重要度

会計上と税務上の差異があるために、税引前当期純利益と法人税等の額が対応しないことがわかりました。では、その差異にはどのような種類があるのでしょうか？

このSection では、差異の種類について学習します。

1 差異の分類

会計上と税務上の計算目的が相違することにより生じる差異は、税効果会計の対象となる一時差異と、対象とならない永久差異[01]に分類されます。

さらに、一時差異は「将来減算一時差異」と「将来加算一時差異」に細分されます。

〈差異の分類〉

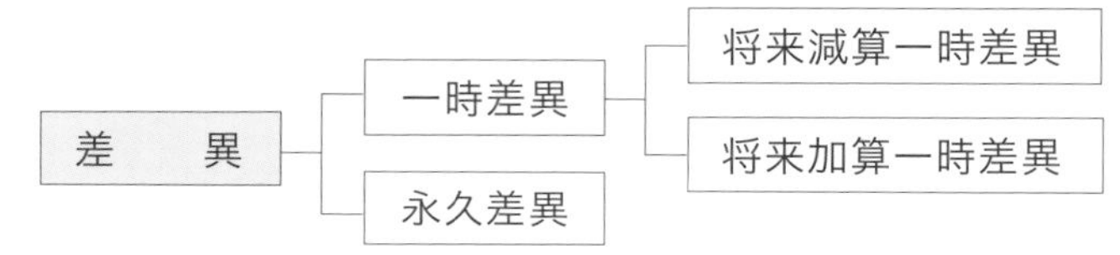

01） 基準上は「一時差異等に該当しない差異」といいます。

2 一時差異とは

一時差異とは、会計上と税務上の差異が一時的なもので、時間の経過とともにいずれ解消される差異のことをいいます。一時差異は、将来において課税所得の増減効果があるため、税効果会計の対象とされています。

なお、一時差異は、「将来減算一時差異」[01]と、「将来加算一時差異」とに分類されます。

(1) **将来減算一時差異とは、一時差異が解消するとき、その期の課税所得を減額する効果をもつものをいいます。**

(2) **将来加算一時差異とは、一時差異が解消するとき、その期の課税所得を増額させるものをいいます。**

01） 裏返していうと、将来減算一時差異は、差異が発生するときに課税所得が加算され、差異が解消するときに減算されるものをいいます。

将来減算一時差異の例

当期に会計上、賞与引当金300円を計上したが、税務上は損金として認められなかった。翌期の賞与支払時に賞与引当金を取り崩して賞与を支払い、税務上は損金として認められた。

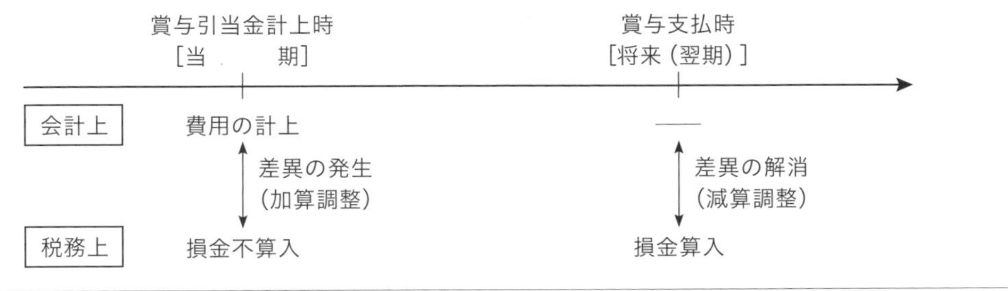

»　一時差異が発生する原因としては、次の2つが考えられます。

1　認識時期の相違によるもの

»　収益と益金、費用と損金の対象や金額は同じでも、その発生を認識するタイミング（期間）が異なることにより生じます[02)]。

02)　この差異を繰延法では特に期間差異ということがあります。

2　その他有価証券の評価替え等によるもの

»　資産や負債の評価差額がP/Lには計上されずにB/Sの純資産の部に計上されることがあります。この評価差額が課税所得の計算に含まれない場合、B/Sの資産・負債の金額と、課税所得計算上の資産・負債の金額は不一致となり、一時差異が生じます。

3　永久差異とは

»　永久差異とは、会計上は収益または費用として計上しても、税務上は永久に益金または損金に算入されない項目をいいます。

永久差異は、将来において課税所得の増減効果がないため、税効果会計の適用対象となりません。

永久差異の例

当期に寄附金300円を支払い、会計上、寄附金300円（費用）を計上したが、税務上は損金として認められなかった。翌期以降も寄附金300円は、税務上は損金として認められない。

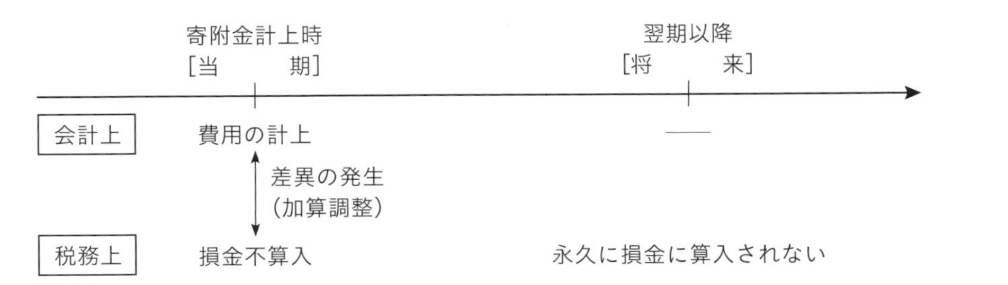

▸▸ なお、この永久差異があるため、厳密には税効果会計を適用しても「税引前当期純利益に法定実効税率を掛けた金額」は「税効果会計を考慮した法人税等」とは一致しません。

差異の分類のまとめ

一時差異と永久差異について整理すると、次のとおりです[01]。

<table>
<tr><th colspan="3">差異の分類</th><th>主な項目</th></tr>
<tr><td rowspan="5">税効果会計の対象となる差異</td><td rowspan="5">一時差異</td><td rowspan="3">将来減算一時差異</td><td>各種引当金の繰入限度超過額の損金不算入額</td></tr>
<tr><td>減価償却の償却限度超過額の損金不算入額</td></tr>
<tr><td>その他有価証券の評価差額(評価差損)</td></tr>
<tr><td rowspan="2">将来加算一時差異</td><td>その他有価証券の評価差額(評価差益)</td></tr>
<tr><td>積立金方式による圧縮記帳の損金算入額</td></tr>
<tr><td rowspan="3">対象とならない差異</td><td colspan="2" rowspan="3">永久差異</td><td>受取配当金の益金不算入額[02]</td></tr>
<tr><td>交際費の損金不算入額</td></tr>
<tr><td>寄附金の損金不算入額</td></tr>
</table>

本試験では税効果会計の仕訳をする項目にはその旨が記載されているので、各項目を暗記する必要はありません。ただし、ひっかけとして永久差異も記載される場合があるので、永久差異の主な項目だけはおさえておきましょう！

01) 各項目の具体的な処理については、この後、順番に学習します。

02) 会計上受取配当金(収益)を計上しても、税務上は原則として益金になりません。配当金はすでに税金を引かれた利益から分配されたものです。そのため、受取配当金が益金に算入されると二重に課税されることになるからです。

重要度

Section

3 将来減算一時差異

「今日がんばって働いたから、明日は少し楽ができる！」…税金に関して、将来減算一時差異はこんなイメージです。
このSection では、将来減算一時差異の処理方法について学習します。

1 将来減算一時差異とは

▶▶ 将来減算一時差異とは、将来、差異が解消するときに、課税所得を減額する効果がある一時差異をいいます。

将来減算一時差異は、差異の発生年度に多めの法人税等を支払う代わりに、差異解消年度(将来)には課税所得の減額を通じて法人税等の支払が減額されることから、会計上、法人税等の前払いと考えられています。

税務上の計算

税引前当期純利益		3,000
加算	益金算入	0
	損金不算入	300
減算	益金不算入	0
	損金算入	0
所得金額		3,300

税務上の計算の一時差異のうち、加算項目に該当するものが「将来減算一時差異」です[01]。

01) 当期の課税所得に加算され、税金を支払う代わりに将来に減算されるので「将来減算一時差異」です。

2 将来減算一時差異の処理方法

▶▶ ここでは、将来減算一時差異の発生時、解消時の会計処理および法人税等の調整を、具体的な数値を用いてみていきます。

1 発生年度の会計処理

▶▶ 将来減算一時差異の発生年度においては、法人税等の前払いを行ったと考え、繰延税金資産という資産の勘定で処理します。

また、相手勘定は法人税等調整額(貸方に計上)という勘定によって法人税等を減らします。

Chapter 19 税効果会計

Q 3-1 将来減算一時差異の発生

次の取引の税効果会計に関する仕訳を示しなさい。法定実効税率は30%とする。

会計上、当期の収益総額は10,000円、費用総額は7,000円であった。なお、費用総額の中に税務上、損金に算入されない賞与引当金繰入300円が含まれている。

また、税務上、課税所得をもとに計算された法人税等は990円である。

A 3-1 解答

(借) 繰延税金資産	90[01]	(貸) 法人税等調整額	90

01) 300円×30%=90円

2 解消年度の会計処理

▸▸ 将来減算一時差異の解消年度においては、差異の発生年度に行った仕訳の貸借逆仕訳を行います。

Q 3-2 将来減算一時差異の解消

次の取引について、その取引が行われた期の税効果会計に関する仕訳を示しなさい。法定実効税率は30%とする。

【Q3-1】の翌期において賞与を支払い、会計上、賞与引当金300円を全額取り崩し、税務上、賞与引当金300円が損金に算入された。

なお、翌期の収益総額は11,000円、費用総額は6,000円であった。

また、税務上、課税所得をもとに計算された法人税等は1,410円である。

A 3-2 解答

(借) 法人税等調整額	90	(貸) 繰延税金資産	90

3 法人税等調整額による調整

▸▸ 損益計算書上、次のように法人税等を調整します。

(1) 法人税等調整額が貸方に計上された場合 → 法人税等から減算【Q3-1】
(2) 法人税等調整額が借方に計上された場合 → 法人税等に加算 【Q3-2】

【各期のP/L】　　　　　　　　　　　　　　　　　　　　　　（単位：円）

（一時差異の発生年度）

当期の損益計算書

収　　益		10,000
費　　用		7,000
税引前当期純利益		3,000
法人税等	990	
法人税等調整額	△ 90	900
当期純利益		2,100

30％で対応

（一時差異の解消年度）

翌期の損益計算書

収　　益		11,000
費　　用		6,000
税引前当期純利益		5,000
法人税等	1,410	
法人税等調整額	90	1,500
当期純利益		3,500

30％で対応

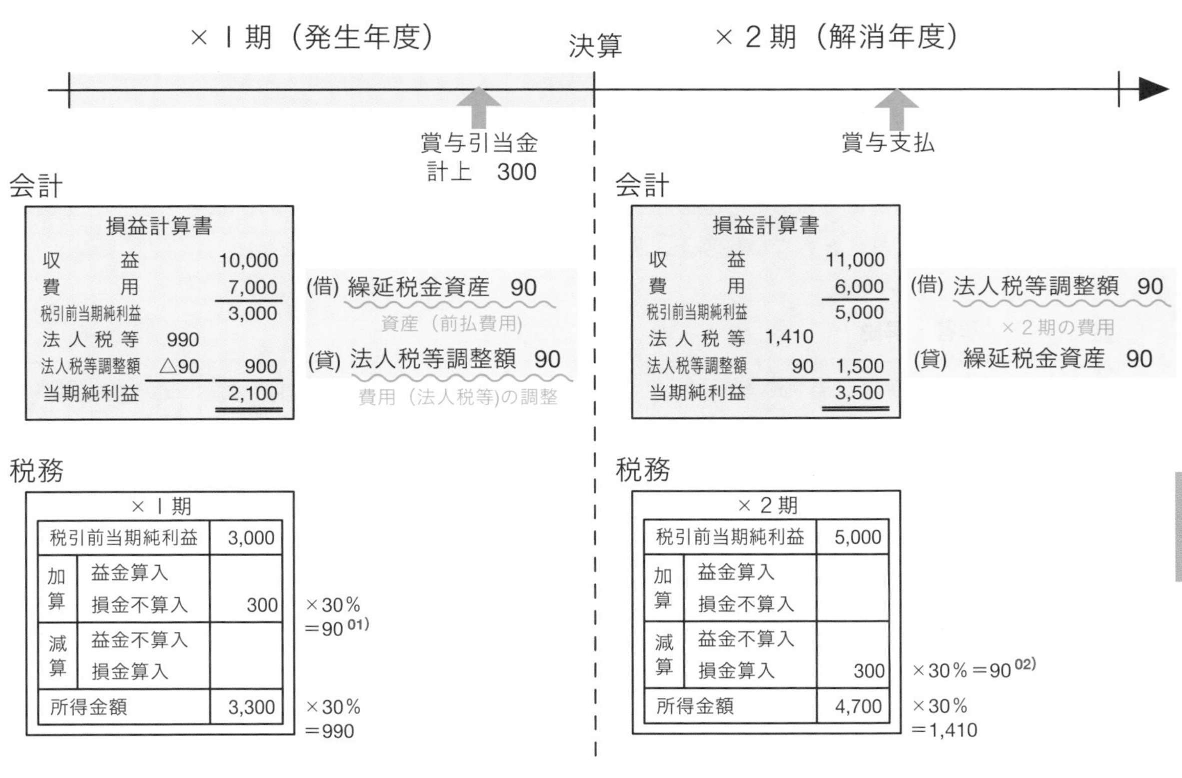

税務

×１期

税引前当期純利益		3,000
加算	益金算入	
	損金不算入	300
減算	益金不算入	
	損金算入	
所得金額		3,300

損金不算入 300 ×30％＝90 [01)]

所得金額 3,300 ×30％＝990

税務

×２期

税引前当期純利益		5,000
加算	益金算入	
	損金不算入	
減算	益金不算入	
	損金算入	300
所得金額		4,700

損金算入 300 ×30％＝90 [02)]

所得金額 4,700 ×30％＝1,410

01） 300×30%=90は法人税を前払い（×１期の費用ではない）と考えます。

02） 90は×２期の費用と考えます。

Chapter 19　税効果会計

3　具体的な会計処理

1　賞与引当金繰入

賞与引当金の繰入額は、会計上は費用として計上しても、税務上は損金として認められない(損金不算入)ため、将来減算一時差異となります。

この賞与引当金繰入は翌期に賞与を支払い、賞与引当金を取り崩したときに税務上損金に算入され、将来減算一時差異が解消します。

Q　3-3　賞与引当金繰入

次の資料にもとづいて、賞与引当金および税効果会計に関する仕訳を示しなさい。法人税等の法定実効税率は30％である。

(1)　当期末に翌期の従業員賞与の支払に備えて、会計上賞与引当金300円を計上した。しかし、税務上は賞与引当金繰入の損金算入は認められなかった。

(2)　翌期に従業員賞与300円を当座預金より支払い(現金預金勘定で処理)、賞与引当金を全額取り崩した。これにともない税務上、賞与引当金の損金算入が認められた。

A　3-3　解答・解説

(1)

借方	金額	貸方	金額
(借) 賞与引当金繰入	300	(貸) 賞与引当金	300
(借) 繰延税金資産	90[01)]	(貸) 法人税等調整額	90

01)　300円×30%＝90円

(2)

借方	金額	貸方	金額
(借) 賞与引当金	300	(貸) 現金預金	300
(借) 法人税等調整額	90	(貸) 繰延税金資産	90

2 棚卸資産の評価損

棚卸資産の商品評価損は、会計上は費用として計上しても、税務上は損金として認められないことがあります(損金不算入)。損金不算入の場合、将来減算一時差異が発生します。

この商品評価損は商品を売却・除却したときに税務上損金に算入され、将来減算一時差異が解消します。

Q 3-4 棚卸資産の評価損

次の資料にもとづいて、商品および税効果会計に関する仕訳を示しなさい。法人税等の法定実効税率は30%である。

(1) 当期に仕入れ、期末に手許にある商品25,000円について、収益性の低下が認められたため8,000円の評価減を行った。税務上は当該商品を売却または除却するまで損金算入は認められない。

(2) 翌期になり、上記商品を売却したため、評価損8,000円が税務上損金に算入された。

A 3-4 解答・解説

(1)

(借)繰越商品	25,000	(貸)仕入	25,000
(借)商品評価損	8,000	(貸)繰越商品	8,000
(借)繰延税金資産	2,400[02]	(貸)法人税等調整額	2,400

02) 8,000円×30%=2,400円

(2)

(借)法人税等調整額	2,400	(貸)繰延税金資産	2,400

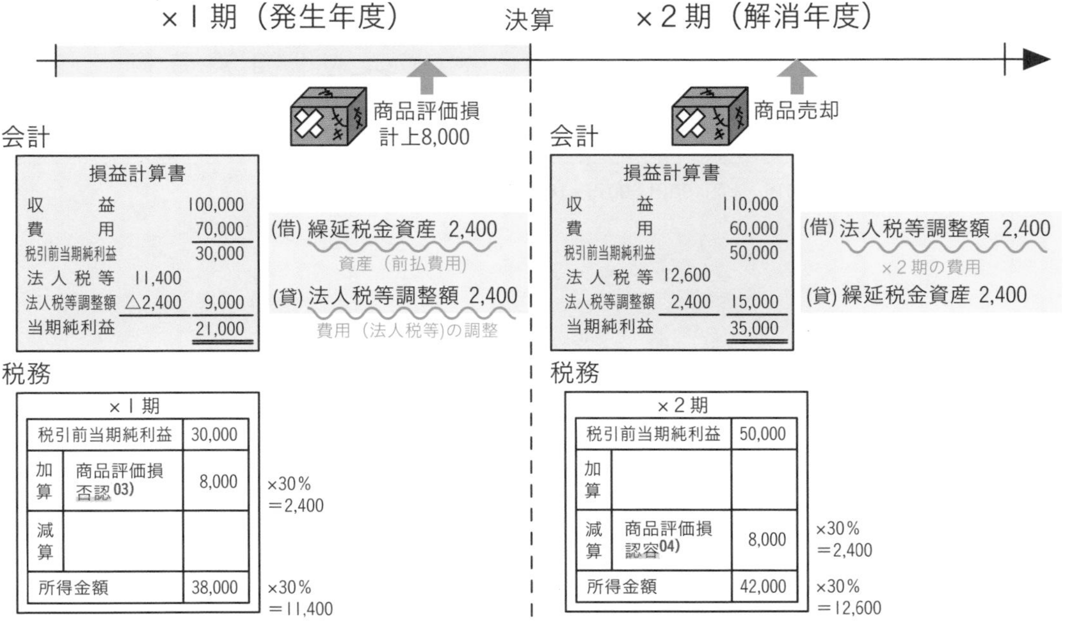

03) 『〜否認』とは、損金として認めないことをいいます。

04) 『〜認容』とは、損金として認めることをいいます。

3 減価償却超過額

固定資産の減価償却費は、税務上は法定耐用年数にもとづいて計算しますが、会計上は会社が見積もった耐用年数で計算することができます。

ここで、税務上の減価償却費(減価償却限度額)を超える減価償却費(減価償却限度超過額)は、損金として認められない(損金不算入)ため、将来減算一時差異となります。

この損金に算入されなかった減価償却費は固定資産を売却・除却したときに税務上損金に算入され、将来減算一時差異が解消します。

Q 3-5 | 減価償却 |

次の資料にもとづいて、減価償却および税効果会計に関する仕訳を示しなさい。法人税等の法定実効税率は30%である。

(1) 当期首に機械12,000円を取得し、期末に会計上は8年(残存価額ゼロ)で定額法(間接法)により減価償却を行った。税務上の法定耐用年数は10年(残存価額ゼロ)である。

(2) 翌期末に減価償却を行った。

(3) 翌々期首に機械を売却したため、償却限度超過額600円が損金に算入された。

A 3-5 | 解答・解説 |

(1)

(借)	減価償却費	1,500[05]	(貸) 機械減価償却累計額	1,500
(借)	繰延税金資産	90[06]	(貸) 法人税等調整額	90

05) 12,000円÷8年=1,500円

06) 12,000円÷8年−12,000円÷10年=300円(一時差異) 300円×30%=90円

(2)

(借)	減価償却費	1,500	(貸) 機械減価償却累計額	1,500
(借)	繰延税金資産	90	(貸) 法人税等調整額	90

(3)

(借)	法人税等調整額	180[07]	(貸) 繰延税金資産	180

07) 600円×30%=180円 または90円+90円=180円

4 貸倒引当金の損金算入超過額

▶▶ 貸倒引当金繰入額は、会計上は会社の任意で貸倒実績率を見積もることができますが、税務上は損金算入限度額が決まっています。

ここで、税務上の損金算入限度額を超える貸倒引当金繰入額は損金として認められない(損金不算入)ため、将来減算一時差異となります。

この損金に算入されなかった貸倒引当金繰入額は、債権が貸し倒れたときなどに税務上損金に算入され、将来減算一時差異が解消します。

Q 3-6 貸倒引当金損金算入超過額

次の資料にもとづいて、貸倒引当金繰入および税効果会計に関する仕訳を示しなさい。法人税等の法定実効税率は30%である。

(1) 当社が長期貸付金5,000円を有する得意先が経営破綻の状態に陥った。会計上は破産更生債権等に該当するため、破産更生債権等に振り替え債権金額全額に対し貸倒引当金を設定した。しかし、税務上は損金算入が認められなかった。貸倒引当金の残高はゼロである。

(2) 翌期になり上記得意先について会社更生法による更生手続が開始され、会計上貸倒引当金を取り崩した。また、税務上、前期に計上した貸倒引当金繰入5,000円が損金に算入された。

A 3-6 解答・解説

(1)

借方	金額	貸方	金額
(借)破産更生債権等	5,000	(貸)長期貸付金	5,000
(借)貸倒引当金繰入	5,000	(貸)貸倒引当金	5,000
(借)繰延税金資産	1,500[08)]	(貸)法人税等調整額	1,500

08) 5,000円×30%＝1,500円

(2)

借方	金額	貸方	金額
(借)貸倒引当金	5,000	(貸)破産更生債権等	5,000
(借)法人税等調整額	1,500	(貸)繰延税金資産	1,500

Chapter 19 税効果会計

4 税効果の仕訳の方法

▸▸ 税効果の仕訳は、決算整理仕訳として決算時に行います。

税効果の仕訳の方法については、大きく3つの方法が考えられます。たとえば、決算整理前残高試算表と将来減算一時差異の解消・発生の状況が以下のような場合に、どのような仕訳となるのかを確認してみましょう。

決算整理前残高試算表(一部)　(単位：円)

繰延税金資産	1,500[01]	

当期における将来減算一時差異の解消・発生(実効税率は30％とする)

	前期末残高	当期解消額	当期発生額	当期末残高
将来減算一時差異	5,000円	3,000円	13,000円	15,000円

01) 将来減算一時差異前期末残高 5,000円×30%＝1,500円

1 発生と解消の仕訳を個別に行う方法

▸▸ 一時差異の発生に関する仕訳と解消に関する仕訳を、それぞれ個別に行います。

(1) 差異の解消

(借) 法人税等調整額	900	(貸) 繰延税金資産	900[02]

02) 当期解消額3,000円×30%＝900円

(2) 差異の発生

(借) 繰延税金資産	3,900[03]	(貸) 法人税等調整額	3,900

03) 当期発生額13,000円×30%＝3,900円

2 いったん洗い替える方法

▸▸ いったん、前期末の一時差異がすべて解消したと考えた仕訳を行い、その後、改めて当期末の一時差異に係る税効果の仕訳を行います。

(1) 前期末の差異の解消

(借) 法人税等調整額	1,500	(貸) 繰延税金資産	1,500[04)

04) すでに計上されている繰延税金資産をすべて消去します。

(2) 当期末の差異の認識

(借) 繰延税金資産	4,500[05)	(貸) 法人税等調整額	4,500

05) 将来減算一時差異当期末残高15,000円×30%＝4,500円

3 差額部分のみを処理する方法

▸▸ 前期末の一時差異の金額と当期末の一時差異の金額との差額部分、つまり増減額に対してのみ仕訳を行います。

(借) 繰延税金資産	3,000[06)	(貸) 法人税等調整額	3,000

06) (15,000円－5,000円)×30%＝3,000円

▸▸ なお、いずれの方法で仕訳を行っても、最終的な結果はすべて一致します。

	繰延税金資産			法人税等調整額[07)
	前T/B	仕訳による増減	後T/B	
1の方法	1,500円	－900円＋3,900円	＝4,500円	900円－3,900円＝△3,000円
2の方法	1,500円	－1,500円＋4,500円	＝4,500円	1,500円－4,500円＝△3,000円
3の方法	1,500円	＋3,000円	＝4,500円	△3,000円

07) 便宜的に貸方に計上される法人税等調整額をマイナス(△)で表しています。

トレーニングⅠ　Ch19　問題1へ

Section 4 将来加算一時差異

「今日少しサボったから、明日はがんばって働かなきゃ！」…税金に関して、将来加算一時差異はこんなイメージです。
このSectionでは、将来加算一時差異の処理方法について学習します。

1 将来加算一時差異とは

将来加算一時差異とは、将来、差異が解消するときに、課税所得を増額する効果がある一時差異をいいます。

将来加算一時差異は、差異の発生年度に少なめの法人税等を支払う代わりに、差異解消年度(将来)には課税所得の増額を通じて法人税等の支払が増額されることから、会計上、法人税等の未払いと考えられています。

税務上の計算

税引前当期純利益		3,000
加算	益金算入	200
	損金不算入	350
減算	益金不算入	150
	損金算入	100
所得金額		3,300

税務上の計算の一時差異のうち、減算項目に該当するものが「将来加算一時差異」です[01]。

01) 当期に減算される代わりに将来に加算されるので「将来加算一時差異」です。

2 将来加算一時差異の処理方法

ここでは、将来加算一時差異の発生時、解消時の会計処理および法人税等の調整を、具体的な数値を用いてみていきます。

1 発生年度の会計処理

将来加算一時差異の発生年度においては、法人税等の未払いと考え、繰延税金負債という負債の勘定で処理します。

なお、相手勘定は将来減算一時差異と同じ法人税等調整額(借方に計上)によって法人税等の調整(加算)を行います。

Q 4-1 | **将来加算一時差異の発生**

次の取引の税効果会計に関する仕訳を示しなさい。法定実効税率は30%とする。

会計上、当期の収益総額は10,000円、費用総額は7,000円であった。期末において、将来加算一時差異300円が発生した。

また、税務上、課税所得をもとに計算された法人税等は810円である。

A 4-1 | **解答・解説**

(借) 法人税等調整額	90	(貸) 繰延税金負債	90 01)

01) 300円×30%＝90円

2 解消年度の会計処理

▸▸ 将来加算一時差異の解消年度においては、差異の発生年度に行った仕訳の貸借逆仕訳を行います。

Q 4-2 | **将来加算一時差異の解消**

次の取引の税効果会計に関する仕訳を示しなさい。法定実効税率は30%とする。

【Q4-1】の翌期において将来加算一時差異300円が解消した。

なお、翌期の収益総額は11,000円、費用総額は6,000円であった。

また、税務上、課税所得をもとに計算された法人税等は1,590円である。

A 4-2 | **解答・解説**

(借) 繰延税金負債	90	(貸) 法人税等調整額	90

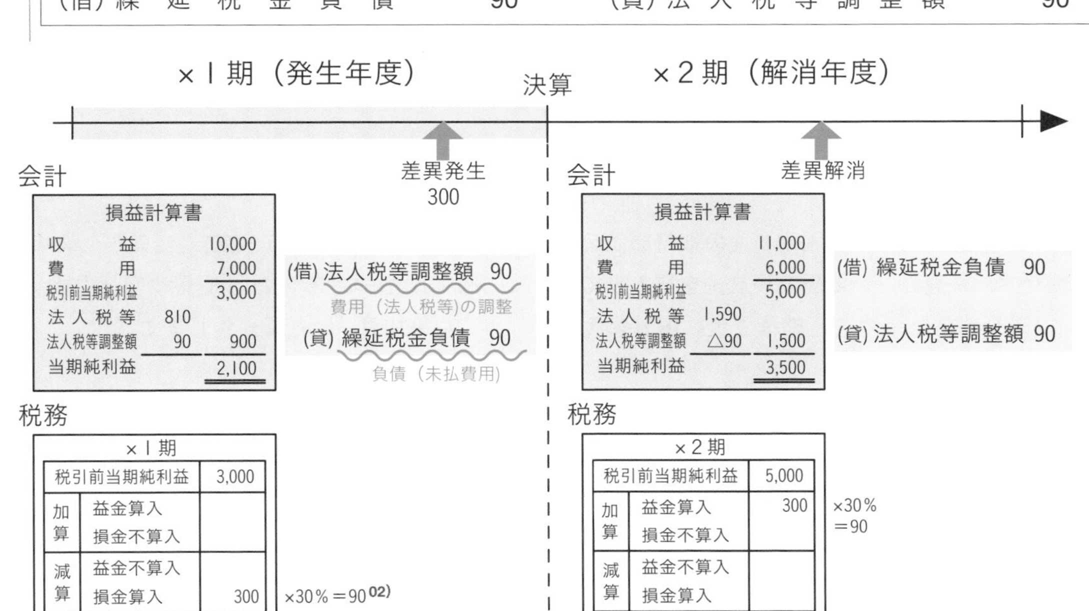

02) 300×30%=90は法人税の未払い(×1期の費用)と考えます。

【各期のP/L】　　　　　　　　　　　　　　　　　　　　　　　　　　　　　　　（単位：円）

（一時差異の発生年度）

当期の損益計算書

収　　　益		10,000
費　　　用		7,000
税引前当期純利益		3,000
法人税等	810	
法人税等調整額	90	900
当期純利益		2,100

（30％で対応）

（一時差異の解消年度）

翌期の損益計算書

収　　　益		11,000
費　　　用		6,000
税引前当期純利益		5,000
法人税等	1,590	
法人税等調整額	△　90	1,500
当期純利益		3,500

（30％で対応）

▶▶　将来加算一時差異は、将来の課税所得を加算させるのであって、税効果による法人税等調整額によって法人税等を増やす調整と混同しないようにしてください。

3　具体的な会計処理

1　積立金方式による圧縮記帳

(1)　圧縮記帳

▶▶　国から補助金をもらい建物などの資産を購入した場合、補助金は会計上の利益とされ、この利益に対しても課税されます。せっかく国から補助金をもらったのに、その補助金にいきなり税金がかかったら補助金の目的を果たせません。そこで、圧縮記帳という処理が認められています。

圧縮記帳の処理方法には、直接減額方式[01]と積立金方式の2つの方法がありますが、ここでは積立金方式についてみていきます。

01)　直接減額方式については、Chapter 7 有形固定資産を参照してください。

(2)　積立時の処理

▶▶　「積立金方式」では、固定資産の取得原価を減額せず、決算において圧縮積立金を積み立てます（繰越利益剰余金を圧縮積立金に振り替えます）。

一方、税務上は「積立金方式」で処理した場合、国庫補助金の金額分だけ損金に算入されるため、将来加算一時差異が生じます。

(3)　圧縮積立金積立額

▶▶　圧縮積立金は、税効果会計を適用した後の繰越利益剰余金から積み立てられるので、税効果会計を適用する場合の圧縮積立金の積立額は、国庫補助金の金額に（1－実効税率）を掛けた金額となります。

Q 4-3 | **圧縮積立金積立時の処理**

次の資料にもとづいて、圧縮記帳(積立金方式)および税効果会計に関する仕訳を示しなさい。法人税等の法定実効税率は30%である。

(1) 期首に国庫補助金100,000円を受け取り、現金預金として処理した。

(2) 期中に受け取った国庫補助金100,000円に自己資金500,000円を加えて建物600,000円を購入し、代金は小切手を振り出して支払った(現金預金勘定で処理)。

(3) 期末において、国庫補助金相当額から税効果相当額を控除した残額70,000円について圧縮積立金を積み立てた。税務上は国庫補助金相当額100,000円が損金に算入された。

なお、この建物は期末において事業の用に供していないため、当期は減価償却を行わない。

A 4-3 | **解答・解説**

(1)

借方	金額	貸方	金額
(借) 現金預金	100,000	(貸) 国庫補助金受贈益	100,000

(2)

借方	金額	貸方	金額
(借) 建物	600,000	(貸) 現金預金	600,000

(3)

借方	金額	貸方	金額
(借) 繰越利益剰余金	70,000	(貸) 圧縮積立金	70,000
(借) 法人税等調整額	30,000	(貸) 繰延税金負債	30,000[02]

02) 100,000円×30%=30,000円

(4) 圧縮積立金取崩時の処理

会計上、計上した圧縮積立金は、固定資産の耐用年数にわたり取り崩します。

これに対して、税務上取崩額は益金として認められる(益金算入)ため、将来加算一時差異が解消し、税金が高くなります。

Q 4-4 | **圧縮積立金取崩時の処理**

次の資料にもとづいて、減価償却および圧縮記帳(積立金方式)ならびに税効果会計に関する仕訳を示しなさい。法人税等の法定実効税率は30%である。

(1) 建物600,000円を当期首より事業の用に供し、期末に減価償却(定額法、間接法、耐用年数20年、残存価額ゼロ)を行った。

(2) 期末に、会計上前期に計上した建物圧縮積立金70,000円のうち3,500円を取り崩した。税務上は国庫補助金相当額100,000円のうち当期配分額の5,000円が益金に算入された。

A 4-4 | **解答・解説**

(1)

借方	金額	貸方	金額
(借) 減価償却費	30,000	(貸) 建物減価償却累計額	30,000

(2)

借方	金額	貸方	金額
(借) 圧縮積立金	3,500	(貸) 繰越利益剰余金	3,500
(借) 繰延税金負債	1,500[03]	(貸) 法人税等調整額	1,500

03) 5,000円×30%=1,500円
法定実効税率が30%である場合、計上した繰延税金負債と圧縮積立金の割合が3:7であったのと同様に、繰延税金負債と圧縮積立金の取崩額も3:7となります。

トレーニングⅠ Ch19 問題2へ

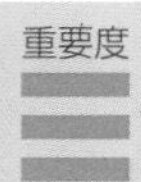

Section 5 その他有価証券、その他の一時差異

有価証券については、すでに保有目的によって評価方法が変わることは学習されたと思います。
ここで売買目的有価証券や関係会社株式は、会計上と税務上で評価の仕方がほぼ同じであるため、差異は生じません。ところが、その他有価証券については会計上と税務上で評価の仕方が大きく異なります。
このSection では、その他有価証券の税効果について学習します。

1 その他有価証券の評価

会計上はその他有価証券について期末に時価で評価を行いますが、税務上は取得原価で評価し時価への評価替えを認めていません。たとえば、会計上で投資有価証券評価損として費用を計上しても、税務上は損金不算入となります。そのため、将来減算一時差異が生じることになります。

その他有価証券の評価について税効果会計を適用する場合には、全部純資産直入法と部分純資産直入法のいずれを採用するかで処理が異なります。

ここではイメージをしやすい部分純資産直入法から先にみていきます

1 部分純資産直入法

部分純資産直入法では、時価が取得原価を上回る銘柄に関する評価差額(評価差益)は純資産の部に計上し、時価が取得原価を下回る銘柄に関する評価差額(評価差損)は、当期の損失(投資有価証券評価損)として損益計算書に計上します。

(1) 評価差損の場合

会計上は投資有価証券評価損として費用に計上しても、税務上は損金として認められない(損金不算入)ため、将来減算一時差異が生じます。

(2) 評価差益の場合

その他有価証券の評価差益は損益項目ではない(純資産の項目)ため、損益に対する調整項目である法人税等調整額は用いません。

そこで、評価差額のうち税効果相当額を繰延税金負債として計上し、残額をその他有価証券評価差額金として計上します。

Q 5-1 | 部分純資産直入法

次の資料にもとづいて、その他有価証券の評価替えに関する仕訳を示しなさい。その他有価証券の評価については部分純資産直入法を採用している。法人税等の法定実効税率は30%である。

(1) 当期に取得したその他有価証券(取得原価20,000円)について期末に評価替えを行う。期末における時価は22,000円である。

(2) 翌期首において、その他有価証券の振戻仕訳を行う。

(3) 翌期末において、その他有価証券の評価替えを行う。期末における時価は19,000円である。

A 5-1 | 解答・解説

(1)

(借)	金額	(貸)	金額
その他有価証券	2,000[01]	繰延税金負債	600[02]
		その他有価証券評価差額金	1,400[03]

01) 22,000円−20,000円=2,000円
02) 2,000円×30%=600円
03) 2,000円−600円=1,400円

(2)

(借)	金額	(貸)	金額
繰延税金負債	600	その他有価証券	2,000
その他有価証券評価差額金	1,400		

(3)

(借)	金額	(貸)	金額
投資有価証券評価損	1,000[04]	その他有価証券	1,000
繰延税金資産	300[05]	法人税等調整額	300

04) 19,000円−20,000円=△1,000円
05) 1,000円×30%=300円

なお、法人税等は期末に確定するものなので、部分純資産直入法で評価差損が生じている場合は、法人税等調整額は翌期首において振り戻す処理を行わず、翌期末に行います。

翌期首

(借)	金額	(貸)	金額
その他有価証券	1,000	投資有価証券評価損	1,000

翌期末

(借)	金額	(貸)	金額
法人税等調整額	300	繰延税金資産	300

2 全部純資産直入法

全部純資産直入法では、その他有価証券の評価差額をすべて純資産の部に計上します。

全部純資産直入法では、評価差益、評価差損のいずれの場合も、損益に計上されない(純資産に計上)ため、法人税等調整額を用いません。

そこで、評価差額のうち税効果相当額を繰延税金資産または繰延税金負債として計上し、残額をその他有価証券評価差額金として計上します。

Q 5-2 | 全部純資産直入法

次の資料にもとづいて、その他有価証券の評価替えに関する仕訳を示しなさい。その他有価証券の評価については全部純資産直入法を採用している。法人税等の法定実効税率は30%である。

(1) 当期に取得したその他有価証券(取得原価20,000円)について期末に評価替えを行う。期末における時価は22,000円である。

(2) 翌期首において、その他有価証券の振戻仕訳を行う。

(3) 翌期末において、その他有価証券の評価替えを行う。期末における時価は19,000円である。

A 5-2 | 解答・解説

(1)

借方	金額	貸方	金額
(借) その他有価証券	2,000[06]	(貸) 繰延税金負債	600[07]
		その他有価証券評価差額金	1,400[08]

06) 22,000円－20,000円＝2,000円
07) 2,000円×30%＝600円
08) 2,000円－600円＝1,400円

(2)

借方	金額	貸方	金額
(借) 繰延税金負債	600	(貸) その他有価証券	2,000
その他有価証券評価差額金	1,400		

(3)

借方	金額	貸方	金額
(借) 繰延税金資産	300[10]	(貸) その他有価証券	1,000[09]
その他有価証券評価差額金	700[11]		

09) 19,000円－20,000円＝△1,000円
10) 1,000円×30%＝300円
11) 1,000円－300円＝700円

		仕訳
全部純資産直入法	評価差益	(借) その他有価証券 ××× (貸) 繰延税金負債 × その他有価証券評価差額金 ××
	評価差損	(借) 繰延税金資産 × (貸) その他有価証券 ××× その他有価証券評価差額金 ××
部分純資産直入法	評価差益	(借) その他有価証券 ××× (貸) 繰延税金負債 × その他有価証券評価差額金 ××
	評価差損	(借) 投資有価証券評価損 ××× (貸) その他有価証券 ××× (借) 繰延税金資産 × (貸) 法人税等調整額 ×

2　その他有価証券（債券）の処理

その他有価証券（債券）で債券金額と取得価額との差額の性格が金利の調整と認められるものについては、まず償却原価法を適用した後、時価に評価替えを行います。

ここで、時価と償却原価との差額について、税効果会計を適用します。

なお、翌期首には、時価と償却原価との差額のみを振り戻す仕訳を行います。

Q　5-3　その他有価証券（債券）

次の資料にもとづいて、その他有価証券の評価替えに関する仕訳を示しなさい。その他有価証券の評価については、全部純資産直入法を採用している。法人税等の法定実効税率は30％である。

(1)　当期首に取得した次のその他有価証券について期末に評価替えを行う。

額面金額6,000円、発行と同時に取得、期間５年、取得価額5,500円、額面金額と取得価額との差額は金利の調整と認められるため、償却原価法（定額法）を適用する。

当該債券の当期末における時価は5,650円である。

(2)　翌期首において、その他有価証券の振戻仕訳を行う。

A　5-3　解答・解説

(1)

(借) その他有価証券	100	(貸) 有価証券利息	100 01)
(借) その他有価証券	50 02)	(貸) 繰延税金負債	15 03)
		その他有価証券評価差額金	35 04)

01)　(6,000円－5,500円)×$\frac{12カ月}{60カ月}$＝100円

02)　5,650円－(5,500円＋100円)＝50円

03)　50円×30%＝15円

04)　50円－15円＝35円

(2)

(借) 繰延税金負債	15	(貸) その他有価証券	50
その他有価証券評価差額金	35		

トレーニングⅠ　Ch19　問題3へ

3 減損損失

会計上は、固定資産の回収可能価額が帳簿価額を下回っている場合には、帳簿価額と回収可能価額との差額を減損損失として処理します。

一方、税務上、減損損失は損金として認められない(損金不算入)ため、将来減算一時差異が発生します。

この減損損失は固定資産を売却したときに税務上損金に算入され、将来減算一時差異が解消します。

Q 5-4 | **減損損失** |

次の資料にもとづいて、固定資産および税効果会計に関する仕訳を示しなさい。法人税等の法定実効税率は30%である。

(1) 当期首に機械12,000円を取得し、期末に会計上は10年(残存価額ゼロ、税務上の法定耐用年数も10年)で定額法(間接法)により減価償却を行った。

さらに当該機械に減損の兆候がみられ、減損会計を適用する。ただし、税務上は減損損失は損金の額に算入されないものとする。

期末における使用価値は9,500円、正味売却価額は10,000円である。

(2) 翌期首に上記機械を10,000円で売却し、代金は小切手で受け取った(現金預金勘定で処理)。税務上、減損損失が損金に算入された。

A 5-4 | **解答・解説** |

(1)

(借)	減価償却費	1,200[01]	(貸)	機械減価償却累計額	1,200
(借)	減損損失	800[02]	(貸)	機械	800
(借)	繰延税金資産	240[03]	(貸)	法人税等調整額	240

01) 12,000円÷10年=1,200円

02) 回収可能価額:10,000円>9,500円 ∴10,000円
減損損失:10,000円−(12,000円−1,200円)=△800円

03) 800円×30%=240円

(2)

(借)	機械減価償却累計額	1,200	(貸)	機械	11,200
	現金預金	10,000			
(借)	法人税等調整額	240	(貸)	繰延税金資産	240

4 退職給付費用

▶▶ 退職給付費用は、会計上費用として計上しても、税務上は損金として認められない(損金不算入)ため、将来減算一時差異が発生します。

この退職給付費用は、年金掛金や退職一時金の支払などの現金支出時に税務上損金に算入され、将来減算一時差異が解消します。

Q 5-5 退職給付費用

次の資料にもとづいて、退職給付引当金および税効果会計に関する仕訳を示しなさい。法人税等の法定実効税率は30%である。

(1) 以下の資料にもとづき当期の退職給付費用を計上する。

期首退職給付債務18,000円、期首年金資産6,000円

なお、前期末における退職給付引当金は12,000円、繰延税金資産は3,600円である。

勤務費用1,000円、利息費用900円、期待運用収益300円

(2) 当期中に年金掛金500円を小切手を振り出して支払った(現金預金勘定で処理する)。

(3) 税務上退職給付費用は損金に算入されないが、年金掛金支払時に損金に算入されるため、税効果の仕訳を行う。

A 5-5 解答・解説

(1)

(借)退職給付費用	1,600[01]	(貸)退職給付引当金	1,600

01) 1,000円+900円−300円=1,600円

(2)

(借)退職給付引当金	500	(貸)現金預金	500

(3)

(借)繰延税金資産	480[02]	(貸)法人税等調整額	480
(借)法人税等調整額	150	(貸)繰延税金資産	150[03]

02) 1,600円×30%=480円

03) 500円×30%=150円

5 繰延税金資産と繰延税金負債の相殺表示

▶▶ 繰延税金資産と、繰延税金負債がある場合は、お互いを相殺して残った勘定を表示します[01]。

資産の部	負債の部
II 固定資産	II 固定負債
3 投資その他の資産	⋮
繰延税金資産 ××× ←相殺→	繰延税金負債 ×××

01) 本試験においては、「繰延税金資産と繰延税金負債を相殺しない旨」が記述されていることが多々あります。問題文をよく読んでから解くように心がけましょう!
連結財務諸表上の繰延税金資産と繰延税金負債の相殺については、一部、例外があります。くわしくは、「テキストII応用編」で学習します。

トレーニングI Ch19 問題4・5へ

参考 実効税率の変更

▸▸ 繰延税金資産と繰延税金負債の金額は、将来の税金の減少額または増加額を表すため、一時差異が解消すると見込まれる期の実効税率にもとづいて計算します。

ここで、法人税等の税率が変わることが予定されている場合、過年度に計上された繰延税金資産と繰延税金負債も含めて当期末の一時差異を新たな税率にもとづいて再計算します。

Q 実効税率の変更

以下の資料にもとづき、×1 期末と×2 期末の税効果の仕訳を行う。

(1) ×1 期末における固定資産に係る減価償却超過額は1,000円であった。
×1 期末における将来の予定実効税率は30%であった。

(2) ×2 期に固定資産に係る減価償却超過額1,000円が新たに発生し、×2 期末における固定資産に係る減価償却超過額は2,000円となった。
×2 期末における将来の予定実効税率は35%であった。

A 解答

(1) ×1 期末

(借) 繰延税金資産	300 01)	(貸) 法人税等調整額	300

01) 1,000円×30%=300円

(2) ×2 期末

当期末時点の一時差異(累計)に変更後の税率を掛けて当期末の繰延税金資産を計算し、前期末の繰延税金資産との差額を法人税等調整額とします。

(借) 繰延税金資産	400 02)	(貸) 法人税等調整額	400

02) 2,000円×35%−300円=400円

近年の法定実効税率

法定実効税率は会社の規模や所在地により異なり、税制の改正によっても変わってきます。2020年3月時点の大企業の法定実効税率はおよそ30.62%となっています。

これを踏まえて近年の本試験では法定実効税率を30%または31%として出題されており、今後の税制の改正によってはさらに変わることが考えられます。

そのため、問題を解くときは必ず法定実効税率を確認してから解くようにしましょう！

参考　繰延税金資産の回収が見込まれない場合

▸▸ 繰延税金資産と繰延税金負債の金額は、将来の回収または支払いが見込まれない額を除いて、計上します。

「繰延税金資産の回収可能性がない」とは、当期に将来減算一時差異(当期加算)が発生したが、将来、差異が解消し課税所得が減算されることによる法人税等の減額が認められない場合をいいます。

ここでいう「回収」とは、「収入」ではなく「支払いの減少」です。

Q　回収が見込まれない場合

以下の資料にもとづき、当期末の税効果の仕訳を行う。法定実効税率は30%とする。

(1) 売掛金に対する貸倒引当金2,000円を計上したが、税務上、否認された。
(2) 退職給付引当金5,000円を計上したが、税務上、否認された。
(3) 繰延税金資産の回収可能性を評価した結果、将来の課税所得と相殺可能な将来減算一時差異は6,000円と判断された。

A　解答

(1) 仕訳

(借) 繰延税金資産	1,800 [01]	(貸) 法人税等調整額	1,800

01) 6,000円×30%＝1,800円

(2) 注記

なお、繰延税金資産の回収不能額については評価性引当額[02]として財務諸表に注記します。

貸借対照表	
II 固定資産	
3 投資その他の資産	
繰延税金資産	1,800

繰延税金資産の発生原因別の内訳	
繰延税金資産	
貸倒引当金	600
退職給付引当金	1,500
繰延税金資産小計	2,100
将来減算一時差異等の合計に係る評価性引当額	△300 [03]
繰延税金資産合計	1,800

02) 注記をするときは「将来減算一時差異等の合計に係る評価性引当額」と記載しますが、覚える必要はありません。
03) (5,000円＋2,000円－6,000円)×30%＝300円

INDEX

日商簿記1級

簿記検定の最高峰、日商簿記１級のWEB講座では、実務的な話も織り交ぜながら、誰もが納得できるよう分かりやすく講義を進めていきます。
また、WEB講座であれば、自宅にいながら受講できる上、受講期間内であれば何度でも繰り返し納得いくまで受講できるため、範囲が広くて1つひとつの内容が高度な日商簿記１級の学習を無理なく進めることが可能です。
ネットスクールと一緒に、日商簿記１級に挑戦してみませんか？

標準コース　学習期間（約1年）

じっくり学習したい方向けのコースです。初学者の方や、実務経験のない方でも、わかり易く取引をイメージして学習していきます。お仕事が忙しくても１級にチャレンジされる方向きです。

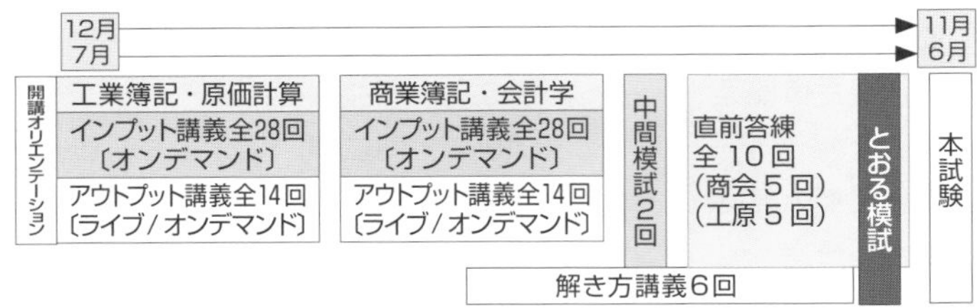

速修コース　学習期間（約6カ月）

短期間で集中して１級合格を目指すコースです。比較的残業が少ない等、一定の時間が取れる方向きです。また、税理士試験の受験資格が必要な方にもオススメのコースです。

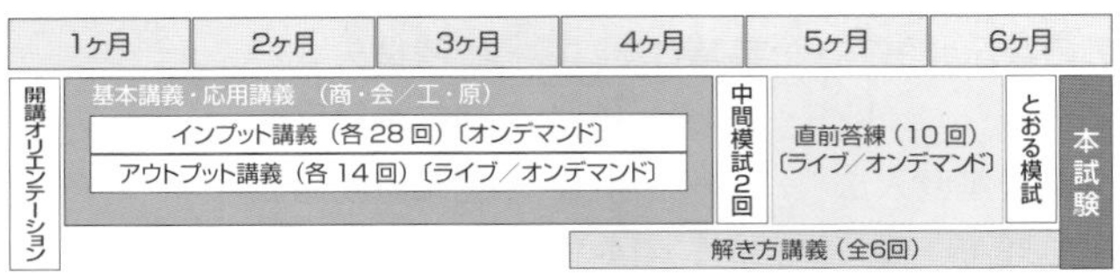

※１級標準・速修コースをお申し込みいただくと、特典として**２級インプット講義が本試験の前日まで学習いただけます。**
２級の内容に少し不安が…という場合でも安心してご受講いただけます。

Point 日商簿記1級WEB講座で採用『反転学習』とは？

【従　　来】　INPUT（集合授業）→ OUTPUT（各自の復習）

簿記の授業でも、これまでは上記のように問題演習を授業後の各自の復習に委ねられ、学習到達度の大きな差が生まれる原因を作っていました。そこで、ネットスクールの日商簿記対策WEB講座では、このスタイルを見直し、反転学習スタイルで講義を進めています。

【反転学習】　INPUT（オンデマンド講義）→ OUTPUT（ライブ講義）

各自、オンデマンド講義でまずは必要な知識のインプットを行っていただき、その後のライブ講義で、インプットの復習とともに具体的な問題演習を行っていきます。ライブ講義とオンデマンド講義、それぞれの良い点を組み合わせた「反転学習」のスタイルを採用することにより、学習時間を有効活用しながら、早い段階で本試験レベルの問題にも対応できる実力が身につきます。

WEB講座受講生の声

合格された皆様の喜びの声をお届けします！

講義中は、先生がリアルタイムで質問に回答してくれます。対面式の授業だと、むしろここまで質問できない場合が多いと思います。
（loloさん）

ネットスクールが良かったことの1番は講義がよかったこと、これに尽きます。講師と生徒の距離がとても近く感じました。ライブに参加すると同じ時間を先生と全国の生徒が共有できる為、必然的に勉強する習慣が身につきました。
（みきさん）

試験の前日に桑原先生から激励の電話を直接いただきました。ほんとうにうれしかったです。ＷＥＢ講座の端々に先生の人柄がでており、めげずに再試験を受ける気持ちにさせてくれたのは、先生の言葉が大きかったと思います。
（りんさん）

合格出来たのは、ネットスクールに出会えたからだと思います。
40代、２児の母です。小さな会社の経理をしています。勉強できる時間は１日１時間がせいぜいでしたが、能率のよい講座のおかげで３回目の受験でやっと合格できました！
（M.Kさん）

本試験直前まで新しい予想問題を作って解説していただくなど、非常に充実したすばらしい講座でした。WEB講座を受講してなければ合格は無理だったと思います。
（としくんさん）

無事合格しました!!
平日休んで学校に通うわけにもいかず困っていましたが、WEB講座を知り、即申し込みました。桑原先生の解説は本当に解りやすく、テキストの独学だけでは合格出来なかったと思います。本当に申し込んで良かったと思っています。
（匿名希望さん）

専門学校に通うことを検討しましたが、仕事の関係で週末しか通えないこと、せっかくの休日が専門学校での勉強だけの時間になる事に不満を感じ断念しました。
WEB講座を選んだ事は、素晴らしい講師の授業を、自分の好きな時間に早朝でも深夜でも繰り返し受講できるので、大正解でした！
（ラナさん）

予想が面白いくらい的中して、試験中に「ニヤリ」としてしまいました。更なるステップアップを目指したいと思います。
（NMさん）

せっかく日商簿記１級に向けて学習したのであれば

全経簿記上級にも挑戦してみよう！

右の図をご覧下さい。どうしても本試験日まで日数があると、学習のモチベーションが上がらず、手を緩めてしまいがちです。すると、日商簿記1級の試験後に実力が下がってしまい、次の日商簿記1級の試験直前で追い上げようとしても、合格できるかどうか分かりません（A の線）。

ところが、次の日商簿記1級試験までの間に全経簿記上級の受験も加えるとどうなるでしょうか。仮に日商簿記1級にギリギリのところで合格できなくても、全経簿記上級に向けてモチベーションを維持して学習し続けることで、次の日商簿記1級に向けて確実に実力を向上させることができます（B の線）。力を落とさないためにも、日商簿記1級を学習されるのであれば、ぜひ全経簿記上級にも挑戦してみましょう！

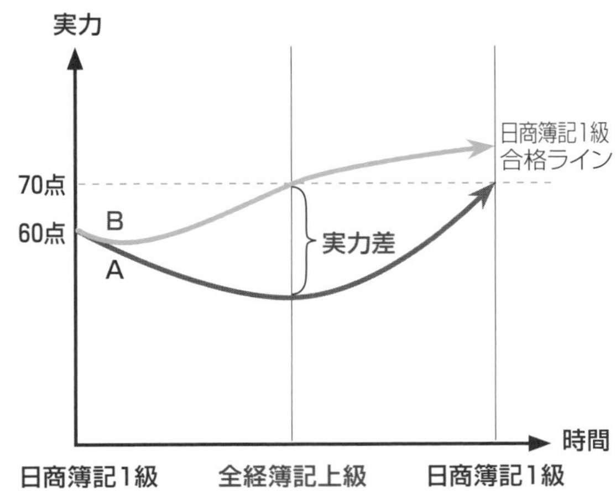

日商簿記1級		全経簿記上級
商業簿記・会計学、工業簿記・原価計算	試験科目	商業簿記・会計学、工業簿記・原価計算
毎年6月・11月の年2回	試験日程	毎年7月・2月の年2回
税理士試験の受験資格が付与される	合格者への特典	税理士試験の受験資格が付与される
各科目 25 点、合計 100 点満点	配　点	各科目 100 点、合計 400 点満点
４科目合計 70 点以上 ただし、各科目 10 点以上	合格ライン	４科目合計 280 点以上 ただし、各科目 40 点以上

- 試験範囲は日商簿記1級とほぼ同じ
  ⇒ 日商簿記1級で学んだ知識や使った教材はほとんど活用可能。
- 採点は各科目 100 点満点の計 400 点満点
  ⇒ 計 100 点満点の日商簿記1級と比べて配点が細かいため、実力が点数に反映されやすい。
- 合格すれば税理士試験の受験資格が得られる
  ⇒ 日商簿記1級と組み合わせることで、税理士試験の受験資格を得るチャンスが年４回に。

全経簿記上級の試験対策は…？

日商簿記1級合格に向けて学習してきた基本知識はほぼそのまま活用できるので、あとは過去問題対策を中心に、全経簿記上級特有の出題形式や出題内容（理論問題や財務分析など）の対策を進めよう！

全経簿記上級 過去問題集 出題傾向と対策

- 分かりやすい解説で初めての方も安心
- 理論問題・財務分析対策記事で全経簿記上級特有の内容もバッチリ対策

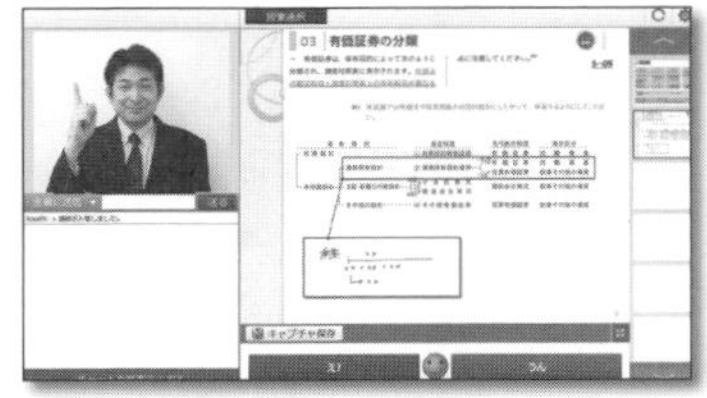

全経簿記上級WEB講座 試験対策コース

- 講師の解答テクニックを動画で解説
- 過去問対策や模試を通じて、全経簿記上級特有の論点を中心に対策

書籍及び講座の名称やデザイン、価格等は予告なく変更となる場合がございます。
書籍や講座の最新情報は弊社ホームページをご確認下さい。

ネットスクール　検索　今すぐアクセス！　https://www.net-school.co.jp/

建設業界への就転職希望者は要チェック！

建設業経理士

建設業経理士とは… 建設業は特殊な会計処理が多いため、その経理には高い専門性が求められます。また、公共工事との関連性も強いことから、公共工事を入札する企業では、専門知識に基づく適正な会計処理・原価計算が望まれます。

そうした背景から、建設業の経理に関する知識を測る目的で実施されるのが、建設業経理士試験です。1級・2級建設業経理士の合格者の数は、公共工事の入札可否の判断資料となる経営事項審査（経審）の評価対象となっています。

勤務先の建設会社の評価 UP

- 1級・2級建設業経理士の在籍に人数が経営事項審査の加点対象に
- 1級建設業経理士が自己監査を実施することで経営事項審査の加点対象に

→ 建設業界への就転職の強力な武器になるほか、公共工事の入札に有利なことから、資格手当などがあるケースも。

- 建設業界特有の事情を踏まえたコスト管理や会計知識が学べる

→ 利益改善やコスト管理に必要な知識の習得のため、職種に関わらず取得を推奨するケースも。

試験概要

試験日	毎年3月・9月の年2回
受験資格	どなたでも希望の級を受験可能※
配点・合格ライン	100点満点中70点で合格

※ ただし、1級と他の級の同日受験はできません。

★1級の科目合格制について

1級のみ、『財務諸表』・『財務分析』・『原価計算』の3科目に分かれており、**3科目すべて合格することで1級合格者**となります。ただし、3科目を一度にすべて合格する必要はなく、**1科目ずつ受験、合格していくことも可能**です。
（各科目の合格の有効期限は5年間となっています。）

詳しい最新情報は、建設業振興基金の試験公式サイトへ→ https://www.keiri-kentei.jp/

建設業経理士の試験対策は…？

一部で特殊な会計処理や計算方法、勘定科目がある建設業ですが、簿記の原理的な仕組みに関してはその他の業種と共通する内容も多いため、日商簿記検定などその他の簿記検定で学んだ知識の大半が活かせます。
建設業特有の会計処理はもちろんのこと、建設業経理の試験でよく出題される内容を中心に学んでいきましょう。

★日商簿記受験レベル別おススメ建設業経理士受験級

- 日商簿記3級受験 → 建設業経理士2級
- 日商簿記2級受験・日商簿記1級受験 → 建設会社にお勤めの方はまずは2級に合格を → 建設業経理士2級
- 日商簿記2級受験・日商簿記1級受験 → 建設会社にお勤めでない方は、レベル的には1級を目指す選択肢もアリ → 建設業経理士1級

出題パターンと解き方 過去問題集&テキスト

- ✓ テキストと過去問題が合体しているため、この1冊で試験対策はバッチリ
- ✓ よく似た形式の出題が多い建設業経理士試験の対策に有効なパターン学習対応

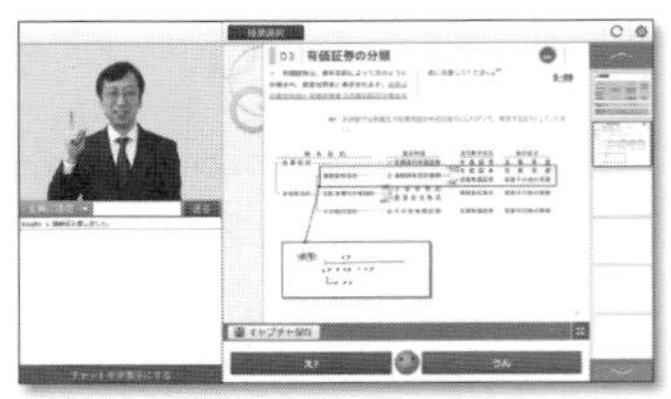

建設業経理士試験対策・WEB講座

- ✓ 建設業や経理に馴染みのない方でも 分かりやすい解説が魅力の講座
- ✓ 第1問の論述問題対策に有効な「理論添削サービス」付き（1級のみ）

書籍の名称やデザイン、価格等は予告なく変更となる場合がございます。
書籍や講座の最新情報は弊社ホームページをご確認下さい。➡

簿記の知識に＋α（プラスアルファ）

～ビジネスシーンで簿記の知識を更に活かすために～

財務諸表の「作り方」が分かったら、次は「読み方」

簿記学習者のためのビジネス会計検定試験®3級テキスト＆厳選過去問

ISBN：978-4-7810-0294-1　本体価格（税込）：1,980 円

大阪商工会議所が主催する「ビジネス会計検定試験®」は、あらゆるビジネスシーンで役立つ財務諸表に関する知識、分析力をはかる検定試験です。
簿記検定では財務諸表を「作る」ことに重点が置かれていますが、財務諸表の「読み方」も重要な知識です。
簿記の勉強をした方であれば基礎は十分に備わっているので、ぜひ挑戦してみましょう！

☑ 経理職以外で簿記の知識を活用する方法を知りたい。
☑ 経済ニュースの内容が理解できるようになりたい。
☑ マネジメントに役立つ会計の知識を身に付けたい。　という方にオススメ

簿記の仕組みはビジネスの世界共通言語

マンガでサクッとわかる簿記3級からの英文会計

ISBN：978-4-7810-0255-2　本体価格（税込）：1,980 円

皆さんが学ぶ複式簿記の原理は世界共通で、国際的なビジネスシーンの共通言語ともいえます。
せっかく学んだ簿記の知識に英語の要素も加えて、グローバルで活躍できる第1歩を踏み出して みませんか？　マンガで学べる本書で、英文会計の世界を覗いて みましょう！

☑「借方」・「貸方」って、英語では何て言うの？
☑ 掛仕入や減価償却の仕訳を英語で書くとどうなる…？
☑ 英文会計の基礎が分かったら、BATIC® の問題にも挑戦してみよう！

書籍の名称やデザイン、価格等は予告なく変更となる場合がございます。
書籍や講座の最新情報は弊社ホームページをご確認下さい。

ネットスクール　検索　今すぐアクセス！　https://www.net-school.co.jp/

（2021 年4月現在）

ネットスクールが誇る講師、スタッフが一丸となってこの1冊ができあがりました。
十分理解できましたか?
繰り返し学習し、合格の栄冠を勝ち取ってください。
制作スタッフ一同、心よりお祈り申し上げます。

■制作スタッフ■
森田　文雄／中村　雄行／神原　大二／山田　曉人

■カバーデザイン■
久積　昌弘（B-rain）

■ DTP ■
長谷川　正晴（ドアーズ本舎）

■本文イラスト■
桑原　ふさみ

■編集コーディネート■
落合　明江

◆本書に関する制度改正及び訂正情報について◆

本書の発行後に公表された法令等及び試験制度の改正情報、並びに判明した誤りに関する訂正情報については、弊社 WEB サイト内の**『読者の方へ』**にてご案内しておりますので、ご確認下さい。

https://www.net-school.co.jp/

なお、万が一、誤りではないかと思われる箇所のうち、弊社 WEB サイトにて掲載がないものにつきましては、**書名（ＩＳＢＮコード）と誤りと思われる内容**のほか、お客様の**お名前**及び**ご連絡先（電話番号）**を明記の上、弊社まで**郵送または e-mail** にてお問い合わせ下さい。

〈郵送先〉　〒 101-0054
東京都千代田区神田錦町 3-23 メットライフ神田錦町ビル３階
ネットスクール株式会社　正誤問い合わせ係
〈e-mail〉　seisaku@net-school.co.jp

※正誤に関するもの以外のご質問にはお答えできません。
※お電話によるお問い合わせはお受けできません。ご了承下さい。
※解答及び内容確認のためにお電話を差し上げることがございますので、必ずご連絡先をお書きください。